FINANCIAL
MANAGEMENT

재무관리

이상호 저

pnc
publishing and culture
피앤씨미디어

머리말

지난 2008년 미국의 '리먼브라더스' 사태로부터 시작된 글로벌 금융위기는 5년이 지난 지금에도 현재 진행형이다. 글로벌 금융위기의 단초를 제공한 미국의 실물경제는 여전히 높은 실업률로 어려움을 겪고 있으며, 경제위기 극복을 위해 시행되고 있는 양적 완화정책 또한 아직 출구를 찾지 못하고 있다. 한편 2010년 그리스의 구제금융 신청으로 시작된 유럽 재정위기는 각국의 강도 높은 긴축정책과 유로존의 공동대응에도 불구하고 끝나지 않고 있다. 우리나라는 1990년대 금융자유화 및 개방화를 추진한 이후 1997년의 IMF 외환위기와 2008년의 글로벌 금융위기로 인하여 많은 경제적 어려움을 겪기도 하였지만 이러한 경제적 위기를 조기에 극복한 모범국가로 인정받고 있다. 이러한 두 차례에 걸친 경제적 위기의 극복과정에서 우리나라 기업들도 과거 성장 위주의 경영관행에서 벗어나 기업가치를 중시하는 가치경영으로 거듭나고 있다.

재무관리는 기업의 자금조달과 운용에 관한 합리적 의사결정을 통하여 궁극적으로 기업가치의 극대화를 추구하는 학문이다. 본서에서는 학생들이 다양한 재무이론 및 기법을 보다 쉽게 이해할 수 있도록 돕기 위해 다음에 초점을 맞추고 있다.

첫째, 재무이론의 기초개념을 단순 명료하게 정리하였다. 재무이론의 기초가 되는 화폐의 기간가치 개념부터 선물과 옵션 등의 파생상품에 이르기까지 다양한 재무관련 개념과 이론을 보다 쉽게 이해할 수 있도록 설명하였다.

둘째, 각 장별로 다양한 예제 및 연습문제를 활용하여 재무이론 및 재무기법의 적용 사례를 제시하고자 하였다. 이 과정에서 재무이론에서 사용되는 다양한 모형의 도출과정은 생략하고 모형의 결과와 그 응용사례만을 제시하였다.

셋째, 재무관리 교육과정에서 한 학기에 다룰 수 있는 핵심적인 내용만을 포함하고 그 외의 부분은 과감하게 생략하였다. 따라서 재무분석이나 국제재무 등의 내용은 본서에서가 아니라 이와 관련된 교육과정에서 공부하기를 바란다.

본서는 모두 6편 18장으로 이루어져 있다. 제1편에서는 재무관리의 기초개념을 소개하고 있다. 재무관리의 기능과 목표를 정의하고, 재무이론의 기초가 되는 화폐의 시간가치 개념을 설명하였다. 그리고 이를 활용하여 채권과 주식의 가치를 평가하고 소비와 투자가 결정되는 원리를 살펴보았다.

제2편에서는 기업의 투자결정에 관한 문제를 다루었다. 기업의 투자결정이 이루어지는 과정에서 현금흐름의 추정원칙과 투자가치의 평가방법에 대해 자세히 살펴보고, 다양한 환경에서 투자결정이 어떻게 이루어지는지를 사례별로 설명하였다.

제3편에서는 자본시장이론을 살펴보았다. 먼저 불확실성하에서의 투자기준이 되는 수익률과 위험의 개념을 정의하고, 그 측정방법을 설명하였다. 그리고 포트폴리오이론을 바탕으로 자본자산가격결정모형과 차익거래가격결정모형을 분석하였다.

제4편에서는 기업의 자본조달에 관한 문제를 광범위하게 다루었다. 기업의 장단기 금융수단에 대해 살펴보고 자본비용의 개념과 계산과정을 소개하였다. 그리고 기업의 자본구조와 배당정책에 관한 이론도 함께 다루었다.

제5편에서는 운전자본관리에 대해 다루었다. 기업의 현금보유수준과 최적신용정책을 결정하는 문제와 재고자산관리모형 등에 대해 설명하였다.

제6편에서는 재무이론의 특수 분야로서 선물과 옵션에 대해 다루었다. 최근 국내에서 활발하게 거래되고 있는 선물과 옵션의 기초개념과 이들 파생상품을 이용한 여러 가지 투자전략에 대해 살펴보았다.

이 책이 나오기까지 많은 도움과 격려를 아끼지 않은 동료 교수님에게 감사의 뜻을 전하고, 사랑스런 아내와 아들 윤석, 딸 윤경이와 함께 그 기쁨을 전하고자 한다. 마지막으로 본서의 출판을 흔쾌히 맡아주신 피앤씨미디어의 박노일 대표님과 편집을 해주신 심성보 이사님에게 심심한 감사를 드린다.

2014년 1월

저자 씀

차 례

제1편 재무관리의 기초

Contents

Contents

Contents

Contents

Contents

제4편 기업재무

Contents

Contents

Contents

Contents

제6편 특수재무이론

Contents

Financial management

PART 1 재무관리의 기초

CHAPTER 01 재무관리의 의의

1절 시장경제와 기업의 역할

재무관리란 무엇인가? 우리가 재무관리의 개념을 제대로 이해하기 위해서는 기업의 경제적 환경을 구성하고 있는 시장경제제도와 시장경제제도에서 기업의 역할을 먼저 이해하여야 한다. 일반적으로 시장경제를 구성하는 주요 경제주체는 개인과 기업이다. 개인은 각자가 소유하고 있는 생산요소, 즉 노동이나 자본을 기업에 제공하고 그 대가로 임금이나 이자와 같은 소득을 얻게 된다. 한편 기업은 이러한 생산요소들을 이용하여 각종 재화 및 서비스를 생산하여 공급하고 그 대가로 수익을 얻게 된다. [그림 1－1]은 이러한 시장경제체제의 구조를 그림으로 나타낸 것이다.

이와 같은 시장경제의 특징은 사회 전체적으로 모든 자원의 배분이 시장의 가격에 의해 결정이 되며, 시장이 완전경쟁일 때 자원의 배분이 최적으로 이루어진다는 것이다. 한편 시장경제는 개인의 효용극대화 동기 및 기업의 이윤극대화 동기에 의해 운영이 된다. 즉 개인은 소비 및 저축을 통하여 얻게 되는 효용을 극대화하고, 기업은 생산 및 투자를 통하여 얻게 되는 이윤을 극대화하게 된다는 것이다. 다시 말하면 개인의 효용극대화 및 기업의 이윤극대화 동기가 경제를 계속 움직이게 하는 원동력이 된다.

시장경제제도에서 모든 경제주체는 생산활동을 수행하고 있다. 그러나 개인이나 정부보다는 기업에 의한 생산이 가장 전형적인 생산활동이라고 할 수 있다. 따라서 경제학이나 경영학에서는 기업을 생산의 주체로 정의하고 모든 생산이론은 기업에 의한 생산활동을 중심으로 다루어진다. 다시 말하면 기업은 시장경제제도에서 생산활동을 전담하는 경제주체로서 국가의 경제성장을 촉진하고 국민의 소득을 증가시키는데 중추적인 역할을 하게 된다.

[그림 1-1] 시장경제의 구조

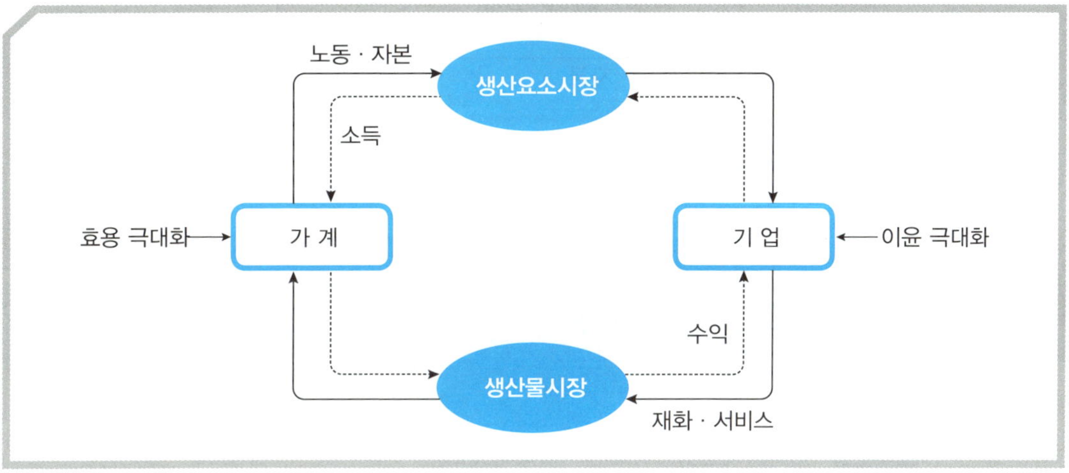

한편 국민경제제도하에서 경제주체는 소득이 지출보다 큰 흑자지출단위와 소득이 지출보다 작은 적자지출단위로 구분된다. 일반적으로 가계는 소득이 지출을 초과하는 흑자경제주체가 되고, 기업은 지출이 소득을 초과하는 적자경제주체가 된다. 그리고 흑자지출단위와 적자지출단위는 금융시장을 통하여 자금을 융통하게 된다. 즉 가계는 금융시장을 이용하여 여유자금을 운용하고 기업은 부족한 자금을 조달하게 된다.

금융시장을 통한 자금의 거래는 크게 두 가지 방식으로 이루어진다. 첫째로 자금의 최종적 공급자인 흑자지출단위로부터 자금의 최종적 수요자인 적자지출단위로 직접 자금의 이전이 이루어지는 직접금융방식과, 둘째로 은행 등의 금융기관을 통하여 이 양자 사이에 자금의 이전이 이루어지는 간접금융방식이다. 우리는 전자를 직접금융시장이라 하고 후자를 간접금융시장이라고 한다.

[그림 1-2] 직접금융과 간접금융

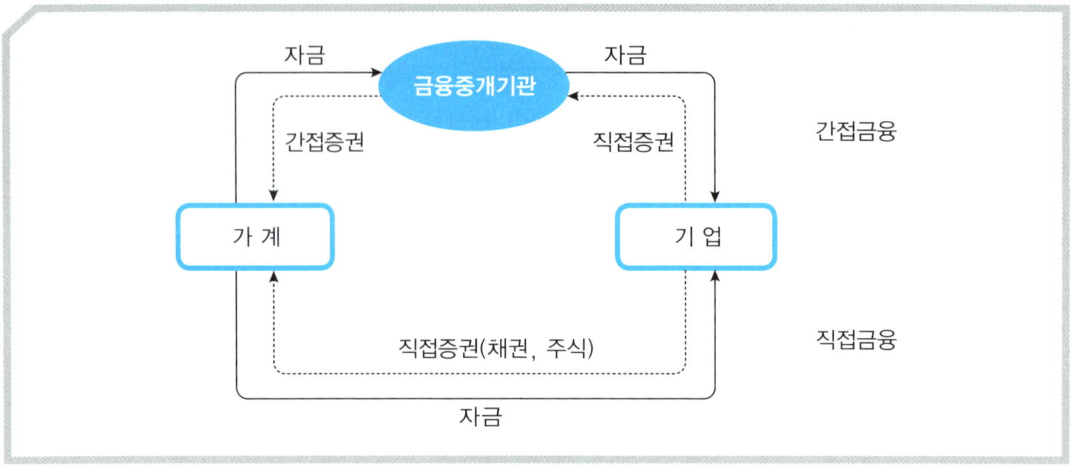

2절 재무관리의 기능과 목표

1 재무관리의 기능

재무관리는 기업에서 자금흐름과 관련된 활동을 보다 효율적으로 수행하고 관리하기 위한 이론과 기법이라고 할 수 있다. 즉 재무관리는 기업의 궁극적 목표인 기업의 가치를 극대화하기 위한 목적으로 기업의 다양한 재무적 의사결정을 연구하는 학문이라고 할 수 있다.

일반적으로 경영학에서 다루어지는 재무의사결정에 있어서 가장 중요한 요인은 시간 (time)과 위험(risk)이라고 할 수 있다. 현대 재무이론에서는 미래의 불확실성을 분석의 바탕으로 하여 합리적인 의사결정방법을 연구하는데 중점을 두고 있다.

한편 기업의 재무적 의사결정의 범위는 매우 광범위하지만 크게 세 가지로 분류할 수 있다.

첫째, 기업의 자금을 어떻게 운용할 것인가 하는 투자결정(investment decision)이다. 투자결정은 기업이 어떤 자산에 얼마만큼 투자할 것인가를 결정하는 것으로 기업의 최적자산구성을 위한 의사결정이라고 할 수 있다. 이러한 투자결정은 기업의 수익과 위험에 큰 영향을 미치게 되므로 매우 중요하다.

둘째, 기업 활동에 필요한 자금을 어떻게 조달할 것인가 하는 자금조달결정(financing decision)이다. 자본조달결정은 기업이 타인자본과 자기자본을 어떤 비율로 조달하고, 내부자금과 외부자금을 어떤 비율로 사용할 것인가를 결정하는 것으로 최적 자본구조를 구성하기 위한 의사결정이라고 할 수 있다.

셋째, 일상적인 영업활동에 필요한 현금의 유입과 유출을 관리하는 유동성(liquidity)관리이다. 영업활동과정에서 발생하는 현금의 유입과 유출은 금액과 시간적인 측면에서 일치하지 않는 것이 일반적이다. 유동성관리는 이러한 현금흐름의 차이를 조정함으로써 기업의 영업활동이 원활하게 이루어지도록 한다. 기업의 재무의사결정에서 투자결정과 자본조달결정이 장기적인 재무관리의 과제라면 유동성관리는 단기적인 재무관리의 과제라고 할 수 있다. 이와 같이 재무의사결정은 기업에 필요한 자금을 합리적으로 조달하여 운용함으로써 궁극적으로는 기업의 가치를 극대화하기 위한 것이다.

한편 기업의 재무관리를 담당하는 재무관리자의 역할을 기업의 재무상태표를 이용하여 살펴보면 다음과 같다. 일반적으로 기업의 재무상태표는 [그림 1-3]과 같은 형태를 갖고 있다. 재무상태표의 왼쪽(차변)은 기업의 자산(asset)을 나타내며 크게 유동자산과 비유동자산으로 구분된다. 유동자산은 현금, 당좌자산, 재고자산 등과 같이 단기간에 현금으로 전환되거나 비용으로 소멸될 자산이며, 비유동자산은 건물, 기계 등과 같이 기업이 장기간 보유하면서 영업활동에 사용하는 자산이다. 유동자산과 비유동자산의 구분은 회계관행상 1년을 기준으로 한다.

재무상태표의 오른쪽(대변)은 기업의 자본을 나타내며 크게 부채(liability)와 자기자본(equity)으로 구분된다. 부채는 타인자본으로 유동부채와 비유동부채로 구분된다.

[그림 1-3] 기업의 재무상태표

<table>
<tr><th colspan="2">재무상태표</th></tr>
<tr><td rowspan="3">유동자산</td><td rowspan="2">유동부채</td></tr>
<tr></tr>
<tr><td rowspan="2">비유동부채</td></tr>
<tr><td rowspan="3">비유동자산</td></tr>
<tr><td rowspan="2">자기자본</td></tr>
<tr></tr>
</table>

유동부채와 비유동부채의 구분도 1년을 기준으로 한다. 한편 자기자본은 주식을 발행하여 조달한 자본과 과거의 기업활동에서 벌어들인 이익을 적립한 것으로 특정한 기한 내에 갚아야 할 의무가 없는 자금이다.

본서에서는 PART 2의 투자결정에서 기업의 비유동자산에 대한 투자문제를 살펴보고, PART 4의 자본조달에서 자본비용과 자본구조이론에 대해 살펴본다. 그리고 PART 5의 운전자본에서는 유동자산과 유동부채의 관리기법에 대해 살펴본다.

2 재무관리의 목표

기업의 모든 경영활동은 자금과 관련되므로 재무관리는 자금의 측면에서 기업의 모든 경영활동을 계획 · 조정 · 통제하는 통합적 관리기능을 갖고 있다. 따라서 재무관리의 목표는 이와 같은 통합적 관리기능을 효율적으로 수행함으로써 기업의 목표를 달성하는데 있다.

이윤의 극대화

전통적으로 경제학에서는 기업의 목표를 이윤의 극대화에 두고 있다. 그러나 경제학에서 주장하고 있는 기업의 유일한 목표로서 이윤 극대화는 다음과 같은 점에서 기업의 목표로서 적절하지 않은 것으로 비판을 받고 있다.

첫째, 이윤이라고 하는 개념이 명확하지 않다. 예를 들어 우리가 일반적으로 사용하는 회계상 이익은 다양한 회계처리방법의 결과로서 얻어지고 따라서 회계처리방법을 달리 적용시킴에 따라 서로 다른 회계이익이 발생할 수 있다.

둘째, 이익의 시간성을 무시하고 있다. 다시 말하면 이윤 극대화의 목표에는 화폐의 시간가치를 고려하지 않고 있기 때문에 미래 서로 다른 시점에서 발생하는 이익의 가치를 적절하게 평가할 수 없게 된다.

셋째, 미래이익의 불확실성, 즉 위험을 무시하고 있다. 예를 들어 기업이 단지 이익의 극대화만을 추구할 경우에 위험이 매우 큰 투자안을 선택하게 되고, 이는 기업의 가치를 감소시킬 수 있다.

이 밖에도 기업의 이윤 극대화 목표는 기업의 사회적 책임을 무시하고 비윤리적이고 불법적인 이윤획득행위를 정당화시킬 수 있다.

기업가치의 극대화

현대 재무이론에서는 기업의 목표를 기업가치의 극대화에 두고 있다. 기업의 가치는 그 기업이 얻게 되는 미래의 현금흐름(cashflow)을 시간과 위험을 고려하여 현재시점의 가치로 평가한 것이다. 따라서 기업의 가치는 이윤과는 달리 시간과 위험을 함께 고려하여 결정되는 명확하고 포괄적인 개념이다.

한편 기업의 가치란 일반적으로 기업의 총자산가치를 의미하는 것이나 기업의 총자산가치에 대한 채권자의 청구권은 사전에 정해지므로 주주는 그 잔여가치(residual value)에 대한 청구권을 갖게 된다. 따라서 기업의 총자산가치는 잔여가치에 대한 청구권을 나타내는 자기자본가치와 비례하여 변하게 되고 기업가치의 극대화는 곧 자기자본가치의 극대화를 의미하기도 한다.

한편 기업의 자기자본가치는 증권시장에서 주식가치로 평가되게 된다. 일반적으로 주가는 기업의 현재 및 미래에 예상되는 수익뿐만 아니라 미래수익의 시간성 및 불확실성 등을 종합적으로 반영하여 결정된다. 따라서 현대 재무관리의 목표는 기업가치의 극대화이고 기업가치의 극대화는 곧 주가의 극대화를 의미한다.

경영자이익의 극대화

기업의 목표와 경영자의 목표가 서로 일치하는가? 다시 말하면 경영자는 기업의 소유주라고 할 수 있는 주주의 부를 극대화하고자 노력하는가에 관해서는 서로 다른 견해가 있다. 물론 소유와 경영이 분리되지 않은 기업의 경우에는 기업의 소유자가 곧 경영자이므로 기업의 목표와 경영자의 목표는 항상 일치하게 될 것이다.

그러나 기업의 소유와 경영이 분리되게 되면 주주와 경영자의 이해는 상충되기 쉽고, 이에 따라 기업의 목표와 경영자의 목표 사이에 괴리가 생기게 될 수 있다. 즉 주식의 소유가 분산되어 있는 현대기업에서 경영자는 기업의 소유주인 주주의 부를 극대화하고자 노력하기보다는 자신의 이익에 보다 큰 관심을 갖게 되기 쉽다. 여기서 이른바 대리비용(agency cost)의 문제가 발생하게 되는데, 예를 들어 경영자의 과도한 특권적 소비라든가 경영자의 직무태만 등에 따르는 손실은 경영자와 주주 간의 대리관계로부터 발생하는 대리비용으로서 이는 주주의 부를 감소시키게 된다.

그러나 이러한 경영자의 특권적 소비나 직무태만은 궁극적으로 증권시장에서 기업의 주가를 하락시키는 요인으로 작용하게 되고, 이는 주주로 하여금 현재의 경영자에 대한 불만과 불신을 불러일으키게 되고, 새로운 경영자를 원하게 할 것이다. 따라서 경영자는 자신의 위치를 계속 유지하기 위해서 주식의 시장가치를 높이고자 노력하게 되고, 이에 따른 주가의 상승은 곧 주주의 부의 증가를 의미하므로 장기적으로 경영자의 목표는 기업의 목표와 일치하게 된다.

3 재무관리의 발전과정

재무관리(financial management)의 역사는 짧지만 근대기업의 성장과 더불어 비약적인 발전을 거듭하여 왔다. 재무관리가 학문적으로 독자적인 영역을 구축하고 체계적인 연구가 이루어지기 시작한 것은 19세기 말에서 20세기 초의 일이다. 1880년대 말 미국의 대륙횡단철도가 완공되면서 시작된 기업 간 합병을 계기로 기업의 자금조달문제가 중요 관심사로 등장하게 되었다. 당시 재무담당 최고책임자(chief financial officer: CFO)들에게는 적절한 자본구조의 결정과 함께 경제위기하에서 기업도산을 방지하고 기업을 존속하는 것이 중요한 과제였다.

1920년대에 접어들어서는 새로운 산업의 출현과 함께 전국적인 광고와 생산방법의 개선, 판매망 확대를 위한 합병 등이 진행되었다. 그리고 1920년대 후반에 이르러 전 세계적인 경기후퇴와 금융긴축으로 인한 유동성의 악화로 기업의 유동성 관리가 중요한 관심사로 등장하게 되었다. 1930년대에는 1929년에 시작된 대공황의 여파로 많은 기업들이 파산에 이르게 되고 이로 인해 전통적인 기업재무, 즉 자금조달과 재무구조 분석의 중요성이 강조되었다.

이와 같이 1950년대 이전의 기업재무이론은 논리적 이론이 아닌 규범적 성향이 강하였으며, 체계적인 분석보다는 제도적인 내용이 대부분이었다. 그러나 1950년대에 접어들면서 재무관리는 자본의 조달에서 자본의 운용, 즉 투자로 그 범위가 확대되기 시작하였다. 더불어 제2차 세계대전 이후에 개발된 계량적 분석방법들이 투자의사결정에 널리 활용되게 되었다. 이에 따라 재무관리의 연구는 투자의 수익성 평가와 자본조달정책을 종합적으로 다루는 방향으로 전환되었다. 따라서 1950년대 후반에 이르러 비로소 현대재무관리의 기틀이 마련되었다고 볼 수 있다.

한편 1950년대에는 현대재무관리의 획기적인 발전을 가져온 계기가 된 두 가지 중요한 연구가 이루어졌다. 그중의 하나는 모디글리아니와 밀러(F. Modigliani & M. H. Miller)의 자본구조이론이다. 이 이론은 금융시장이 완전시장일 경우 기업의 가치는 자본구조에 대한 의사결정과는 무관하다는 것으로 현대재무이론의 출발점이 되었다. 또 다른 하나는 마코위츠(H. M. Markowitz)의 포트폴리오이론으로서 위험을 싫어하는 투자자에게 있어서 분산투자를 통하여 위험을 줄일 수 있음을 보였다. 또한 샤프(W. Sharpe), 린터너(J. Lintner), 모신(J. Mossin) 등은 이러한 포트폴리오이론을 토대로 하여 증권의 균형가격결정을 설명하는 자본자산가격결정모형(capital asset pricing model: CAPM)을 유도하였다. 이 모형은 자본시장이 균형상태에 있을 때 자산의 가격결정원리를 설명하는 모형으로서 현대 투자이론에서 매우 중요한 위치를 차지하고 있다.

1970년대 이후의 각국의 금융시장은 오일쇼크의 여파로 인하여 급격한 이자율의 변화를 겪게 되고 이는 투자위험의 증가로 이어졌다. 이에 따라 개인 및 기관투자자들은 위험을 줄이고 시장의 변화에 효과적으로 대응할 수 있는 새로운 위험관리수단을 필요로 하게 되었다. 선물 및 옵션거래는 이러한 위험의 헤징수단으로 급속한 발전을 가져오게 되었으며, 선물 및 옵션과 같은 파생금융상품에 대한 연구도 활발히 진행되었다. 특히 옵션의 가격결정모형(option pricing model: OPM)은 조건부 청구권의 가격결정에 대한 일반론으로서 인정을 받고 있을 뿐만 아니라 전환사채를 비롯한 많은 유가증권의 가격결정에 널리 이용되고 있다.

최근 들어 재무관리는 금융공학으로까지 발전하고 있다. 금융공학이란 선물 · 옵션 · 스왑 등의 파생상품(derivatives)을 이용하여 투자자들의 다양한 욕구를 만족시킬 수 있는 혼성증권을 창출하는 새로운 금융산업이라고 할 수 있다. 여기서 파생상품이란 기초자산의 가격에 따라 그 수익형태가 결정되는 자산을 말하는 것으로 단지 위험을 헤징하기 위한 수단 이외에 투기적 이익을 얻기 위한 수단으로 활용되고 있다. 이와 같은 금융공학은 최근 이자율, 환율, 국제상품가격의 변동에 기인한 파생상품시장의 발달과 투자자의 다양한 욕구 등에 의해 새로운 산업으로 각광을 받고 있다.

연/습/문/제

객관식 문제

01 기업의 재무의사결정대상에 포함되지 않는 것은?

① 자금의 운용 ② 자금의 조달
③ 이익의 배분 ④ 기업의 평가

02 재무관리의 가장 핵심적인 의사결정과제는?

① 자본조달 및 배당 ② 투자 및 자본조달
③ 재무분석 및 가치평가 ④ 배당 및 가치평가

03 재무관리담당자가 수행해야 할 의사결정으로 볼 수 없는 것은?

① 투자결정 ② 자본조달결정
③ 유동성관리 ④ 제품가격결정

04 재무관리의 궁극적 목표로서 가장 적합한 것은?

① 기업이익의 극대화 ② 기업가치의 극대화
③ 자본비용의 극소화 ④ 투자수익의 극대화

05 현대 재무관리의 목표로서 적합하지 않은 것은?

① 주가의 극대화　　② 기업가치의 극대화
③ 이익의 극대화　　④ 주주의 부의 극대화

06 기업의 이익극대화 목표에 대한 비판으로서 적절하지 않은 것은?

① 이익의 개념을 명확히 정의하지 않고 있다.
② 화폐의 시간적 가치를 고려하지 않고 있다.
③ 미래이익의 불확실성을 무시하고 있다.
④ 기업의 사회적 책임을 고려하지 않고 있다.

07 전통적 재무관리에서 중요한 과제로 다루어지지 않은 것은?

① 기업의 유동성관리　　② 기업의 자본조달결정
③ 기업의 투자결정　　④ 기업의 부채관리

08 경영자의 목표와 기업의 목표가 다를 수 있다고 주장하는 이론은?

① 피셔의 분리이론　　② 대리이론
③ 토빈의 분리이론　　④ 신호이론

09 현대재무관리의 특징에 관한 설명으로 적합하지 않은 것은?

① 자본시장을 통한 자본조달결정이 중심과제이다.
② 계량적이고 분석적인 연구방법을 선택하고 있다.
③ MM의 무관련이론과 마코위츠의 포트폴리오이론이 기초가 되었다.
④ CAPM, OPM, APT 등과 같은 다양한 자산평가모형이 개발되었다.

주관식 문제

01 시장경제체제에서 기업의 역할은 무엇인가?

02 금융시장의 의미를 설명하라. 이러한 금융시장의 경제적 이득은?

03 재무관리의 목표와 재무관리자의 역할을 설명하라.

04 기업가치의 극대화 목표가 주주의 부의 극대화 목표와 일치하기 위한 조건은 무엇인가?

05 우리나라 재무관리의 발전과정에 대해 살펴보자.

06 최근 미국의 금융위기의 발생원인과 이러한 금융위기가 기업의 가치에 미치는 영향을 분석하라.

07 기업의 지배구조란 무엇인가? 우리나라 기업의 지배구조의 특징에 대해 조사하라.

CHAPTER 02 화폐의 시간가치

1절 유동성선호와 이자율

일반적으로 우리는 동일한 금액의 현금이라 하더라도 미래의 현금보다 현재의 현금을 선호하는 경향이 있는데, 이러한 사람들의 성향을 유동성선호(liquidity preference)라고 한다. 사람들은 왜 미래의 현금보다는 현재의 현금을 선호하게 되는 것일까? 그리고 이러한 유동성선호와 이자율은 어떤 관계를 갖는가?

우선 유동성선호의 원인을 예를 들어 살펴보기로 하자. 지금 어떤 사람에게 다음과 같은 두 가지 대안 중에서 한 가지를 선택할 수 있는 선택권이 주어졌다고 하자.

구분	현재시점	미래시점
A안	100,000원	0
B안	0	100,000원

이 경우 합리적인 사람이라면 B안보다는 A안을 선택할 것이다. 그러면 왜 A안을 선택하게 되는가? 그 이유는 크게 네 가지로 설명할 수 있다.

첫째, 사람들은 미래소비보다는 현재소비를 선호하기 때문이다. 인간의 생명은 유한하기 때문에 비록 동일한 양의 소비가 가능하더라도 사람들은 미래에 소비하는 것보다 현재에 소비하는 것을 선호하게 되는데, 이러한 소비자의 성향을 시간선호(time preference)라고 부른다.

둘째, 사람들이 현재의 현금을 선호하는 이유는 인플레이션 때문이다. 우리가 경험하고 있는 것처럼 인플레이션이 발생하면 실질적인 구매력은 감소하게 된다. 따라서 인플레이션이 예상되는 경우에 미래의 100,000원의 실질가치는 현재의 100,000원의 실질가치보다 떨어지게 된다.

셋째, 현재에 현금을 갖고 있으면 투자기회를 이용하여 수익을 얻을 수 있기 때문이다. 현재의 100,000원을 갖고 은행에 저축을 하거나 생산활동에 투자를 함으로써 100,000원 이상의 수익을 얻을 수 있다.

넷째, 미래의 현금은 불확실성으로 인하여 위험이 존재하기 때문이다. 다시 말하면 현재 받는 100,000원은 확실한 소득이지만 미래의 100,000원은 받지 못할 가능성이 있는 불확실한 소득이다.

이와 같은 이유로 현재의 100,000원과 미래의 100,000원에 대한 사람들의 선호는 서로 다르고, 따라서 현재의 100,000원의 가치와 미래의 100,000원의 가치에도 차이가 있다. 즉 화폐는 시간이 지남에 따라 그 가치가 달라지는데, 이를 화폐의 시간가치(time value of money)라고 한다.

한편 화폐는 시간이 지남에 따라 그 가치가 달라지므로 개인 또는 기업이 재무의사결정을 할 때는 반드시 화폐의 시간가치를 반영하여야 한다. 예를 들어 기업이 투자결정을 할 때 투자에 따른 현금유출(cash outflow)은 현재시점에서 주로 발생하지만 투자로부터의 현금유입(cash inflow)은 미래 여러 시점에 걸쳐서 발생하게 된다. 따라서 투자안의 경제성을 평가할 때 그 현금흐름의 발생시기를 고려하여 투자안의 경제성을 분석하여야 한다.

그러면 미래의 100,000원은 현재에 얼마의 가치를 갖고 현재의 100,000원은 미래에 얼마의 가치를 갖는가? 이러한 문제를 해결하는데 사용되는 도구가 바로 이자율(interest rate)이다. 이자율은 여러 경제주체들의 유동성선호를 반영하여 화폐의 시간가치를 나타내는 척도가 된다. 즉 이자율은 서로 다른 시점의 화폐의 상대적인 가치를 나타내는 척도로서, 시간선호, 인플레이션, 투자기회, 위험 등을 반영하여 결정되며, 현재가치를 미래가치로 환산하거나 미래가치를 현재가치로 환산할 때 사용된다.

[그림 2-1] 이자율의 결정요인

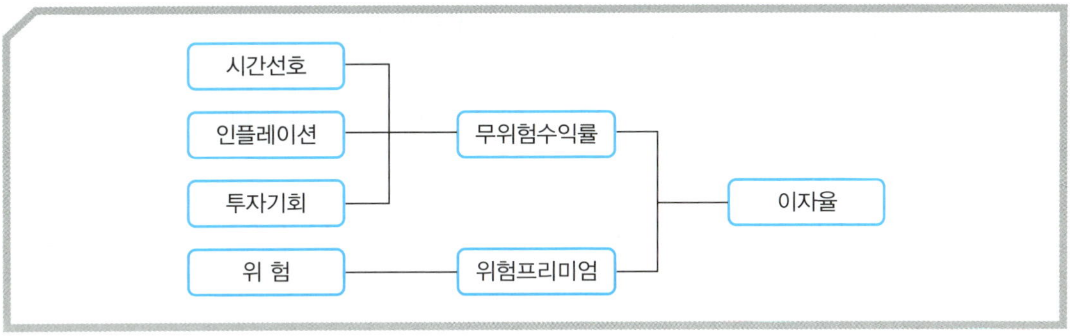

2 절 미래가치와 현재가치

1 단일현금흐름

미래가치의 계산

미래가치(future value: FV)란 현재시점의 일정금액을 미래 특정시점의 가치로 환산한 금액을 말한다. 미래가치를 계산하는 방법에는 단리계산과 복리계산의 방법이 있으나 일반적으로 복리계산의 방법이 많이 사용되고 있다. 복리계산(compounding)이란 원금에 대한 이자가 발생할 경우 그것이 재투자되어 이자에 대한 이자가 반복하여 발생한다고 가정하고 미래가치를 계산한다.

예를 들어 현재의 원금을 C_0, 연간 이자율을 r_1이라고 하자. 원금 C_0원을 1년 동안 예금할 때 1년 후에 받을 수 있는 원리금, 즉 미래가치 FV_1은 원금 C_0과 원금에 대한 이자 $C_0 \cdot r_1$을 더한 값이 된다.

$$FV_1 = C_0 + C_0 \cdot r_1 = C_0 \cdot (1 + r_1)$$

예제 2-1

원금 100,000원을 연간 이자율 12%로 1년 동안 예금을 할 때 1년 후의 미래가치는 얼마인가?

해설 $FV_1=100,000(1+0.12)=100,000+12,000=112,000$(원)

한편 C_0원을 2년 동안 예금을 할 때 2년 후의 미래가치 FV_2는 얼마가 될까? C_0의 2년 후 미래가치를 구하기 위해서는 앞으로 2년 동안에 적용될 연간 이자율을 알아야 된다. 만약 앞으로 2년 동안 적용될 연간 이자율이 r_2라 하면 2년 후의 미래가치 FV_2는 다음과 같이 계산된다.

$$FV_2=C_0(1+r_2)(1+r_2)=C_0(1+r_2)^2$$

예제 2-2

원금 100,000원을 연간 이자율 12%로 2년 동안 예금을 할 때 2년 후의 미래가치는 얼마인가?

해설 $FV_2=100,000(1+0.12)^2=125,440$(원)

동일한 방법으로 n년 후의 미래가치 FV_n을 계산하는 일반식을 구하면 다음과 같다.

$$FV_n=C_0(1+r_n)(1+r_n)\cdots(1+r_n)=(1+r_n)^n \qquad (2-1)$$

예제 2-3

원금 100,000원을 연간 이자율 12%로 10년 동안 예금을 할 때 10년 후의 미래가치는 얼마인가?

해설 $FV_{10}=100,000(1+0.12)^{10}=310,585$(원)

n기간 동안에 적용될 연간 이자율을 r이라고 할 때 현재의 1원의 n기간 후의 미래가치는 다음과 같다.

$$FV_n=(1+r)^n \qquad (2-2)$$

위 식에서 $(1+r)^n$을 복리가치요소(compounding value factor: CVF) 또는 미래가치요소(future value factor: FVF)라고 하는데 미래가치를 계산할 때 편리하게 사용할 수 있도록 복리표를 만들어 사용하고 있다.

〈표 2-1〉 미래가치요소(*FVF*)

n \ r	0%	4%	8%	12%
1	1.0000	1.0400	1.0800	1.1200
2	1.0000	1.0816	1.1664	1.2544
3	1.0000	1.1249	1.2597	1.4049
4	1.0000	1.1699	1.3605	1.5735
5	1.0000	1.2167	1.4693	1.7623
6	1.0000	1.2653	1.5869	1.9738
7	1.0000	1.3159	1.7138	2.2107
8	1.0000	1.3686	1.8509	2.4760
9	1.0000	1.4233	1.9990	2.7731
10	1.0000	1.4802	2.1589	3.1058

예제 2-4

원금 100,000원을 연간 이자율 12%로 10년 동안 예금을 할 때 10년 후의 미래가치는 얼마인지 복리표를 사용하여 구하라.

해설 〈표 2-1〉에서 FVF(12%, 10년)=3.1508이므로

FV_{10}=100,000×3.1058=310,580(원)

〈표 2-1〉을 보면 이자율이 8%인 경우 약 9년이 경과하면 미래가치가 원금의 2배가 되고 이자율이 12%인 경우 약 6년이 경과하면 미래가치가 원금의 2배가 된다. 이와 같이 미래가 원금의 2배가 되는 이자율과 기간의 관계를 나타내는 법칙이 '72의 법칙(rule of 72)'이다. 이 법칙은 미래가치가 원금의 2배가 되는 이자율과 기간의 조합들은 그 곱이 대략 72로 일정하다는 법칙이다.

현재가치의 계산

미래가치가 현재시점의 일정금액을 미래 특정시점의 가치로 환산한 것이라면 현재가치(present value: PV)는 미래 특정시점의 일정금액을 현재시점의 가치로 환산한 금액을 말하는 것으로 현가라고도 한다.

현가계산을 위한 공식은 미래가치를 계산하는 공식으로부터 도출할 수 있다. 예를 들어 n년 후에 예상되는 현금을 C_n이라고 하고 이 기간 동안의 연간 이자율을 r이라고 하면 그것의 현재가치 PV를 계산하는 공식은 다음과 같다.

$$PV = \frac{C_n}{(1+r)^n} = C_n(1+r)^{-n} \qquad (2-3)$$

예제 2-5

시장이자율이 8%일 때 액면가격이 100만원이고 만기가 1년인 순수할인채권의 현재가치는 얼마인가?

해설 $PV = \frac{100}{(1+0.08)} = 92.6$(만원)

순수할인채권(pure discount bond)은 이자지급이 없이 만기에 액면가에 해당하는 원금만을 지급하는 채권이다. 결국 위의 예는 1년 후 100만원의 현재가치를 구하는 문제로 1년 후의 100원은 현재시점의 92.6만원과 같은 가치를 갖는다는 것이다.

예제 2-6

시장이자율은 8%일 때 액면가격이 100만원이고 만기가 10년인 순수할인채권의 현재가치는 얼마인가?

해설 $PV = \frac{100}{(1+0.08)^{10}} = 46.3$(만원)

〈표 2-2〉 현재가치요소(PVF)

n \ r	0%	4%	8%	12%
1	1.0000	.9615	.9259	.8929
2	1.0000	.9246	.8573	.7972
3	1.0000	.8890	.7938	.7118
4	1.0000	.8548	.7350	.6355
5	1.0000	.8219	.6806	.5674
6	1.0000	.7903	.6302	.5066
7	1.0000	.7599	.5835	.4523
8	1.0000	.7307	.5403	.4039
9	1.0000	.7026	.5002	.3606
10	1.0000	.6756	.4632	.3220

이와 같이 미래의 현금흐름의 현재가치는 이자율을 사용하여 구할 수 있고, 현재가치를 구할 때 사용되는 이자율을 할인율(discount rate)이라고 부른다.

(2-3)식에서 이자율이 r일 때 $(1+r)^n$은 n기간 후의 1원의 현재가치로서 현가요소(present value factor: PVF)라고 부른다. 그리고 〈표 2-2〉와 같이 할인율 r과 기간 n에 따른 현가요소의 값을 미래 계산하여 정리한 현가표를 이용하여 현재가치를 편리하게 구할 수 있다.

한편 현재가치계산에 사용되는 현가요소(PVF)는 미래가치계산에 사용되는 미래가치요소(FVF)와 역의 관계가 성립한다.

$$PVF = \frac{1}{FVF} \tag{2-4}$$

예제 2-7

시장이자율은 8%일 때 액면가격이 100만원이고 만기가 10년인 순수할인채권의 현재가치는 얼마인지 복리표를 사용하여 구하라.

해설 〈표 2-2〉에서 $PVF(8\%, 10년)=0.4632$이므로

$PV=100 \times 0.4632=46.32$(만원)

2 다중현금흐름

앞에서 우리는 어떤 특정시점의 현금흐름의 미래가치 혹은 현재가치를 계산하는 방법에 대해 살펴보았다. 그러나 개인 또는 기업의 현금흐름은 여러 기간에 걸쳐 발생하는 것이 일반적이다. 이러한 경우 모든 현금흐름의 미래가치와 현재가치를 계산하는 방법에 대해 살펴보자.

미래가치의 계산

어떤 개인이 지금으로부터 1년 후에 C_1, 2년 후에 C_2, …, n년 후에 C_n만큼의 예금을 n년 동안 불입할 때 지금으로부터 n년 후의 예금의 원리금, 즉 미래가치는 얼마가 될 것인지를 계산해보자. 먼저 이와 같이 여러 기간에 걸쳐 발생하는 현금흐름은 다음과 같다.

시 점	0	1	2	…	$n-1$	n
현금흐름		C_1	C_2		C_{n-1}	C_n

여기서 1년 후 불입할 예금 C_1의 미래가치와 2년 후 불입할 예금 C_2의 미래가치, 그리고 n년 후 불입할 예금 C_n의 미래가치를 모두 계산하여 총미래가치를 구하면 다음과 같다.

$$FV_n = C_1(1+r)^{n-1} + C_2(1+r)^{n-2} + \cdots + C_{n-1}(1+r) + C_n \qquad (2-5)$$

예제 2-8

지금으로부터 1년 후에 100만원, 2년 후에 200만원, 3년 후에 300만원을 예금하여 5년 후에 찾는다면 원리금은 얼마인가? 연간 이자율은 8%이다.

해설 $FV_5 = 100(1+0.08)^4 + 200(1+0.08)^3 + 300(1+0.08)^2$

$= 737.9$(만원)

현재가치의 계산

어떤 기업이 지금으로부터 1년 후에 C_1, 2년 후에 C_2, …, 그리고 n년 후에 C_n의 현금흐름을 얻을 수 있는 투자안을 검토한다고 하자. 이 투자안의 현재가치는 얼마가 될 것인가?

먼저 이 투자안으로부터 예상되는 현금흐름은 다음과 같다.

시 점	0	1	2	…	$n-1$	n
현금흐름		C_1	C_2		C_{n-1}	C_n

여기서 1년 후 현금흐름 C_1의 현재가치와 2년 후 현금흐름 C_2의 현재가치, 그리고 n년 후 현금흐름 C_n의 현재가치를 모두 계산하여 총현재가치를 구하면 다음과 같다.

$$PV = \frac{C_1}{1+r} + \frac{C_2}{(1+r)^2} + \cdots + \frac{C_n}{(1+r)^n} \quad (2-6)$$

예제 2-9

지금으로부터 1년 후에 100만원, 2년 후에 200만원, 3년 후에 300만원의 현금흐름이 발생하는 투자안의 현재가치는 얼마인가? 할인율은 8%이다.

해설 $$PV = \frac{100}{(1+0.08)} + \frac{200}{(1+0.08)^2} + \frac{300}{(1+0.08)^3} = 502.2(\text{만원})$$

지금까지 우리는 매기간의 이자율이 동일하다는 가정하에 미래가치나 현재가치를 계산하였다. 그러나 만약 기간에 따라 적용되는 연간 이자율이 다를 경우 현가모형 (2-6)식은 다음과 같이 쓸 수 있다.

$$PV = \frac{C_1}{1+r_1} + \frac{C_2}{(1+r_2)^2} + \cdots + \frac{C_n}{(1+r_n)^n} \quad (2-7)$$

여기서 r_i은 지금부터 미래의 $i(i=1,\ 2,\ \cdots,\ n)$기간 동안 적용될 연간 이자율을 나타낸다.

연금의 현재가치

연금(annuity)이란 일정기간 동안 발생하는 일정한 금액의 현금흐름을 말한다. 일반적인 연금의 현금흐름의 형태는 다음과 같다.

시 점	0	1	2	…	$n-1$	n
현금흐름		C	C		C	C

(2-6)식을 이용하여 위의 연금의 현재가치를 구하면 다음과 같다.

$$PV=\frac{C}{1+r}+\frac{C}{(1+r)^2}+\cdots+\frac{C}{(1+r)^n} \tag{2-8}$$

(2-8)식은 초항이 $\frac{C}{(1+r)}$이고, 공비가 $\frac{1}{(1+r)}$인 등비급수이므로 다음과 같이 등비급수의 합의 공식을 적용할 수 있다.

$$PV=C\cdot\left[\frac{1}{r}-\frac{1}{r(1+r)^n}\right]=C\cdot PVFA(r,\ n) \tag{2-9}$$

(2-9)식에서 $PVFA(r,\ n)$는 연금의 현가요소로서 이자율, 즉 할인율이 r일 때 1년 후부터 매년 1원씩 n년 동안 발생하는 연금의 현재가치를 나타낸다. 연금의 현가는 연금현가표를 이용하여 쉽게 구할 수 있다.

〈표 2-3〉 연금의 현재가치요소(*PVFA*)

n \ r	0%	4%	8%	12%
1	1.0000	0.9615	0.9259	0.8929
2	2.0000	1.8861	1.7833	1.6901
3	3.0000	2.7751	2.5771	2.4018
4	4.0000	3.6299	3.3121	3.0373
5	5.0000	4.4518	3.9927	3.6048
6	6.0000	5.2421	4.6229	4.1114
7	7.0000	6.0021	5.2064	4.5638
8	8.0000	6.7327	5.7466	4.9676
9	9.0000	7.4353	6.2469	5.3282
10	10.000	8.1109	6.7101	5.6502

예제 2-10

매년 말에 300만원씩 10년간 수령할 연금을 일시불로 받을 경우 얼마를 받을 수 있는가? (할인율은 연 12%라고 한다.)

해설 $PV=300\times PVFA(12\%,\ 10년)$
$=300\times 5.6502$
$=1{,}695(만원)$

예제 2-11

어떤 은행에서 1,000만원의 융자를 받아서 5년에 걸쳐 원리금을 균등 상환한다고 할 경우 매년 상환해야 할 금액은? 연간 이자율은 8%라고 한다.

해설 $1{,}000=C\times PVFA(8\%,\ 5년)$
$=C\times 3.9927$
$\therefore\ C=250(만원)$

연금의 미래가치

연금의 미래가치는 현재가치와 동일하게 등비급수의 합의 공식을 적용하여 구할 수 있다. 연금의 현금흐름의 형태는 다음과 같다.

시 점	0	1	2	…	$n-1$	n
현금흐름		C	C		C	C

(2-5)식을 적용하여 위의 연금의 미래가치를 구하면 다음과 같다.

$$FV_n=C(1+r)^{n-1}+C(1+r))^{n-2}+\cdots+C(1+r)+C$$
$$=C\cdot\left[\frac{(1+r)^n-1}{r}\right]$$
$$=C\cdot FVFA(r,\ n) \qquad (2-10)$$

(2-10)식에서 $FVFA(r,\ n)$는 연금의 미래가치요소로서, 이자율이 r일 때 1년 후부터 매년 1원씩 n년 동안 발생하는 연금의 미래가치를 나타낸다. 연금의 미래가치는 연금복리표를 이용하여 쉽게 구할 수 있다.

예제 2-12

매년 말 100만원씩 납입하는 정기적금에 가입하여 10년 후에 원리금을 찾을 경우 그 금액은? 정기적금의 연간 이자율은 4%라고 한다.

해설 $FV_{10} = 100 \times FVFA(4\%, 10년)$

$= 100 \times 12.006$

$= 1{,}200.6$(만원)

〈표 2-4〉 연금의 미래가치요소(*FVFA*)

n \ *r*	0%	4%	8%	12%
1	1.0000	1.0000	1.0000	1.0000
2	2.0000	2.0400	2.0800	2.1200
3	3.0000	3.1216	3.2464	3.3744
4	4.0000	4.2465	4.5061	4.7793
5	5.0000	5.4163	5.8666	6.3528
6	6.0000	6.6300	7.3359	8.1152
7	7.0000	7.8983	8.9228	10.089
8	8.0000	9.2142	10.637	12.300
9	9.0000	10.583	12.488	14.776
10	10.000	12.006	14.487	17.549

영구연금의 현재가치

영구연금(perpetuity)이란 영속적으로 발생하는 일정금액의 현금흐름을 말한다. 영구연금의 현재가치를 구하는 공식은 만기가 없는 영구채권이나 계속기업(going concern)의 평가에 적용된다. 영구연금의 현금흐름의 형태는 다음과 같다.

시 점	0	1	2	…	n	…
현금흐름		C	C	…	C	…

$$PV = \frac{C}{1+r} + \frac{C}{(1+r)^2} + \cdots + \frac{C}{(1+r)^n} + \cdots \quad (2\text{-}11)$$

(2-11)식은 무한등비급수로서 무한등비급수의 합의 공식에 따라 다음과 같이 간단히 계산된다.

$$PV=\frac{C}{r} \tag{2-12}$$

무한한 현금흐름을 갖는 영구연금의 현재가치가 유한값을 갖는 이유는 미래로 갈수록 할인의 정도가 커져서 아주 먼 미래에 발생하는 현금흐름의 현가는 거의 0에 수렴하기 때문이다.

예제 2-13

매년 5,000만원의 순이익을 얻고 있는 기업의 가치는? (할인율은 연 10%라고 한다.)

해설 $PV=\frac{C}{r}=\frac{5,000}{0.1}=50,000$(만원)

예제 2-14

매년 300만원의 장학금을 지급하는 장학재단을 설립하려고 할 때 필요한 장학기금은 얼마인가? (할인율은 연 8%라고 한다.)

해설 $PV=\frac{C}{r}=\frac{300}{0.08}=3,750$(만원)

3절 복리계산과 실효이자율

1 복리계산과 미래가치

지금까지는 이자가 1년 동안에 한 번만 지급된다고 가정하고 미래가치를 계산하였다. 그러나 이자가 1년 동안에 여러 번 지급될 경우 미래가치계산은 어떻게 달라질 것인가를 살펴보자.

지금 은행에 원금 1,000만원을 연간 이자율 12%로 예치하였다고 가정하고 이자지급횟수가 변경됨에 따라 1년 후의 원리금이 어떻게 달라지는지 비교해보자.

① 이자가 1년에 한 번 지급되는 경우

단위기간(1년) 동안의 이자율은 12%이고, 1년 동안 1회 복리계산이 이루어진다.

$$FV_1 = C_0(1+r) = 1{,}000(1+0.12) = 1{,}120(\text{만원})$$

② 이자가 6개월에 한 번 지급되는 경우

단위기간(6개월) 동안의 이자율은 6%이고, 1년 동안 2회 복리계산이 이루어진다.

$$FV_1 = C_0\left(1+\frac{r}{2}\right)^2 = 1{,}000\left(1+\frac{0.12}{2}\right)^2 = 1{,}123.6(\text{만원})$$

③ 이자가 3개월에 한 번 지급되는 경우

단위기간(3개월) 동안의 이자율은 3%이고, 1년 동안 4회 복리계산이 이루어진다.

$$FV_1 = C_0\left(1+\frac{r}{4}\right)^4 = 1{,}000\left(1+\frac{0.12}{4}\right)^4 = 1{,}125.5(\text{만원})$$

④ 이자가 1개월에 한 번 지급되는 경우

단위기간(1개월) 동안의 이자율은 1%이고, 1년 동안 12회 복리계산이 이루어진다.

$$FV_1 = C_0\left(1+\frac{r}{12}\right)^{12} = 1{,}000\left(1+\frac{0.12}{4}\right)^{12} = 1{,}126.8(\text{만원})$$

이와 같이 이자지급기준이 되는 단위기간이 짧아지고 이자지급횟수가 늘어나게 되면 원리금은 그만큼 커지고 실질적인 이자율은 높아진다. 이는 이자에 대한 이자가 늘어나기 때문이다.

일반적으로 원금 C_0에 대하여 연간 r의 이자율을 k회에 걸쳐 지급하는 경우 1년 후의 미래가치는 다음과 같이 계산된다.

$$FV_1 = C_0\left(1+\frac{r}{k}\right)^k \qquad (2-13)$$

한편 1년을 단위기간으로 하는 이자율로서 동일한 원금에 대하여 연간 r의 이자율을 연간 k회에 걸쳐 지급할 때 1년 후의 미래가치 FV_1과 동일한 미래가치를 가져다주는 이자율을 r_e라고 정의할 경우 r_e는 다음과 같이 계산된다.

$$r_e=\frac{FV_1}{C_0}-1=\left(1+\frac{r}{k}\right)^k-1 \qquad (2-14)$$

(2-14)식에서 r_e를 실효이자율(effective interest rate)이라고 하며, 이는 단순한 명목이자율(nominal interest rate) r과 차이가 있다.

일반적으로 연간 복리계산횟수를 k라고 할 경우 n년 후의 미래가치는 다음과 같이 계산된다.

$$FV_n=C_0\left[\left(1+\frac{r}{k}\right)^k\right]^n=C_0\left(1+\frac{r}{k}\right)^{kn}=C_0\cdot(1+r_e)^n \qquad (2-15)$$

(2-15)식에서 $\frac{r}{k}$는 단위기간$\left(\frac{1}{k}\text{년}\right)$에 적용되는 이자율이며, $k\cdot n$은 n년 동안의 복리계산횟수이다.

예제 2-15

100만원을 3년 만기 정기예금에 예치할 경우 원리금은 얼마인가? 이 정기예금의 연간 이자율은 8%이고 이자는 분기별로 지급된다. 이 경우 연간 실효이자율은 몇 % 인가?

해설 $FV_3=100\times\left(1+\frac{0.08}{4}\right)^{4\times 3}=126.8$(만원)

$r_e=\left(1+\frac{0.08}{4}\right)^4-1=0.0824$ 또는 8.24%

2 연속복리계산

앞에서 우리는 이자지급기준이 되는 기간이 짧아지고 이자지급횟수가 늘어날수록 미래가치는 계속 증가하고 이에 따라 실효이자율도 높아지는 것을 보았다. 그렇다면 이자지급기간을 무한히 짧게 하고 이자지급횟수 k를 무한히 늘려간다면 미래가치는 어떻게 되고 실효이자율은 얼마나 될까? 이처럼 일정기간 동안의 이자지급횟수를 무한히 크게 한 경우의 미래가치계산을 연속복리계산(continuous compounding)이라고 한다.

연속복리계산식은 (2-15)식으로부터 도출할 수 있다. (2-15)식에서 k를 무한대로 보내면 원금 C_0의 미래가치는 다음과 같이 표시된다.

$$FV_n = C_0\left[\lim_{k\to\infty}\left(1+\frac{r}{k}\right)^k\right]^n \quad (2-16)$$

(2-16)식에서 [ ] 안의 항목은 다음과 같이 정의된다.

$$\lim_{k\to\infty}\left(1+\frac{r}{k}\right)^k = \lim_{k/r\to\infty}\left(1+\frac{1}{k/r}\right)^{\frac{k}{r}\cdot r} = e^r \quad (2-17)$$

여기서 e는 자연대수의 밑수를 나타내는 부호로서 약 2.7183…의 값을 가진다. (2-17)식을 (2-16)식에 대입하여 다음과 같은 연속복리계산공식을 얻을 수 있다.

$$FV_n = C_0 \cdot e^{rn} \quad (2-18)$$

한편 (2-18)식에서 연속복리계산에 따른 미래가치요소 $FVF(r,\ n)$는 e^{rn}이고, 현재가치요소 $PVF(r,\ n)$는 (2-4)식을 적용하여 $1/e^{rn}$, 즉 e^{-rn}이 된다.

따라서 연속할인계산의 경우 미래 현금흐름 C_n의 현재가치는 다음과 같이 계산된다.

$$PV = \frac{C_n}{e^{rn}} = C_n \cdot e^{-rn} \quad (2-19)$$

예제 2-16

100만원을 3년 만기 정기예금에 예치할 경우 원리금은 얼마인가? 이 정기예금의 연간 이자율은 8%이고 이자는 연속복리로 지급된다. 이 경우 연간 실효이자율은 몇 %인가?

해설 $FV_3 = 100 \times e^{0.08\times3} = 127.1$(만원)

$r_e = e^{0.08\times1} - 1 = 0.0832$ 또는 8.32%

연/습/문/제

객관식 문제

01 소비자의 유동성 선호의 원인이 아닌 것은?

① 인플레이션 ② 자금의 제약
③ 투자의 기회 ④ 미래 불확실성

02 시장이자율에 영향을 미치는 요인이 아닌 것은?

① 인플레이션 ② 개인의 시간선호
③ 자본생산성 ④ 기업의 자본비용

03 시장이자율에 대한 설명으로 적합하지 않은 것은?

① 화폐의 시간가치를 반영하는 척도이다.
② 물가상승률이 높을수록 이자율은 낮아진다.
③ 미래의 불확실성이 커질수록 이자율은 높아진다.
④ 자본의 생산성이 증가할수록 이자율은 높아진다.

04 100,000원을 연리 10%로 정기예금을 할 때 5년 후에 찾을 수 있는 금액은?

① 161,051원 ② 150,000원
③ 146,410원 ④ 121,000원

05 20년 후 1억원을 찾을 수 있는 순수할인채권의 현재가치는? (단, 시장이자율은 연 15%라고 한다.)

① 750만원
② 611만원
③ 1,486만원
④ 3,769만원

06 매년 말 120,000원씩 10년 동안 불입할 때 연 10%의 이자를 지급하는 정기적금의 10년 후 원리금은?

① 1,312,000원
② 1,912,488원
③ 2,440,000원
④ 737,352원

07 매년 말에 500만원씩 10년 동안 지급되는 연금을 일시불로 받으려면 현재 받을 수 있는 금액은? 시장이자율은 연 12%라고 한다.

① 28,251,000원
② 87,293,500원
③ 50,000,000원
④ 56,000,000원

08 매년 200만원의 장학금을 영구적으로 지급하는 장학재단이 조성해야 할 장학기금은? (시장이자율은 연 8%라고 한다.)

① 1,200만원
② 1,600만원
③ 2,500만원
④ 4,000만원

09 복권에 당첨될 경우에 다음의 네 가지 상금 중에서 하나를 선택할 수 있다고 한다. 시장이자율이 10%라고 할 때 최적의 선택은?

① 현재의 1,000,000원
② 5년 후의 1,800,000원
③ 영구적으로 매년 100,000원
④ 10년간에 걸쳐 매년 180,000원

10 시간의 경과에 따른 1원의 현재가치의 변화를 바르게 나타낸 것은?

① 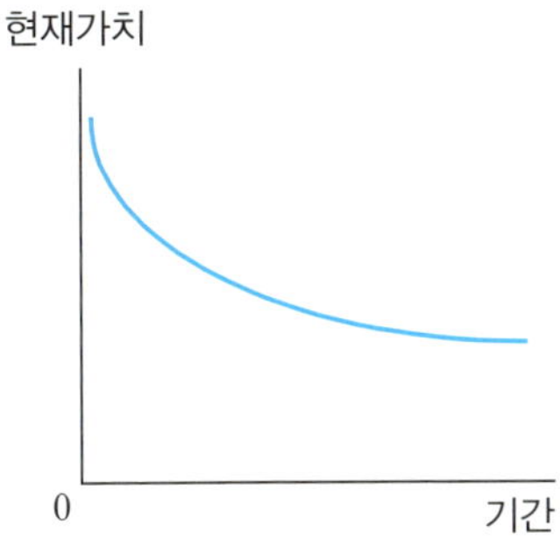

② 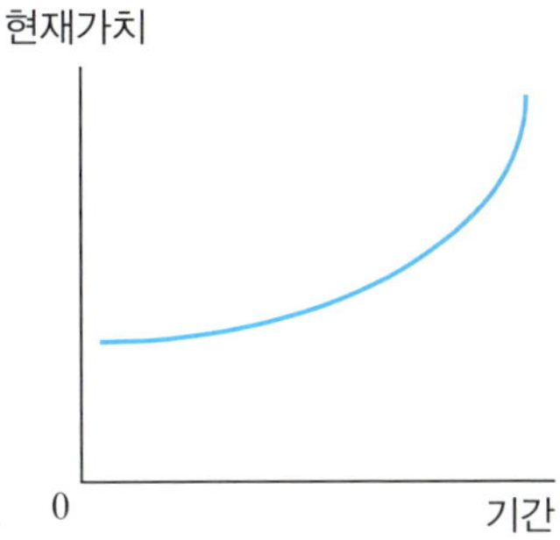

③ 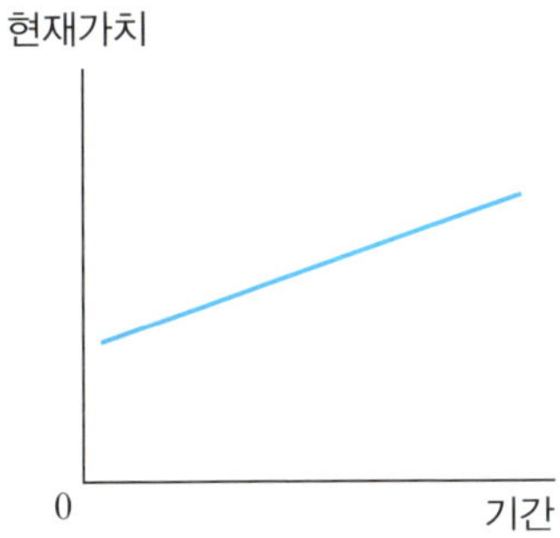

④ 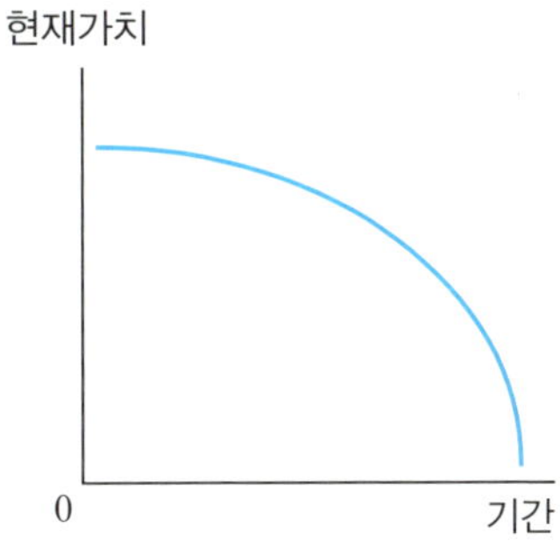

11 시간의 경과에 따른 1원의 미래가치의 변화를 바르게 나타낸 것은?

① 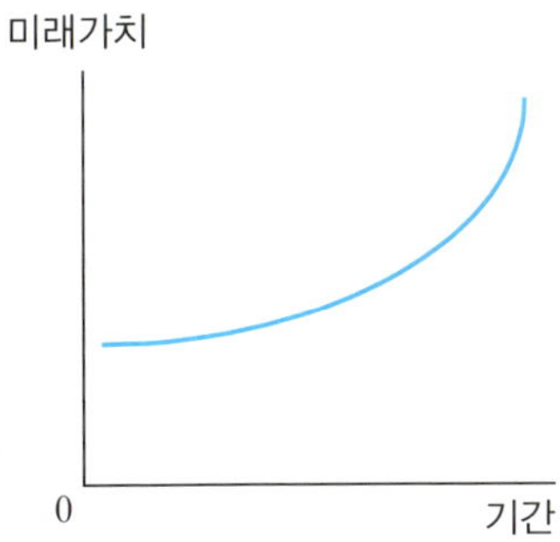

② 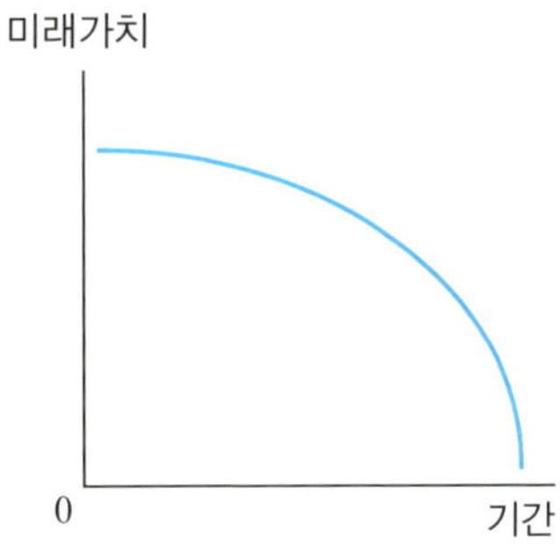

③ 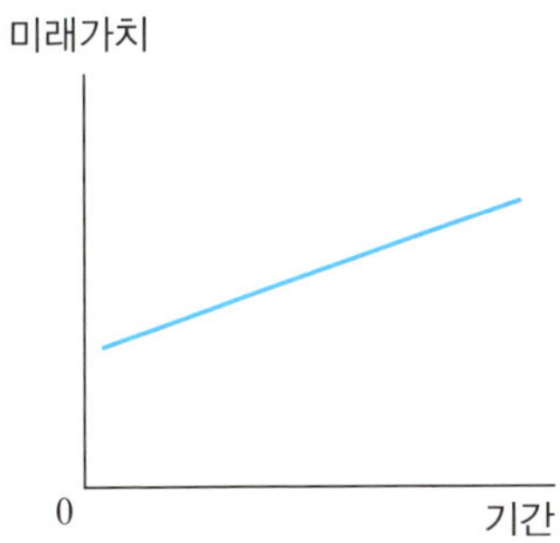

④ 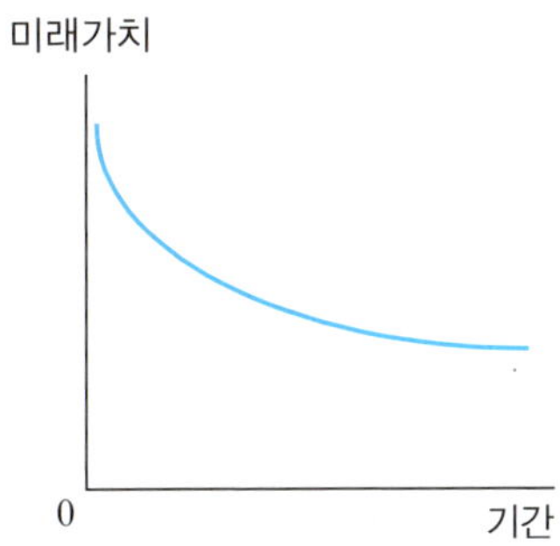

주관식 문제

01 다음의 용어를 설명하라.

(1) 유동성 선호

(2) 미래가치

(3) 현재가치

(4) 연금(annuity)

(5) 실효이자율

(6) 연속복리계산

02 원금 100만원을 연간 이자율 10%의 정기예금에 가입을 할 때 3년 후에 찾을 수 있는 금액은?

03 새미는 1,000만원의 결혼자금을 마련하기 위해 5년 동안 매월 말에 일정 금액을 불입하는 정기적금에 가입하려고 한다. 정기적금 이자율이 12% 일 때 새미가 매월 말에 불입해야 하는 금액은?

04 지영이는 아파트를 구입하기 위해 은행에서 5,000만원의 대출을 받았다. 대출이자율은 연리 12%이고, 원리금은 10년에 걸쳐서 매월 말에 균등 상환한다고 한다. 지영이가 매월 말에 상환해야 할 금액은?

05 문향이는 대학생들을 대상으로 매년 말에 총 2,000만원의 장학금을 지급하는 장학재단을 설립하려고 한다. 현재의 시장이자율이 8%라고 할 때 조성해야 할 장학기금은 얼마인가? 만약 시장이자율이 10%로 상승할 경우에 조성해야 할 장학기금은 얼마인가?

06 연주는 2008년 4월 1일에 원금 100만원을 연리 4%의 정기예금상품에 가입하였다. 이 정기예금의 만기는 2011년 4월 1일이다.

(1) 은행이 1년에 한 번씩 이자를 지급하는 경우 원리금은?

(2) 은행이 3개월에 한 번씩 이자를 지급하는 경우 원리금은?

(3) 은행이 연속복리계산을 하는 경우 만기일의 원리금은?

(4) 각각의 경우에서 연간 실효이자율을 구하라.

CHAPTER 03 채권과 주식의 평가

1절 채권의 평가

1 채권의 의의

채권(bond)은 발행자가 자금을 조달하기 위하여 발행한 유가증권으로서 일정한 이자를 지급함과 동시에 만기에 원금을 상환하기로 약속한 증서를 말한다. 채권은 확정소득증권(fixed income security)으로서 채권을 발행한 발행주체가 지급불능상태에 빠지지 않는 한 투자에 따른 불확실성은 없다. 그러나 예상치 못한 이자율의 변동이나 인플레이션 등으로 채권의 가치는 항상 변동하기 때문에 채권에 투자를 할 경우에도 위험이 따른다.

채권은 발행주체에 따라 국공채와 회사채, 그리고 특수채 등으로 구분된다. 국공채는 국가나 지방자치단체가 재정적자를 보전하거나 특정 사업에 필요한 자금을 조달하기 위하여 발행한 채권이다. 회사채는 사채라고도 하며, 기업이 일반대중으로부터 자금을 조달하기 위하여 발행한 채권이다. 특수채는 특별한 법률에 의해 설립된 법인이 발행한 채권을 말한다.

또한 채권은 이자지급방법에 따라 할인채와 이표채로 구분된다. 먼저 순수할인채는 만기일까지 이자를 지급하지 않고 만기일에 액면금액을 지급하는 채권이다. 반면 이표채는 기간별로 일정한 이자를 지급하고 만기에 액면금액을 지급하는 채권이다. 한편 영구채는 만기가 없이 이자만을 지급하는 채권이다.

채권의 가격은 만기일, 액면금액, 그리고 표면이자율에 의해 결정된다. 채권의 만기일은 이자와 원금을 마지막으로 지급하기로 한 날을 말한다. 우리나라의 경우 채권은 보통 1년에서 30년의 만기로 발행된다. 액면금액은 증서에 기재된 만기일에 지급할 원금을 말한다. 액면금액은 기업이 차입하고자 하는 명목금액을 나타내며, 지급이자계산의 기준이 된다. 표면이자율(액면이자율)은 만기일까지 매 기간 지급하기로 약속한 이자율을 말하며, 실제로 발행기관이 지급하는 이자를 표면이자라고 한다. 표면이자는 액면금액에 액면이자율을 곱한 금액으로서 1년에 한 번 지급되는 경우도 있고 두 번 지급되는 경우도 있으며 네 번 지급되는 경우도 있다. 이러한 채권의 현금흐름을 그림으로 나타내면 [그림 3−1]과 같다.

[그림 3−1] 채권의 미래현금흐름

시　　점	0	1	2	…	n	…
순수할인채권		0	0	…	F	
이 표 채 권		C	C	…	$C+F$	
영 구 채 권		C	C	…	C	…

2 채권의 가치

어떤 자산의 가격은 그 자산을 보유함으로써 얻게 되는 미래현금흐름을 적절한 할인율로 할인한 현재가치와 같다. 따라서 채권의 가치는 투자자가 미래에 받게 되는 이자와 원금을 시장이자율로 할인하여 구한 현재가치와 같다.

현재의 시장이자율이 r이라고 한다면 채권의 가치는 다음과 같이 계산된다.

$$P_0=\sum_{t=1}^{n}\frac{C}{(1+r)^t}+\frac{F}{(1+r)^n} \qquad (3-1)$$

P_0 : 채권의 가격

C : 표면이자

F : 액면가격

n : 만기

(3-1)식에서 할인율은 채권의 채무불이행위험이나 상환조건 등 채권의 특성에 따라 달라진다. 그러나 이러한 차이를 무시하고 모든 채권으로부터 발생하는 현금흐름이 확실한 상황을 가정하면 모든 채권의 평가에 적용될 할인율은 무위험이자율과 같아지게 된다.

예제 3-1

액면가가 100만원이고 만기가 3년인 순수할인채권의 가치를 계산하라. 단, 시장이자율은 8%라고 한다.

해설 $P_0=\frac{100}{(1+0.08)^3}=79.4(\text{만원})$

예제 3-2

액면가가 100만원이고 표면이자율이 8%인 3년 만기 이표채권의 가치를 계산하라. 단, 현재의 시장이자율은 10%라고 한다. 만약 시장이자율이 8%로 하락하면 이 채권의 가치는 어떻게 되는가?

해설 $P_0=\sum_{t=1}^{3}\frac{8}{(1+0.10)^t}+\frac{100}{(1+0.10)^3}=19.9+75.1=95.0(\text{만원})$

$P_0=\sum_{t=1}^{3}\frac{8}{(1+0.08)^t}+\frac{100}{(1+0.08)^3}=20.6+79.4=100(\text{만원})$

∴ 시장이자율이 하락하면 채권의 가치는 상승한다.

예제 3-3

매년 100만원의 이자를 영구적으로 지급하는 영구채권의 가치를 계산하라. 단, 현재의 시장이자율은 10%라고 한다.

해설 $P_0=\frac{100}{0.1}=1{,}000(\text{만원})$

3 채권수익률

앞에서는 채권으로부터 발생하는 현금흐름을 기초로 채권의 가치를 구하였다. 여기서는 이와 반대로 이미 시장에 형성되어 있는 가격으로 채권에 투자를 할 경우 채권의 수익률을 구해보자. 일반적으로 채권수익률이란 채권의 만기수익률(yield to maturity: *YTM*)을 의미한다. 즉 채권의 만기수익률은 채권을 구입해서 만기까지 보유할 경우에 투자자가 얻을 수 있는 연평균 투자수익률을 의미하는 것으로 다음과 같이 계산할 수 있다.

$$P_0=\sum_{t=1}^{n}\frac{C}{(1+y)^t}+\frac{F}{(1+y)^n} \tag{3-2}$$

P_0 : 채권의 시장가격
C : 액면이자
F : 액면가격
n : 만기
y : 만기수익률

(3-2)식에서 구하는 채권의 만기수익률은 제5장에서 설명하게 될 내부수익률과 같은 개념이다. 즉 채권수익률 y는 채권을 매입하기 위한 금액 P_0와 n년 동안 받게 되는 액면이자 C 및 액면가격 F의 현가를 일치하게 하는 할인율과 같다. 채권수익률을 계산하는 방법은 선형보간법을 이용한 시행착오(trial and error)에 의해 근사값을 구하는 수밖에 없다.

이러한 채권의 만기수익률은 주어진 가격에 채권을 구입할 때 투자자가 얻을 것으로 기대하는 수익률로서 채권에 투자를 한 후 시장의 상황변화에 따라 실제로 실현되는 수익률과는 다를 수 있다.

예제 3-4

액면가가 100만원이고 표면이자율이 10%인 1년 만기 채권을 95만원에 매입하였다. 이 채권의 만기수익률은 얼마인가?

해설 $95=\frac{10}{(1+y)}+\frac{100}{(1+y)}$

$\therefore y=0.1579(15.79\%)$

예제 3-5

액면가가 100만원이고 표면이자율이 10%인 3년 만기 채권을 95만원에 매입하였다. 이 채권의 만기수익률은 얼마인가?

해설 $95=\dfrac{10}{(1+y)^1}+\dfrac{10}{(1+y)^2}+\dfrac{110}{(1+y)^3}$

$\therefore y=0.1208(12.08\%)$

한편 우리나라의 채권시장에서 사용되는 채권수익률은 유통수익률로서 다음과 같이 매일의 채권거래가격에 근거하여 구한 수익률이다.

$$y=\left(\frac{F-P_0}{P_0}\right)\times\frac{365}{T} \qquad (3-3)$$

예제 3-6

액면가가 100만원이고 만기가 1년인 순수할인채권이 시장에서 95만원에 거래되고 있다. 이 채권의 만기까지 남은 기간은 300일이라면 이 채권의 유통수익률은 얼마인가?

해설 $y=\dfrac{100-95}{95}\times\dfrac{365}{300}=0.0640(6.40\%)$

일반적으로 채권수익률에 영향을 미치는 요인에는 크게 네 가지 요인이 있다. 즉, 채권수익률은 자본의 한계생산성, 물가상승률, 채권의 위험수준, 그리고 채권의 만기에 따라 달라진다. 이 네 가지 요인은 채권을 발행한 기업의 특성과 관련된 요인과, 발행기업과 관련이 없는 시장요인으로 분류할 수 있다.

$$y=f(p,\ m,\ r,\ l) \qquad (3-4)$$

y : 채권의 만기수익률
p : 자본의 한계생산성
m : 채권의 만기
r : 채권의 위험
l : 물가상승률

(3-4)식에서 자본의 한계생산성과 물가상승률(인플레이션)은 기업 외적 요인으로

시장의 전반적인 이자율수준에 영향을 미치는 반면, 채권의 위험 및 만기는 기업 내적 요인으로 개별채권의 수익률에 영향을 미치게 된다. 따라서 채권수익률의 결정요인 중에 시장요인이 안정적이라고 가정하면, 채권수익률의 차이는 채권의 위험 및 만기에 따라서 결정되게 된다.

[그림 3-2] 수익률곡선의 형태

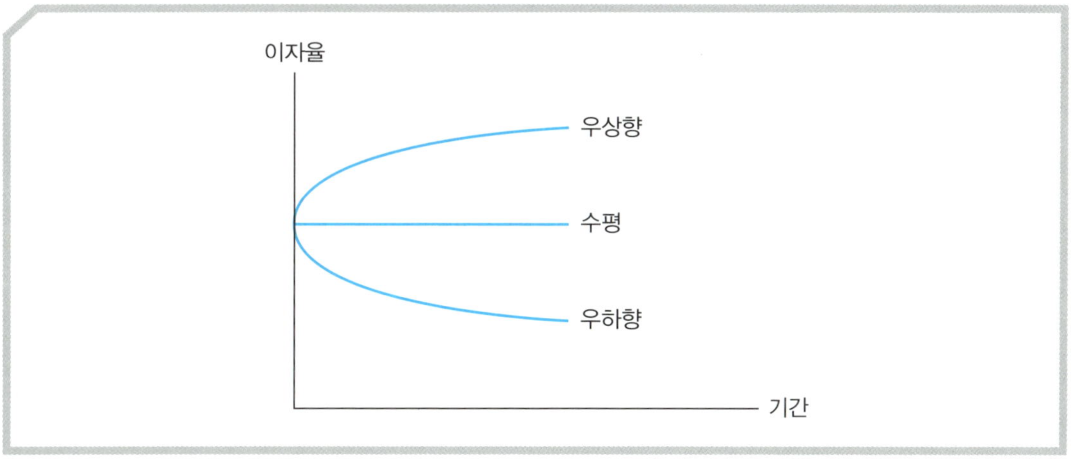

채권수익률의 기간구조

채권수익률은 채권의 여러 가지 특성을 반영하여 결정되기 때문에 그 특성에 따라 서로 다른 수익률을 갖게 된다. 따라서 어떤 일정 시점에서 다른 조건은 모두 동일하고 만기만 서로 다른 채권의 수익률은 서로 다른 값을 갖게 된다. 이러한 채권의 만기와 채권수익률의 관계를 채권수익률의 기간구조 또는 이자율의 기간구조(term structure of interest rate)라 하며, 흔히 수익률곡선(yield curve)으로 나타낸다. 한편 [그림 3-2]는 수익률곡선의 몇 가지 형태를 보여주고 있는데 수익률곡선은 어떤 시점에서나 동일한 것이 아니라 분석시점에 따라 다양한 형태를 갖고 있다.

그렇다면 만기에 따라 채권수익률이 달라지는 이유는 무엇일까? 만기의 차이에 따라 채권수익률의 차이가 발생하는 현상을 설명하는 이론으로서는 불편기대가설과 유동성프리미엄가설, 시장분할가설, 그리고 선호영역가설이 있다.

(1) 불편기대가설

채권수익률의 기간구조를 설명하는 대표적인 이론 중 하나는 불편기대가설이다. 불편기대가설은 장기채권수익률은 미래에 예상되는 단기이자율의 기하평균과 같다는 주장이다. 이를 수식으로 표시하면 다음과 같다.

$$(1+y_n)^n=[1+E(r_1)][1+E(r_2)]\cdots[1+E(r_n)] \tag{3-5}$$

y_n : n년 만기채권의 만기수익률

$E(r_t)$: t기의 예상이자율

불편기대가설에 의하면 미래의 이자율이 상승할 것으로 예상될 경우에 수익률곡선은 [그림 3-3]과 같이 우상향곡선을 그리게 되며, 미래의 이자율이 하락할 것으로 예상될 경우에 수익률곡선은 우하향곡선을 그리게 된다.

[그림 3-3] 불편기대가설과 수익률곡선

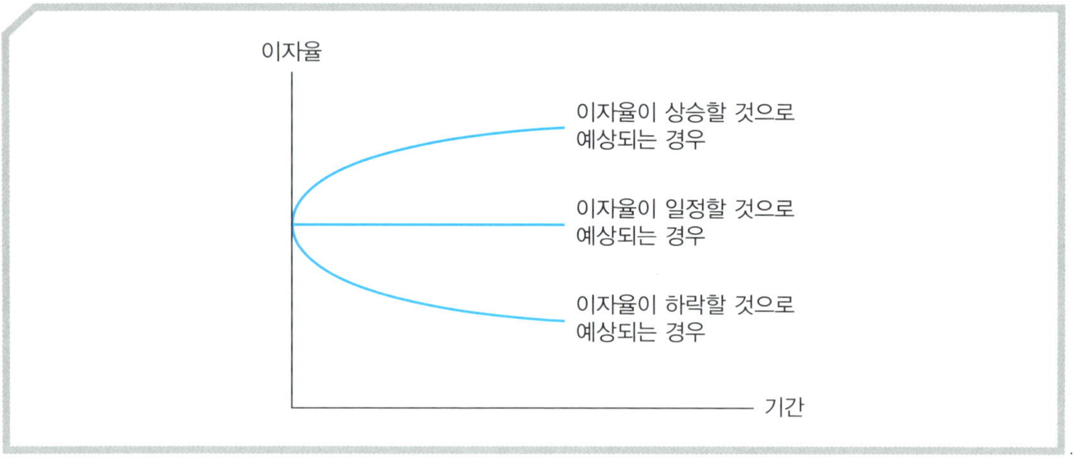

(2) 유동성프리미엄가설

다른 모든 조건이 동일한 경우 만기가 긴 채권의 수익률이 만기가 짧은 채권의 수익률보다 높게 나타나는 것이 일반적 현상이다. 불편기대가설에 의하면 이러한 현상은 미래 이자율이 지속적으로 상승할 것으로 예상되는 경우로 해석할 수 있으나, 유동성프리미엄가설에 의하면 투자자들이 장기채권에 투자를 하는 대가로 추가적인 프리미엄을 원하기 때문이라고 한다.

[그림 3-4] 유동성프리미엄가설과 수익률곡선

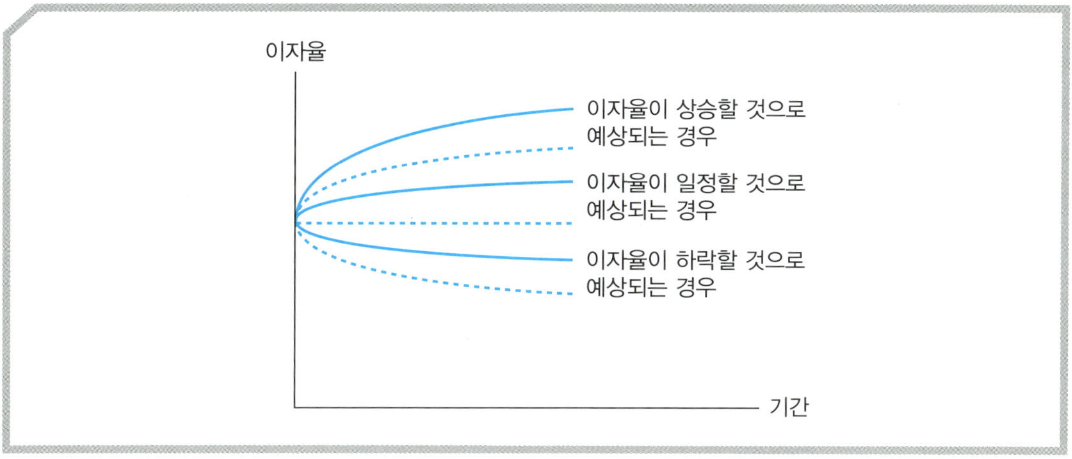

힉스(J. Hicks)는 장기채권에 투자하는 경우 단기채권에 비해 큰 위험을 부담하기 때문에 합리적인 투자자들은 장기채권에 대해서 이를 보전할 수 있는 프리미엄을 요구하게 된다고 주장하였다. 따라서 장기채권의 수익률이 단기채권의 수익률에 비해 더 높게 된다는 것이다.

매 기간별 유동성프리미엄을 L_1, L_2, $\cdots$, L_n이라고 하면 n년 만기 채권의 수익률은 다음과 같이 표시된다.

$$(1+y_n)^n=[1+E(r_1)+L_1][1+E(r_2)+L_2]\cdots[1+E(r_n)+L_n] \quad (3-6)$$

[그림 3-4]에서 점선으로 표시된 수익률곡선은 불편기대가설에 의한 수익률곡선을 나타내고, 실선으로 표시된 수익률곡선은 유동성프리미엄가설에 의한 수익률곡선을 나타낸다. 한편 유동성프리미엄가설에 의하면 채권의 만기가 길어질수록 채권의 위험이 커지므로 유동성프리미엄 또한 증가하게 된다.

(3) 시장분할가설

시장분할가설은 채권시장이 구조적인 경직성으로 인하여 몇 개의 하위시장으로 분할되어 있고 따라서 채권의 만기와 수익률 사이에 어떤 체계적인 관련성이 없다는 이론이다. 즉 채권시장의 투자자들은 그들이 선호하는 채권의 만기가 있고, 따라서 비정상적인 수익이 주어진다고 하더라도 자신들이 원하는 일정 범위의 만기에서 벗어나려고 하지 않기 때문에 채권의 수익률은 만기가 서로 다른 각 하위시장 내에서의 수요와 공급에 의하여 결정된다는 것이다. 예를 들면 단기여유자금을 운용하는 은행 및 손해보험회사는 만기가 긴 채권에 투자하지 않는 반면 생명보험회사나 연 · 기금 등 부채의 만기가 긴 투자자는 장기채권에 투자를 하여 부채와 자산의 만기를 일치시키려고 한다.

그러나 이 경우에 위험이 같으나 수익률이 서로 다른 채권 사이의 차익거래를 통해서 비정상적인 수익을 얻을 수 있기 때문에 채권시장이 효율적일 경우 만기별로 독립적인 수익률곡선이 형성되기 어렵다.

[그림 3-5] 시장분할가설과 수익률곡선

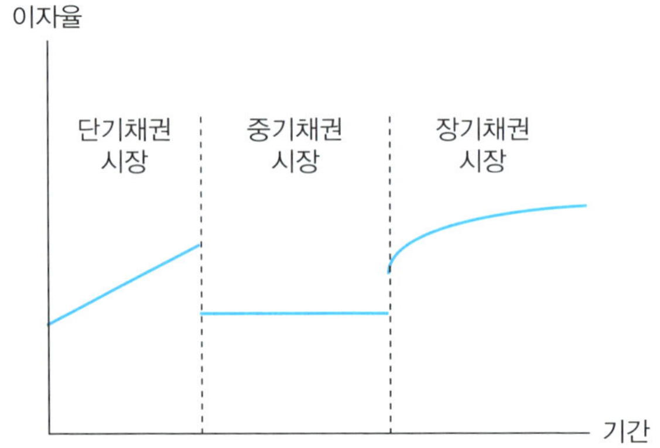

(4) **선호영역가설**

선호영역가설은 투자자들이 선호하는 특정한 만기의 영역이 존재하나, 만일 다른 만기의 채권에 충분한 프리미엄이 존재한다면 투자자들이 선호하지 않는 다른 만기의 채권에 투자할 수 있다는 가설이다. 그러나 투자자들은 그들이 선호하는 영역의 만기를 갖는 채권의 수익률보다 다른 채권의 수익률이 충분하게 크지 않을 때에는 그들이 선호하는 만기를 갖는 채권에만 투자하므로 시장은 부분적으로 분할되어 있게 된다. 이 때 투자자들이 선호하는 만기의 영역을 넘어 다른 만기를 가진 채권에 투자할 때 요구하는 추가적 수익률을 선호영역프리미엄이라 한다.

채권수익률의 위험구조

채권은 이자와 원금상환금액이 계약에 의해 정해져 있는 확정소득증권이다. 그러나 최근의 세계적인 금융위기에서 보았듯이 채권을 발행한 기업의 사정에 따라 이자와 원금을 약속대로 지급하지 못할 수 있고, 수의상환 사채와 같이 그 채권의 특성에 따라 미래현금흐름의 불확실성이 존재한다. 이와 같이 채권의 발행주체 또는 발행조건이 가지고 있는 위험수준의 차이로 인해 나타나는 채권수익률의 차이를 우리는 채권수익률의 위험구조라고 한다.

(1) 채권투자의 위험

증권시장에서 거래되는 대부분의 채권들은 투자위험을 갖고 있다. 채권의 투자위험 중에서 가장 대표적인 것은 채무불이행위험이고, 그 밖에도 인플레이션위험, 수의상환위험, 이자율위험 등이 있다.

채무불이행위험(default risk)은 채권의 발행자가 약속대로 원금과 이자를 상환하지 못하게 될 가능성을 말한다. 채무불이행에는 여러 가지 형태가 있는데, 일정기간 이후의 이자 및 원금을 전혀 지급하지 못하는 완전불이행과 원리금의 일부를 지급하지 못하거나 지급을 연기하는 부분불이행의 경우가 있다. 채무불이행이 이루어지게 되면 기업이 투자자들에게 약속한 약정수익률보다 실제로 실현될 수 있는 수익률의 기댓값 즉, 기대수익률은 낮아지게 된다.

인플레이션위험(inflation risk)이란 인플레이션으로 인하여 채권의 실질수익률이 변동하게 될 가능성이다. 인플레이션위험 중에서 특히 중요한 것은 예상 못한 인플레이션이다. 피셔의 등식(Fisher' equation)이론에 의하면 채권의 명목수익률은 투자자들의 기대인플레이션을 반영하여 결정되는데, 만약 예상 못한 인플레이션이 발생하게 되면 실질수익률이 변동하게 되고 이를 인플레이션위험이라고 한다.

채권의 발행조건 중에서 수의상환에 관한 조항은 채권의 발행자가 만기 이전에 일정한 가격으로 채권을 재매입할 수 있는 권리를 규정한 것이다. 예를 들어 삼성전자에서 1년 전에 15%의 이자율로 3년 만기 수의상환채권을 발행하였다고 하자. 그런데 만약 시장이자율이 10%로 하락한다면 삼성전자에서는 이 채권을 미리 정한 상환가격(call price)에 매입하고 싼 이자로 새로운 채권을 발행할 수 있다.

이러한 수의상환조항은 투자자에게는 위험이 된다. 다시 말하면 이자율이 떨어지면 발행자가 채권을 중도에 상환할 것이므로 이 채권에 투자한 투자자는 애초에 기대했던 현금흐름과는 다른 현금흐름을 갖게 될 위험이 있다. 그리고 시장이자율이 하락할 때 채권의 가격은 상승하지만 수의상환채권의 가격은 미리 정한 상환가격을 초과하지 못하므로 투자자는 손실을 보게 된다.

(2) 수익률스프레드

수익률스프레드(yield spread)란 채무불이행의 위험이 있는 채권과 위험이 전혀 없는 채권의 수익률의 차이를 말한다. 예를 들면 채무불이행위험이 있는 회사채의 수익률과 위험이 전혀 없는 국공채의 수익률의 차이가 수익률스프레드이다.

$$\text{수익률스프레드} = \text{약정수익률} - \text{무위험수익률} \tag{3-7}$$

일반적으로 채권수익률은 채무불이행위험이 커짐에 따라 채권수익률이 증가하기 때문에 수익률스프레드 또한 증가하게 된다.

예를 들어 BBB등급 채권의 수익률스프레드는 [그림 3-6]에서 보는 바와 같이 약정수익률(y)에서 무위험수익률(r_f)을 차감한 것과 같다.

[그림 3-6] 수익률스프레드

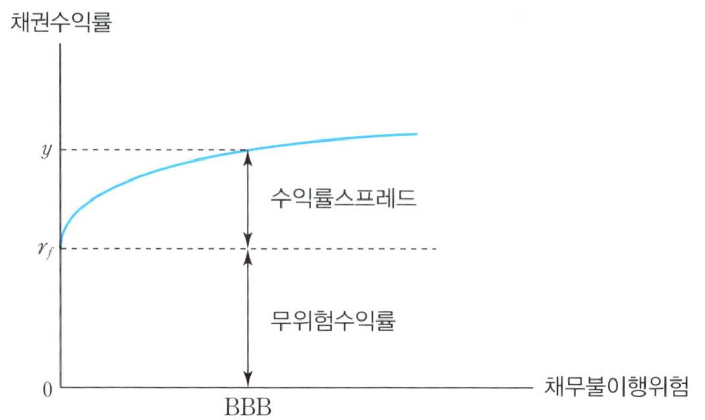

4 채권등급의 평가

일반적으로 어떤 채권의 채무불이행위험이 높으면 높을수록 그 채권의 약정수익률은 상승하고 시장가격은 하락하게 된다. 왜냐하면 채권의 약정수익률은 그 채권에 대한 할인율을 의미하고 할인율이 높을수록 미래현금흐름의 현재가치는 줄어들기 때문이다. 한편 특정 채권의 채무불이행위험에 대한 평가는 일반적으로 전문적인 평가기관에 의해 이루어지고 있으며, 전문평가기관이 발표하는 채권등급은 채권가격에 직접적인 영향을 미친다.

채권등급평가(bond rating)란 이러한 신용평가기관이 특정 채권의 원금 및 이자가 약속대로 상환될 수 있는 정도를 판정하여 이를 등급형태로 투자자에게 전달하는 것을 말한다. 즉 채권등급평가는 채권투자자에게 채권의 원리금상환에 따르는 위험에 관한 정보를 제공함으로써 투자자를 보호하는 데 그 목적이 있다.

〈표 3-1〉 회사채의 신용등급

신용평가기관		의 미	약정수익률
S&P	Moody's		
AAA	Aaa	고급채권	가장 낮음
AA	Aa		
A	A	중급채권	
BBB	Baa		
BB	Ba		
B	B		
CCC	Caa		
CC	Ca	저급채권	
C	C		
D		지급불능	가장 높음

회사채나 기업어음(CP) 등에 대한 전문적인 신용평가기관으로서 대표적인 회사는 미국의 무디스(Moody's Investors Service), 스탠다드-푸어스(Standard & Poor's), 영국의 피치(Fitch Ratings)가 있으며, 우리나라는 한국신용평가(주), 한국신용정보(주), 한국기업평가(주)가 신용평가기관으로 활동하고 있다.

채권의 등급은 채무불이행위험의 정도에 따라 여러 등급으로 구분된다. 예를 들어 S&P사는 장기채권을 대상으로 크게 AAA에서 D까지 10개의 등급으로 구분하고 있고, Moody's는 Aaa에서 C까지 9개의 등급으로 구분하고 있다.

한편 채권의 등급에 따라 채권의 투자위험도 달라지는데, 일반적으로 채권등급이 BBB(Baa) 이상인 채권을 투자적격채권으로 판단하고 있으며, 채권등급이 BB(Ba) 이하인 채권은 원리금 상환에 문제가 있는 투자부적격채권으로 분류된다. 그러나 이와 같은 BB(Ba) 등급 이하의 채권들은 높은 투자위험을 갖고 있는 반면에 위험에 따른 높은 수익률을 기대할 수 있어 투기성 채권 또는 정크본드(junk bond)라고도 불린다.

정크본드는 채권의 발행시점부터 높은 채무불이행위험으로 인하여 투자부적격등급을 받은 채권도 있지만 채권의 발행시점에 높은 등급을 받았으나 채권발행 후 기업의 재무상태가 악화되어 등급이 하락한 채권도 있다. 이러한 채권을 추락한 천사(fallen angel)라고 한다.

정크본드는 1980년대 이후 미국의 시장에서 M&A의 주요수단으로 활용되면서 거래규모가 급속히 늘어나기도 했다. 일반적으로 투자자들은 위험이 낮은 채권에 투자를 할 때 보다는 위험이 높은 채권에 투자를 할 때 더 높은 수익률을 요구하게 된다. 즉 채권의 수익률은 그 채권의 위험이 증가함에 따라 올라가게 된다. 〈표 3-2〉는 1955년 이후 최근까지 미국시장에서의 채권의 수익률을 보여주고 있는데 채권등급이 내려갈수록 수익률이 올라가는 것을 알 수 있다.

또한 채권의 수익률스프레드는 항상 일정한 것이 아니라 경기의 영향을 받는데 이는 경기에 따라 채무불이행위험이 크게 달라지기 때문이다. 즉 경기가 좋을 때는 등급

〈표 3-2〉 채권등급과 채권수익률

채권등급	1955~1969	1970~1979	1980~1989	1990~1999
장기국채	4.1%	7.3%	10.6%	7.0%
AAA	4.6	8.2	11.1	7.1
AA	4.7	8.4	11.5	7.2
A	4.8	8.6	11.8	7.4
BBB	5.3	9.2	12.4	7.9
수익률스프레드 (BBB-AAA)	0.7	1.0	1.3	0.8

자료: *Standard & Poor's Trade and Securities Statistics.*

이 낮은 채권들의 채무불이행위험이 크게 감소하고 따라서 수익률스프레드도 줄어들지만 경기가 불황이거나 침체가 될 때에는 등급이 낮은 채권의 채무불이행위험이 더욱 크게 증가하기 때문에 수익률스프레드도 커지게 된다.

2절 주식의 평가

1 주식의 가치

주식의 가치는 주식을 소유함으로써 얻을 수 있는 미래수익의 크기와 위험에 따라 결정된다. 즉 주가는 주식투자로부터 얻을 수 있는 미래수익을 적절한 할인율로 자본화한 현재가치이다. 그리고 수익이나 배당 등과 같은 기업의 수익력을 기초로 계산된 주식의 가치를 주식의 내재가치(intrinsic value), 또는 수익가치라고 한다.

주식의 가치는 수익가치 이외에도 자산가치로 평가할 수 있다. 주식의 자산가치는 기업의 순자산가치를 발행주식수로 나눈 것이다. 그러나 주식의 자산가치는 회계관행에 따라 작성된 장부가액을 기초로 계산될 뿐만 아니라 자산의 유기적 결합에 의한 시너지효과가 반영되어 있지 않기 때문에 주식의 경제적 가치를 제대로 반영하지 못한다.

주식의 가치를 결정할 때 수익을 기준으로 할 것인가, 아니면 배당을 기준으로 할 것인가에 따라 이익설과 배당설이 있다. 먼저 이익설은 주주의 청구권은 이익의 전부이며 그것을 배당 또는 사내유보로 배분하는 문제는 중요한 문제가 아니라고 주장한다. 따라서 이익설에 의하면 주식의 평가기준은 1주당 이익이 된다. 반면 배당설은 주식을 소유함으로써 투자자가 실제로 얻을 수 있는 소득은 배당이므로 1주당 배당을 기준으로 주식을 평가하여야 한다고 주장한다.

이와 같은 이익설과 배당설 중에서 어떠한 주장이 더 타당한 것인가에 대해서는 논의의 여지가 있으나 이익의 재투자에 의한 배당의 성장 또는 주가의 상승을 고려할 경우 그 결과는 같아질 것이다.

2 주식의 평가모형

기본모형

주식의 내재가치는 그 주식을 소유함으로써 얻을 수 있는 미래의 현금흐름을 적절한 할인율로 할인한 가치이다. 이를 식으로 나타내면 다음과 같다.

$$P_0 = \sum_{t=1}^{n} \frac{CF_t}{(1+k)^t} \qquad (3-8)$$

CF_t : t기의 현금흐름
k : 할인율

(3-8)식에서 t기의 현금흐름 CF_t는 주당이익흐름이 될 수도 있고 또는 주당배당흐름이 될 수 있다. 한편 k는 주식의 현재가치를 평가하는데 적용되는 할인율로서 그 주식의 위험에 따라 달라진다. 다시 말하면 할인율은 주식투자자가 그 위험을 고려하여 기업에 대해 요구하는 요구수익률로서 자기자본의 자본비용(cost of equity)과 같다.

배당평가모형

고든(M. Gordon)은 주식의 가치는 미래의 주당배당을 적절한 할인율로 할인하여 구한 현재가치로 볼 수 있다고 주장하였다. 다시 말하면 투자자가 주식투자로부터 얻을 수 있는 소득의 구체적인 형태는 미래의 배당이라는 것이다.

예를 들어 어떤 주식을 n년 동안 소유한 후에 그 주식을 매각한다고 한다면 주식의 가치는 다음과 같이 평가된다.

$$\begin{aligned} P_0 &= \frac{D_1}{(1+k)} + \frac{D_2}{(1+k)^2} + \frac{D_3}{(1+k)^3} + \cdots + \frac{D_n}{(1+k)^n} + \frac{P_n}{(1+k)^n} \\ &= \sum_{t=1}^{n} \frac{D_t}{(1+k)^t} + \frac{P_n}{(1+k)^n} \qquad (3-9) \end{aligned}$$

D_t : t시점의 주당배당
k : 할인율

한편 n년 후의 주식가치 P_n은 그 이후의 배당흐름의 n시점에서의 현재가치이므로 다음과 같이 표시할 수 있다.

$$P_n=\frac{D_{n+1}}{(1+k)}+\frac{D_{n+2}}{(1+k)^2}+\frac{D_{n+3}}{(1+k)^3}+\cdots+\frac{D_\infty}{(1+k)^\infty} \qquad (3-10)$$

위의 (3-10)식을 (3-9)식에 대입하여 정리하면 다음과 같이 된다.

$$P_0=\frac{D_1}{(1+k)}+\frac{D_2}{(1+k)^2}+\frac{D_3}{(1+k)^3}+\cdots+\frac{D_\infty}{(1+k)^\infty}$$

$$=\sum_{t=1}^{\infty}\frac{D_t}{(1+k)^t} \qquad (3-11)$$

(3-11)식을 보면 결국 주식의 가치는 미래배당흐름의 현재가치라는 것을 알 수 있다. 한편 주가는 향후 예상되는 배당뿐만 아니라 자본이득까지 고려하고 있다는 것을 (3-9)식에서 알 수 있으며, 자본이득은 주식매각시점 이후의 배당흐름에 좌우되게 된다.

(3-11)식을 이용하여 주식의 가치를 평가하기 위해서는 미래 모든 시점의 주당배당을 예측할 수 있어야 한다. 그러나 미래의 주당배당을 정확히 예측한다는 것은 사실상 불가능하므로 기업의 주당배당이 일정한 비율로 영속적으로 성장한다고 가정하면 다음과 같은 항상성장모형(constant growth model)을 도출할 수 있다.

$$P_0=\frac{D_1}{k-g} \qquad (3-12)$$

g : 배당증가율

예제 3-7

A기업은 매년 말에 주당 1,500원씩의 배당을 영구적으로 지급한다. 이 기업의 할인율(자기자본의 자본비용)이 20%라고 할 때 A주식의 가치를 구하라.

해설 $P_0=\frac{D_1}{k-g}=\frac{1,500}{0.2-0}=7,500(원)$

예제 3-8

B기업은 연말에 주당 1,500원의 배당을 지급할 예정이다. 그리고 이 배당은 매년 5%의 비율로 증가할 것으로 기대된다. 이 기업의 할인율이 20%라고 할 때 B주식의 가치를 구하라.

해설 $P_0=\frac{D_1}{k-g}=\frac{1{,}500}{0.2-0.05}=10{,}000(\text{원})$

이익평가모형

주식의 가치를 평가하는 요인으로 주당이익의 흐름을 중요시하는 이익평가모형에 의하면 주식의 가치는 미래에 예상되는 주당이익흐름을 적절한 할인율로 할인한 현재가치이다. 따라서 주식의 가치는 다음과 같다.

$$\begin{aligned}P_0&=\frac{E_1}{(1+k)}+\frac{E_2}{(1+k)^2}+\frac{E_3}{(1+k)^3}+\cdots+\frac{E_\infty}{(1+r)^\infty}\\&=\sum_{t=1}^{\infty}\frac{E_t}{(1+k)^t}\end{aligned} \tag{3-13}$$

E_t : t시점의 주당이익

(3-13)식에서 주당이익이 매년 일정하고 기업의 영업활동이 영속적이라고 가정하면 주식의 가치는 다음과 같이 된다.

$$P_0=\frac{E}{k} \tag{3-14}$$

이와 같이 주식의 평가요인으로 주당이익을 강조하는 이익할인모형의 이론적 배경은 주당이익 중에서 일부가 사내에 유보되어 재투자될 경우에 재투자이익이 주가에 미치는 영향을 고려하여야 한다는 것이다. 그러나 배당모형에서는 이러한 유보이익의 재투자에 의한 주가의 상승효과가 배당의 성장을 통해 실현되는 것으로 보고 있으므로 결국 배당모형과 이익모형은 동일한 결과를 가져다주는 것으로 볼 수 있다.

연/습/문/제

객관식 문제

01 액면금액이 1,000원이고 만기가 5년인 순수할인채권의 현재가치는? 단, 시장이자율은 10%이다.

① 783.53원　　② 909.09원
③ 620.92원　　④ 497.18원

02 액면금액이 1,000원이고 표면이자율이 10%인 3년 만기 채권의 현재가치는? 단, 시장이자율은 5%이다.

① 1,136.1원　　② 1,000.0원
③ 875.66원　　④ 863.84원

03 매월 10만원의 이자를 영구적으로 지급하는 영구채권의 현재가치는? 단, 연간 시장이자율은 12%이다.

① 833만원　　② 1,000만원
③ 1,200만원　　④ 8,333만원

04 액면금액이 1,000원이고 만기가 1년인 순수할인채권을 950원에 매입할 경우 이 채권의 만기수익률은?

① 5.00%　　② 5.26%
③ 10.0%　　④ 15.8%

05 채권의 수익률에 영향을 미치는 요인이 아닌 것은?

① 채권의 만기
② 채권의 위험수준
③ 물가상승률
④ 채권의 액면금액

06 K기업은 매 분기별로 주당 1,000원의 배당을 영구적으로 지급한다고 할 때 A기업 주식의 가치는? 이 기업의 할인율은 16%이다.

① 6,250원
② 10,000원
③ 16,000원
④ 25,000원

07 S기업은 올해 말에 주당 1,000원의 배당을 지급할 예정이다. 이 기업의 배당이 매년 10%의 비율로 증가한다면 이 기업의 주식의 가치는? 이 기업의 할인율은 15%이다.

① 10,000원
② 6,666.7원
③ 20,000원
④ 3,333.3원

주관식 문제

01 다음 용어를 설명하라.

(1) 국공채

(2) 이표채

(3) 만기수익률

(4) 수익률곡선

(5) 불편기대가설

(6) 시장분할가설

(7) 수익률스프레드

(8) 채권등급평가

(9) 항상성장모형

02 정부에서 발행한 국고채의 발행조건은 다음과 같다.

액 면 가 격 : 1,000,000원
표면이자율 : 4%
만 기 : 5년

현재 시장이자율이 8%라고 하면 이 채권의 시장가치는 얼마인가?

03 S회사에서 발행한 회사채의 발행조건은 다음과 같다.

액 면 가 격 : 100,000원
표면이자율 : 12%
만 기 : 3 년

이 회사채의 시장가격이 105,000원이라고 하면 이 채권의 만기수익률은 얼마인가?

04 다음은 현재 시장에서 거래되고 있는 순수할인채권의 시장가격에 관한 자료이다. 이 채권의 액면가는 1,000,000원이다.

만기(년)	시장가격(원)
1	925,926
2	841,680
3	751,315

(1) 각각의 채권의 만기수익률을 구하라.
(2) 현재 시점에서의 수익률곡선을 도시하라.

05 H건설은 최근 급성장을 하고 있는 회사이다. 이 회사의 배당은 앞으로 2년 동안은 18%씩 성장을 하고 3년째는 15%, 그리고 그 이후에는 매년 6%씩 성장할 것으로 기대된다. 이 회사의 지난해 말의 배당은 1,150원이었으며, 자기자본비용은 12%이다.

(1) 이 회사의 현재 주식가격을 구하라.
(2) 1년 후와 2년 후의 주식가격을 추정하라.
(3) 각 연도별 주식수익률을 각각 구하라.

06 L전자는 매년 2,400원의 배당을 영구적으로 지급한다. 현재 이 회사의 주주의 요구수익률이 15%라고 하면 주식의 가치는 얼마인가? 만약 이 회사의 배당이 매년 5%의 비율로 증가한다면 주식의 가치는 얼마인가? 만약 주주의 요구수익률이 20%로 상승한다면 주식의 가치는 얼마인가?

CHAPTER

04 소비와 투자의 결정

1절 소득흐름과 시장기회선

1 부의 가치평가

일반적으로 개인의 부(wealth)의 가치나 기업의 가치는 그 소득흐름의 현재가치로 나타내게 된다. 예를 들어 A와 B 두 사람이 다음과 같은 소득흐름을 갖는다고 하자.

시 점	0	1
A의 소득	1,000	1,000
B의 소득	500	1,700

이 경우 A와 B 중에서 누가 더 부자일까? 다시 말하면 A와 B 중에서 누가 더 많은 부를 가지고 있을까? 먼저 A와 B의 소득흐름을 비교하면 현재시점($t=0$)에서는 A의 소득이 많고, 반대로 미래시점($t=1$)에서는 B의 소득이 많다. 따라서 모든 시점의 소득을 고려한다면 누가 더 많은 부를 가지고 있는지 판단하기 어렵다. 이 경우 모든 소득흐름의 총현재가치가 일반적인 부의 비교기준으로 사용된다.

먼저 현재 시장이자율이 10%라고 가정하고 A의 소득흐름(Y^A)과 B의 소득흐름(Y^B)의 현재가치 (W_0)를 비교하면 다음과 같다.

$$W_0^A = Y_0^A + \frac{Y_1^A}{1+r} = 1{,}000 + \frac{1{,}000}{1+0.1} = 1{,}909.09$$

$$W_0^B = Y_0^B + \frac{Y_1^B}{1+r} = 500 + \frac{1{,}700}{1+0.1} = 2{,}045.45$$

시장이자율이 10%일 경우에 B의 부의 가치가 A의 그것보다 더 크다는 것을 알 수 있다.

한편 현재 시장이자율이 50%라고 가정하고 A의 소득흐름과 B의 소득흐름의 현재가치를 비교하면 다음과 같다.

$$W_0^A = Y_0^A + \frac{Y_1^A}{1+r} = 1{,}000 + \frac{1{,}000}{1+0.5} = 1{,}666.67$$

$$W_0^B = Y_0^B + \frac{Y_1^B}{1+r} = 500 + \frac{1{,}700}{1+0.5} = 1{,}633.33$$

시장이자율이 50%일 경우에 오히려 A의 부의 가치가 B의 그것보다 더 크다는 것을 알 수 있다.

이와 같이 부의 가치는 시장이자율에 따라 달라진다. 즉 시장이자율이 올라가게 되면 부의 현재가치는 줄어들고, 반대로 시장이자율이 내려가게 되면 부의 현재가치는 늘어난다. 그리고 미래 소득흐름이 많은 사람일수록 시장이자율이 올라가게 되면 부의 가치가 더 많이 줄어든다.

2 소득흐름과 시장기회선

금융시장이 존재하는 경우 우리는 소득의 현재가치를 부의 척도로 사용할 수 있음을 살펴보았다. 한편 이러한 개인이나 기업의 부의 가치는 다음 그림에서 보는 것처럼 개인의 소비가능선(consumption possibility line)과 매우 밀접한 관련을 갖고 있다.

[그림 4-1]에서 수평축은 현재시점에서의 현금흐름을 나타내고, 수직축은 미래시점에서의 현금흐름을 나타낸다. 이 경우 A의 소득흐름은 E^A점으로, 그리고 B의 소득흐름은 E^B점으로 표시할 수 있다. 한편 A와 B가 주어진 소득흐름을 가지고 금융시장을 이용하여 저축을 하거나 차입을 함으로써 현재와 미래에 소비가능한 점들을 모두 그려보면 [그림 4-1]과 같이 우하향하는 직선으로 나타난다. 즉 A는 주어진 소득

[그림 4-1] 소득흐름과 시장기회선

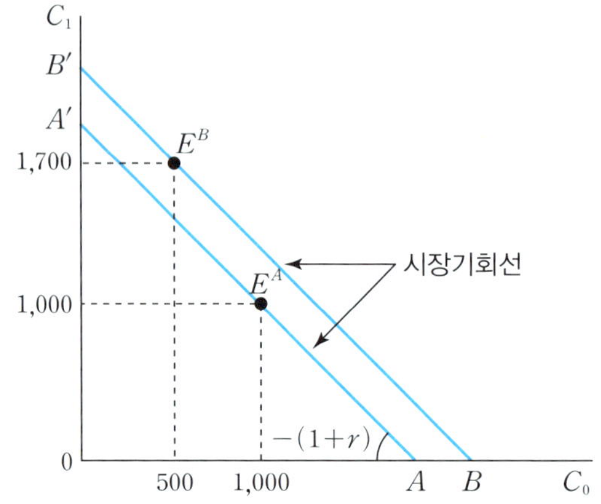

(E^A)을 갖고 직선 AA' 위의 한 점(C^A)에서 소비를 할 수 있으며, B는 주어진 소득 (E^B)을 갖고 직선 BB' 위의 한 점(C^B)에서 소비를 결정할 수 있다.

이처럼 주어진 소득하에 금융시장을 이용하여 소비가능한 점들의 집합을 시장기회선(market opportunity line)이라고 한다. 현재 시장이자율이 r이라고 하면 시장기회선은 다음과 같이 표시된다.

$$C_0+\frac{C_1}{1+r}=Y_0+\frac{Y_1}{1+r} \tag{4-1}$$

(4-1)식은 개인의 소비흐름의 현재가치의 합은 소득흐름의 현재가치의 합과 같다는 것을 의미한다. 여기서 시장이자율이 10%일 경우 A와 B의 시장기회선을 각각 구하면 다음과 같다.

$$C_0^{\ A}+\frac{C_1^{\ A}}{1+0.1}=1{,}000+\frac{1{,}000}{1+0.1}=1{,}909.09 \tag{4-2}$$

$$C_0^{\ B}+\frac{C_1^{\ B}}{1+0.1}=500+\frac{1{,}700}{1+0.1}=2{,}045.45 \tag{4-3}$$

(4-2)식과 (4-3)식에서 A와 B의 소비흐름의 현재가치의 합은 각각의 부의 현재가치와 같다는 것을 알 수 있다.

2절 소비와 투자의 결정

1 최적소비-투자의 결정

(1) 금융시장을 이용하는 경우

앞에서 우리는 현재가치 및 미래가치의 개념에 대해 살펴보고 개인이나 기업의 소득흐름을 이용하여 부의 가치를 평가해 보았다. 여기서는 일정한 소득흐름을 가지고 있는 개인 또는 기업이 금융시장에 투자(차입 및 대출)를 하거나 실물시장에 투자를 하는 경우에 최적소비 및 투자결정이 어떻게 이루어지는지 살펴보기로 한다.

먼저 소비자에게 실물투자의 기회가 주어지지 않고 금융시장만을 이용하는 경우에 합리적인 소비 및 투자결정이 어떻게 이루어지는지 살펴보자. 앞서 설명한 것처럼 소비자가 금융시장을 통하여 대출을 하거나 차입을 할 수 있는 경우에는 그 소비자의 현재 및 미래의 소비가 반드시 그 소비자의 현재소득 및 미래소득과 항상 일치할 필요가 없다. 다시 말하면 소비자는 대출 또는 차입을 통하여 시장기회선상의 한 점을 선택하여 소비를 할 수 있다. 한편 경제학이론에 의하면 소비자의 효용(utility)을 극대화하는 최적소비점은 무차별곡선과 시장기회선이 접하는 점에서 이루어지게 된다.

[그림 4-2] 무차별곡선

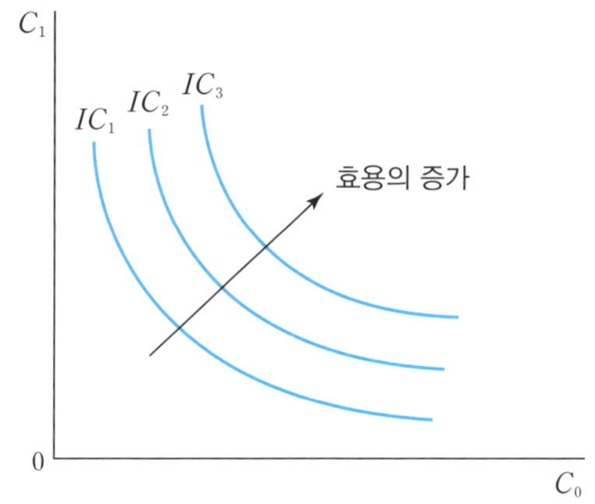

여기서 소비자의 무차별곡선(indifference curve)은 동일한 수준의 효용을 얻을 수 있는 현재소비(C_0)와 미래소비(C_1)의 조합의 집합을 의미한다. 이러한 소비자의 무차별곡선의 형태는 [그림 4-2]에서와 같이 한계효용체감의 법칙에 따라 원점에 대하여 볼록한 형태를 갖는다. 한편 무차별곡선 상의 한 점에서의 접선의 기울기를 한계대체율이라고 하는데 이는 소비자의 미래소비에 대한 현재소비의 상대적 선호도를 나타낸다. 미래소비에 비해 현재소비에 대한 선호도가 높으면 무차별곡선의 접선의 기울기는 가파르게 되고, 미래소비에 비해 현재소비에 대한 선호도가 낮으면 접선의 기울기는 완만하게 된다.

한편 [그림 4-3]은 시장이자율이 10%일 때 현재소득과 미래소득이 각각 1,000원인 소비자의 시장기회선을 표시하고 있다. 시장기회선이란 주어진 소득으로부터 금융시장에서 시장이자율로 차입이나 대출을 함으로써 소비 가능한 현재 및 미래소비의 조합을 나타내는 점들이다. 따라서 [그림 4-3]의 시장기회선 위의 점 C^A와 C^B는 주어진 소득 E^A로부터 대출 또는 차입을 통하여 창출된 소비점들이다.

먼저 C^A는 현재소비가 500원, 미래소비가 1,550원인 점으로, 현재소득 1,000원 중에서 500원을 현재에 소비하고 나머지 500원을 금융시장을 이용하여 대출을 함으로써 미래에 소득 1,000원과 대출에 따른 원리금 550원을 합쳐 1,550원을 소비하고자 하는 점이다.

다음 C^B는 현재소비가 1,500원, 미래소비가 450원인 점으로, 금융시장을 이용하여 500원을 차입한 후 현재소득 1,000원과 차입금 500원을 합쳐 1,500원을 현재에 소

[그림 4-3] 시장기회선

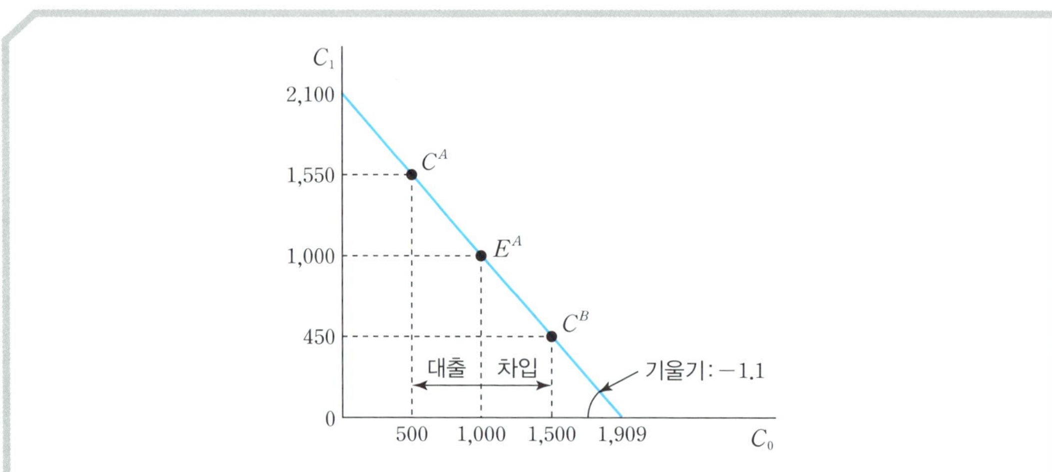

비하고, 미래에는 소득 1,000원 중에서 원리금 550원을 상환하고 나머지 450원을 소비하고자 하는 점이다.

소비점 C^A

현재소비금액＝500
대출금액＝1,000－500＝500
미래원리금＝500×1.1＝550
미래소비금액＝1,000＋550＝1,550

소비점 C^B

현재소비금액＝1,500
차입금액＝1,500－1,000＝500
미래상환액＝500×1.1＝550
미래소비금액＝1,000－550＝450

한편 소비자가 금융시장을 이용하는 경우 최적소비는 [그림 4－4]에서와 같이 그 소비자의 무차별곡선과 시장기회선이 접하는 점에서 이루어진다. [그림 4－4]에서 소비자는 동일한 시장기회선 위에 있는 A점이나 또는 B점을 선택하여 소비를 하는 것보다 C^*점을 선택하여 현재시점에 $C_0{}^*$을 소비하고 미래시점에 $C_1{}^*$을 소비함으로써 주어진 소득으로 가장 높은 효용을 얻을 수 있다.

[그림 4－4] 최적소비 및 투자: 금융시장 이용

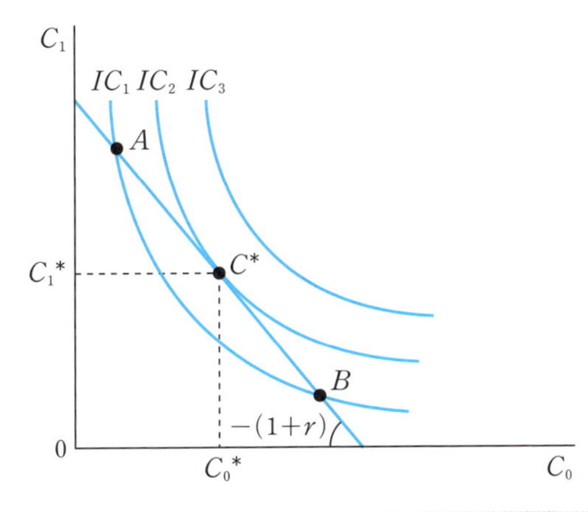

⑵ 투자기회를 이용하는 경우

소비자가 금융시장을 이용하여 차입 또는 대출을 하는 것과 마찬가지로 소비자가 실물자산에 투자를 하는 경우에도 소비자의 현재 및 미래의 소비조합은 주어진 소득흐름과 다를 수 있다. 즉 소비자가 투자기회를 이용함으로써 소득흐름에 따라 소비를 할 때보다 높은 효용을 얻을 수 있다.

먼저 [그림 4-5]는 주어진 소득 E^A로부터 투자기회를 이용함으로써 소비 가능한 현재 및 미래소비의 조합을 나타내는 점들의 집합으로 이를 우리는 생산기회선, 또는 투자기회곡선이라고 한다. [그림 4-5]에서 투자기회곡선이 원점에 대하여 오목하게 나타나는 것은 한계생산물체감의 법칙을 반영한 것이다. 다시 말하면 실물자산에 투자를 하는 경우 투자액의 증가에 따라 투자수익은 지속적으로 증가하지만 그 투자수익의 증가율은 감소한다는 것으로 이는 투자기회곡선의 접선의 기울기, 즉 한계변형률(marginal rate of transformation)의 감소로 나타나게 된다.

[그림 4-5]의 투자기회곡선 상의 한 점 P는 현재소비가 500원, 미래소비가 1,600원인 소비가능점으로서, 현재소득 1,000원 중에서 500원을 현재에 소비하고 나머지 500원을 생산활동에 투자를 함으로써 미래소득 1,000원과 투자수익 600원을 합쳐 1,600원을 미래에 소비하고자 하는 점이다.

이와 같이 투자기회가 주어질 경우 소비자의 최적소비 및 투자는 [그림 4-6]에서와 같이 그 소비자의 무차별곡선과 생산기회선이 접하는 점에서 이루어진다. [그림

[그림 4-5] 투자기회곡선

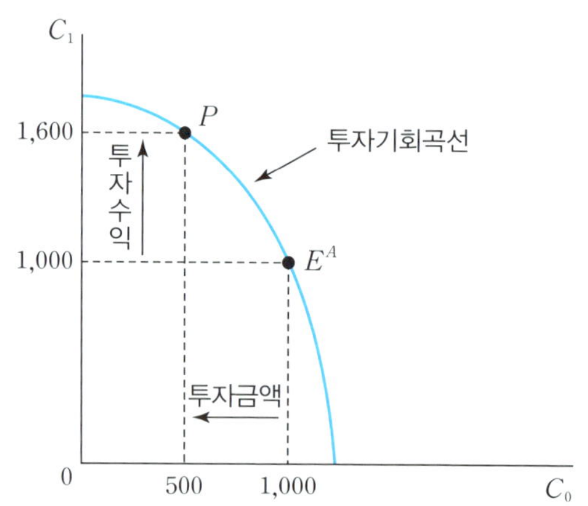

[그림 4-6] 최적소비 및 투자: 실물시장 이용

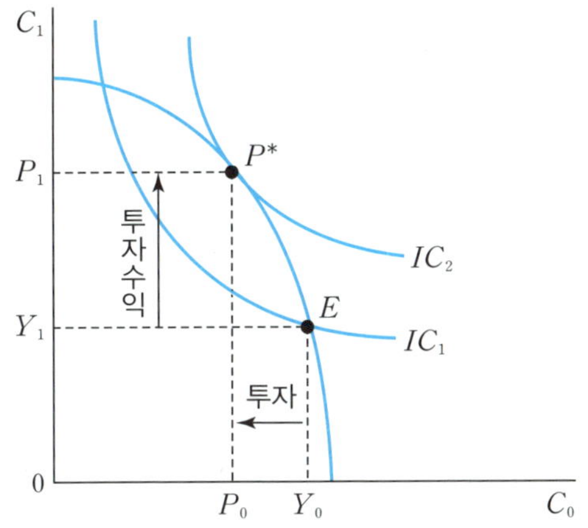

4−6]에서 소비자는 주어진 소득대로 소비를 하는 경우의 효용(무차별곡선 IC_1로 표시)보다 무차별곡선과 생산기회선이 접하는 P^*점을 선택하여 현재시점에 P_0을 소비하고 나머지 (Y_0-P_0)를 투자하여 미래시점에 미래소득 Y_1과 투자수익 (P_1-Y_1)을 합쳐 P_1을 소비함으로써 주어진 소득대로 소비를 하는 것보다 높은 효용(무차별곡선 IC_2로 표시)을 얻을 수 있다.

(3) 금융시장과 투자기회를 모두 이용하는 경우

지금까지는 금융시장을 이용하는 경우와 실물자산에의 투자기회를 이용하는 경우의 최적소비와 투자결정에 대해 살펴보았다. 여기서는 금융시장과 실물자산에의 투자기회를 동시에 이용하는 경우 소비자의 최적소비 및 투자결정에 대해 살펴보자.

소비자가 실물투자의 기회와 함께 금융시장을 통한 대출 또는 차입의 기회를 동시에 갖게 될 경우 이 소비자는 투자의 한계수익률이 금융시장의 이자율과 일치할 때([그림 4−7]의 P^*)까지 실물자산에 투자를 하고, 투자의 한계수익률과 시장이자율이 일치하는 P^*점에서 다시 금융시장을 이용하여 대출 또는 차입을 함으로써 얻게 되는 새로운 시장기회선과 이 소비자의 무차별곡선이 접하는 점([그림 4−7]의 C^*)에서 소비를 함으로써 가장 높은 효용을 얻을 수 있게 된다.

[그림 4-7] 최적소비 및 투자: 금융시장과 실물시장 이용

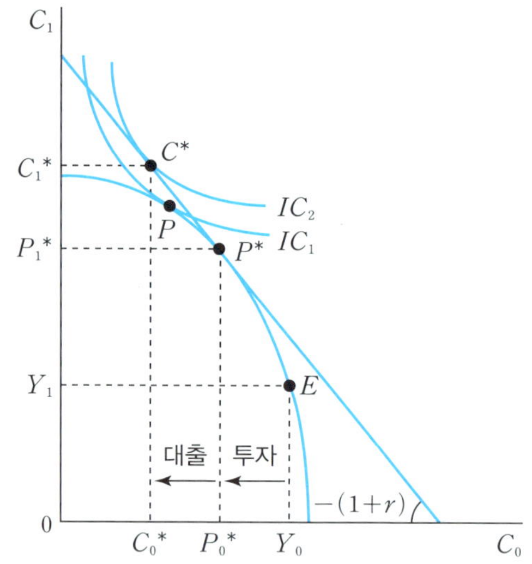

[그림 4-7]에서 만약 이 소비자가 금융시장을 이용할 수 없는 경우에는 투자기회곡선과 무차별곡선이 접하는 점 P에서 소비를 함으로써 일정한 수준의 효용(IC_1로 표시)을 얻을 수 있다. 그러나 이 소비자가 금융시장을 이용할 수 있는 경우에는 투자의 한계수익률이 시장이자율과 일치하는 P^*점까지 투자($Y_0-P_0^*$)를 한 후 다시 금융시장을 이용하여 대출($P_0^*-C_0^*$)을 하여 C^*점에서 현재소비(C_0^*) 및 미래소비(C_1^*)를 함으로써 가장 높은 수준의 효용(IC_2로 표시)을 얻을 수 있게 된다.

최적투자와 최적소비

최적투자금액$=Y_0-P_0^*$
최적대출금액$=P_0^*-C_0^*$
최적현재소비$=C_0^*\{=Y_0-(Y_0-P_0^*)-(P_0^*-C_0^*)\}$
최적미래소비$=C_1^*\{=Y_1+(P_1^*-Y_1)+(C_1^*-P_1^*)\}$

2 피셔의 분리정리

피셔의 분리정리(Fisher's separation theorem)란 금융시장이 완전할 경우 최적투자결정은 개인의 주관적인 시간선호와 관계없이 객관적인 시장이자율에 의해 결정된다는 이론이다. 즉 Fisher의 분리정리란 소비자들의 투자결정 및 소비결정은 서로 독립적으로 이루어진다는 것을 의미한다.

[그림 4-8]에서 소비자의 최적투자결정은 개인의 주관적인 시간선호와 관계없이 실물투자의 한계수익률이 금융시장에서 결정되는 시장이자율과 일치하는 P^*점에서 이루어진다는 것을 알 수 있다. 그리고 소비자의 최적소비결정은 현재소비와 미래소비에 대한 소비자의 시간선호에 따라 무차별곡선이 금융시장의 시장기회선과 접하는 C^A점 또는 C^B점에서 이루어지게 된다. 즉 최적투자결정은 소비자 A 또는 B의 주관적 시간선호와 무관하게 시장이자율에 의해 이루어지게 된다.

이와 같이 최적투자결정과 최적소비결정이 독립적으로 이루어지기 위해서는 금융시장이 존재하고 또한 그 시장이 완전경쟁적이어야 한다. 만약 금융시장이 존재하지 않을 경우 최적투자결정은 개인의 시간선호에 따라 달라진다. 즉 [그림 4-8]에서 금융시장이 존재하지 않을 경우 현재소비보다 미래소비를 상대적으로 선호하는 소비자

[그림 4-8] Fisher의 분리정리

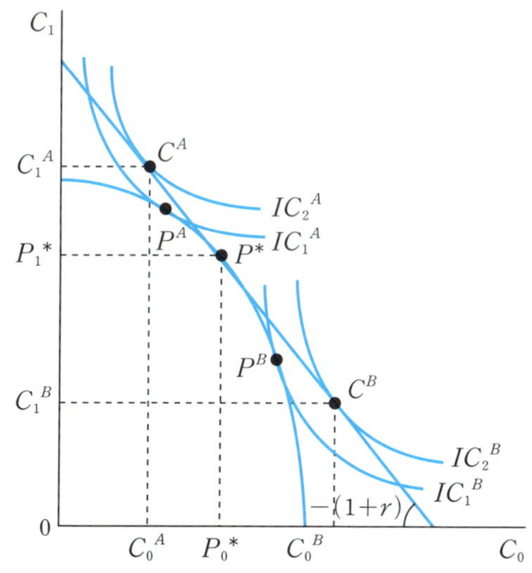

A는 P^A점까지 투자를 하고자 하고, 미래소비보다 현재소비를 상대적으로 선호하는 소비자 B는 P^B점까지 투자를 하고자 할 것이다. 한편 금융시장이 불완전할 경우에도 최적생산결정은 소비자의 선호에 영향을 받게 되어 분리정리가 성립되지 않게 된다.

이러한 Fisher의 분리정리는 오늘날 기업의 소유와 경영의 분리현상을 뒷받침하는 논리적 근거가 된다. 즉 많은 기업의 주주들이 소비에 대해서 서로 다른 시간선호를 가지고 있지만 기업의 투자결정은 이와 관계없이 시장이자율에 의해 이루어질 수 있기 때문에 기업의 소유와 경영이 분리될 수 있다는 것이다.

연/습/문/제

객관식 문제

01 현대 기업의 소유와 경영의 분리현상의 이론적 근거가 되는 이론은?

① Tobin의 분리이론
② Miller의 균형이론
③ Fisher의 분리이론
④ Jensen & Meckling의 대리이론

02 Fisher의 분리이론에서 독립적인 의사결정의 내용은?

① 자금조달결정과 투자결정
② 소비결정과 투자결정
③ 투자결정과 배당결정
④ 소비결정과 배당결정

03 Fisher의 분리정리가 성립되는 금융시장의 형태는?

① 완전경쟁시장
② 독점시장
③ 과점시장
④ 독점적 경쟁시장

04 Fisher의 분리이론과 일치하지 않는 것은?

① 완전금융시장을 가정하고 있다.
② 최적투자결정은 소비자의 주관적 시간선호에 따라 결정된다.
③ 기업 가치를 극대화함으로써 주주의 부를 극대화할 수 있다.
④ 기업의 소유와 경영의 분리에 대한 논리적 근거를 제시한다.

[05~10] 어떤 기업의 생산기회선 및 시장기회선은 다음과 같다. 이 기업은 현재 3,000만원의 현금을 보유하고 있다.

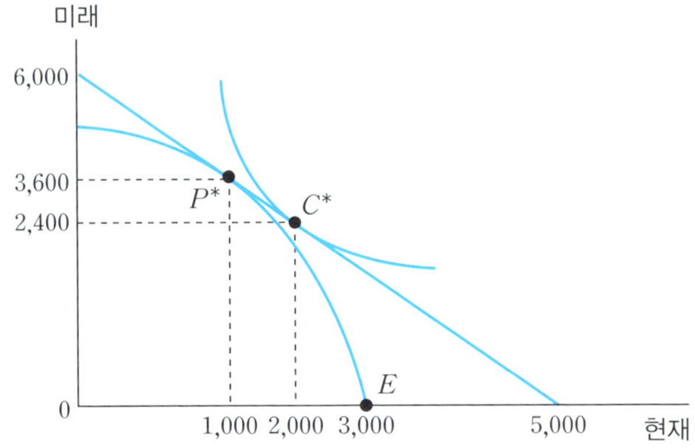

05 현재 이 금융시장에서 적용되고 있는 이자율은?

① 10% ② 20%
③ 25% ④ 50%

06 이 기업의 가치를 극대화시키는 최적투자금액은?

① 1,000만원 ② 2,000만원
③ 3,000만원 ④ 5,000만원

07 이 기업이 2,000만원을 투자할 경우 평균수익률은?

① 20% ② 50%
③ 80% ④ 100%

08 이 기업이 2,000만원을 투자할 경우 순현가(NPV)는?

① 0　　② 1,000만원

③ 2,000만원　　④ 4,000만원

09 A와 같은 무차별곡선을 갖는 주주의 최적미래소비금액은?

① 2,400만원　　② 3,600만원

③ 4,800만원　　④ 6,000만원

10 A와 같은 무차별곡선을 갖는 주주가 최적소비를 위하여 금융시장을 통하여 저축 또는 차입해야 할 금액은?

① 1,000만원을 차입한다.　　② 2,000만원을 차입한다.

③ 1,000만원을 저축한다.　　④ 저축 또는 차입을 하지 않는다.

주관식 문제

01 다음 용어를 설명하라.

(1) 부(wealth)

(2) 무차별곡선

(3) 시장기회선

(3) 생산기회선

(4) 한계변형률

(5) 한계생산체감의 법칙

(6) Fisher의 분리정리

02 금융시장이 존재하지 않는 경우의 최적소비 및 투자와 금융시장이 존재하는 경우의 최적소비 및 투자의 결정을 비교 · 분석하라.

03 Fisher의 분리정리에 대해 설명하고 이 이론이 기업의 소유와 경영에 대하여 의미하는 내용을 설명하라.

04 금융시장이 불완전한 경우, 즉 차입이자율과 대출이자율이 다른 경우의 소비와 투자의 결정에 대해 분석하라. 이 경우에도 Fisher의 분리정리가 성립하는가?

05 다음의 그림은 A, B 두 사람의 최적투자와 최적소비를 보여주고 있다. A와 B의 소득 흐름은 각각 E점이고 시장이자율은 20%라고 한다.

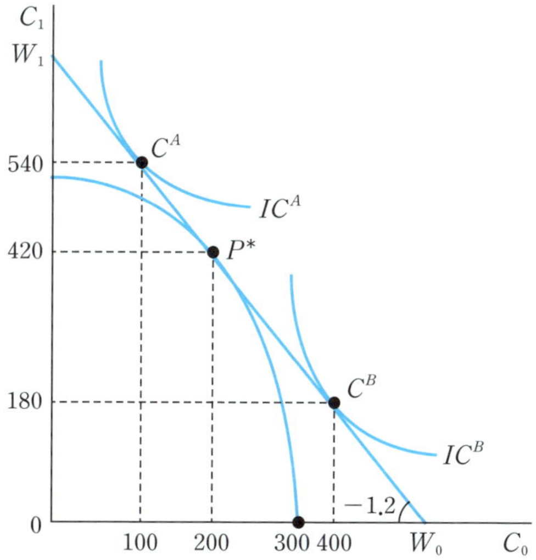

(1) A와 B의 최적투자금액을 각각 구하라.

(2) A의 최적 현재소비 및 미래소비금액을 구하라. A는 금융시장에서 얼마를 차입(또는 대출)하여야 하는가?

(3) B의 최적 현재소비 및 미래소비금액을 구하라. B는 금융시장에서 얼마를 차입(또는 대출)하여야 하는가?

(4) A와 B가 최적투자를 할 경우 A와 B의 부의 가치는? 이 때 투자에 따른 평균수익률과 순현가(NPV)를 구하라.

(5) 만약 금융시장에 A와 B 두 사람만이 참여하게 된다면 시장이자율은 어떻게 변하는가?

Financial management

재무관리

PART 2

투자결정

CHAPTER 05 자본예산의 기초

1절 자본예산의 의의

1 자본예산의 개념

개인이나 기업이 경제활동을 하는 과정에서 사용할 수 있는 자원들은 한정되어 있다. 이러한 자원들은 현재시점에 바로 소비를 하기도 하지만 투자활동을 통하여 미래에 보다 많은 소비를 할 수도 있다. 한편 투자활동을 통하여 미래에 소비할 수 있는 자원을 늘리기 위해서 기업은 기계설비나 공장 등과 같은 자본자산에 대한 투자가 필요하다.

자본예산(capital budgeting)은 이와 같이 기업의 장기적인 투자결정을 위한 총괄적인 계획을 의미한다. 자본예산은 토지 · 건물 · 설비 등에 대한 투자계획뿐만 아니라 그 효과가 장기에 걸쳐 나타나는 광고 · 연구개발을 위한 투자계획도 포함된다. 기업의 투자결정은 일단 투자가 이루어질 경우 많은 자금이 소요되고 자금이 장기간 동결될 뿐만 아니라 그 결과에 따라 기업의 수익성과 위험이 결정된다는 점에서 기업의 중요한 의사결정이라고 할 수 있다.

2 자본예산의 과정

자본예산을 수행하는 과정은 기업에 따라 다르지만 일반적으로 다음과 같은 과정으로 이루어지게 된다.

투자기회의 탐색

자본예산의 첫 단계는 투자의 대상이 될 만한 투자기회를 찾는 것이다. 투자는 기존제품에 대한 수요의 증가에 대응하기 위한 확장투자, 기존설비의 노후화로 인한 설비의 대체를 위한 대체투자, 제품개선이나 신제품개발을 위한 제품투자, M&A, R&D 등의 전략적 투자 등 다양한 투자형태가 있다.

현금흐름의 추정

자본예산의 두 번째 단계는 탐색된 투자안으로부터 예상되는 현금흐름, 즉 현금유입(cash inflow)과 현금유출(cash outflow)을 추정하는 것이다. 현금흐름을 추정하기 위해서는 시장분석을 통한 수요예측과 제품가격 예측에 근거한 현금유입과 생산비용과 관리운영비의 예측 등을 통한 현금유출의 추정이 이루어져야 한다.

투자안의 경제성 분석

자본예산의 세 번째 단계는 전 단계에서 추정된 현금흐름을 바탕으로 투자안의 경제성, 즉 투자가치를 평가하는 것이다. 투자가치를 평가할 때는 추정된 현금흐름에 내재되어 있는 위험을 측정하고 이에 대한 적정한 위험프리미엄을 반영하도록 하여야 한다.

자금조달계획 수립 및 집행

자본예산의 마지막 단계는 투자에 필요한 자금을 마련하기 위한 구체적 자금조달계획을 수립하고, 이에 따라 조달된 자금을 선택된 투자안에 투자하는 것이다.

이러한 자본예산의 수행과정 중에서 현금흐름의 추정에 관해서는 제6장에서 자세히 다루고 투자안의 경제성 분석에 관해서는 제7장에서 자세히 다루기로 한다.

[그림 5-1] 자본예산의 과정

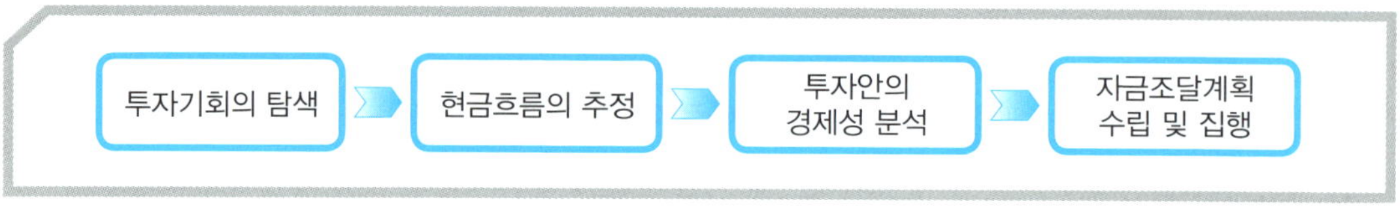

2 절 투자의 분류

1 투자목적에 의한 분류

투자는 그 목적이나 투자안 사이의 상호관련성 등에 따라 여러 가지로 분류할 수 있다. 먼저 투자안은 그 목적에 따라 대체투자, 확장투자, 제품투자, 그리고 전략투자로 분류할 수 있다.

대체투자

대체투자(replacement investment)는 기존의 생산설비를 새로운 설비로 바꾸기 위한 투자를 말한다. 대체투자는 기존설비의 물리적 노후화 또는 기술적 진부화로 인하여 필요한 투자이다.

확장투자

확장투자(expansion investment)는 특정 제품에 대한 총수요의 증가나 자사제품의 시장점유율의 증가로 인한 제품수요의 증가에 대응하기 위한 생산설비의 증설을 위해 필요한 투자이다. 이러한 확장투자는 경기가 호황이거나 제품수명주기가 성장기에 속한 기업에서 흔히 볼 수 있다.

제품투자

제품투자(product investment)는 기존제품개량이나 신제품개발을 위한 투자이다. 신제품투자에는 이미 시장에서 판매되고 있으나 자사에서 생산하고 있지 않는 제품을 추가로 생산하기 위한 투자와, 지금까지 시장에서 전혀 판매되지 않은 새로운 제품을 개발하기 위한 투자가 있다.

전략투자

전략투자(strategic investment)는 기업의 전략적인 목적을 달성하기 위하여 이루어지는 투자이다. 인수합병(M&A) 투자, 연구개발(R&D) 투자, 그리고 종업원의 복리후생을 위한 투자, 지역사회의 개발을 위한 투자가 포함된다.

2 상호관계에 의한 분류

한편 특정 투자안의 채택이 다른 투자안에 어떠한 영향을 미치는가에 따라 투자안을 다음과 같이 분류할 수 있다.

독립적 투자

독립적 투자(independent investment)란 어떤 투자안으로부터 기대되는 현금흐름이 다른 투자안의 영향을 전혀 받지 않는 투자를 말한다. 투자안들이 독립적인 경우 이 투자안들은 각각 별개의 투자안으로 보고 투자안에 대한 평가를 하게 된다.

종속적 투자

종속적 투자(dependent investment)란 어떤 투자안으로부터 기대되는 현금흐름이 다른 투자안의 영향을 받게 되는 투자를 말한다. 종속적 투자는 상호배타적 투자와 상호인과적 투자로 분류할 수 있다.

상호배타적 투자(mutually exclusive)는 특정 목적을 달성할 수 있는 여러 개의 투자안이 있을 경우 어떤 투자안이 채택되면 다른 투자안들은 자동적으로 기각되어 채택될 수 없는 투자를 말한다. 상호인과적 투자(contingent investment)는 한 투자안이 채택되면 이와 함께 다른 투자안에 대한 투자가 필요한 투자를 말한다.

연/습/문/제

객관식 문제

01 자본예산에 관한 설명으로 옳지 않은 것은?

① 기업의 장기적 투자결정과정을 의미한다.
② 기업의 최적자본구조결정과 관련이 있다.
③ 기업의 수익성과 위험에 영향을 미친다.
④ 기업가치의 극대화를 목표로 하고 있다.

02 기업의 자본예산과 관련된 설명 중에서 잘못된 것은?

① 기업의 장단기자금조달에 관한 의사결정을 말한다.
② 기업의 수익성과 위험에 직접 영향을 미치게 된다.
③ 토지, 건물, 또는 생산시설에 등에 대한 투자결정이다.
④ 자본형성을 통해 국민경제의 생산능력을 증가시킨다.

03 기업의 자본예산과 관련이 있는 투자가 아닌 것은?

① 생산시설에 대한 투자 ② 재고자산에 대한 투자
③ 연구개발에 대한 투자 ④ 제품개발에 대한 투자

04 M&A, R&D, 지역사회개발 등과 관련이 있는 기업의 투자는?

① 대체투자 ② 확장투자
③ 제품투자 ④ 전략투자

05 어떤 투자안이 채택되면 다른 투자안들은 자동적으로 기각되어 채택될 수 없는 투자는?

① 독립적 투자 ② 상호배타적 투자
③ 전략적 투자 ④ 상호인과적 투자

주관식 문제

01 다음 용어를 설명하라.

(1) 자본예산

(2) 대체투자

(3) 제품투자

(4) 종속적 투자

02 기업의 자본예산의 중요성에 대해 설명하라.

03 기업의 전략적 투자에는 어떠한 것들이 있는지 살펴보자.

04 기업의 투자안 중에서 상호배타적인 투자안과 상호인과적인 투자안의 사례를 들어 보라.

CHAPTER 06 현금흐름의 추정

1절 현금흐름의 개념

자본예산을 수행하는 과정에서 재무담당자가 가장 먼저 하여야 할 일은 각 투자안의 현금흐름을 추정하는 일이다. 그렇지만 투자로부터 발생하는 현금흐름은 장기에 걸쳐 서서히 실현될 뿐만 아니라 불확실성(uncertainty)이 따르기 때문에 정확하게 추정하기 힘들다. 여기서는 이러한 현금흐름을 정확하게 추정할 수 있다는 확실성의 가정 아래 현금흐름의 추정원칙과 그 추정방법에 대해 살펴보기로 한다.

현금흐름을 추정하기 위해서는 먼저 투자안을 선택하였을 때 예상되는 기업의 영업활동에 관한 정보가 필요하다. 일반적으로 기업의 영업활동에 관한 정보는 기업의 손익계산서와 재무상태표와 같은 재무제표를 이용하여 얻게 된다. 그러나 재무제표상의 이익은 현금흐름과는 다른 개념이다. 회계이익(accounting income)은 현금의 발생여부와 관계없이 법인세법에 따른 회계처리기준에 따라 거래 발생시점을 기준으로 구한다. 그러나 현금흐름(cash flow)은 회계기준과 관계없이 실제 현금유입 · 현금유출의 발생시점을 기준으로 구한다.

$$순현금흐름 = 현금유입 - 현금유출 \quad (6-1)$$

$$회계이익 = 수익 - 비용 \quad (6-2)$$

자본예산에서 투자가치의 평가는 회계이익이 아닌 현금흐름을 사용하여 이루어진다. 따라서 손익계산서에 계상된 수익 또는 비용이라도 현금흐름을 구하는 시점에서 현금의 유입이나 유출이 발생되지 않은 경우에는 현금흐름의 추정에서 제외된다. 또한 감가상각비와 같이 회계상 비용으로 계상되지만 실제로는 현금유출이 따르지 않는 비현금비용은 현금유출에서 제외하여야 한다.

2절 현금흐름의 추정원칙

일반적으로 기업이 어떤 투자안의 현금흐름을 추정할 때는 다음과 같은 요인들을 고려하여야 한다.

현금흐름의 발생시점

현금흐름을 추정할 때는 현금유입 또는 현금유출의 발생시점을 정확히 고려하여야 한다. 일반적으로 회계이익은 실제로 현금유입이나 현금유출이 발생한 시점과 상관없이 해당 회계연도 말에 계상되기 때문에 현금흐름의 시간가치를 제대로 반영하지 못한다.

예제 6-1

H기업에서 어떤 투자안을 선택할 경우에 매년 초에 다음과 같은 현금유입이 예상된다. 한편 이러한 현금유입이 수익으로 계상되는 시점은 매년 말이라고 한다. 현재 시장이자율이 20%라고 가정할 때 현금흐름의 현재가치와 회계이익의 현재가치를 각각 구하라.

시 점	0	1	2	3	4
현 금 흐 름	1,000	1,000	1,000	1,000	
회 계 이 익		1,000	1,000	1,000	1,000

해설 먼저 실제로 발생하는 현금흐름의 현재가치를 구하면 다음과 같다.

$$PV = 1{,}000 + \frac{1{,}000}{1+0.2} + \frac{1{,}000}{(1+0.2)^2} = 2{,}527.78$$

다음 장부에 계상되는 회계이익의 현재가치를 구하면 다음과 같다.

$$PV=\frac{1,000}{1+0.2}+\frac{1,000}{(1+0.2)^2}+\frac{1,000}{(1+0.2)^3}=2,106.48$$

즉 화폐의 시간가치를 고려하면 실제 현금흐름과 회계이익의 현재가치는 421.3의 차이가 발생한다. 다시 말하면 장부상의 가치는 실제가치보다 과소평가되게 된다.

이와 같이 현금흐름을 추정할 때 현금흐름의 발생시점을 고려하지 않을 경우 투자안의 실질가치는 과소평가되거나 또는 과대평가될 위험이 있다. 따라서 투자안의 현금흐름을 추정할 때는 현금유입과 현금유출의 발생시점을 정확히 고려하여야 한다.

증분현금흐름

투자안의 현금흐름을 추정할 때는 증분현금흐름(incremental cash flow)을 추정하여야 한다. 증분현금흐름이란 어떤 투자안을 선택할 경우 기업 전체적으로 변화하는 현금흐름을 말한다. 다시 말하면 투자안이 기존영업의 현금흐름에 영향을 미치는 경우 투자안 자체의 현금흐름뿐만 아니라 기업 전체에 발생하는 추가적인 현금의 증가 또는 감소도 함께 고려하여야 한다.

예제 6-2

현재 주유소를 운영하고 있는 기업이 같은 장소에서 세차장도 함께 운영하는 방안을 모색하고 있다. 세차장을 운영할 경우 예상되는 현금흐름은 다음과 같다.

연 도	0	1	2	3
현금흐름	−500	100	100	100

한편 기존 주유소의 현금흐름은 세차장을 운영할 경우(A)와 운영하지 않을 경우(B)의 현금흐름 각각 다음과 같이 추정된다.

연 도	0	1	2	3
A의 현금흐름		500	500	500
B의 현금흐름		300	300	300

이 경우 세차장 투자에 따르는 증분현금흐름은 다음과 같이 주유소와 세차장을 동시에 운영하는 경우의 현금흐름에서 기존의 주유소 운영에 따르는 현금흐름을 차감하여 구한다.

연 도	0	1	2	3
주유소+세차장	−500	600	600	600
주유소		300	300	300
증분현금흐름	−500	300	300	300

한편 현금흐름을 추정할 때 매몰원가(sunk cost)는 투자안의 현금흐름에 포함시키지 않는다. 왜냐하면 매몰원가는 과거의 투자결정에 의해 이미 지출된 비용으로 새로운 투자안의 현금흐름과는 무관하기 때문이다. 또한 현재 다른 목적으로 사용되고 있는 자원을 사용하는 경우에는 그 기회비용(opportunity cost)을 고려해 주어야 한다. 예를 들어 현재 유료주차장으로 이용되고 있는 곳에 공장을 지을 경우에는 주차장으로부터 발생하는 수입은 공장건설에 따르는 기회비용으로 투자에 따르는 현금유출에 포함시켜야 한다.

금융비용

투자안의 현금흐름을 추정할 때 이자나 배당 등의 금융비용은 현금흐름에 포함시키지 않는다. 기업에서 부채를 사용할 경우에 발생하는 이자나 자기자본을 사용할 경우에 발생하는 배당금은 투자에 필요한 자금을 조달하는 과정에서 발생하는 자본비용(cost of capital)으로 투자안을 평가하는 과정에서 할인율(discount rate)에 반영이 되기 때문이다. 만약 이자나 배당 등을 현금유출에 포함시킬 경우에는 자본비용(cost of capital)이 현금유출 및 할인율로 이중계산이 이루어지며 투자안의 가치가 자본조달방법에 따라 서로 다른 결과를 초래할 수 있다.

예제 6-3

현재 1,000만원을 투자하여 1년 후에 1,100만원의 투자수익을 얻을 수 있는 투자안이 있다. 투자에 필요한 자금은 은행으로부터 연 8%의 이자율로 차입을 한다고 할 때 이 투자안의 순현재가치(NPV)를 구하라.[1]

해설 ① 이자를 현금유출에 포함시키는 경우의 투자가치

$$NPV = -1{,}000 + \frac{1{,}100 - 80}{(1+0.08)} = -55.56(\text{만원})$$

---

1 순현재가치(NPV)=현금유입의 현재가치−현금유출의 현재가치

② 이자를 현금유출에 포함시키지 않는 경우의 투자가치

$$NPV = -1{,}000 + \frac{1{,}100}{(1+0.08)} = 18.52(\text{만원})$$

이와 같이 이자나 배당 등을 현금흐름에 포함시키는 경우에 투자안의 가치는 실제보다 과소평가된다.

세금효과

투자안의 현금흐름을 추정할 때는 세후현금흐름(after-tax cash flow)을 추정하여야 한다. 그러나 세금은 현금흐름을 기준으로 하지 않고 회계상의 법인세차감전순이익(EBT)을 기준으로 부과된다. 따라서 현금흐름을 구할 때는 회계상 순이익(EAT)의 계산에 포함된 감가상각비와 같은 비현금비용(non-cash expense)에 대한 세금효과(tax effect)를 고려하여야 한다. 감가상각비는 실제로 현금이 지출되지 않지만 세법상 비용으로 인정되어 세금을 줄여주는 감세효과(tax shield effect)를 갖게 된다.

이와 같이 세금효과를 고려할 경우 회계상의 순이익(EAT)과 현금흐름의 관계는 다음과 같다.

순이익＝(수익－현금지출비용－감가상각비)(1－세율)　(6-3)

현금흐름＝수익－현금지출비용－세금

＝수익－현금지출비용－(수익－현금지출비용－감가상각비)(세율)

＝(수익－현금지출비용)(1－세율)＋(감가상각비)(세율)

＝(수익－현금지출비용－감가상각비)(1－세율)＋감가상각비

＝순이익＋감가상각비　(6-4)

순운전자본

투자안의 현금흐름을 추정할 때는 순운전자본의 변화액을 고려하여야 한다. 순운전자본(net working capital)이란 기업의 유동자산에서 유동부채를 차감한 금액을 말한다.

순운전자본＝유동자산－유동부채　(6-5)

여기서 유동자산은 현금, 예금, 재고자산 등과 같이 단기간에 현금화할 수 있는 자산이며, 유동부채는 지급어음, 외상매입금, 당기에 상환되어야 할 차입금 등과 같이 단기간에 현금으로 지출되어야 할 부채이다.

운전자본은 영업활동에 투자된 자금이므로 영업이 계속되는 한 회수할 수 없다. 따라서 기업의 유동자산이 유동부채보다 많아서 순운전자본이 0보다 클 경우에는 기업이 영업활동에 그 금액을 투자를 한 것으로 보아야 한다. 그리고 순운전자본은 생산설비에 투자한 자금과는 달리 영업활동에 따라 변화하므로 순운전자본의 변화액을 현금흐름에 반영하여야 한다.

투자에 의해 이루어지는 순운전자본의 변화액을 현금흐름에 반영하는 방법은 다음과 같다. 투자가 이루어진 후 첫 번째 사업연도에서는 순운전자본 전액을 현금유출에 포함한다. 두 번째 사업연도부터는 당해 사업연도의 순운전자본과 지난 사업연도의 순운전자본의 차액이 현금유입이나 현금유출이 된다. 즉 순운전자본이 증가한 경우 증가액이 현금유출이고 감소한 경우 감소액이 현금유입이다. 그리고 영업이 종료되는 마지막 사업기간에 순운전자본이 회수되기 때문에 순운전자본 전액이 현금유입에 포함된다.

잔존가치

고정자산의 내용연수가 지난 시점이나 또는 중도에 그 고정자산을 처분할 경우 잔존가치(salvage value)는 현금유입에 포함시켜야 한다. 회계상의 장부가치(book value)와 시장에서의 시장가치(market value)가 일치하지 않는 경우에는 시장가치로 평가한 잔존가치, 다시 말하면 처분가치를 현금유입에 포함시켜야 한다. 이 때 처분가치와 장부가격이 차이가 있는 경우에 자산처분이득 또는 자산처분손실에 대한 세금효과를 고려하여야 한다. 즉 처분가치가 장부가치보다 큰 경우에는 자산처분이익에 대한 세금증가로 현금유출이 발생하고 반대로 처분가치가 장부가치보다 작은 경우에는 자산처분손실로 인한 세금감소로 현금유입이 발생하게 된다.

$$\text{현금흐름} = \text{시장가치} - (\text{시장가치} - \text{장부가치}) \times \text{세율} \qquad (6-6)$$

투자세액공제

투자세액공제(investment tax credit: ITC)는 기업의 투자를 촉진하기 투자금액의 일정 부분을 세금에서 감면해 주는 제도이다. 따라서 투자세액공제를 받을 수 있는 자산을 취득하였을 경우에는 투자세액공제액을 공제혜택이 실현되는 시점에서 현금유입에 포함시켜야 한다. 만약 투자시점에 투자세액공제액을 모두 공제하는 경우에는 투자액에서 투자세액공제액을 차감한 금액만을 현금유출로 계산하여야 한다.

우리나라의 경우 중소기업투자, 에너지 절약시설, 연구 및 인력개발을 위한 설비, 생산성 향상시설, 근로자복지증진을 위한 시설 등과 같은 특정설비에 대해서 투자세액의 3%~10%를 세금에서 감면해 주고 있다.

3절 투자기간별 현금흐름의 추정

투자기간 초기($t=0$)의 현금흐름 추정

앞에서 살펴본 현금흐름의 추정원칙을 적용하여 투자기간별 현금흐름을 살펴보기로 한다. 먼저 투자가 이루어지는 기간의 현금흐름(CF_0)은 다음과 같다.

$$CF_0 = -I_0 + ITC + S_0 - (S_0 - B_0)t - \Delta NWC \qquad (6-7)$$

I_0 : 투자액
ITC : 투자세액공제
S_0 : 기존 고정자산의 시장가치
B_0 : 기존 고정자산의 장부가치
t : 법인세율
ΔNWC : 순운전자본의 증감

영업기간($t=1\sim n$) 동안의 현금흐름 추정

다음으로 정상적인 영업활동이 이루어지는 기간의 현금흐름($CF_{1\sim n-1}$)은 다음과 같다.

$$CF_{1\sim n-1} = (\Delta R - \Delta C)(1-t) + \Delta D \cdot t - \Delta NWC \qquad (6-8)$$

ΔR : 수익의 증감
ΔC : 현금지출비용의 증감
ΔD : 감가상각비의 증감

투자기간 말기($t=n$)의 현금흐름 추정

마지막으로 투자가 끝나는 기간의 현금흐름(CF_n)은 다음과 같다.

$$CF_n=(\Delta R-\Delta C)(1-t)+\Delta D\cdot t+S_n-(S_n-B_n)t+\Delta NWC \quad (6-9)$$

예제 6-4

평화공업은 선반을 이용하여 금속공구를 제작 · 판매하는 회사이다. 이 회사는 현재 사용하고 있는 선반을 처분하고 새 선반을 구입하려고 한다. 새 선반의 구입가격은 18,500만원이고, 설치비용은 1,500만원이라고 한다. 현재 사용하고 선반의 장부가격은 2,000만원이고 앞으로 5년 동안 사용할 수 있으나 새 선반을 구입할 경우에 3,000만원에 매각할 수 있다고 한다. 새 선반을 사용할 경우 앞으로 5년 동안 매출액은 매년 5,000만원씩 늘어나고 감가상각비를 제외한 영업비용은 600만원씩 줄어들 것으로 예상된다. 한편 시설 대체로 인한 순운전자본의 변화는 없으며, 감가상각은 정액법에 의한다. 5년 후 구 선반의 잔존가치는 없으며, 법인세율은 40%이다. 이 경우 대체투자로 인한 평화공업의 증분현금흐름을 추정하라.

해설 투자기간 초기($t=0$)의 현금흐름 :

$$CF_0=-I_0+ITC+S_0-(S_0-B_0)t-\Delta NWC$$
$$=-(18{,}500\text{만}+1{,}500\text{만})+3{,}000\text{만}-(3{,}000\text{만}-2{,}000\text{만})(0.4)$$
$$=-17{,}400\text{만원}$$

영업기간($t=1\sim4$) 중의 현금흐름 :

$$CF_{1\sim4}=(\Delta R-\Delta C)(1-t)+\Delta D\cdot t-\Delta NWC$$
$$=(5{,}000\text{만}+600\text{만})(1-0.4)+3{,}600\text{만}\times0.4$$
$$=4{,}000\text{만원}$$

ΔD의 계산과정

$$\text{새 선반 감가상각비}=\frac{20{,}000\text{만}-0}{5}=4{,}000\text{만원}$$

$$\text{구 선반 감가상각비}=\frac{2{,}000\text{만}-0}{5}=400\text{만원}$$

$$\Delta D=4{,}000\text{만}-400\text{만}=3{,}600\text{만원}$$

투자기간 말기($t=5$)의 현금흐름 :

$$CF_5=(\varDelta R-\varDelta C)(1-t)+\varDelta D\cdot t+S_n-(S_n-B_n)t+\varDelta NWC$$

$$=(5{,}000\text{만}+600\text{만})(1-0.4)+3{,}600\text{만}\times 0.4$$

$$=4{,}800\text{만원}$$

따라서 평화산업의 대체투자에 따르는 현금흐름은 다음과 같다.

(단위 : 만원)

연 도	0	1	2	3	4	5
현금흐름	−17,400	4,800	4,800	4,800	4,800	4,800

연/습/문/제

객관식 문제

01 순현금흐름의 개념을 바르게 정의한 것은?

① 현금유입－현금유출　　② 현금유출－현금유입

③ 현금유입＋현금유출　　④ 수익－현금지출비용

02 현금흐름추정을 위한 기본원칙에 대한 설명 중 틀린 것은?

① 투자결정으로 인한 모든 증분효과를 고려한다.

② 매몰원가는 현금유출에 포함시키지 않는다.

③ 지급이자나 배당 등은 현금유출에 포함시킨다.

④ 모든 현금흐름은 세후기준으로 추정한다.

03 현금흐름을 추정할 때 현금유출에 포함시켜야 하는 것은?

① 감가상각비　　② 지급이자

③ 매몰원가　　④ 세금

04 현금흐름을 추정할 때 운전자본의 반영방법을 바르게 설명한 것은?

① 유동자산의 변화액을 현금흐름에 반영한다.

② 순운전자본의 변화액을 현금흐름에 반영한다.

③ 투자시점의 순운전자본 전액을 현금유입으로 간주한다.

④ 투자기간 종료 후의 순운전자본은 현금흐름과 무관하다.

05 잔존가치를 현금흐름에 반영하기 위한 올바른 공식은?

① 시장가치－(시장가치－장부가치)×세율
② 시장가치－(장부가치－시장가치)×세율
③ 장부가치－(시장가치－장부가치)×세율
④ 장부가치－(장부가치－시장가치)×세율

주관식 문제

01 다음 용어를 설명하라.

(1) 순현금흐름

(2) 증분현금흐름

(3) 감세효과

(4) 투자세액공제

02 현금흐름을 추정할 때 고려해야 하는 기본원칙에 대해 설명하라.

03 지급이자나 배당 등의 금융비용이 현금유출항목에서 제외되어야 하는 이유를 설명하라.

04 현금흐름을 추정할 때 매몰원가와 기회비용은 각각 어떻게 반영되어야 하는지 설명하라.

05 S기업의 손익계산서는 다음과 같다. 이 회사의 손익계산서를 기초로 현금흐름을 추정하라.

손익계산서

매출액		10,000,000
매출원가		6,000,000
매출총이익(R)		4,000,000
판매비와 관리비(E)		2,000,000
판매비와 일반관리비	1,500,000	
감가상각비(D)	500,000	
영업이익($EBIT$)		2,000,000
영업외비용		1,000,000
이자비용(I)	1,000,000	
법인세차감전순이익(EBT)		1,000,000
법인세(T)(법인세율$=t$)		200,000
순이익(EAT)		800,000

06 안암산업은 1,000만원이 소요되는 압출기를 구입하려고 한다. 이 기계를 도입하면 향후 5년 동안 매년 300만원씩의 생산비를 절감할 수 있다. 이 기계의 5년 후 잔존가치는 0이며 정액법으로 감가상각을 한다. 이 회사의 법인세율이 30%라고 할 때 압출기 구입에 따른 증분현금흐름을 구하라.

07 서울기업은 신제품의 생산을 위해 새로운 기계설비의 도입을 고려하고 있다. 이 기계설비의 가격은 50,000만원이고 설치비용은 10,000만원이다. 이 기계설비의 내용연수는 5년이며 5년 후 잔존가치는 10,000만원으로 예상된다. 이 회사가 신제품을 생산하여 판매할 경우 판매 수익은 향후 5년 동안 매년 70,000만원씩 발생하고 생산비용은 30,000만원씩 발생할 것으로 예상된다. 한편 새로운 기계설비의 도입에 따라 추가로 25,000만원의 운전자금이 소요되고 투자 종료 후 전액 회수할 수 있다고 한다. 이 회사는 정액법에 의해 감가상각을 하며, 현행 법인세율은 50%이다. 이 사업에 따르는 증분현금흐름을 구하라.

CHAPTER 07 투자가치의 평가

1절 투자가치의 평가방법

1 자본예산기법

투자안으로부터 예상되는 현금흐름이 추정되면 그 다음 단계로 추정된 현금흐름을 이용하여 투자안의 경제적 가치를 평가하여야 한다. 투자안의 경제적 가치를 평가하기 위한 방법으로 다음과 같은 네 가지 기법이 주로 이용되고 있다.

① **평균이익률법**(average rate of return method)
② **회수기간법**(payback period method)
③ **순현가법**(net present value method)
④ **내부수익률법**(internal rate of return method)

이와 같은 자본예산기법(capital budgeting method)에서 평균이익률법과 회수기간법은 전통적인 투자분석기법으로서 화폐의 시간가치를 고려하지 않고 투자안의 경제성을 분석하는 방법이다. 순현가법과 내부수익률법은 할인현금흐름법(discounted cash flow method)으로서 화폐의 시간가치를 고려하여 투자안의 경제성을 분석하는 방법이다.

투자안의 경제성을 분석할 때 이상적인 평가방법은 다음과 같은 조건을 갖추고 있어야 한다.

첫째는 투자기간에 발생하는 모든 현금흐름을 고려하여야 한다. 만약 어떤 분석방법이 투자과정에서 앞으로 발생할 모든 현금흐름을 반영하여 투자안의 경제성을 분석하지 못한다면 합리적인 투자평가방법이라고 볼 수 없다.

둘째는 화폐의 시간가치를 반영하여야 한다. 즉 같은 크기의 현금흐름이라고 하더라도 현금흐름이 발생하는 시점에 따라 그 가치는 달라진다. 따라서 장기간에 걸쳐서 발생하는 현금흐름을 어느 한 시점의 화폐가치로 통일시킬 필요가 있다. 현금흐름의 가치를 통일시키는 방법에는 현재시점을 기준으로 하는 방법과 미래 특정시점을 기준으로 하는 방법이 있으나 현재시점을 기준으로 하는 것이 바람직하다.

셋째는 기업가치를 극대화할 수 있는 투자안을 선택할 수 있어야 한다. 앞에서 설명한 것처럼 기업의 목표는 기업가치의 극대화에 있으며 따라서 투자안의 평가기준도 기업가치의 극대화와 일치하여야 한다.

2 평균이익률법

의의와 계산방법

평균이익률법은 장부상의 연평균 순이익을 연평균 투자액으로 나누어 평균이익률(average rate of return)을 계산하고 이를 이용하여 투자안을 평가하는 방법으로서 회계적 이익률법(accounting rate of return method)이라고도 한다.

평균이익률법에서 평균이익률은 다음과 같이 계산한다.

$$\text{평균이익률} = \frac{\text{연평균 순이익}}{\text{연평균 투자액}} \qquad (7-1)$$

여기에서 연평균 순이익은 투자기간에 발생할 것으로 예상되는 순이익의 평균으로 다음과 같이 계산한다.

$$\text{연평균 순이익} = \frac{\text{순이익의 합}}{\text{투자기간}} \qquad (7-2)$$

연평균 투자액은 장부상의 투자금액의 평균으로 감가상각과 잔존가치에 의해 영향을 받는다.

$$\text{연평균 투자액} = \frac{\text{장부상 투자금액의 합}}{\text{투자기간} + 1} \quad (7-3)$$

예제 7-1

(주)경일은 10,000만원을 투자하여 새로운 기계를 구입하려고 한다. 이 기계의 투자수명은 5년이고 이후의 잔존가치는 없으며 정액법을 사용하여 감가상각을 한다. 새 기계의 도입으로 인한 순이익은 다음과 같이 예상된다고 할 때 이 투자안의 평균이익률을 구하라.

해설

투자안의 순이익 (단위 : 만원)

연 도	1	2	3	4	5
순이익	1,500	1,500	1,000	500	500

먼저 연평균 순이익을 구하면 다음과 같다.

$$\text{연평균 순이익} = \frac{1,500+1,500+1,000+500+500}{5} = 1,000(\text{만원})$$

다음 이 기계는 정액법에 의해 감가상각이 이루어지므로 매년 2,000만원씩 감가상각이 이루어진다. 따라서 연평균 투자액을 구하면 다음과 같다.

$$\text{연평균 투자액} = \frac{10,000+8,000+6,000+4,000+2,000+0}{5+1} = 5,000(\text{만원})$$

따라서 이 투자안의 평균이익률은 다음과 같다.

$$\text{평균이익률} = \frac{1,000}{5,000} = 20\%$$

의사결정기준

평균이익률법을 사용하여 투자결정을 할 때에는 투자안의 평균이익률이 그 기업의 목표이익률(target rate of return)보다 높으면 채택하고 낮으면 기각한다. 또한 여러 개의 투자안을 선택하는 경우에는 평균이익률이 높은 투자안부터 차례대로 선택하면 된다.

장점과 단점

평균이익률법은 비교적 간단하고 이해하기 쉬울 뿐만 아니라 회계장부상의 자료를 그대로 사용할 수 있다는 장점이 있다. 그러나 평균이익률법은 화폐의 시간가치를 고려하지 않고 있으며, 투자안의 현금흐름이 아닌 회계이익을 기초로 투자안을 평가한다는 단점이 있다.

3 회수기간법

의의와 계산방법

회수기간(payback period)이란 투자에 사용된 자금을 투자로부터 발생하는 현금흐름으로부터 모두 회수하는 데 걸리는 기간을 말한다. 따라서 회수기간은 매년의 순현금흐름을 누적한 금액이 최초의 투자액과 같아질 때까지의 기간과 같다.

예를 들어 〈표 7-1〉과 같은 현금흐름을 갖는 두 개의 투자안 A, B가 있다고 하자. 이 두 개의 투자안의 회수기간을 구해보면 먼저 투자안 A에 소요된 투자액 1,000만원을 회수하는데 걸리는 기간은 2⅓년(500+400+100)이고, 투자안 B에 소요된 투자액 1,000만원을 회수하는데 걸리는 기간은 4년(100+200+300+400)이다.

〈표 7-1〉 투자안 A, B의 현금흐름 (단위 : 만원)

연 도	현금흐름	
	투자안 A	투자안 B
0	−1,000	−1,000
1	500	100
2	400	200
3	300	300
4	100	400
5	10	500
6	10	600

의사결정기준

회수기간법은 이러한 투자안의 회수기간을 비교하여 투자안을 평가하는 방법으로 회수시간이 빠른 투자안이 우선순위를 갖게 된다. 즉 상호배타적인 투자안들의 경우 회수기간이 가장 짧은 투자안을 선택하고, 독립적인 투자안들의 경우 기업에서 정한 목표회수기간보다 짧으면 선택하게 된다. 〈표 7-1〉에서 두 투자안이 상호배타적인 투자안이라면 투자안 A가 투자안 B보다 더 유리한 투자안이라고 할 수 있다. 그러나 두 투자안이 독립적인 투자안이고 기업의 목표회수기간이 5년이라고 한다면 투자안 A와 투자안 B가 모두 채택되게 된다.

장점과 단점

회수기간법은 이해하기 쉽고 간편하다는 장점이 있다. 또한 회수기간법은 투자위험에 관한 정보를 얻을 수 있다는 장점이 있다. 회수기간이 짧을수록 미래의 현금흐름에 대한 불확실성은 줄어들고 투자에 따르는 위험도 줄어들게 된다. 그리고 회수기간이 짧을수록 현금이 빨리 회수되므로 기업의 유동성이 향상될 수 있다.

그러나 회수기간법은 다음과 같은 결정적인 단점을 지니고 있다.

첫째, 회수기간법은 회수기간 이후의 현금흐름을 고려하고 않고 있다. 〈표 7－1〉에서 투자안 A는 투자안 B보다 회수기간이 짧지만 투자안 B는 회수기간 이후의 현금흐름이 투자안 A보다 크기 때문에 투자안 A를 선택하는 것이 항상 유리하다고 할 수 없다. 이와 같이 회수기간법은 투자안의 경제성을 정확히 평가할 수 없다.

둘째, 회수기간법은 화폐의 시간가치를 무시하고 있다. 예를 들어 다음 〈표 7－2〉와 같은 현금흐름을 갖는 투자안 C와 D가 있다고 하자. 이 경우 두 투자안의 회수기간은 각각 2년으로 같지만 화폐의 시간가치를 고려할 때 투자안 D가 투자안 C보다 초기 현금유입이 많아 유리한 투자안이라고 할 수 있다.

〈표 7－2〉 투자안 C, D의 현금흐름 (단위 : 만원)

연 도	현금흐름	
	투자안 C	투자안 D
0	−300	−300
1	100	200
2	200	100
3	300	300

셋째, 기업의 목표회수기간 설정이 자의적이다. 즉 기업과 시기에 따라 목표회수기간이 달라질 수 있다.

4 순현가법

의의와 계산방법

순현가법(net present value method)은 투자로부터 발생하는 모든 현금흐름의 현재가치를 이용하여 투자안을 평가하는 방법이다. 순현가(net present value: NPV)란 현금유입의 현재가치에서 현금유출의 현재가치를 차감한 값으로 다음과 같이 계산된다.

$$NPV = CF_0 + \frac{CF_1}{(1+k)} + \frac{CF_2}{(1+k)^2} + \cdots + \frac{CF_n}{(1+k)^n} \qquad (7-4)$$
$$= \sum_{t=0}^{n} \frac{CF_t}{(1+k)^t}$$

CF_t : t시점의 현금흐름
k : 할인율(자본비용)
n : 투자안의 내용연수

여기서 할인율 k는 기업에서 투자를 하기 위해 필요한 최소한의 수익률로서 일반적으로 그 기업의 자본비용과 같다. 이러한 할인율의 크기는 각 투자안으로부터 추정된 현금흐름의 불확실성에 따라 달라진다.

의사결정기준

순현가법(NPV법)을 이용하여 상호배타적인 투자안을 평가할 경우에는 순현가가 가장 큰 투자안을 선택하면 된다. 한편 독립적인 투자안을 평가할 경우에는 투자안의 순현가가 0보다 큰 투자안을 채택하고 0보다 작은 투자안은 기각하게 된다. 순현가가 0보다 큰 투자안을 선택하게 되면 기업가치가 순현가(NPV)만큼 증가하게 된다.

예제 7-2

(주)부호는 〈표 7-1〉과 같은 현금흐름을 갖는 A, B 두 개의 투자안 중에서 하나의 투자안을 선택하고자 한다. 이 회사의 자본비용이 10%라고 할 때 어떤 투자안을 선택하는 것이 유리한가?

해설 투자안 A의 NPV를 구하면 다음과 같다.

$$NPV(A) = -1{,}000 + \frac{500}{(1+0.1)} + \frac{400}{(1+0.1)^2} + \frac{300}{(1+0.1)^3} + \frac{100}{(1+0.1)^4} + \frac{10}{(1+0.1)^5} + \frac{10}{(1+0.1)^6} = 91(\text{만원})$$

투자안 B의 NPV를 구하면 다음과 같다.

$$NPV(B) = -1{,}000 + \frac{100}{(1+0.1)} + \frac{200}{(1+0.1)^2} + \frac{300}{(1+0.1)^3} + \frac{400}{(1+0.1)^4} + \frac{500}{(1+0.1)^5} + \frac{600}{(1+0.1)^6} = 403(\text{만원})$$

투자안 A와 투자안 B의 NPV가 각각 0보다 크므로 모두 투자가치가 있지만 $NPV(A) < NPV(B)$이므로 투자안 B를 선택하는 것이 유리하다.

한편 투자규모가 서로 다른 투자안을 평가할 때에는 NPV법을 변형한 수익성지수법을 사용한다. 수익성지수(profitability index: PI)란 현금유입(cash inflow: CI)의 현재가치를 현금유출(cash outflow: CO)의 현재가치로 나눈 비율로서 각 투자안의 상대적인 수익성을 나타낸다.

$$\text{수익성지수}(PI) = \frac{\sum_{t=0}^{n} \frac{CI_t}{(1+k)^t}}{\sum_{t=0}^{n} \frac{CO_t}{(1+k)^t}} \tag{7-5}$$

수익성지수법을 이용하여 독립적인 투자안을 평가할 경우에는 투자안의 수익성지수가 1보다 큰 투자안을 채택하고 1보다 작은 투자안은 기각하게 된다. 수익성지수법을 이용하여 상호배타적인 투자안을 평가할 경우에는 수익성지수가 가장 큰 투자안을 선택하면 된다.

예제 7-3

(주)부호는 〈표 7-1〉과 같은 현금흐름을 갖는 A, B 두 개의 투자안 중에서 하나의 투자안을 선택하고자 한다. 이 회사의 자본비용이 10%라고 할 때 어떤 투자안을 선택하는 것이 유리한지 수익성지수법을 사용하여 판단하라.

해설 [예제 7-2]의 결과를 이용하여 투자안 A와 B의 수익성지수를 구하면 다음과 같다.

$$PI(A) = \frac{1{,}091}{1{,}000} = 1.091$$

$$PI(B) = \frac{1{,}403}{1{,}000} = 1.403$$

$PI(A) < PI(B)$이므로 투자안 B를 선택하는 것이 유리하다.

수익성지수법은 기업이 자금을 조달하는데 제약이 있는 경우에 자금을 보다 효율적으로 이용하고자 할 때 유용한 방법이다. 그러나 기업이 금융시장을 통하여 아무런 제한 없이 자금을 조달할 수 있는 경우에는 NPV법을 이용하여 투자안을 선택하는 것이 합리적이다.

〈표 7-3〉 투자안 E, F의 현금흐름 (단위 : 만원)

연 도	현금흐름	
	투자안 E	투자안 F
0	−5,000	−10,000
1	3,000	5,000
2	2,000	4,000
3	1,000	3,000
4	1,000	2,000

예제 7-4

(주)부호는 〈표 7-3〉과 같은 현금흐름을 갖는 E, F 두 개의 투자안 중에서 하나의 투자안을 선택하고자 한다. 이 회사의 자본비용이 10%라고 할 때 어떤 투자안을 선택하는 것이 유리한지 NPV법과 수익성지수법을 사용하여 비교 · 평가하라.

해설 먼저 두 투자안의 NPV를 비교하면 다음과 같다.

$$NPV(E)=-5{,}000+\frac{3{,}000}{(1+0.1)}+\cdots+\frac{1{,}000}{(1+0.1)^4}=816(\text{만원})$$

$$NPV(F)=-10{,}000+\frac{5{,}000}{(1+0.1)}+\cdots+\frac{2{,}000}{(1+0.1)^4}=1{,}471(\text{만원})$$

다음 두 투자안의 수익성지수를 비교하면 다음과 같다.

$$PI(E)=\left[\frac{3{,}000}{(1+0.1)}+\cdots+\frac{1{,}000}{(1+0.1)^4}\right]/5{,}000=1.1632$$

$$PI(F)=\left[\frac{5{,}000}{(1+0.1)}+\cdots+\frac{2{,}000}{(1+0.1)^4}\right]/10{,}000=1.1471$$

따라서 두 개의 투자안을 NPV법을 사용하여 비교하면 투자안 F가 유리하고, 수익성지수법을 사용하여 비교하면 투자안 E가 유리하다. 이 경우 자금조달에 제약이 없다면 투자안 F를 선택함으로써 보다 많은 기업가치의 증가를 가져올 수 있다.

5 내부수익률법

의의와 계산방법

내부수익률(internal rate of return: IRR)은 투자로부터 발생하는 현금유입의 현재가치와 현금유출의 현재가치를 같게 만드는 할인율을 말한다. 다시 말하면 내부수익률이란 투자로부터 발생하는 미래현금흐름의 순현가가 0이 되게 하는 할인율이다. 내부수익률은 다음과 같이 산출된다.

$$NPV = CF_0 + \frac{CF_1}{(1+r)} + \frac{CF_2}{(1+r)^2} + \cdots + \frac{CF_n}{(1+r)^n}$$
$$= \sum_{t=0}^{n} \frac{CF_t}{(1+r)^t} = 0 \qquad (7-6)$$

즉 위의 (7-6)식을 만족시키는 할인율 r이 바로 내부수익률(IRR)이다. (7-6)식에서 투자안의 현금흐름 CF_t이 많을수록 내부수익률은 높은 값을 갖게 된다. 그리고 어떤 투자안의 내부수익률(IRR)이 그 기업의 자본비용(k)과 같다면 이 투자안의 순현가(NPV)는 0이 되고 이 투자로 인한 기업가치의 변동은 없게 된다.

한편 (7-6)식에서 투자기간 n이 2 이하인 경우에는 수식으로 간단하게 내부수익률을 구할 수 있지만 n이 그 이상이 되면 수식으로 풀기 어렵기 때문에 반복 계산(시행착오법)을 통하여 해를 구하거나 컴퓨터를 사용하여 해를 구하여야 한다.

의사결정기준

내부수익률법(IRR법)을 이용하여 상호배타적인 투자안을 평가할 경우에는 내부수익률이 가장 큰 투자안을 선택하면 된다. 그리고 독립적인 투자안을 평가할 경우에는 투자안의 내부수익률이 할인율, 즉 자본비용보다 큰 투자안을 채택하고 자본비용보다 작은 투자안은 기각하게 된다. 이러한 의미에서 자본비용은 투자를 위한 최소한의 수익률(cut-off rate)이라고 할 수 있다.

예제 7-5

(주)부호는 〈표 7-1〉과 같은 현금흐름을 갖는 A, B 두 개의 투자안 중에서 하나의 투자안을 선택하고자 한다. 이 회사의 자본비용이 10%라고 할 때 어떤 투자안을 선택하는 것이 유리한지 내부수익률법을 사용하여 판단하라.

해설 투자안 A의 IRR을 구하면 다음과 같다.

$$NPV(A) = -1{,}000 + \frac{500}{(1+r)} + \frac{400}{(1+r)^2} + \cdots + \frac{10}{(1+r)^6} = 0$$

$\therefore\ r = 0.15(15\%)$

투자안 B의 IRR을 구하면 다음과 같다.

$$NPV(B) = -1{,}000 + \frac{100}{(1+r)} + \frac{200}{(1+r)^2} + \cdots + \frac{600}{(1+r)^6} = 0$$

$\therefore\ r = 0.20(20\%)$

투자안 A와 투자안 B의 IRR이 각각 이 회사의 자본비용보다 크므로 모두 투자가치가 있지만 $IRR(A) < IRR(B)$이므로 투자안 B를 선택하는 것이 유리하다.

2절 순현가법과 내부수익률법

1 순현가와 내부수익률의 관계

순현가법과 내부수익률법은 모두 화폐의 시간가치를 고려하여 투자안을 평가하는 방법으로 평균이익률법이나 회수기간법보다 이론적으로 우수한 방법이라고 할 수 있다. 이러한 순현가법과 내부수익률법은 매우 밀접한 관계를 갖고 있다. 즉 내부수익률(IRR)이란 현금유입의 현가와 현금유출의 현가를 같게 하는 할인율로서 순현가(NPV)가 0이 되게 하는 할인율이다. NPV와 IRR의 관계는 다음과 같이 표시할 수 있다.

$$NPV = \sum_{t=0}^{n} \frac{CI_t}{(1+IRR)^t} - \sum_{t=0}^{n} \frac{CO_t}{(1+IRR)^t} = 0 \qquad (7-7)$$

CI_t : t기간의 현금유입
CO_t : t기간의 현금유출

순현가법과 내부수익률법의 관계를 구체적으로 살펴보기 위해 〈표 7-4〉와 같은 현금흐름을 갖는 투자안이 있다고 하자. 이 경우 할인율이 변함에 따라 투자안의 순현가가 어떻게 변하는지를 구해보면 〈표 7-4〉와 같다.

〈표 7-4〉 할인율과 순현가

(단위 : 만원)

연 도	현금흐름	현재가치			
		5%	10%	15%	20%
0	-1,000	-1,000	-1,000	-1,000	-1,000
1	500	476	455	435	415
2	400	363	332	304	276
3	300	259	225	198	174
4	100	82	68	57	48
순현가		180	80	-6	-87

〈표 7-3〉의 할인율과 순현가의 관계를 그래프로 표시하면 [그림 7-1]과 같다. [그림 7-1]에서 할인율이 높아짐에 따라 투자안의 순현가는 줄어든다. 즉 할인율이 0일 때 투자안의 순현가는 300만원, 5%일 때는 180만원, 10%일 때는 80만원, 15%일

[그림 7-1] 할인율과 순현가의 관계

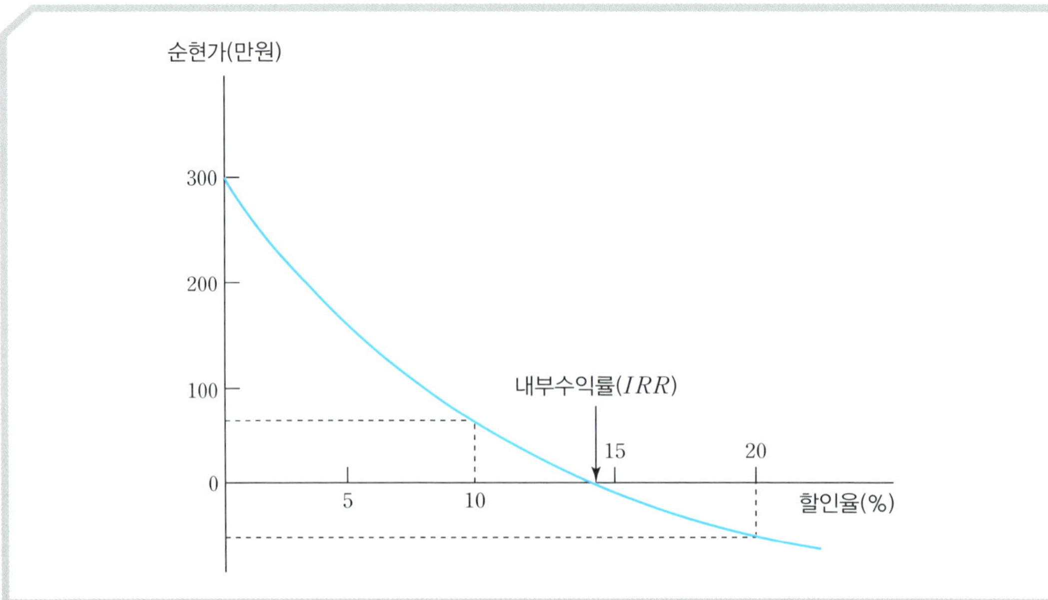

때에는 −6만원, 그리고 20%일 때는 순현가가 −87만원이 된다. 한편 이 투자안의 순현가는 할인율이 14.9%일 때 0이 되므로 이 투자안의 내부수익률은 약 15%가 된다.

2 순현가법과 내부수익률법의 결과가 다른 경우

앞에서 살펴본 것처럼 순현가법과 내부수익률법은 매우 밀접한 관계를 갖고 있다. 따라서 순현가법과 내부수익률법은 독립적인 투자안 또는 단일 투자안을 평가하는데 있어서는 일반적으로 같은 결과를 가져온다.

예를 들어 앞에서 살펴본 투자안의 내부수익률은 약 15%이다. 이 경우 기업의 할인율(자본비용)이 15%보다 작을 때에는 순현가가 0보다 크므로 그 투자안을 선택하게 되고, 할인율이 15%보다 클 때에는 순현가가 0보다 작으므로 그 투자안을 기각하게 된다. 이처럼 순현가법과 내부수익률법은 독립적인 투자안이나 단일 투자안에 대해서는 같은 평가를 내리게 된다.

그러나 여러 개의 투자안을 대상으로 투자우선순위를 결정하는 경우나 상호배타적인 투자안을 대상으로 한 선택의 문제에 있어서는 순현가법과 내부수익률법이 서로 다른 결과를 가져올 수 있다.

투자규모가 다른 경우

순현가법과 내부수익률법은 상호배타적인 투자안을 평가할 때 투자규모가 서로 다른 경우 서로 다른 결과를 가져올 수 있다. 예를 들어 〈표 7−5〉와 같은 현금흐름을 갖는 투자안 G와 H가 있다고 하자. 먼저 두 투자안의 할인율이 20%라고 가정하고 순

〈표 7−5〉 투자안 G, H의 현금흐름 (단위 : 만원)

연 도	현금흐름	
	투자안 G	투자안 H
0	−1,000	−5,000
1	1,500	6,500
NPV	250	417
IRR	50%	30%

현가를 구하면 투자안 G가 250만원, 투자안 H가 417만원이다. 한편 두 투자안의 내부수익률을 구하면 투자안 G가 50%, 투자안 H가 30%이다.

투자안 G와 투자안 H의 순현가는 모두 0보다 크며 내부수익률도 할인율 20%보다 높다. 따라서 두 투자안이 독립적인 경우에는 모두 투자가치가 있다. 그러나 두 투자안이 상호배타적인 경우에는 서로 다른 결과를 얻게 된다. 즉 순현가법에 의하면 투자안 H의 순현가가 투자안 G의 순현가보다 크므로 투자안 H를 선택하게 되고, 반면에 내부수익률법에 의하면 투자안 G의 내부수익률이 투자안 H의 내부수익률보다 높으므로 투자안 G를 선택하게 된다.

이와 같이 순현가법과 내부수익률법에 의한 결과가 서로 다른 경우에는 순현가가 큰 투자안 H를 선택하는 것이 합리적이다. 즉 기업의 자금조달에 제한이 없다면 순현가가 큰 투자안을 선택함으로써 기업가치를 크게 증가시킬 수 있다.

투자수명이 다른 경우

순현가법과 내부수익률법은 투자규모가 같다고 하더라도 투자안의 수명이 현저하게 다른 경우 서로 결과를 가져올 수 있다. 예를 들어 〈표 7-6〉와 같은 현금흐름을 갖는 투자안 I와 J가 있다고 하자. 이 경우 두 투자안의 투자규모는 1,000만원으로 같지만 투자안의 수명은 각각 1년과 4년으로 차이가 있다. 먼저 두 투자안의 할인율이 10%라고 가정하고 순현가를 구하면 투자안 I가 135만원, 투자안 J가 195만원이다. 한편 두 투자안의 내부수익률을 구하면 투자안 I가 25%, 투자안 J가 15%이다.

〈표 7-6〉 투자안 I, J의 현금흐름 (단위 : 만원)

연 도	현금흐름	
	투자안 I	투자안 J
0	−1,000	−1,000
1	1,250	0
2	0	0
3	0	0
4	0	1,750
NPV	135	195
IRR	25%	15%

투자안 I와 투자안 J의 순현가는 모두 0보다 크며 내부수익률도 할인율 10%보다 높다. 따라서 두 투자안이 독립적인 경우에는 모두 투자가치가 있다. 그러나 두 투자안이 상호배타적인 경우에는 서로 다른 결과를 얻게 된다. 즉 순현가법에 의하면 투자안 J의 순현가가 투자안 I의 순현가보다 크므로 투자안 J를 선택하게 되고, 내부수익률법에 의하면 투자안 I의 내부수익률이 투자안 J의 내부수익률보다 높으므로 투자안 J를 선택하게 된다.

현금흐름의 패턴이 다른 경우

순현가법과 내부수익률법은 투자규모 및 투자수명이 같다고 하더라도 투자안의 현금흐름의 양상이 현저하게 다른 경우 서로 다른 결과를 가져올 수 있다. 예를 들어 〈표 7-7〉와 같은 현금흐름을 갖는 투자안 K와 투자안 L이 있다고 하자. 이 경우 두 투자안의 투자규모는 1,200만원, 투자수명은 3년으로 같지만 현금흐름의 양상이 다르다. 즉 투자안 K는 투자의 초기에 많은 현금유입이 발생하지만 투자안 L은 투자의 후기에 많은 현금유입이 발생한다.

이 경우에도 먼저 할인율이 8%라고 가정하고 두 투자안의 순현가를 구하면 투자안 K가 234만원, 투자안 L이 280만원이다. 그리고 두 두자안의 내부수익률을 구하면 투자안 K가 23%, 투자안 L이 17%이다. 따라서 두 투자안의 순현가는 모두 0보다 크며 내부수익률도 할인율 8%보다 높다. 즉 두 투자안이 독립적인 경우에는 모두 투자가치가 있지만 상호배타적인 경우에는 서로 다른 결과를 얻게 된다. 즉 순현가법에 의하면 투자안 L의 순현가가 투자안 K의 순현가보다 크므로 투자안 L을 선택하게 되고, 내부

〈표 7-7〉 투자안 K, L의 현금흐름 (단위 : 만원)

연 도	현금흐름	
	투자안 K	투자안 L
0	−1,200	−1,200
1	1,000	100
2	500	600
3	100	1,100
NPV	234	280
IRR	23%	17%

수익률법에 의하면 투자안 K의 내부수익률이 투자안 L의 내부수익률보다 높으므로 투자안 K를 선택하게 된다.

이와 같이 두 투자안의 특성이 다른 경우 순현가법과 내부수익률법이 서로 다른 결과를 가져오는 이유는 투자로부터 발생하는 현금유입에 대한 재투자수익률의 가정이 서로 다르기 때문이다. 순현가법에서는 투자로부터 발생하는 현금유입이 계속해서 그 투자안의 할인율, 즉 자본비용과 같은 수익률로 재투자된다고 가정하는 반면, 내부수익률법에서는 그 투자안의 내부수익률과 같은 수익률로 재투자된다고 가정하고 있다.

예를 들어 〈표 7－7〉의 투자안 K로부터 1년 후에 발생하는 1,000만원을 재투자할 때 순현가법에서는 할인율과 같은 8%로 재투자한다고 가정하며, 내부수익률법에서는 투자안 K의 내부수익률과 같은 23%로 재투자한다고 가정하는 것이다.

이와 같이 재투자수익률에 대한 가정이 다른 경우 투자안에 대한 평가결과가 상반되게 나타나는 이유는 재투자수익률을 높게 가정하는 경우가 재투자수익률을 낮게 가정하는 경우보다도 투자 초기의 현금유입을 상대적으로 더 높게 평가하고 투자 후기의 현금유입을 상대적으로 더 낮게 평가하기 때문이다. 따라서 어떤 투자안의 내부수익률이 투자안의 할인율보다 높은 경우에는 현금유입의 시기가 빠른 투자안이 내부수익률법에서 유리한 평가를 받게 된다.

지금까지 순현가법과 내부수익률법이 서로 다른 결과를 가져오는 경우를 살펴보았다. 그러나 실제로 서로 다른 여러 개의 투자안을 비교 · 분석할 때 순현가법을 사용하나 내부수익률법을 사용하나 그 분석결과가 같은 경우가 대부분이다.

3 순현가법과 내부수익률법의 장단점 비교

만약 순현가법과 내부수익률법이 서로 다른 결과를 가져오는 경우에는 보다 합리적인 방법을 선택하여 투자결정을 해야 한다. 그렇다면 두 방법 중에서 어느 것이 더 합리적인 방법일까? 결론부터 말한다면 순현가법이 여러 가지 면에서 합리적인 투자분석방법이라고 할 수 있다.

재투자수익률에 대한 가정

앞에서 살펴본 것과 같이 순현가법과 내부수익률법이 서로 다른 결과를 가져오는 이유는 재투자수익률에 대한 가정이 서로 다르기 때문이다. 즉 순현가법에서는 투자로부터 유입되는 현금흐름이 자본비용과 같은 수익률로 재투자된다고 가정하는 반면 내부수익률법에서는 투자안의 내부수익률과 같은 수익률로 재투자된다고 가정하고 있다.

그러나 내부수익률로 재투자된다는 내부수익률법의 가정은 매우 불합리하다. 왜냐 하면 재투자수익률은 최초 투자안의 수익률과 관계없이 실현될 뿐 아니라 한계수익률 체감의 법칙에 따라 재투자로부터 기대되는 수익률은 최초의 투자수익률보다 낮은 것이 일반적이기 때문이다.

또한 한 기업에서 여러 개의 투자안에 투자를 하는 경우 각 투자안마다 내부수익률이 다르게 나타난다. 예를 들어 〈표 7-1〉에서 투자안 A의 내부수익률은 15%이고 투자안 B의 내부수익률은 20%이다. 그런데 내부수익률법에 의하면 이 기업이 투자안 A에서 유입되는 현금흐름은 15%로 재투자하고 투자안 B에서 유입되는 현금흐름은 20%로 재투자한다는 것이다. 한 기업 내에서 발생하는 현금흐름이 어떤 투자안으로부터 실현되는 현금흐름이냐에 따라 서로 다른 수익률로 재투자된다는 것은 모순이므로 순현가법이 내부수익률법보다 합리적인 투자분석방법이라고 할 수 있다.

복수의 내부수익률

내부수익률법을 사용하여 투자안을 평가할 때 투자안으로부터 예상되는 현금흐름의 양상에 따라 여러 개의 내부수익률이 존재하거나 내부수익률이 전혀 존재하지 않을 수 있다.

예를 들어 〈표 7-8〉과 같은 현금흐름을 갖는 투자안 M과 투자안 N이 있다고 하자. 먼저 투자안 M의 경우 할인율을 8%로 가정하고 순현가를 구하면 -2.39만원으로 이는 0보다 작으므로 이 투자안은 투자가치가 없다. 한편 투자안 M의 내부수익률을 구하면 10%와 20% 두 개의 내부수익률이 존재한다. 이와 같이 투자기간 동안에 현금흐름의 방향이 많이 변동하면 여러 개의 내부수익률이 존재하게 되는데 이와 같은 복수의 내부수익률은 경제적인 의미가 없으므로 투자결정에 이용할 수 없다.

다음 투자안 N의 경우 할인율을 8%로 가정하고 순현가를 구하면 -366만원으로 이 투자안도 순현가가 0보다 작으므로 투자가치가 없다. 그러나 투자안 N의 경우 순현가가 0이 되는 할인율 자체가 존재하지 않기 때문에 내부수익률을 구할 수 없다. 따라서 내부수익률법에 의해 투자안을 평가할 수 없다.

〈표 7-8〉 투자안 M, N의 현금흐름 (단위 : 만원)

연 도	현금흐름	
	투자안 M	투자안 N
0	−1,000	−1,000
1	2,300	3,000
2	−1,320	−2,500
NPV	−2.39	−366
IRR	10%, 20%	−

[그림 7-2] 복수의 *IRR* 및 *IRR*의 부재

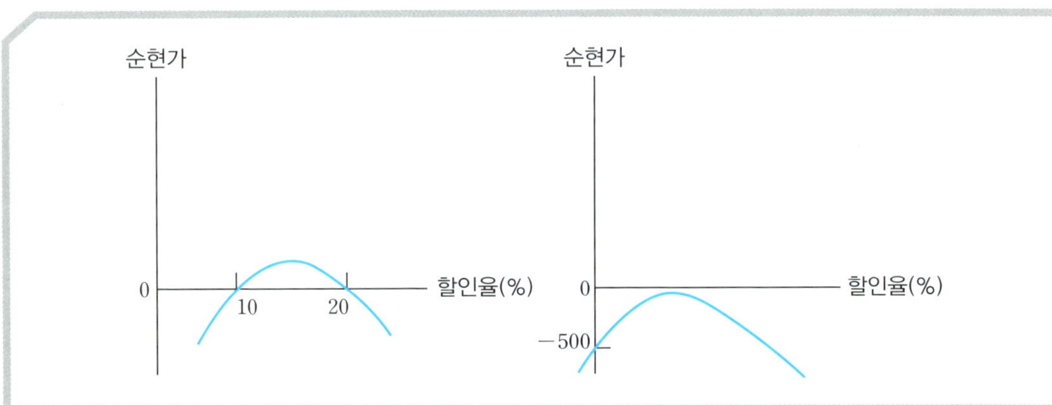

투자안 M과 투자안 N의 할인율과 순현가의 관계를 그림으로 나타내면 [그림 7-2]와 같다.

가치가산원칙

여러 개의 투자안에 동시에 투자를 할 때 결합투자안의 순현가는 개별투자안의 순현가를 합한 것과 같은데 이와 같은 원칙을 가치가산원칙(value additivity principle)이라 한다. 이러한 가치가산원칙이 순현가법에서는 성립하지만 내부수익률법에서는 성립하지 않는다.

$$NPV(A+B)=NPV(A)+NPV(B) \tag{7-8}$$

$$IRR(A+B)\neq[IRR(A)+IRR(B)]/2 \tag{7-9}$$

예를 들어 〈표 7-6〉과 같은 현금흐름을 갖는 세 개의 투자안이 있다고 하자. 이 중에서 투자안 X와 Y는 상호배타적이며, 투자안 Z는 투자안 X나 Y와는 독립적이라고 한다. 각 투자안에 대한 할인율이 10%라고 할 경우 개별투자안 및 가능한 결합투자안의 순현가 및 내부수익률은 다음과 같다.

먼저 개별투자안 X, Y, Z의 경우 세 투자안 모두 순현가가 0보다 크고 내부수익률도 모두 할인율보다 높으므로 투자가치가 있다.

〈표 7-9〉 가치가산원칙

(단위 : 만원)

연 도	투자안			X+Z	Y+Z
	Z	Y	Z		
0	−100	−100	−100	−200	−200
1	0	225	450	450	675
2	550	0	0	550	0
NPV	355	105	309	664	414
IRR	135%	125%	350%	213%	238%

다음은 이들 투자안을 결합한 결합투자안의 경우 순현가법에 의할 경우 투자안 (X+Z)과 투자안 (Y+Z)의 순현가는 각각 663만원과 414만원으로서 개별투자안의 순현가를 단순히 합한 것과 같다. 그렇지만 내부수익률법에 의할 경우 투자안 (X+Z)과 투자안 (Y+Z)의 내부수익률은 각각 213%와 238%로서 개별투자안의 내부수익률을 단순히 합하거나 또는 평균한 것과 다르다. 또한 투자안 X와 투자안 Y의 내부수익률을 비교할 경우 투자안 X의 내부수익률이 투자안 Y의 내부수익률보다 더 높지만 투자안 (X+Z)의 내부수익률은 투자안 (Y+Z)의 내부수익률보다 오히려 낮게 된다. 따라서 내부수익률법을 사용하는 경우 개별투자안의 내부수익률과 관계없이 결합투자안의 내부수익률을 다시 구해야 한다.

연/습/문/제

객관식 문제

01 현금흐름을 기초로 투자가치를 평가하는 자본예산기법은?

a. 회수기간법	b. 평균이익률법
c. 순현가법	d. 내부수익률법

① a, b
② c, d
③ a, c, d
④ a, b, c, d

02 화폐의 시간가치를 고려하고 있는 자본예산기법은?

a. 회수기간법	b. 평균이익률법
c. 순현가법	d. 내부수익율법

① a, b
② c, d
③ a, c, d
④ b, c, d

03 자본예산기법 중에서 현금흐름할인법에 해당하지 않는 것은?

① 순현가법
② 내부수익률법
③ 수익성지수법
④ 자본회수기간법

04 투자위험에 관한 정보를 제공하고 있는 자본예산기법은?

① 자본회수기간법 ② 평균이익률법
③ 순현가법 ④ 내부수익률법

05 회수기간법에 대한 설명으로 옳지 않는 것은?

① 회수기간이란 투자비용을 모두 회수하는데 걸리는 기간을 의미한다.
② 상호배타적인 투자안을 비교할 경우 회수기간이 짧을수록 유리하다.
③ 회수기간법은 투자안의 수익성을 반영하여 투자가치를 평가한다.
④ 회수기간법은 투자로 인한 기업의 유동성을 높일 수 있는 방법이다.

06 회수기간법의 장점을 설명한 것은?

① 모든 현금흐름을 포함하고 있다.
② 화폐의 시간가치를 고려하고 있다.
③ 투자의 위험에 대한 정보를 제공한다.
④ 투자의 수익성에 대한 정보를 제공한다.

07 회수기간법의 단점을 지적한 것이 아닌 것은?

① 회수기간 이후의 현금흐름을 무시하고 있다.
② 화폐의 시간가치를 고려하지 않고 있다.
③ 투자에 따르는 위험을 전혀 알 수 없다.
④ 투자결정기준이 주관적이다.

08 회계적 이익을 기초로 투자안의 경제성을 평가하는 방법은?

① 회수기간법 ② 평균이익률법
③ 순현가법 ④ 내부수익률법

09 현재 4,000만원을 투자할 경우 앞으로 10년 동안 매년 500만원의 순이익을 얻을 수 있다면 이 투자안의 평균이익률은? 단, 잔존가치는 없다고 가정한다.

① 15% ② 25%
③ 80% ④ 125%

10 평균이익률법에 관한 설명 중 맞지 않는 것은?

① 평균이익률이란 연평균순이익을 평균투자액으로 나눈 값이다.
② 평균이익률법에서 투자안의 선택기준은 해당기업의 자본비용이다.
③ 평균이익률법은 회계장부를 그대로 이용할 수 있으므로 간편하다.
④ 평균이익률법은 화폐의 시간가치를 고려하지 않고 있다.

11 순현가법에 관한 설명 중 맞지 않는 것은?

① 순현가란 투자로부터 발생하는 현금유입의 현가를 현금유출의 현가로 나눈 값이다.
② 순현가법에서는 투자안의 NPV가 0보다 클 경우 투자안을 채택하고 0보다 작을 경우 기각한다.
③ 순현가법에서는 최초투자로부터 발생되는 현금유입이 투자기간 동안 그 기업의 자본비용으로 재투자된다고 가정한다.
④ 순현가법에 의할 경우 가치의 가산원칙이 성립하므로 결합투자안의 순현가는 개별투자안의 순현가를 모두 합한 것과 같다.

12 내부수익률법에 관한 설명 중 맞지 않는 것은?

① 내부수익률이란 투자로부터 기대되는 현금유입의 현가와 현금유출의 현가를 같게 하는 할인율이다.

② 내부수익률법에서는 최초투자로부터 발생되는 현금유입이 투자기간 동안에 시장이자율로 재투자된다고 가정한다.

③ 내부수익률법에서는 투자안의 내부수익률이 그 기업의 자본비용보다 크면 투자안을 채택하고 작으면 기각한다.

④ 투자안으로부터 기대되는 미래현금흐름이 순지출을 수반할 경우 복수의 IRR이 존재할 수 있다.

13 수익성지수를 나타내는 공식은?

① $\frac{\text{현금유입의 현가}}{\text{현금유출의 현가}}$ ② $\frac{\text{연평균현금유입}}{\text{총투자액}}$

③ $\frac{\text{연평균순이익}}{\text{연평균투자액}}$ ④ $\frac{\text{연평균현급유입}}{\text{연평균투자액}}$

14 수익성지수법에 대한 설명으로 옳지 않은 것은?

① 수익성지수란 투자로부터 기대되는 현금유입의 현가를 현금유출의 현가로 나눈 값이다.

② 수익성지수법은 투자규모를 표준화하여 투자안을 평가하는 방법이다.

③ 수익성지수법은 순현가법과 마찬가지로 가치의 가산원칙이 적용된다.

④ 수익성지수법에서 수익성지수가 1보다 큰 투자안은 투자가치가 있다.

15 순현가법과 내부수익률법을 비교 설명한 것 중 옳은 것은?

① 독립적인 투자안을 평가할 경우 두 방법은 항상 동일한 결과를 얻게 된다.
② 복수 투자안의 평가결과가 서로 다른 경우 내부수익률법이 순현가법보다 합리적이다.
③ 순현가법과 내부수익률법은 다 같이 자본비용으로 재투자된다고 가정하고 있다.
④ 순현가법과 내부수익률법은 모두 가치의 가산원칙이 성립된다.

16 순현가법이 내부수익률법보다 우수한 이유에 대한 설명 중 적절하지 않은 것은?

① 순현가법은 현금유입이 자본비용으로 재투자 된다고 가정하는 반면 내부수익률법은 그 투자안의 내부수익률로 재투자된다고 가정한다.
② 순현가법에서는 가치의 가산원칙이 적용되나 내부수익률법은 가치의 가산원칙이 적용되지 않는다.
③ 내부수익률법을 이용하여 투자안의 경제성을 평가할 경우 투자안에 따라 복수의 내부수익률이 존재할 수 있다.
④ 자금이 제한되어 있는 경우 순현가법은 투자규모를 반영하여 투자안의 우선순위를 정할 수 있다.

17 완전금융시장에서 투자규모가 서로 다른 상호배타적인 투자안을 비교할 때 가장 합리적인 자본예산기법은?

① 회수기간법　　② 평균이익률법
③ 순현가법　　④ 내부수익률법

18 두 개의 투자안을 비교할 때 순현가법과 내부수익률법이 상이한 결과를 가져올 수 있는 경우가 아닌 것은?

① 투자규모가 서로 다른 경우　　② 투자수명이 서로 다른 경우
③ 현금흐름의 양상이 다른 경우　　④ 투자목적이 서로 다른 경우

19 투자규모가 서로 다른 두 투자안 A, B의 NPV와 IRR이 다음과 같다. 자본비용이 10%라고 할 때 합리적인 선택은?

	투자안 A	투자안 B
NPV	2,000만원	1,500만원
IRR	15%	20%

① 두 투자안이 독립적인 경우 투자안 A만 선택한다.
② 두 투자안이 상호배타적인 경우 투자안 B를 선택한다.
③ 두 투자안이 상호배타적인 경우 투자안 A를 선택한다.
④ 자금조달에 제약이 없는 경우 투자안 B를 선택한다.

주관식 문제

01 다음 용어를 설명하라.

(1) 평균이익률

(2) 회수기간

(3) 순현가(NPV)

(4) 내부수익률(IRR)

(5) 수익성지수

(6) 가치가산원칙

02 평균이익률법과 회수기간법의 장 · 단점을 비교하라. 전통적인 투자분석 방법이 순현가법이나 내부수익률과 다른 점은?

03 순현가법과 내부수익률법 중에서 어느 방법이 보다 합리적인 투자분석방법인가? 그 이유를 설명하라.

04 ABC회사는 다음과 같은 특성을 갖는 두 개의 투자안을 고려하고 있다. 이 회사의 자본비용은 15%라고 한다.

(단위 : 만원)

연 도	투자안 X			투자안 Y		
	투자액	순이익	현금흐름	투자액	순이익	현금흐름
0	9,000			12,000		
1		1,000	5,000		1,000	5,000
2		1,000	4,000		1,000	5,000
3		1,000	3,000		1,000	5,000

① 각 투자안의 평균이익률을 구하라.
② 각 투자안의 회수기간을 구하라.
③ 각 투자안의 순현가를 구하라.
④ 각 투자안의 내부수익률을 구하라.
⑤ 이 회사는 어떤 투자안을 선택해야 하는가? 그 이유는?

05 BYC회사는 다음과 같은 현금흐름을 갖는 두 개의 투자안을 고려하고 있다. 현재 이 회사의 자본비용은 10%이다.

(단위 : 만원)

연 도	0	1	2	3	4	5
투자안 A	−1,000	500	300	200	200	200
투자안 B	−1,000	200	300	300	300	400

① 각 투자안의 회수기간을 구하라.
② 각 투자안의 순현가를 구하라.
③ 각 투자안의 내부수익률을 구하라.
④ 두 투자안이 상호배타적인 투자일 경우 어떤 투자안을 선택하겠는가? 그 이유는?

06 CJ사는 다음과 같은 현금흐름을 갖는 상호배타적인 투자안을 분석하고 있다.

(단위 : 만원)

연 도	투자안 A	투자안 B
0	−1,000	−1,000
1	650	350
2	300	350
3	300	350
4	100	350

① 이 회사의 자본비용이 5%라고 가정하고 각 투자안의 NPV와 IRR을 구하라. 이 경우 어떤 투자안을 선택하여야 하는가?

② 이 회사의 자본비용이 10%라고 가정하고 각 투자안의 NPV와 IRR을 구하라. 두 방법에 의한 평가결과에 차이가 있는가?

③ ①과 ②의 결과가 서로 다르다면 그 이유는 무엇인가?

CHAPTER

08 투자결정의 사례

1 절 인플레이션과 투자결정

1 할인율과 인플레이션

투자로부터 예상되는 현금흐름은 장기간에 걸쳐 발생하므로 인플레이션의 영향을 받게 된다. 인플레이션의 영향을 고려하는 방법에는 인플레이션에 따른 물가의 상승을 반영하여 미래의 현금흐름을 예측하는 방법과 물가의 상승을 반영하지 않고 불변가격으로 현금흐름을 예측하는 방법이 있다. 이와 같이 인플레이션의 반영방법에 따라 추정되는 현금흐름이 달라지기 때문에 투자가치의 평가를 위해 적용되는 할인율도 달라져야 할 것이다. 즉 인플레이션이 반영된 명목현금흐름은 명목할인율로 할인을 하여야 하며 인플레이션이 반영되지 않은 실질현금흐름은 실질할인율로 할인을 하여야 한다.

일반적인 시장이자율은 명목이자율을 의미하므로 인플레이션이 반영된 명목현금흐름을 할인할 때는 시장이자율이 사용된다. 한편 불변가격으로 추정된 실질현금흐름을 할인할 때는 실질이자율이 사용되는데 실질이자율은 명목이자율 및 인플레이션율과 다음과 같은 관계가 성립한다.

$$(1+R)=(1+I)(1+r) \qquad (8-1)$$

R : 명목이자율
r : 실질이자율
I : 인플레이션율

(8-1)식은 다음과 같이 표시할 수 있다.

$$1+R=1+I+r+I\cdot r \qquad (8-2)$$

(8-2)식에서 $I\times r$은 무시할 수 있을 만큼 작은 수이므로 명목이자율과 실질이자율 그리고 인플레이션율 사이에는 다음과 같은 관계가 성립한다.

명목이자율＝인플레이션율＋실질이자율 (8-3)

즉 명목이자율은 실질이자율에 인플레이션율을 합한 것으로 나타낼 수 있는데, 이를 우리는 피셔효과(Fisher effect)라고 한다.

예제 8-1

A은행의 1년 만기 정기예금 이자율은 10%라고 한다. 한편 올해에 예상되는 인플레이션율이 4%라고 한다면 이 은행의 1년 만기 정기예금의 실질이자율은 얼마인가?

해설 실질이자율＝명목이자율－인플레이션율

$=10\%-4\%$

$=6\%$

2 현금흐름과 인플레이션

명목현금흐름의 추정

명목현금흐름(nominal cash flow)은 미래의 어느 시점에 실제로 나타날 화폐금액, 즉 인플레이션이 반영된 현금흐름을 말한다. 인플레이션이 발생하게 되면 기업의 매출액과 투자자산의 잔존가치는 인플레이션의 영향을 받아 증가하게 된다. 즉 제품가격의 상승으로 인하여 매출액이 증가하고 현재 가격으로 표시된 잔존가치 역시 증가하게 된다. 그러나 감가상각비는 금액이 이미 정해져 있으므로 인플레이션의 영향을 받지 않는다.

앞에서 설명한 것처럼 명목현금흐름을 추정하였을 때는 명목할인율을 이용하여 투자가치를 평가하여야 한다.

실질현금흐름의 추정

실질현금흐름(real cash flow)은 투자시점의 불변가격으로 추정된 현금흐름을 말한다. 실질현금흐름은 인플레이션의 영향을 받지 않으므로 제품가격이 변하지 않을 것으로 가정하고 매출액과 잔존가치를 추정하면 된다. 그러나 감가상각비는 인플레이션을 고려하여 현재시점의 화폐가치로 환산을 하여야 한다. 감가상각비를 현재시점의 불변가격으로 환산을 해야 하는 이유는 감가상각비의 절세효과가 인플레이션으로 인하여 그만큼 감소하기 때문이다.

불변가격으로 현금흐름을 추정하였을 때는 실질할인율을 이용하여 투자가치를 평가하여야 한다.

예제 8-2

ABC기업은 1,000만원을 주고 새 기계를 구입하여 매년 10,000개의 제품을 단위당 500원에 생산 · 판매한다고 한다. 한편 5년 후 새 기계의 잔존 가치는 현재가격으로 100만원으로 추정된다. 이 기간 동안 인플레이션이 발생하지 않는 경우 예상되는 현금흐름은 다음과 같다.

〈표 8-1〉 인플레이션이 발생하지 않는 경우 현금흐름 (단위 : 만원)

연 도	1	2	3	4	5
매출액	500	500	500	500	500
감가상각	100	100	100	100	100
잔존가치					500

〈표 8-1〉을 이용하여 매년 10%의 인플레이션이 예상될 경우 이 기업의 명목 현금흐름 및 실질현금흐름을 추정하라.

해설

명목현금흐름의 추정

이 기업의 매출액은 명목가치로 500만×1.1=550만, 500만×1.1^2=605만, …, 500만×1.1^5=805만원이 되고, 5년 후 잔존가치는 500×1.15=805만원이 된다.

(단위 : 만원)

연 도	1	2	3	4	5
매출액	550	605	665	732	805
감가상각	100	100	100	100	100
잔존가치					805

실질현금흐름의 추정

이 기업의 매출액은 실질가치로 매년 500만원이 되고, 5년 후 잔존가치 또한 500만원이 된다. 감가상각비는 인플레이션을 반영하여 실질가치로 표시하면 $\frac{100\text{만}}{1.1}=91\text{만}$, $\frac{100\text{만}}{1.1^2}=83\text{만}$, $\cdots$, $\frac{100\text{만}}{1.1^5}=62\text{만원}$이 된다.

(단위 : 만원)

연 도	1	2	3	4	5
매출액	500	500	500	500	500
감가상각	91	83	75	68	62
잔존가치					500

2절 감가상각과 투자결정

감가상각비(depreciation expense)는 이미 구입한 고정자산의 취득원가를 자산의 사용기간에 걸쳐 매기의 비용으로 배분하는 과정에서 발생한다. 감가상각은 자산의 구입시점에서 이미 현금유출이 발생한 것을 그 자산의 사용기간에 나누어 비용으로 인식하는 것이므로 감가상각비는 현금유출이 없는 비용이다. 그러나 감가상각비는 비용으로서 과세대상이 되는 소득을 줄여주는 효과가 있기 때문에 현금흐름에 영향을 주게 된다. 감가상각비의 감세효과는 감가상각비×법인세율만큼의 현금유입으로 나타난다.

만일 법인세가 없거나 모든 기업이 똑같은 감가상각방법을 사용한다면 감가상각방법에 따라 현금흐름이 달라지지는 않을 것이다. 하지만 현실적으로 기업들은 여러 가지 감가상각방법을 선택적으로 사용할 수 있고 어떤 감가상각방법을 사용하는가에 따라 현금흐름에 차이가 날 수 있다. 따라서 여기에서는 감가상각방법과 그에 따른 감세효과(tax shield)에 대해 예를 들어 살펴보기로 한다.

지금 삼양산업(주)에서는 취득원가가 1,100만원이고 내용연수는 5년이며 잔존가치가 100만원으로 예상되는 기계 설비를 구입하려고 한다. 이 회사의 법인세율이 40%일 때 감가상각방법에 따른 감가상각비와 감세효과를 구해 보자.

정액법

정액법은 자산의 내용연수 동안 매년 일정한 금액의 감가상각비를 계상하는 방법으로 감가상각비는 다음과 같이 계산된다.

$$감가상각비=\frac{취득원가-잔존가치}{내용연수} \qquad (8-4)$$

따라서 정액법에 의한 이 회사의 기계 설비의 매년 감가상각비 및 이에 따른 감세효과는 다음과 같다.

(단위 : 만원)

연 도	감가상각비	감세효과
1	(1,100−100)/5=200	80
2	(1,100−100)/5=200	80
3	(1,100−100)/5=200	80
4	(1,100−100)/5=200	80
5	(1,100−100)/5=200	80

정률법

정률법은 매년 장부가치의 일정한 비율을 감가상각비로 계상하는 방법으로서 매년 감가상각률 및 감가상각비는 다음과 같이 계산된다.

$$감가상각률=1-\sqrt[n]{\frac{잔존가치}{취득원가}} \qquad (8-5)$$

n : 자산의 내용연수

$$감가상각비=장부가치\times 감가상각률 \qquad (8-6)$$

따라서 정률법에 의한 이 회사 기계 설비의 연도별 감가상각비 및 이에 따른 감세효과는 다음과 같다.

$$감가상각률=1-\sqrt[5]{\frac{100만}{1,100만}}=0.381$$

(단위 : 만원)

연 도	감가상각비	감세효과
1	1,100×0.381=419	167.6
2	(1,100−419)×0.381=259	103.6
3	(681−259)×0.381=161	64.4
4	(422−161)×0.381=99	39.6
5	(261−99)×0.381=62	24.8

연수합계법

연수합계법은 내용연수의 차례수 합을 분모로 하고 남은 연수를 분자로 하여 감가상각비를 계상하는 방법으로서 매년 감가상각률 및 감가상각비는 다음과 같이 계산된다.

$$\text{감가상각률}=\frac{n-t+1}{1+2+3+\cdots+n} \qquad (8-7)$$

t : 자산의 사용연수

$$\text{감가상각비}=(\text{취득원가}-\text{잔존가치})\times\text{감가상각률} \qquad (8-8)$$

연수합계법은 정률법과 마찬가지로 감가상각비가 매년 줄지만 감소율은 정률법보다 적다. 따라서 연수합계법에 의한 이 회사 기계 설비의 연도별 감가상각비 및 이에 따른 감세효과는 다음과 같다.

(단위 : 만원)

연 도	감가상각비	감세효과
1	$(1{,}100-100)\times\frac{5}{1+2+3+4+5}=333.3$	133.3
2	$(1{,}100-100)\times\frac{4}{1+2+3+4+5}=266.7$	106.7
3	$(1{,}100-100)\times\frac{3}{1+2+3+4+5}=200.0$	80.0
4	$(1{,}100-100)\times\frac{2}{1+2+3+4+5}=133.3$	53.3
5	$(1{,}100-100)\times\frac{1}{1+2+3+4+5}=66.7$	26.7

이중상각법

이중상각법은 정률법처럼 매년 장부가치의 일정한 비율을 감가상각비로 계상하는 방법으로서 매년 감가상각률 및 감가상각비는 다음과 같이 계산된다.

$$\text{감가상각률} = \frac{1}{n} \times 2 \qquad (8-9)$$

$$\text{감가상각비} = \text{장부가치} \times \text{감가상각률} \qquad (8-10)$$

따라서 이중상각법에 의한 이 회사 기계 설비의 연도별 감가상각비 및 이에 따른 감세효과는 다음과 같다.

(단위 : 만원)

연 도	감가상각비	감세효과
1	$1{,}100 \times \frac{2}{5} = 440$	176.0
2	$(1{,}100-440) \times \frac{2}{5} = 264$	105.6
3	$(660-264) \times \frac{2}{5} = 158$	63.2
4	$(396-158) \times \frac{2}{5} = 95$	38.0
5	$(248-95) \times \frac{2}{5} = 43$	17.2

이와 같은 감가상각방법에 따라 매년 계상되는 감가상각비를 그림으로 나타내면 [그림 8-1]과 같다.

한편 감가상각방법에 따라 감세효과가 어떻게 다른지 살펴보자. 먼저 화폐의 시간가치를 고려하지 않을 경우 각각의 상각방법에 따른 감세액의 합은 동일하지만 화폐의 시간가치를 고려하여 감세액의 현재가치의 합을 비교하여 보면 이중상각법이 제일 효과가 크고, 그 다음으로 정률법, 연수합계법, 정액법의 순으로 나타난다. 따라서 기업의 입장에서 볼 때는 투자 초기에 감가상각을 많이 할 수 있는 감가상각방법을 이용하는 것이 보다 유리함을 알 수 있다.

[그림 8-1] 감가상각방법과 감가상각비

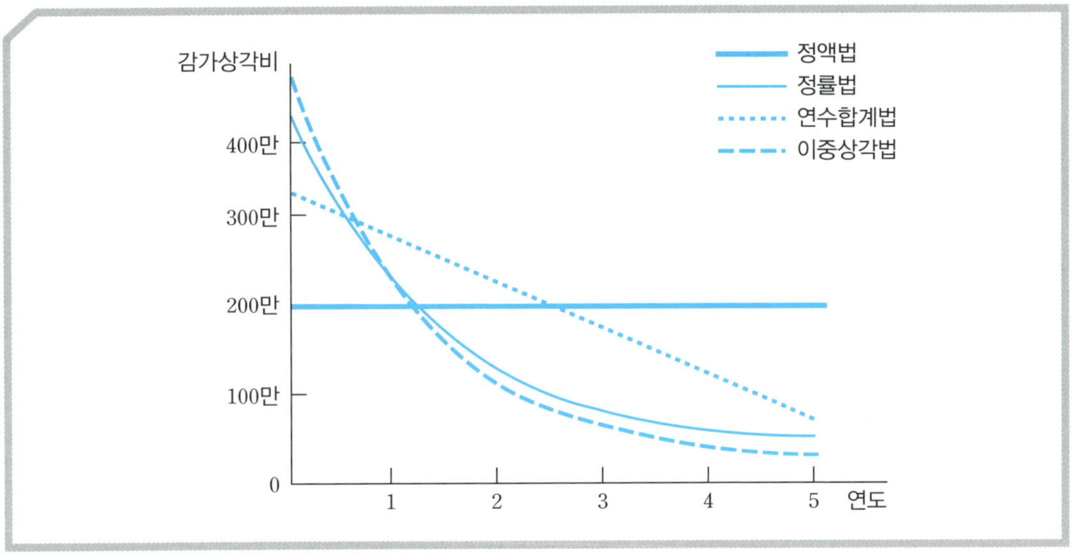

3절 투자결정의 특수사례

1 자본제약과 투자결정

자금조달에 제약이 없다면 기업은 순현재가치(NPV)가 0보다 큰 모든 투자안에 투자함으로써 기업가치를 극대화할 수 있다. 그러나 현실적으로 기업의 자본은 한정되어 있기 때문에 기업은 순현재가치가 0보다 큰 모든 투자안에 투자를 할 수 없게 되며, 제한된 자본의 범위 안에서 기업가치의 극대화를 추구할 수밖에 없다.

이와 같이 기업이 제한된 자본을 투자에 적절히 배분하는 과정을 자본할당(capital rationing)이라고 한다. 자본할당의 목표는 주어진 자본의 범위 안에서 전체적인 투자안의 순현재가치를 극대화하는 것이다.

예제 8-3

ABC회사는 다음과 같은 다섯 개의 투자안을 고려하고 있다. 현재 이 회사가 조달할 수 있는 자금이 4,000만원이라고 할 때 이 회사의 최적투자 조합을 구성하고 이 투자조합의 순현가(NPV)를 구하라.

〈표 8-2〉 투자안과 NPV (단위 : 만원)

투자안	투자비용	NPV
A	2,000	500
B	1,000	300
C	2,000	300
D	1,000	200
E	1,000	100

해설 자본제약이 있는 경우 투자안의 선택은 투자안의 상대적 수익성을 나타내는 수익성지수나 내부수익률을 이용하여 투자우선순위를 결정한다. 〈표 8-2〉에서 각 투자안의 수익성지수(PI)를 구하면 다음과 같다.

$$PI(A)=\frac{2,000+500}{2,000}=1.25$$

$$PI(B)=\frac{1,000+300}{1,000}=1.30$$

$$PI(C)=\frac{2,000+300}{2,000}=1.15$$

$$PI(D)=\frac{1,000+200}{1,000}=1.20$$

$$PI(E)=\frac{1,000+100}{1,000}=1.10$$

자금조달에 제약이 없는 경우 이 회사는 수익성지수가 1보다 큰 투자안, 즉 다섯 개 투자안에 모두 투자를 함으로써 기업가치를 극대화할 수 있지만 조달가능자금이 4,000만원으로 제한되어 있는 경우에는 수익성지수가 큰 순서대로 투자안 B, A, D만을 선택하게 된다. 이 때 최적투자조합 $B+A+D$의 NPV는 가치의 가산원칙에 따라 다음과 같이 계산된다.

$$NPV(B+A+D)=NPV(B)+NPV(A)+NPV(D)$$
$$=300+500+200=1,000(\text{만원})$$

예제 8-4

ABC회사는 [예제 8-3]과 같은 다섯 개의 투자안을 고려하고 있다. 이 중에서 투자안 A와 C는 서로 배타적인 투자안이고 투자안 B와 E는 서로 인과적인 투자안이라고 한다. 이 회사가 조달할 수 있는 최대자금이 4,000만원일 경우 이 회사의 최적투자조합을 구성하고 이 투자조합의 순현가(*NPV*)를 구하라.

해설 먼저 이 회사가 4,000만원으로 투자할 수 있는 투자안의 조합 및 순현가(*NPV*)를 구하면 다음과 같다.

〈표 8-3〉 투자조합과 *NPV* (단위 : 만원)

투자조합	투자비용	*NPV*
A+B+E	4,000	900
A+D	3,000	700
B+E+C	4,000	700
B+E+D	3,000	600
C+D	3,000	500

〈표 8-3〉에서 각 투자조합의 순현가(*NPV*)를 비교하면 투자조합(A+B+E)의 *NPV*가 900만원으로 가장 크므로 이 회사는 4,000만원의 투자자금을 이용하여 투자안 A, B, E에 투자를 하는 것이 가장 합리적이다.

2 투자규모와 투자결정

앞에서 살펴본 자본할당은 자본제약하에서 순현재가치를 극대화할 수 있는 최적 투자조합을 선택하는 자본예산기법이라고 할 수 있다. 그렇지만 순현가법에서 투자안의 평가기준이 되는 순현가는 투자안의 가치를 절대치로 나타낸 것이기 때문에 투자규모가 다른 여러 개의 투자안이 있을 때 각 투자안의 상대적인 성과를 비교하기 힘들다. 이러한 단점을 보완하기 위해 투자규모가 다른 투자안을 분석할 때 수익성지수법을 사용한다.

한편 수익성지수를 이용하여 투자안을 비교 · 평가하는 것은 현재 시장에 해당 투자안과 동일한 성과를 가져다주는 투자안들이 많아 중복투자를 할 수 있다고 가정한 것이다. 예를 들어 〈표 8-4〉와 같은 현금흐름을 갖는 상호배타적인 투자안 F, G가 있다고 가정하자. 두 투자안의 할인율은 10%라고 한다.

〈표 8-4〉 투자규모가 다른 투자안의 현금흐름 (단위 : 만원)

연 도	현금흐름	
	투자안 F	투자안 G
0	−1,000	−2,000
1	500	1,000
2	400	800
3	300	600
4	100	100
순현가	79	89
수익성지수	1,079	1,045

〈표 8-4〉에서 기업은 2,000만원의 자금으로 투자안 G에 투자를 하거나 투자안 F와 동시에 같은 성과를 가져다주는 다른 투자안에 투자를 할 수 있는 경우 투자안 F가 투자안 G보다 유리하다는 것이다. 그러나 투자안 F와 동일한 성과를 가져다주는 투자기회가 없어 투자안 F를 선택하는 경우 1,000만원의 여유자금이 발생하는 경우에는 이 여유자금의 활용에 따르는 현금흐름을 분석하여 투자결정을 해야 한다.

예를 들어 기업이 투자안 F에 1,000만원을 투자하고 나머지 1,000만원을 투자기간 동안에 은행에 자본비용과 같은 이자율로 저축(S)을 한다고 가정할 경우 투자조합($F+S$)의 순현가 및 수익성지수는 다음과 같이 계산된다.

$$NPV(S) = -1,000 + \frac{1,000(1+0.1)^4}{(1+0.1)^4} = 0$$

$$NPV(F+S) = NPV(A) + NPV(S) = 79 + 0 = 79$$

$$PI(F+S) = \frac{1,079 + 1,000}{1,000 + 1,000} = 1,040$$

즉 중복투자가 불가능한 경우에 투자안 F에 투자를 하고 나머지 여유자금을 저축하는 것보다 투자안 G에 투자를 하는 것이 유리하다.

3 투자수명과 투자결정

지금까지 우리는 투자안으로부터의 현금흐름의 발생기간, 즉 투자수명이 동일한 투자안을 살펴보았다. 그러나 현실적으로 투자안의 투자수명이 동일한 경우는 매우 드물고 각 투자안들마다 투자수명이 다른 것이 일반적이다. 여기에서는 이처럼 투자수명이 서로 다른 경우에 어떻게 투자결정을 내려야 하는지 예를 들어 살펴보자.

〈표 8-5〉와 같은 현금흐름을 갖는 투자안 X와 Y가 있다. 두 투자안의 할인율은 모두 10%라고 한다.

〈표 8-5〉 투자수명이 다른 투자안의 현금흐름 (단위 : 만원)

연 도	현금흐름	
	투자안 X	투자안 Y
0	−10,000	−10,000
1	6,000	4,000
2	6,000	4,000
3	0	4,750
순현가	413	511

이와 같이 투자수명이 서로 다른 투자안을 비교하기 위해서는 투자안의 현금흐름을 동일한 수명을 가지는 현금흐름으로 조정해야 한다. 현금흐름을 조정하는 방법에는 첫째, 투자수명이 짧은 투자안이 종료되면 잔여기간 동안 현금흐름이 자본비용으로 재투자된다고 가정하는 방법이다. 〈표 8-5〉에서 투자안 X에 투자를 한 경우 2차 연도에 현금흐름이 끝나고 3차 연도에는 새로운 투자를 하여야 한다. 2차 연도까지의 현금흐름을 3차 연도에 기업의 자본비용으로 투자를 한다고 가정하면 3차 연도에 벌어들이는 현금흐름의 순현가는 0이 된다. 따라서 투자안 X에 투자를 하고 그 후 새로운 투자안에 기업의 자본비용으로 투자가 이루어진다면 3년 후의 총 순현가는 투자안 X의 순현가와 같다. 이 경우에 투자안 X의 순현가는 413만원이고 투자안 Y의 순현가는 511만원이므로 투자안 Y를 선택하여야 한다.

둘째는 각 투자안이 미래에도 계속 반복투자가 이루어진다고 가정하는 방법이다. 이 경우 두 투자안의 종료시점이 일치할 때까지 반복해서 투자가 이루어지는 것으로 가정하고 그동안에 발생한 현금흐름의 총 순현가를 계산하여 투자결정을 한다. 〈표 8-6〉

에서 투자안 X의 수명이 2년, 투자안 Y의 수명이 3년이므로 투자안 X에 대한 투자를 3번 반복하고 투자안 Y에 대한 투자를 2번 반복한다면 지금으로부터 6년 후에는 두 투자안에 대한 투자가 동시에 종료될 것이다.

투자안 X와 투자안 Y로부터 6년 동안 발생하는 현금흐름의 순현가는 다음과 같이 계산된다.

$$NPV(X)=413+\frac{413}{(1+0.1)^2}+\frac{413}{(1+0.1)^4}=1,036(\text{만원})$$

$$NPV(Y)=511+\frac{511}{(1+0.1)^3}=895(\text{만원})$$

따라서 반복투자를 가정할 경우에 순현가가 큰 투자안 X를 선택해야 한다.

연/습/문/제

객관식 문제

01 피셔효과(Fisher effect)란?

① 명목이자율＝실질이자율＋인플레이션율
② 명목이자율＝실질이자율－인플레이션율
③ 명목이자율＝무위험이자율＋위험프리미엄
④ 명목이자율＝무위험이자율＋유동성프리미엄

02 현금흐름을 추정할 때 인플레이션의 영향을 바르게 설명한 것은?

① 명목현금흐름은 투자시점의 불변가격으로 추정된 현금흐름이다.
② 명목현금흐름을 할인할 때는 실질이자율을 사용하여야 한다.
③ 투자자산의 잔존가치는 인플레이션의 영향을 받지 않는다.
④ 기업의 매출액은 인플레이션의 영향을 받아 증가하게 된다.

03 화폐의 시간가치를 고려할 때 감세효과가 가장 큰 감가상각방법은?

① 정액법 ② 정률법
③ 연수합계법 ④ 이중상각법

04 화폐의 시간가치를 고려할 때 감세효과가 가장 작은 감가상각방법은?

① 정액법 ② 정률법
③ 연수합계법 ④ 이중상각법

05 제한된 자본하에서 최적투자조합을 선택하기 위한 자본예산기법은?

① 자본할당법 ② 확실성등가법
③ 내부수익률법 ④ 민감도분석법

06 투자규모가 다른 투자안의 상대적 성과를 비교할 수 있는 척도는?

① 순현가 ② 회수기간
③ 수익성지수 ④ 평균이익률

주관식 문제

01 다음 용어를 설명하라.

(1) 정액법

(2) 피셔효과

(3) 자본할당

(4) 명목현금흐름

02 현금흐름을 추정할 때 인플레이션을 고려하는 방법에 대해 설명하라.

03 감가상각방법의 선택에 따라 현금흐름이 어떻게 달라지는지 설명하라.

04. 수명이 다른 투자안에 대한 평가는 어떻게 이루어지는지 설명하라.

05 ABC회사는 다음과 같은 현금흐름을 갖는 상호배타적인 투자안 X와 Y를 검토하고 있다. 이 회사의 자본비용은 10%이다.

(단위 : 만원)

연 도	0	1	2
X	−1,600	1,100	1,210
Y	−3,500	2,200	2,420

(1) 각 투자안의 순현가(NPV)를 구하라.

(2) 각 투자안의 수익성지수(PI)를 구하라.

(3) 두 투자안 외에 다른 투자기회가 없다면 어떤 투자안을 선택해야 하는가? 그 이유는?

06 (주)천사에서는 새로운 공장건설을 계획하고 있다. 이 회사의 공장건설 입지로는 다음과 같이 네 곳이 선정되었으며 각 공장별 수익성지수는 다음과 같다.

(단위 : 만원)

지 역	투자비용	수익성지수
부산	5,000만원	1.20
대구	4,000	1.30
대전	3,000	1.50
광주	4,000	1.25

(1) 각 지역별 공장건설에 따른 순현가(NPV)를 구하라.

(2) 이 회사의 투자가능금액이 6,000만원이라고 할 때 최적투자안은?

07 (주)XYZ에서는 생산성을 제고하기 위하여 새로운 기계를 구입하려고 한다. 이 회사가 검토하고 있는 기계의 구입비용 및 유지비용은 다음 과 같다.

(단위 : 만원)

연 도	현금흐름	
	기계 A	기계 B
0	−5,000	−6,000
1	−1,200	−1,000
2	−1,200	−1,000
3	−1,200	−1,000
4		−1,000

한편 이 회사의 연간 수입은 기계의 선택과 관계없이 항상 일정하며, 자본비용은 10%이다.

(1) 기계의 수명이 끝이 나면 동일한 비용으로 새 기계로 교체한다고 할 경우 이 회사는 어느 기계를 선택하여야 하는가?

(2) 이 회사는 5년 후 현재 고려하고 있는 기계 A 또는 B를 폐기하고 완전히 새로운 기계로 교체할 계획을 갖고 있다. 이 때 기존 기계의 잔존가치는 없다고 할 경우 현재 시점에서 어느 기계를 선택하여야 하는가?

PART 3

자본시장이론

CHAPTER 09 수익률과 위험

1절 수익률의 의의

'지금 1억원의 여유자금이 있다면 이 돈을 어디에 투자를 할 것인가?' 만약 이러한 질문을 한다면 대답은 사람에 따라 서로 다를 것이다. 은행에 예금을 하겠다고 하는 사람, 주식을 사겠다는 사람, 그리고 부동산을 구입하겠다는 사람도 있을 것이다. 이처럼 투자자는 그 속성에 따라 서로 다른 투자대상을 선택하게 되지만 투자대상을 선택할 때 어떤 공통된 투자기준을 갖게 된다. 여기서는 미래가 불확실하다는 가정하에 투자자들의 투자결정기준으로서 수익률과 위험에 대해 살펴보고자 한다.

1 수익률의 개념

현재의 소비를 희생하고 투자를 하는 이유는 미래에 더 큰 수익을 기대하기 때문이다. 즉, 투자자들의 투자결정의 첫 번째 기준은 수익률이라고 할 수 있다. 그런데 투자자들이 선택할 수 있는 투자안은 다양하므로 투자로부터 기대되는 수익의 형태도 배당금, 수입이자, 매매차익 등 다양하다. 수익률(rate of return)이란 이와 같이 서로 다른 형태의 수익을 비교하기 위한 하나의 기준으로서, 보통 투자로부터 얻게 되는 수익을 투자원금으로 나눈 후 100을 곱한 백분율의 형태로 표시한다.

주식이나 채권 등의 유가증권에 투자를 할 때 투자수익률을 계산하는 이유는 첫째로, 서로 다른 특성을 갖고 있는 여러 종류의 투자안을 비교할 수 있는 객관적 기준을 설정하기 위한 것이다. 투자란 현재의 소비를 미래의 소비로 전환시켜 주는 역할을 하는 것이기 때문에 투자안 또는 수익의 형태가 아니라 수익의 크기가 투자자들에게는 중요한 것이다.

둘째로, 수익률은 투자자가 일정한 미래의 소비를 위해 필요한 현재의 투자액을 결정하는데 중요한 역할을 한다. 예를 들어 미래에 높은 수익률이 예상되는 투자기회가 있을 경우 상대적으로 투자를 작게 하더라도 미래소비를 많이 할 수 있기 때문에 미래의 소비를 위한 투자를 줄이는 대신 현재의 소비를 늘릴 수 있게 된다.

2 수익률의 계산

(1) 단일기간 수익률

모든 투자안의 투자액과 투자기간이 동일하다고 한다면 투자안의 상호비교는 매우 간단하다. 그러나 실제로 투자안에 따라 투자규모나 투자기간이 크게 차이가 나는 것이 보통이다. 따라서 투자규모나 투자기간이 서로 다른 투자안을 평가하기 위해서는 먼저 단위기간 동안의 수익률, 즉 단일기간 수익률을 계산하여야 한다. 일반적으로 단일기간 수익률은 다음과 같이 계산한다.

$$\text{주식의 수익률} : R_t = \frac{D_t + P_t - P_{t-1}}{P_{t-1}} \qquad (9-1)$$

$$\text{채권의 수익률} : R_t = \frac{I_t + P_t - P_{t-1}}{P_{t-1}} \qquad (9-2)$$

P_t : t시점의 시장가격
D_t : t시점의 배당수입
I_t : t시점의 이자수입

예를 들어 한 투자자가 2009년 1월 5일 삼성전자 주식을 주당 100,000원에 매입하여 2010년 1월 4일 주당 125,000원에 매도하였다고 하자. 이 기간 동안 주당 5,000원의 배당을 받았다고 한다면 이 투자자의 투자수익률은 다음과 같이 30%가 된다. 이 중에서 배당수익률이 5%이고, 주가상승에 따른 자본이익률이 25%이다.

$$R = \frac{5,000 + (125,000 - 100,000)}{100,000} = 0.05 + 0.25 = 0.30$$

(2) 복수기간 수익률

투자수익이 한 기간에 그치지 않고 여러 기간에 걸쳐서 발생하는 경우에 수익률은 여러 가지 방법으로 계산될 수 있다. 투자수익이 여러 기간에 걸쳐 발생하는 경우의 수익률은 일반적으로 연평균수익률을 계산하여 표시한다. 연평균수익률을 계산하는 방법은 산술평균의 방법과 기하평균의 방법, 그리고 내부수익률을 구하는 방법이 있다.

산술평균수익률

산술평균수익률(arithmetic mean rate of return)은 투자가 여러 기간에 걸쳐 이루어지는 경우의 연평균수익률을 구하기 위해 각 기간의 수익률들을 산술평균한 것을 말한다.

$$AR = \frac{1}{n}\sum_{t=1}^{n} R_t \qquad (9-3)$$

예를 들어 투자자가 삼성전자 주식을 주당 100,000원에 매입하였는데 첫 해에 가격이 125,000원으로 올랐다가 둘째 해에 다시 100,000으로 하락하였다고 하자. 투자기간 중 배당이 전혀 없었다고 하면 이 투자자의 산술평균수익률은 다음과 같다.

$$R_1 = \frac{125,000 - 100,000}{100,000} = 0.25$$

$$R_2 = \frac{100,000 - 125,000}{125,000} = -0.20$$

$$AR = \frac{0.25 + (-0.20)}{2} = 0.025$$

산술평균수익률을 구하면 이 투자자는 연평균 2.5%의 수익률을 올린 것으로 계산된다. 그러나 이 투자자가 삼성전자 주식을 2년 동안 그대로 보유하고 있었다고 한다면 이 기간 중에 주가는 전혀 변하지 않았으므로 보유기간수익률은 0이 되어야 한다. 이와 같이 이러한 산술평균수익률이 실제 수익률과 차이가 나는 이유는 산술평균수익률이 투자기간 내의 화폐의 시간가치나 투자기간 중에 발생하는 수익의 재투자기회 등을 고려하지 않고 있기 때문이다.

기하평균수익률

기하평균수익률(geometric mean rate of return)은 투자가 여러 기간에 걸쳐 이루어지는 경우의 연평균수익률을 구하기 위해 각 기간의 수익률들을 기하평균한 것을 말한다.

$$GR = \sqrt[n]{(1+R_1)(1+R_2)\cdots(1+R_n)} - 1 \tag{9-4}$$

앞의 삼성전자 주식의 예에서 산술평균수익률 대신 기하평균수익률을 구하면 다음과 같다.

$$GR = \sqrt[2]{(1+0.25)(1-0.2)} - 1 = 0$$

기하평균수익률은 단순평균수익률의 계산과는 달리 각 기간 중에 발생하는 현금수입을 다음 기간의 수익률로 재투자한다는 가정하에 계산된다. 따라서 투자가 여러 기간에 걸쳐 이루어지는 경우의 진정한 투자수익률은 재투자의 가정이 가장 합리적인 기하평균수익률이라고 할 수 있다.

내부수익률

내부수익률(internal rate of return: IRR)은 투자로부터 기대되는 모든 현금흐름의 순현가가 0이 되게 하는 할인율이다. 즉 투자로부터 유입되는 현금의 현가와 투자비용을 일치시켜 주는 할인율의 개념으로서 다음 식을 만족하는 R이 내부수익률이 된다.

$$P_0 = \frac{CF_1}{(1+R)} + \frac{CF_2}{(1+R)^2} + \cdots + \frac{CF_n}{(1+R)^n} \tag{9-5}$$

앞의 삼성전자 주식의 예에서 내부수익률을 구하면 다음과 같다.

$$100{,}000 = \frac{0}{(1+R)} + \frac{100{,}000}{(1+R)^2}$$

$$\therefore R = 0$$

내부수익률은 투자기간 중에 발생하는 현금흐름이 투자기간 동안 내부수익률로 계속 재투자된다는 가정하에서 계산된 수익률로서 전통적으로 투자수익률을 측정하는 지표로 널리 활용되고 있다.

2절 위험의 의의

1 위험의 개념

개인 또는 기업의 의사결정은 미래에 나타나리라고 예상되는 상황과 그 상황이 발생할 가능성의 정도에 따라 다음과 같이 구분된다.

확실성하의 의사결정

확실성(certainty)이란 미래에 발생할 상황을 명확하게 알고 있는 상태를 말한다. 확실성의 상태는 자연법칙이나 물리적인 현상에서 찾아 볼 수 있다. 예를 들면 내일 아침에 동쪽에서 해가 뜬다는 것은 확실한 상황이다.

위험하의 의사결정

위험(risk)이란 미래에 발생 가능한 상황을 예측할 수 있으며 그 발생 가능한 상황에 관한 객관적인 확률분포를 알고 있는 상태를 말한다. 한편 객관적 확률이란 선험적인 확률이나 경험적인 확률을 말한다. 예를 들면 동전을 던졌을 때 앞면이 나올 확률은 1/2이다.

불확실성하의 의사결정

불확실성(uncertainty)이란 미래에 발생 가능한 상황에 대한 객관적인 확률분포를 알지 못하는 상태를 말한다. 불확실성하에서는 미래에 발생할 사건의 주관적 확률을 추정하여 의사결정을 하게 된다. 예를 들어 결혼을 하였을 때 행복하게 될 확률에 대한 추정은 사람에 따라 다를 것이다.

현실적으로 투자의사결정은 위험 또는 불확실성의 상태에서 이루어지게 된다. 그러나 주관적 확률이건 객관적 확률이건 의사결정에 사용되는 기법은 동일하므로 여기에서는 위험과 불확실성이란 용어를 구분하지 않기로 한다. 한편 투자이론에서 위험(risk)이란 미래에 발생할 수익의 변동가능성(variability of future possible returns)을 의미한다. 즉 미래 실제수익률이 기대수익률과 편차를 갖게 될 가능성의 크기를 말하는 것으로서, 미래의 불확실성으로 인하여 투자로부터 기대되는 수익률을 예측하기 어려울수록 위험이 크다고 한다.

2 위험의 측정

위험이 있는 투자안을 선택하는 문제를 해결하기 위해서는 첫째로 위험을 측정할 수 있는 척도가 있어야 하고, 다음으로 위험을 대하는 투자자의 태도를 알고 있어야 한다. 앞에서 살펴본 것과 같이 위험이란 투자수익의 변동가능성을 의미하므로 위험의 크기는 통계학에서 분산도의 크기를 나타내는 분산, 표준편차, 범위, 평균편차 등과 같은 척도를 이용하여 측정할 수 있다. 이 중에서 투자에 따르는 위험의 척도로 가장 널리 이용되는 것은 분산 또는 표준편차이다.

확률분포가 기대치를 중심으로 얼마나 널리 흩어져 있는가를 나타내기 위해 가장 많이 사용되는 통계학적인 척도는 분산(variance)과 표준편차(standard deviation)이다. 이러한 분산과 표준편차는 투자위험을 나타내는 대표적인 척도로서 사용되며 다음과 같이 계산된다.

기대수익률

$$E(R_A) = \sum_{j=1}^{s} p_j R_j \qquad (9-6)$$

$E(R_A)$: 자산 A의 기대수익률
p_j : 상황 j가 발생할 확률
R_j : 상황 j가 발생할 때의 수익률

수익률의 분산

$$\sigma_A^2 = \sum_{j=1}^{s} p_i [R_i - E(R_A)]^2 = E(R_A^2) - [E(R_A)]^2 \qquad (9-7)$$

σ_A^2 : 자산 A의 수익률의 분산

수익률의 표준편차

$$\sigma_A = \sqrt{\sigma^2_A} \qquad (9-8)$$

예제 9-1

주식 A와 B로부터 예상되는 수익률의 확률분포는 다음과 같다. 이 경우 주식 A와 주식 B의 기대수익률과 위험을 구하라.

〈표 9-1〉 주식 A와 주식 B의 수익률의 확률분포

상황	확률	주식 A의 수익률(R_A)	주식 B의 수익률(R_B)
1	0.3	30%	100%
2	0.4	20	20
3	0.3	10	−60

해설 ① 기대수익률

$$E(R_A) = \sum p_j R_j$$
$$= (0.3)(30) + (0.4)(20) + (0.3)(10) = 20(\%)$$
$$E(R_B) = \sum p_j R_j$$
$$= (0.3)(100) + (0.4)(20) + (0.3)(-60) = 20(\%)$$

② 분산

$$\sigma_A^2 = \sum p_j [R_j - E(R_A)]^2$$
$$= (0.3)(30-20)^2 + (0.4)(20-20)^2 + (0.3)(10-20)^2 = 60$$
$$\sigma_B^2 = \sum p_j [R_j - E(R_B)]^2$$
$$= (0.3)(100-20)^2 + (0.4)(20-20)^2 + (0.3)(-60-20)^2 = 3{,}840$$

③ 표준편차

$$\sigma_A = \sqrt{\sigma^2_A} = \sqrt{60} = 7.75(\%)$$
$$\sigma_B = \sqrt{\sigma^2_B} = \sqrt{3{,}840} = 61.97(\%)$$

3 절 투자자의 위험태도

1 위험과 효용

경제이론이나 재무이론의 기초를 이루는 효용(utility)의 개념은 스위스의 수학자 베르누이(Bernoulli)에 의해 정립되었다. 베르누이가 효용이라는 개념을 창안하게 된 이유는 불확실성하의 투자결정에 있어서 투자자들의 행동을 기대수익만으로 설명할 수 없다는 데서 출발하고 있다.

예를 들어 어떤 사람이 동전을 던지는데 앞면이 나올 때까지 계속하여 던질 수 있다고 하자. 이 사람은 만일 첫 번째 던지기에서 동전의 앞면이 나오면 2원을 받고, 두 번째 던지기에서 비로소 앞면이 나오면 4원을 받게 된다고 한다. 따라서 이 사람이 n 번째 던지기에서야 비로소 처음 앞면이 나오게 되면 2^n원을 받게 될 것이다. 이 경우 게임으로부터 얻을 수 있는 기대수익은 얼마일가? 만약 여러분이 이 게임에 참여한다면 얼마를 걸고 참여하겠는가?

우선 이 게임의 기대수익을 계산하면 다음과 같다.

$$\begin{aligned} E(R) &= \sum_{j=1}^{\infty} p_j R_j \\ &= \frac{1}{2}\times 2+\frac{1}{2^2}\times 2^2+\frac{1}{2^3}\times 2^3+\cdots+\frac{1}{2^n}\times 2^n+\cdots \\ &= 1+1+1+\cdots+1+\cdots \\ &= \infty \end{aligned} \tag{9-9}$$

따라서 여러분이 단지 기대수익만을 극대화하고자 한다면 이 게임의 기대수익은 무한대이므로 모든 재산을 걸고서라도 이 게임에 참여하여야 할 것이다.

만약 투자자들이 기대수익만을 극대화하고자 한다고 가정하면 이러한 역설적 문제를 해결할 수 없다. 이에 베르누이는 사람들이 관심을 가지는 것은 기대수익 자체가 아니라 기대수익에 대하여 실제로 느끼는 만족도인 효용이라고 주장하였다. 즉, 투자자들은 미래수익이 확실한 경우에는 단지 수익을 극대화함으로써 효용을 극대화할 수 있지만, **만약 미래수익이 불확실한 경우에는 기대수익뿐만 아니라 위험에 따라 기대 효용이 달라진다**는 것이다.

[그림 9-1] 효용함수

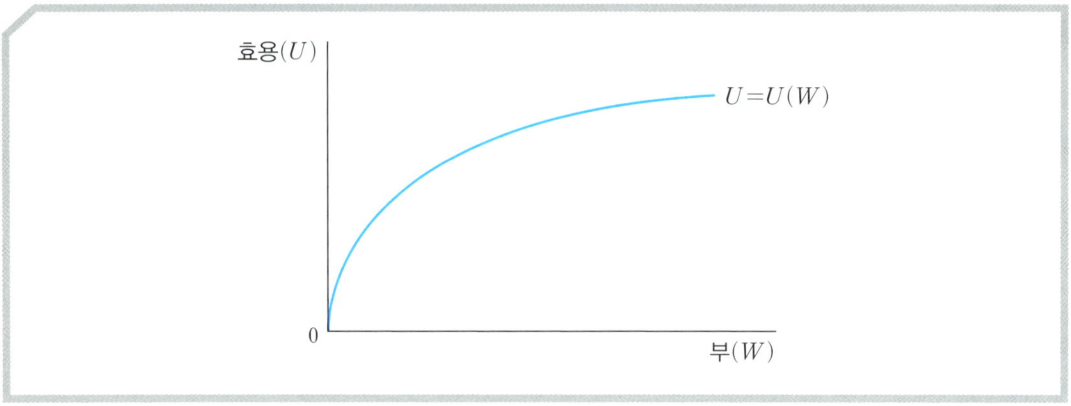

한편 효용은 개인의 주관적인 선호에 따라서 달라지며, 이러한 개인의 선호는 효용함수를 이용하여 나타낼 수 있다. 예를 들어 개인의 효용함수를 $U=U(W)$라고 할 경우 이성적인 투자자의 효용함수는 [그림 9-1]과 같은 형태를 갖는다. 즉, 이성적인 투자자의 효용함수는 부가 증가하면 할수록 효용이 증가하지만, 부가 증가에 따른 효용의 증가율, 즉 한계효용은 체감한다.

2 투자자의 위험태도

위험에 대해 투자자들이 갖는 태도는 위험회피형, 위험중립형, 그리고 위험선호형으로 구분된다.

먼저 위험회피형 투자자(risk averter)는 위험을 싫어하는 투자자로서, 위험을 부담할 경우에 위험에 대한 대가, 즉 위험프리미엄(risk premium)을 요구하게 된다. 위험회피형 투자자의 효용함수는 [그림 9-2]의 (a)와 같이 부(wealth)가 증가함에 따라서 효용이 증가하나 한계효용은 체감하는 형태를 갖는다.

[그림 9-2] 투자자의 위험태도

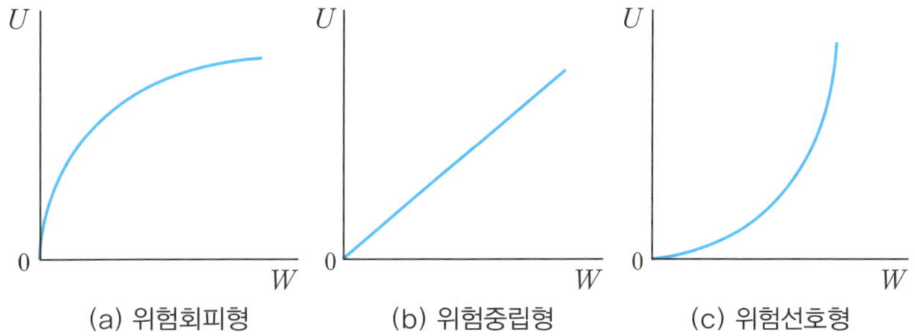

위험중립형 투자자(risk neutralist)는 위험의 크기와 관계없이 기대수익에 의해 효용이 결정되는 투자자이다. 위험중립형 투자자의 효용함수는 [그림 9-2]의 (b)와 같이 부가 증가함에 따라 효용이 증가하나, 한계효용은 부의 수준에 관계없이 일정하기 때문에 직선의 형태로 나타난다.

위험선호형 투자자(risk seeker)는 위험회피형 투자자와는 반대로 보다 큰 위험을 선호하는 투자자이다. 위험선호형 투자자의 효용함수는 [그림 9-2]의 (c)와 같이 부가 증가함에 따라 효용이 증가하며, 한계효용은 체증하는 형태를 갖는다.

한편 현대투자이론에서 대부분의 투자자는 위험회피형 투자자라고 가정을 하고 있다. 즉, 이성적인 투자자는 위험을 싫어하기 때문에 보상이 없는 한 위험을 감수하려고 하지 않는다는 것이다. 그러나 위험에 대한 보상이 주어질 경우 위험회피형 투자자도 위험이 높은 투자안을 선택할 수 있다.

4 절 평균-분산모형

1 평균-분산모형

미래가 불확실한 상황에서 투자안의 가치는 현금흐름(또는 수익률)의 확률분포가 정규분포라는 가정하에 수익률의 평균과 분산으로 나타낼 수 있다. 한편 수익률의 분포가 정규분포이거나 투자가의 효용함수가 2차함수일 경우 투자자들의 기대효용은 수익률의 평균과 분산의 함수로 나타낼 수 있다. 따라서 투자자들의 효용이 투자안의 현금흐름의 함수일 경우 불확실한 투자로부터 얻을 수 있는 기대효용은 그림과 같이 투자안의 기대수익률과 위험의 함수로 나타낼 수 있다.

요약하면 투자안의 수익률의 확률분포가 정규분포를 이룰 경우 투자자의 선택행동은 평균과 분산이라고 하는 두 가지 요인으로 충분히 설명할 수 있는데, 이와 같이 평균과 분산의 두 가지 요인을 이용하여 투자자의 선택행동을 설명하는 이론을 평균－분산모형(mean－variance model)이라고 한다.

[그림 9-3] 평균－분산모형

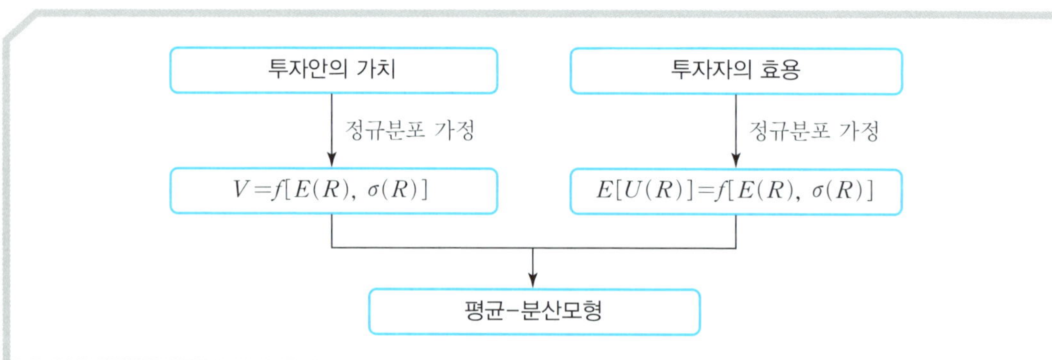

2 지배원리

평균－분산모형에 의하면 투자자의 투자결정은 기대수익률과 위험에 따라 이루어지게 될 것이다. 한편 이성적인 투자자는 위험회피형 투자자로서, 위험회피형 투자자의 경우 기대수익률이 클수록, 그리고 위험이 작을수록 효용이 증가한다. 즉, 이성적인 투자자의 효용함수는 다음과 같은 특성을 갖는다.

$$\frac{dU}{dE(R)}>0 \tag{9-10}$$

$$\frac{dU}{d\sigma^2}<0 \tag{9-11}$$

따라서 투자자들이 투자안을 선택할 때 위험이 동일한 투자안 중에서는 기대수익률이 가장 높은 투자안을 선택하고, 기대수익률이 동일한 투자안 중에서는 위험이 가장 낮은 투자안을 선택하게 되는데, 이와 같은 투자자의 투자안 선택기준을 지배원리(dominance principle)라고 한다.

예제 9-2

어떤 투자자가 주식에 투자를 하려고 한다. 이 투자자가 투자를 하려고 하는 주식의 기대수익률 및 표준편차는 다음과 같다고 한다. 이 투자자는 어느 주식에 투자를 하는 것이 바람직한가?

〈표 9-2〉 개별주식의 기대수익률과 표준편차 (단위 : 만원)

주 식	기대수익률(%)	표준편차(%)
A	10	10
B	15	10
C	5	5
D	15	15
E	20	20

[그림 9-4] 지배원리

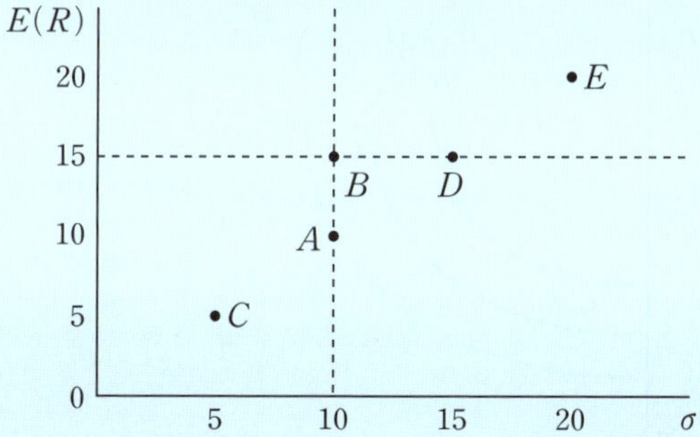

해설 이성적인 투자자는 보다 큰 수익과 보다 작은 위험을 갖는 주식을 선택하게 될 것이다. 따라서 개별주식의 기대수익률과 표준편차를 평균-분산의 2차원 평면에 표시하면 [그림 9-4]와 같다.

위의 그림에서 주식 A와 B를 비교하여 보면, 주식 A와 B의 위험(표준편차)은 모두 10으로 같지만 주식 B의 기대수익률이 15%로 주식 A의 기대수익률 10%보다 높기 때문에 이 투자자는 주식 B를 선택하게 된다. 이와 같은 경우 주식 B가 주식 A를 지배한다고 한다. 그리고 주식 B와 D를 비교하여 보면, 주식 B와 D의 기대수익률은 15%로서 같지만 주식 B의 위험이 D의 위험보다 작기 때문에 주식 B가 주식 D를 지배하게 된다.

한편 동일한 원리에 의해 투자안 B를 중심으로 하는 직교축의 4사분면에 놓이는 모든 투자안들은 투자안 B에 의해 지배를 당하게 된다. 그러나 주식 B, C, E는 어느 주식으로부터도 지배를 받지 않는다. 이와 같이 지배원리에 입각하여 다른 주식의 지배를 받지 않는 투자안의 집합을 효율적 투자기회의 집합이라고 한다.

따라서 이 투자자는 주식 B, C, E 중에 하나 또는 그 이상의 주식에 투자를 하는 것이 바람직하다.

3 무차별곡선

평균−분산모형에 의할 경우 투자자의 기대효용은 기대수익률과 위험의 함수로 나타낼 수 있다.

[그림 9−5] 위험회피형 투자자의 무차별곡선

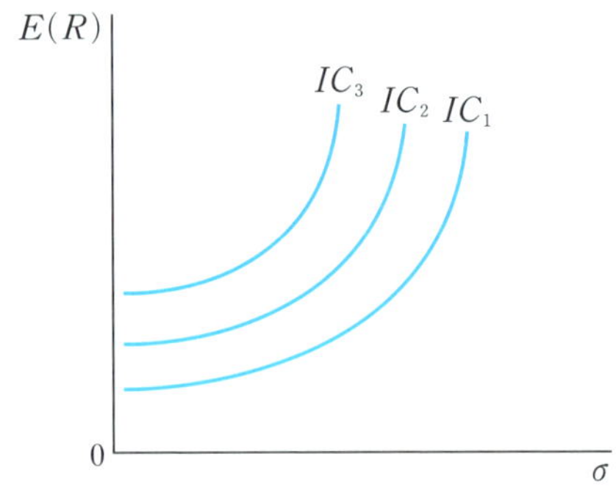

한편 평균−분산모형에서 위험회피형 투자자의 효용함수는 기대수익률에 대해서는 증가함수이지만 위험에 대해서는 감소함수이다. 따라서 투자자에게 동일한 효용을 가져다주는 기대수익률과 위험의 조합들을 만들 수 있으며, 이러한 조합을 연결한 곡선을 무차별곡선(indifference curve)이라고 한다.

[그림 9−5]와 같은 형태를 갖는 위험회피형 투자자의 무차별곡선은 다음과 같은 특성을 갖는다.

첫째, 무차별곡선은 서로 교차하지 않는다. 즉 하나의 투자안은 반드시 하나의 효용값을 갖게 되고, 투자안들의 기대수익률과 위험이 주어지면 그 효용값에 따라 투자안의 선호순서를 결정할 수 있다.

둘째, 위험회피형 투자자의 무차별곡선은 좌상향하며 위로 갈수록 보다 큰 효용을 나타낸다. 즉 [그림 9-5]에서 무차별곡선1(IC_1)보다는 무차별곡선2(IC_2)가, 무차별곡선2(IC_2)보다는 무차별곡선3(IC_3)이 보다 큰 효용값을 나타낸다.

셋째, 위험회피형 투자자의 무차별곡선은 아래로 볼록한 모양을 갖고 있다. 이는 위험이 한 단위 증가할 때마다 동일한 효용을 얻기 위해 요구되는 기대수익률의 크기는 점차로 증가한다는 것을 의미한다.

[그림 9-6] 위험회피도의 차이와 무차별곡선

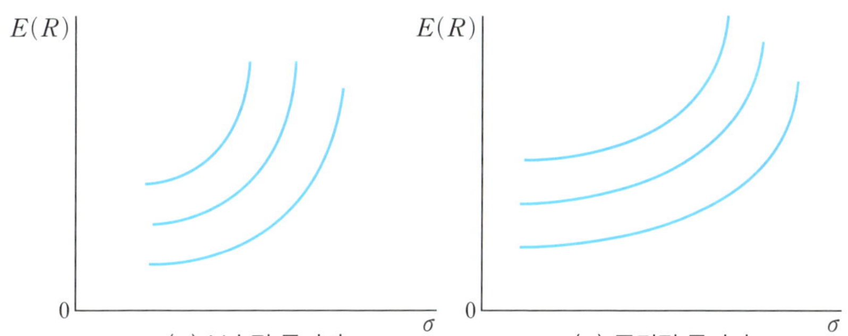

(a) 보수적 투자자

(a) 공격적 투자자

한편 같은 위험회피형 투자자들이더라도 투자자의 위험회피 정도의 차이에 따라 무차별곡선의 형태가 달라진다. 즉 위험을 매우 싫어하는 보수적 투자자는 위험이 증가할 경우 많은 위험프리미엄을 요구하게 되어 [그림 9-6]의 (a)와 같이 가파른 경사의 무차별곡선을 갖고, 위험을 상대적으로 덜 싫어하는 공격적 투자자는 위험이 증가할 경우 요구하는 위험프리미엄이 크지 않기 때문에 [그림 9-6]의 (b)와 같이 완만한 경사의 무차별곡선을 갖는다.

연/습/문/제

객관식 문제

01 불확실성하의 투자선택이론에 속하지 않는 것은?

① 기대효용이론 ② 평균-분산모형
③ 확률지배이론 ④ 피셔 분리이론

02 불확실성하에서의 투자선택기준으로 가장 적절한 것은?

① 투자수익 ② 투자위험
③ 기대가치 ④ 기대효용

03 기대효용이론에서의 공리체계에 속하지 않은 것은?

① 종속성 ② 이행성
③ 계속성 ④ 단조성

04 기대효용이론에 관한 다음 설명 중 옳지 않은 것은?

① 불확실성하에서 투자자의 경제적 선택행동에 관한 이론적 기초가 된다.
② 모든 투자자의 효용함수는 부가 증가할수록 한계효용은 감소하게 된다.
③ 확실성하에서 투자자는 자산의 수익률을 극대화함으로써 효용을 극대화할 수 있다.
④ 불확실성하에서 투자자의 효용함수는 투자가들의 위험에 대한 태도에 따라 달라진다.

05 위험(risk)의 척도로서 적절하지 않은 것은?

① 수익률의 표준편차　　② 수익률의 평균
③ 수익률의 평균편차　　④ 수익률의 범위

06 위험회피형 투자자의 특성이 아닌 것은?

① 공정게임에서는 위험대가를 요구하지 않는다.
② 확실성등가가 부(wealth)의 기대치보다 작다.
③ 부가 증가하면 할수록 효용은 증가하게 된다.
④ 부가 증가함에 따라 부의 증가율은 체감한다.

07 다음 그림에서 위험회피형 투자자의 효용함수는?

①
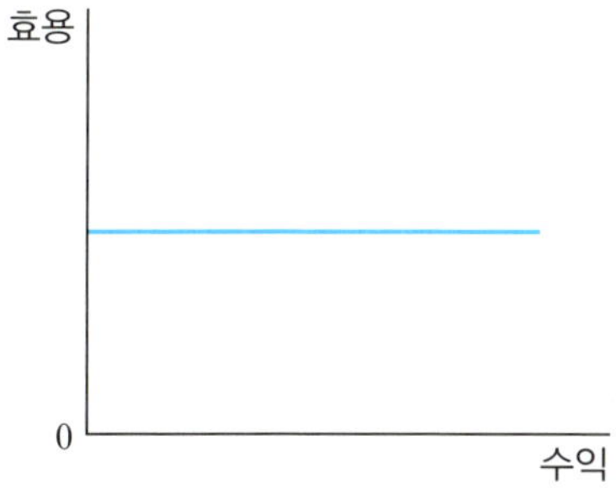

②
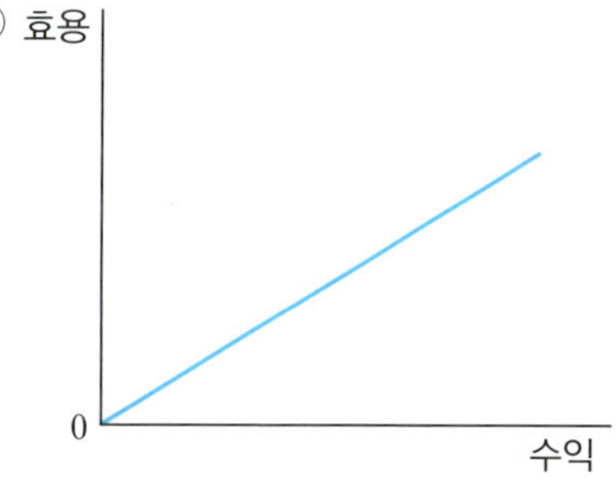

③
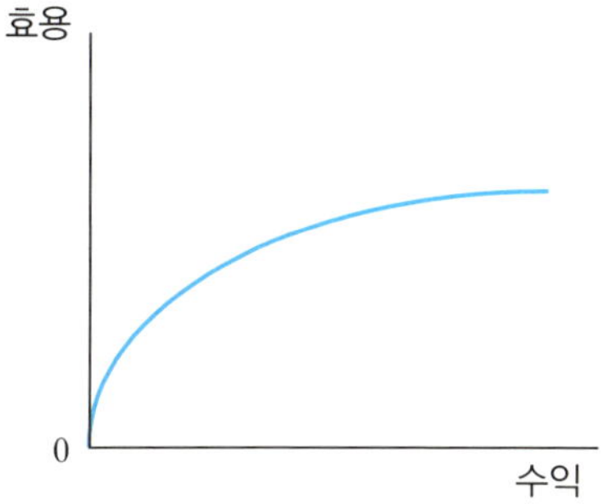

④
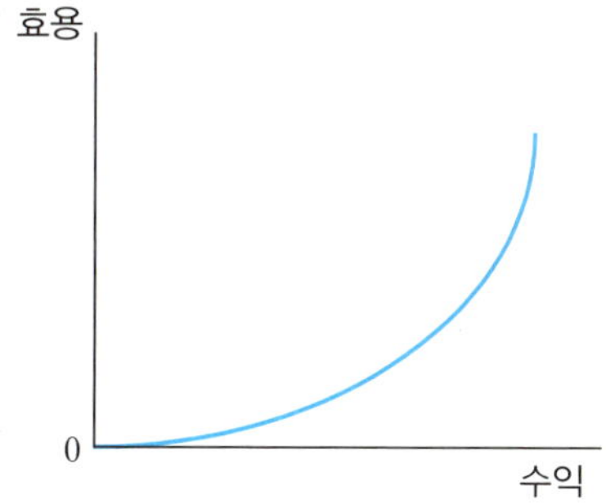

08 위험중립형 투자자의 특성에 속하는 것은?

① 부가 증가함에 따라 한계효용은 체감한다.
② 부가 증가함에 따라 한계효용은 체증한다.
③ 공정 게임(fair gaim)에 참가하지 않는다.
④ 투자가의 효용은 부의 크기에 정비례한다.

09 평균-분산모형에 대한 설명으로 적절하지 않은 것은?

① 불확실성하에서 투자자의 기대효용의 극대화 기준이다.
② 수익률의 확률분포가 정규분포라고 가정한다.
③ 투자행동의 기준으로서 지배원리가 적용된다.
④ 기대수익률과 위험이 가장 높은 자산을 선택한다.

10 위험회피형 투자가의 무차별곡선을 나타내고 있는 것은?

①
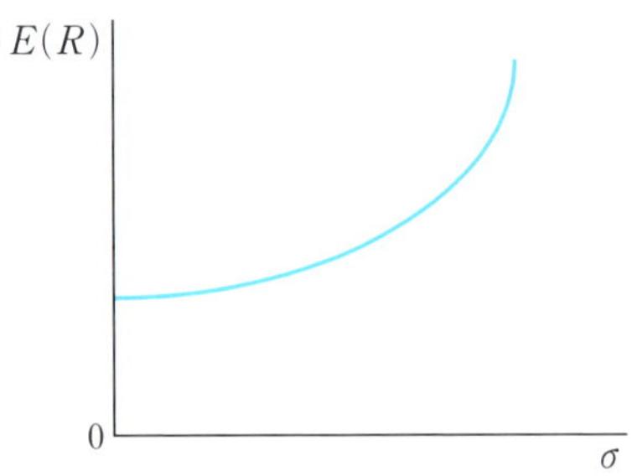

②
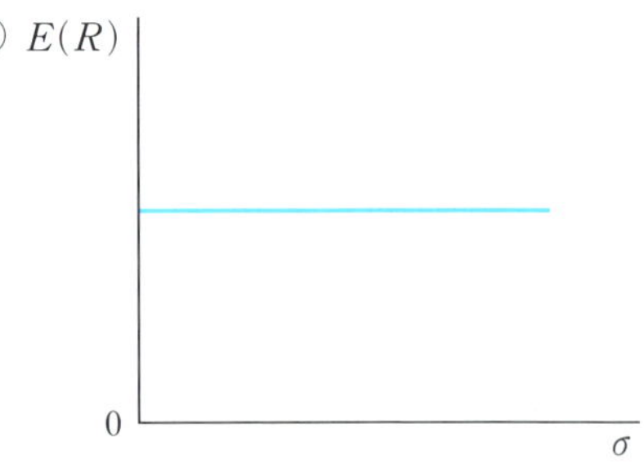

③
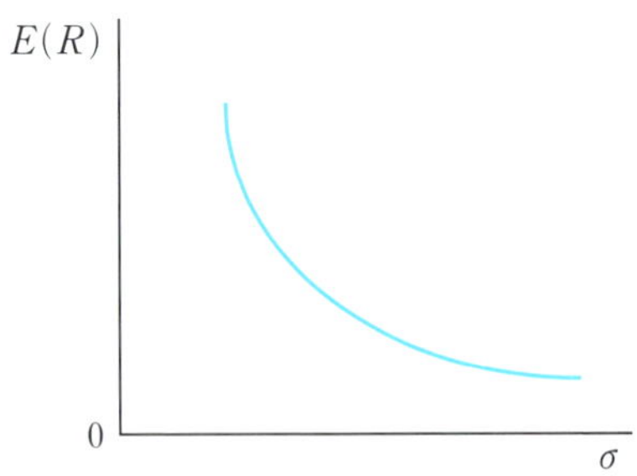

④
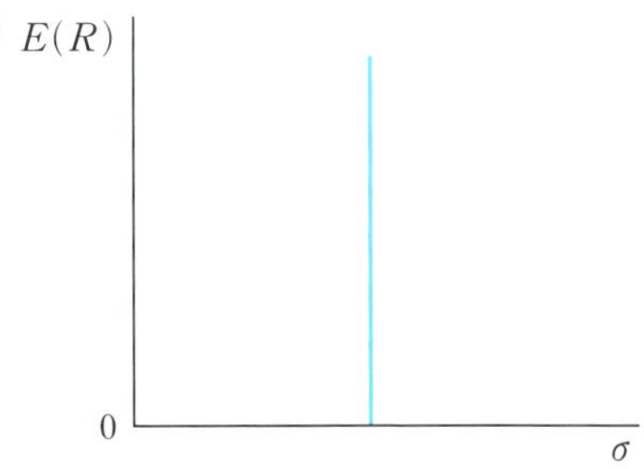

11 다음 그림에서 지배원리에 의해 효율적인 자산의 집합은?

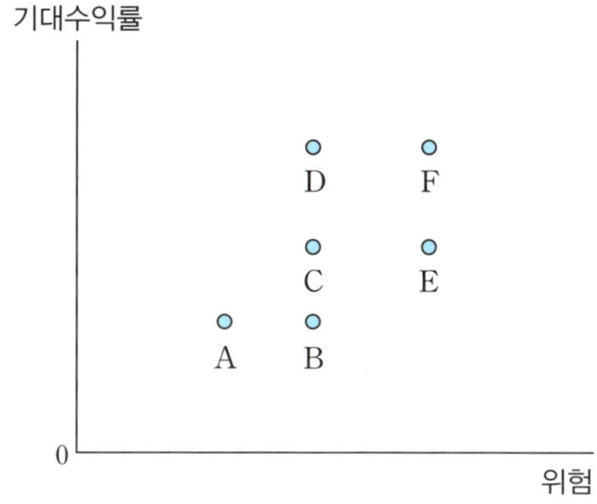

① A, D, F
② D, F
③ A, B, C, D, F
④ A, D

주관식 문제

01 다음을 간단히 설명하라.

(1) 위험

(2) 효용

(3) 지배원리

(4) 무차별곡선

02 위험이란 무엇인가 정의하고 위험을 측정하기 위하여 사용되는 척도에 대해 살펴보자.

03 이성적인 투자자들의 위험에 대한 태도는? 이 경우 효용함수는 어떠한 형태를 갖는가?

04 투자자의 선택행동을 설명하기 위한 평균-분산모형에서의 기본적 가정은 무엇인가?

05 위험회피형 투자자의 무차별곡선을 도시하라. 이러한 위험회피형 투자자의 무차별곡선의 특성을 설명하라.

06 다음은 (주)가마의 최근 4년간의 연말기준 주가자료이다.

(단위 : 만원)

연 도	2000	2001	2002	2003	2004
주가	20,000	25,000	22,500	18,000	19,800

(1) 연도별 투자수익률을 각각 구하라. 이 회사 주식수익률의 산술평균 및 기하평균을 각각 구하고 비교하라.

(2) 이 회사 주식수익률의 분산 및 표준편차를 구하라.

07 A주식과 B주식으로부터 예상되는 수익률의 확률분포는 다음과 같다.

상 황	확 률	R_A	R_B
호황	0.3	40	20
평상	0.4	15	10
불황	0.3	−20	0

(1) A주식과 B주식의 기대수익률을 각각 구하라.

(2) A주식과 B주식의 수익률의 분산 및 표준편차를 각각 구하라.

08 홍길동은 다음과 같은 특성을 갖는 5개의 유가증권에 투자를 고려하고 있다.

(단위 : 만원)

유가증권	기대수익률	표준편차
A	20	30
B	15	20
C	15	10
D	10	10
E	5	0

(1) 각 증권의 기대수익률과 위험(표준편차)을 평균−분산 평면에 도시하라.

(2) 지배원리에 입각하여 효율적 투자기회집합을 구하라.

CHAPTER 10 포트폴리오이론

1절 포트폴리오의 개념

미래가 확실한 상황의 경우 투자자는 단지 수익률이 가장 높은 자산을 선택하면 되지만 미래가 불확실한 경우에는 수익률과 함께 위험이 중요한 투자기준이 된다. 일반적으로 투자자는 위험을 줄이기 위하여 하나의 자산에만 투자를 하지 않고 여러 자산에 분산하여 투자를 하는데, 이러한 자산의 묶음(group of assets)을 포트폴리오라고 한다.

포트폴리오(portfolio)란 넓은 의미로는 예금, 주식, 채권, 부동산 등의 여러 자산으로 이루어진 자산의 묶음을 말하지만 좁은 의미로는 증권시장에서 거래되는 주식, 채권 등의 증권의 묶음을 말한다. 포트폴리오는 포트폴리오를 구성하는 개별자산과는 다른 하나의 새로운 자산의 형태로 볼 수 있기 때문에 포트폴리오의 선택기준 또한 개별자산과 같이 평균–분산모형이 그대로 적용된다.

2절 포트폴리오의 기대수익률과 위험

1 기대수익률

우리나라의 전래 동화에 짚신장사를 하는 큰아들과 나막신장사를 하는 작은아들을 둔 어머니에 관한 이야기가 있다. 이 어머니는 비가 오는 날은 짚신장사를 하는 큰아들 생각에 눈물을 흘리고, 맑은 날에는 나막신장사를 하는 작은아들 생각에 눈물을 흘려서 눈에서 눈물이 마를 날이 없었다고 한다. 물론 이 이야기는 이웃에 사는 사람이 어머니에게 비가 오는 날은 작은아들을 생각하고, 맑은 날은 큰아들을 생각하면 항상 웃고 살 수 있을 것이라고 일러주었다는 내용으로 끝을 맺는다. 우리는 이 이야기에서 두 형제가 짚신과 나막신을 함께 만들어 판다면 어떻게 될 것인지 살펴보고자 한다.

먼저 두 형제가 각각 짚신장사와 나막신장사를 할 경우의 수익률의 확률분포는 〈표 10－1〉과 같다고 하자. 즉, 짚신장사를 하면 비가 오는 경우에 큰 수익을 얻을 수 없지만 맑은 날에는 큰 수익을 올릴 수 있다. 반면에 나막신 장사를 하면 비가 오는 경우에 큰 수익을 올릴 수 있지만 맑은 날에는 손해를 보게 된다.

〈표 10－1〉 수익률의 확률분포

상 황	확 률	짚신(R_1)	나막신(R_2)
비	0.5	10%	100%
맑음	0.5	50%	−20%
$E(R)$		30%	40%

포트폴리오의 기대수익률은 포트폴리오를 구성하는 개별자산의 수익률을 그 투자비율로 가중 평균한 값과 같다. 예를 들어 두 형제가 함께 짚신장사와 나막신장사에 똑같은 비율로 투자를 할 경우 기대수익률은 다음과 같이 주어진다.

$$E(R_p)=x_1E(R_1)+x_2E(R_2) \quad (10-1)$$
$$=0.5\times30+0.5\times40=35(\%)$$

한편, 두 형제가 짚신장사와 나막신장사를 하되 두 사람이 가진 돈의 75%는 짚신장사에 투자하고, 나머지 25%를 나막신장사에 투자할 경우에는 기대수익률이 다음과 같이 달라진다.

$$E(R_p)=x_1E(R_1)+x_2E(R_2)$$
$$=0.75\times30+0.25\times40=32.5(\%)$$

일반적으로 N개의 자산으로 포트폴리오를 구성할 경우의 포트폴리오의 기대수익률은 다음과 같이 계산할 수 있다.

$$E(R_p)=x_1E(R_1)+x_2E(R_2)+\cdots+x_nE(R_n)$$
$$=\sum_{i=1}^{N}x_i\,E(R_i) \qquad (10-2)$$

x_i : i자산에의 투자비율($\sum_{i=1}^{N}x_i=1$)

2 위 험

포트폴리오의 기대수익률은 포트폴리오를 구성하는 개별자산의 수익률과 그 투자비율에 의해 결정되지만 포트폴리오의 위험은 그 포트폴리오를 구성하는 개별증권의 위험과 투자비율뿐만 아니라 개별증권수익률 사이의 상관관계에 따라 달라진다. 예를 들어 2개의 자산으로 구성된 포트폴리오의 수익률의 분산은 다음과 같이 계산된다.

$$\sigma_p{}^2=x_1{}^2\sigma_1{}^2+x_2{}^2\sigma_2{}^2+2x_1x_2\sigma_{1,2} \qquad (10-3)$$

$\sigma_{1,2}$: 자산 1과 2의 수익률의 공분산($Cov(R_1,\ R_2)$)

위의 예에서 두 형제가 짚신장사와 나막신장사를 같이하면서 두 사람이 가진 돈의 75%는 짚신장사에 투자하고, 나머지 25%는 나막신장사에 투자를 할 경우 투자위험은 다음과 같이 계산된다.

먼저 짚신장사와 나막신장사 각각의 위험(분산)과 두 장사의 수익률의 공분산을 구해보면 다음과 같다.

$$\sigma_1{}^2=0.5\times(10-30)^2+0.5\times(50-30)^2=400$$
$$\sigma_2{}^2=0.5\times(100-40)^2+0.5\times(-20-40)^2=3{,}600$$
$$\sigma_{1,2}=0.5\times(10-30)(100-40)+0.5\times(50-30)(-20-40)=-1{,}200$$

따라서 두 형제가 나누어 투자를 한 짚신장사와 나막신장사의 위험은 다음과 같이 계산된다.

$$\begin{aligned}\sigma_p^2 &= x_1^2\sigma_1^2 + x_2^2\sigma_2^2 + 2x_1x_2\sigma_{1,2} \\ &= 0.75^2 \times 400 + 0.25^2 \times 3{,}600 + 2 \times 0.75 \times 0.25 \times (-1{,}200) \\ &= 0\end{aligned}$$

즉, 두 형제가 짚신장사와 나막신장사를 함께하면서 투자금의 75%는 짚신장사에 투자하고, 나머지 25%는 나막신장사에 투자할 경우의 위험은 0이 된다. 다시 말하면 두 형제는 비가 오거나 또는 맑거나 항상 일정한 수익을 얻게 되고, 두 형제의 어머니의 눈물도 그치게 될 것이다.

일반적으로 N개의 자산으로 포트폴리오를 구성할 경우의 포트폴리오의 위험은 다음과 같이 계산할 수 있다.

$$\begin{aligned}\sigma_p^2 &= E[R_p - E(R_p)]^2 \\ &= \sum_{i=1}^{N}\sum_{j=1}^{N} x_i x_j \sigma_{ij}\end{aligned} \quad (10-4)$$

3절 포트폴리오의 위험분산효과

앞의 두 형제의 예에서 보았듯이 투자자가 두 개의 투자안에 분산투자를 하게 되면 위험이 줄어든다. 포트폴리오효과(portfolio effect)란 이와 같이 투자자가 한 개의 자산에 투자하지 않고 여러 개의 자산에 분산하여 투자를 할 경우 위험이 줄어드는 현상을 말한다.

일반적으로 포트폴리오의 위험은 [그림 10-1]과 같이 포트폴리오를 구성하는 자산의 수가 증가할수록 줄어든다. 그렇지만 포트폴리오를 구성하는 자산의 수를 아무리 증가시켜도 줄어들지 않는 위험이 있는데, 이와 같이 분산투자로 제거할 수 없는 위험을 체계적 위험이라고 한다. 체계적 위험은 인플레이션, 이자율의 변동, 경기 변동 등 시장 전체적인 요인의 변화로 인하여 발생하는 위험이므로 시장위험이라고도 한다. 한편 분산투자로서 제거할 수 있는 위험은 비체계적 위험이라고 하며, 비체계적위험은 파업, 판매부진 등 특정기업이나 또는 산업에 고유한 요인의 변화로 인하여 발생한다.

[그림 10-1] 포트폴리오효과

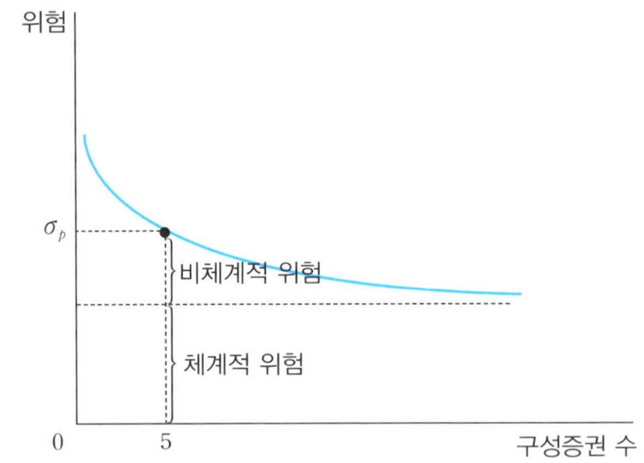

4절 마코위츠의 포트폴리오이론

우리는 두 개 이상의 자산에 분산투자를 하여 포트폴리오를 구성함으로써 위험의 일부를 제거할 수 있음을 살펴보았다. 이와 같은 포트폴리오의 위험-수익에 관한 이론은 1952년 마코위츠가 발표한 논문인 "포트폴리오 선택"에서 비롯되었다. 마코위츠가 이 논문을 발표한 후 자본자산가격결정모형(capital asset pricing model: CAPM) 등 현대 투자이론의 비약적인 발전이 이루어지게 되었고, 마코위츠는 포트폴리오이론을 창시한 공로를 인정받아 1990년 노벨 경제학상을 수상하였다.

1 마코위츠이론의 가정

마코위츠는 포트폴리오이론을 전개하면서 다음과 같은 네 가지 가정을 하였다.

① 투자자들은 위험회피형 투자자로서 기대효용을 극대화하려고 한다.
② 투자자들의 투자결정은 투자대상의 기대수익률과 위험에 의존하며, 평균-분산모형에 따라 포트폴리오를 선택한다.
③ 투자자들은 투자대상의 미래수익률에 대한 확률분포를 알고 있으며, 이 확률분포에 대해 동일한 예측을 한다.
④ 투자자들의 투자기간은 단일기간으로 동일하다.

2 효율적 투자선

(1) 2자산 포트폴리오

투자자들이 여러 개의 자산에 분산투자를 하기 전에 먼저 두 개의 자산에 분산투자를 하여 포트폴리오를 구성하는 경우를 가정한다. 이 때 포트폴리오를 구성하는 개별자산의 기대수익률과 위험은 다음과 같다고 한다.

〈표 10-2〉 수익률의 확률분포

	증권 1	증권 2
기대수익률	20%	10%
표준편차	25%	15%

이 때 두 증권으로 구성되는 포트폴리오의 기대수익률은 각 증권의 기대수익률에 투자비율을 곱하여 구할 수 있다. 그러나 포트폴리오의 위험은 두 증권에 대한 투자비율뿐만 아니라 두 증권의 수익률의 상관계수에 따라 달라진다.

예를 들어 증권 1에 대한 투자비율을 70%로 하고, 증권 2에 대한 투자비율을 30%로 하여 새로운 포트폴리오를 구성할 경우에 이 포트폴리오의 기대수익률 및 위험은 다음과 같이 계산된다.

두 증권의 수익률 간의 상관계수($\rho_{1,2}$)가 0일 경우

$$E(R_p)=x_1E(R_1)+x_2E(R_2)$$
$$=0.7\times 20+0.3\times 10=17(\%)$$

$$\sigma_p^2 = x_1^2\sigma_1^2 + x_2^2\sigma_2^2 + 2x_1x_2\sigma_{1,2}$$
$$= x_1^2\sigma_1^2 + x_2^2\sigma_2^2 + 2x_1x_2\sigma_1\sigma_2\rho_{1,2}$$
$$= 0.7^2 \times 25^2 + 0.3^2 \times 15^2 + 2 \times 0.7 \times 0.3 \times 25 \times 15 \times 0 = 326.5$$
$$\sigma_p = 18(\%)$$

두 증권의 수익률 간의 상관계수($\rho_{1,2}$)가 1일 경우

$$E(R_p) = 0.7 \times 20 + 0.3 \times 10 = 17(\%)$$
$$\sigma_p^2 = 0.7^2 \times 25^2 + 0.3^2 \times 15^2 + 2 \times 0.7 \times 0.3 \times 25 \times 15 \times 1 = 484$$
$$\sigma_p = 22(\%)$$

두 증권의 수익률 간의 상관계수($\rho_{1,2}$)가 −1일 경우

$$E(R_p) = 0.7 \times 20 + 0.3 \times 10 = 17(\%)$$
$$\sigma_p^2 = 0.7^2 \times 25^2 + 0.3^2 \times 15^2 + 2 \times 0.7 \times 0.3 \times 25 \times 15 \times (-1) = 169$$
$$\sigma_p = 13(\%)$$

한편, 두 증권에의 투자비율의 조합을 달리하여 구성된 포트폴리오의 기대수익률과 위험을 각각 구하면 〈표 10−3〉과 같다.

〈표 10−3〉 포트폴리오의 기대수익률과 위험

x_1	x_2	$\rho_{1,2}=+1$		$\rho_{1,2}=0$		$\rho_{1,2}=-1$	
		$E(R_p)$	σ_p	$E(R_p)$	σ_p	$E(R_p)$	σ_p
1.0	0.0	20%	25%	20%	25%	20%	25%
0.7	0.3	17	22	17	18	17	13
0.5	0.5	15	20	15	15	15	5
0.375	0.625	13.75	18.75	13.75	13.26	13.75	0
0.3	0.7	13	18	13	13	13	3
0.0	1.0	10	15	10	15	10	15

이들 포트폴리오를 평균−분산 평면에 나타내면 [그림 10−2]와 같다.

[그림 10-2] 포트폴리오의 기대수익률과 위험

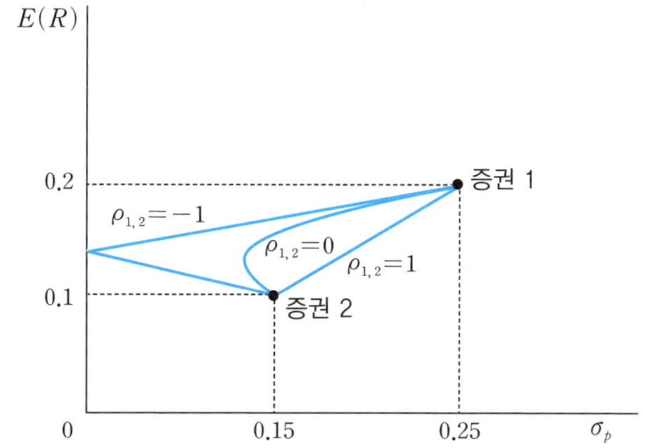

위의 그림에서 두 증권의 수익률 사이의 상관계수가 1일 경우에는 포트폴리오를 구성하여도 위험분산효과가 나타나지 않지만, 상관계수가 1보다 작을 경우에는 분산효과가 나타난다. 그리고 두 증권의 상관계수가 −1에 가까울수록 위험의 분산효과가 크게 나타난다. 즉 위의 예에서 두 증권의 수익률의 상관계수가 −1일 때 증권 1에 37.5%를 투자하고 증권 2에 62.5%를 투자하면 이 포트폴리오의 위험은 0이 된다.

일반적으로 증권시장에서 거래되는 증권의 수익률의 변화는 전체 경제의 움직임과 밀접한 관계가 있기 때문에 두 증권의 수익률의 상관계수는 대부분 0과 1 사이의 값을 갖게 된다. 따라서 두 개의 증권으로 구성되는 포트폴리오의 기대수익률과 위험의 조합은 상관계수가 0일 경우처럼 완만한 곡선을 이룬다. 그리고 위의 그림처럼 투자비율이 변화함에 따라 포트폴리오의 기대수익률과 위험의 조합이 어떻게 변화하는지를 나타낸 선을 포트폴리오결합선(portfolio combination line)이라고 한다.

(2) N자산 포트폴리오

지금까지 우리는 두 개의 자산으로 구성된 포트폴리오의 기대수익률과 위험의 관계를 살펴보았다. 이와 같은 포트폴리오의 기대수익률과 위험의 관계는 다수의 자산이 결합된 포트폴리오의 경우에도 그대로 적용된다.

[그림 10-3] N자산 포트폴리오

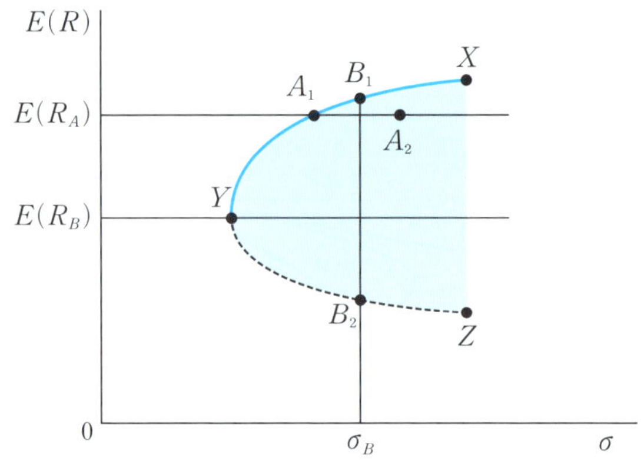

[그림 10-3]에서 망으로 표시된 부분은 가능한 모든 투자기회를 나타내는 부분으로 이를 투자기회집합(investment opportunity set)이라고 한다. 이러한 투자기회집합의 경계에 있는 포트폴리오들의 결합선은 X, Y, Z를 지나는 곡선으로서, 일정한 기대수익률을 갖는 투자기회집합 중에서 위험이 가장 적은 포트폴리오들, 즉 최소분산포트폴리오로 구성되어 있다. 예를 들면 포트폴리오 A_1은 기대수익률이 $E(R_A)$인 투자기회들 중에서 위험이 가장 작은 포트폴리오이다.

한편 투자기회집합 중에서 지배원리를 만족시키는 효율적 투자기회의 집합을 구하면 Y로부터 A_1, B_1, X를 지나는 곡선이 된다. 이는 투자기회의 집합 중에서도 지배원리를 충족시키는 효율적 투자기회의 집합을 효율적 투자선(efficient frontier) 또는 효율적 투자기회선이라고 부른다.

3 최적포트폴리오 선택

마코위츠는 그의 포트폴리오이론에서 투자자는 위험회피형 투자자로서 기대효용을 극대화하려고 한다고 가정하였다. 그렇다면 투자자들은 어떤 포트폴리오를 선택함으로써 그들의 기대효용을 극대화할 수 있을 것인가? 이는 투자자 개인의 효용함수에 따라 달라지는데 투자자의 효용을 극대화하는 최적포트폴리오(optimal portfolio)의 선택은 투자자들의 효용함수의 모양을 나타내는 무차별곡선과 효율적 투자선이 접하는

[그림 10-4] 최적포트폴리오 선택

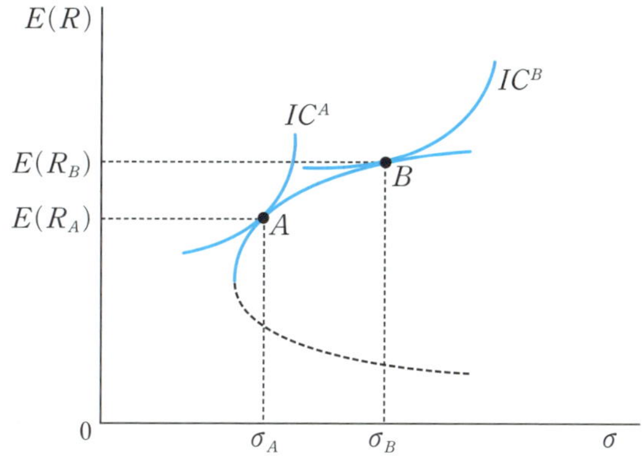

점에서 이루어지게 된다.

즉 IC^A와 같은 무차별곡선을 갖는 보수적인 투자자는 A 포트폴리오를 선택함으로써 기대효용을 극대화할 수 있고, IC^B와 같은 무차별곡선을 갖는 공격적인 투자자는 B 포트폴리오를 선택함으로써 기대효용을 극대화할 수 있다. 이와 같이 최적포트폴리오의 선택은 투자자의 효용함수, 즉 위험회피 정도에 따라 달라진다.

5 절 자본배분과 최적포트폴리오

1 자본배분의 의의

일반적으로 투자자들의 투자대상이 되는 자산은 두 가지 범주로 구분할 수 있다. 즉 투자자산은 주식과 같은 위험자산(risky asset)과 양도성 예금증서(CD)나 국공채 등과 같은 무위험자산(risk-free asset)으로 구분된다. 여기서 무위험자산이란 미래의 수익을 확실하게 알 수 있는 자산을 말하는 것으로, 우리나라의 경우 정부가 발행하는 재정증권, 통화안정증권 등의 국공채, 은행이 발행하는 양도성 예금증서, 정기예금 등이 무위험자산이라고 할 수 있다.

투자자가 주식과 같은 위험자산뿐만 아니라 무위험자산에도 투자를 할 수 있다면 최적포트폴리오는 어떻게 구성할까? 이 경우 투자자는 위험자산과 무위험자산에 투자자금을 나누어 투자를 함으로써 기대효용을 극대화할 수 있다. 한편, 투자자가 투자자금을 현금, 무위험자산, 그리고 위험자산 등에 어떻게 나누어 투자할 것인가를 결정하는 것을 자본배분이라고 한다.

우리는 앞에서 여러 개의 위험자산에 대한 분산투자를 통하여 최적포트폴리오를 선택하는 과정을 살펴보았다. 여기에서는 위험자산뿐만 아니라 무위험자산에도 투자를 할 수 있는 경우에 최적포트폴리오의 선택과정을 살펴보기로 한다. 이 과정은 두 단계를 거쳐 이루어지는데, 첫째는 무위험자산과 위험자산에 분산투자를 할 경우 가능한 투자기회집합을 찾아내는 단계이고, 둘째는 투자기회집합 중에서 투자자의 기대효용을 극대화할 수 있는 최적포트폴리오를 선택하는 단계이다.

2 자본배분선

(1) 위험자산과 무위험자산의 포트폴리오

투자자가 위험자산에만 투자를 하지 않고 무위험자산과 위험자산에 분산하여 투자를 하는 경우에 구성되는 포트폴리오의 기대수익률과 위험은 다음과 같다.

기대수익률

위험자산 또는 위험자산의 포트폴리오를 C로 표시하고, 무위험자산을 F로 표시하면 위험자산에 w, 그리고 무위험자산에 $(1-w)$를 투자하여 구성한 포트폴리오 P의 기대수익률은 다음과 같다.

$$\begin{aligned} E(R_P) &= wE(R_C)+(1-w)R_f \\ &= R_f+w[E(R_C)-R_f] \end{aligned} \tag{10-5}$$

$E(R_C)$: 위험자산 C의 기대수익률
R_f : 무위험자산 F의 수익률(무위험수익률)

위에서 무위험자산과 위험자산으로 구성된 포트폴리오 P의 기대수익률은 무위험수익률에 위험프리미엄을 더한 값과 같다. 그리고 포트폴리오 P의 위험프리미엄은 위험자산 C의 위험프리미엄에 위험자산 C에 대한 투자비율을 곱한 값과 같다. 따라서 위험자산 C에 대한 투자비율을 높일수록 포트폴리오 P의 기대수익률은 선형적으로 증가하게 된다.

위 험

무위험자산과 위험자산을 결합하여 새로운 포트폴리오를 구성할 경우 이 포트폴리오의 수익률의 표준편차는 위험자산 수익률의 표준편차에 위험자산에 대한 투자비율을 곱한 값과 같다.

$$\sigma_P = w\sigma_C \tag{10-6}$$

σ_C : 위험자산 C의 수익률의 표준편차

다시 말하면 위험자산 C에 대한 투자비율을 높일수록 포트폴리오 P의 위험은 선형적으로 증가하게 된다.

(2) 자본배분선

위의 (10-5)식과 (10-6)식에서 무위험자산과 위험자산(위험포트폴리오)으로 구성되는 포트폴리오 P의 기대수익률과 위험은 위험자산 C에의 투자비율이 증가함에 따라 선형적으로 증가함을 살펴보았다. 그렇다면 이러한 포트폴리오 P의 기대수익률과 위험의 관계는 어떻게 될까? 포트폴리오 P의 기대수익률과 위험의 관계식은 (10-5)식과 (10-6)식을 이용하여 다음과 같이 정리할 수 있다.

$$E(R_P) = R_f + \frac{E(R_C) - R_f}{\sigma_C}\sigma_P \tag{10-7}$$

(10-7)식에서 우리는 무위험자산과 위험자산으로 구성된 포트폴리오의 기대수익률은 위험이 증가함에 따라 선형적으로 증가함을 알 수 있는데, 이 식을 자본배분선(capital allocation line)이라고 부른다. 위의 (10-7)식을 평균-분산의 평면에 나타내면 무위험자산 F와 위험자산 C를 잇는 직선이 표시된다. 다시 말하면 투자자가 무위험자산 F와 위험자산 C에 투자하여 구성하는 포트폴리오는 자본배분선 위의 한 포트폴리오가 되게 된다. 즉 자본배분선은 무위험자산과 위험자산을 결합하여 얻을 수 있는 투자기회의 집합을 나타낸다.

⑶ 자본시장선

무위험자산 F와 위험자산 C에 분산투자를 하여 포트폴리오를 구성하면 이 포트폴리오의 기대수익률과 위험의 관계는 무위험자산 F와 위험자산 C를 연결하는 직선으로 표시된다는 것을 보았다. 이를 일반화하여 투자자가 무위험자산과 위험자산(또는 위험자산포트폴리오)을 결합하여 구성할 수 있는 새로운 투자기회를 찾아보면 아래 그림과 같이 다양한 포트폴리오를 구성할 수 있음을 알 수 있다.

[그림 10-5]에서 투자자가 무위험자산 F와 위험자산의 투자기회집합 중 한 위험자산 A를 결합하여 새로운 포트폴리오를 만들 경우에 새로운 포트폴리오들은 자본배분선 FA선 위에 존재하게 된다. 또한 무위험자산 F와 마코위츠의 효율적 투자선 상에 존재하는 포트폴리오 B를 결합하여 새로운 포트폴리오를 만들 경우에 새로운 포트폴리오들은 자본배분선 FB선 위에 존재하게 된다. 한편 자본배분선 FB선 위의 포트폴리오들은 자본배분선 FA선 위의 포트폴리오들을 지배하게 된다. 왜냐하면 자본배분선 FB선 위의 포트폴리오들이 자본배분선 FA선 위의 포트폴리오들보다 동일한 위험 아래에서는 기대수익률이 더 높고, 동일한 기대수익률 아래에서는 위험이 작기 때문이다. 이러한 과정을 반복할 경우 지배원리에 따라 가장 효율적인 포트폴리오의 집합은 파란색 실선으로 표시한 FM과 같이 마코위츠의 효율적 투자선에 접하는 자본배분선이 될 것이다. 즉, 무위험자산이 위치한 F점에서 마코위츠의 효율적 투자선에 접선을 그었을 때 접하는 점 M이 최적위험자산포트폴리오가 된다.

[그림 10-5] 자본시장선

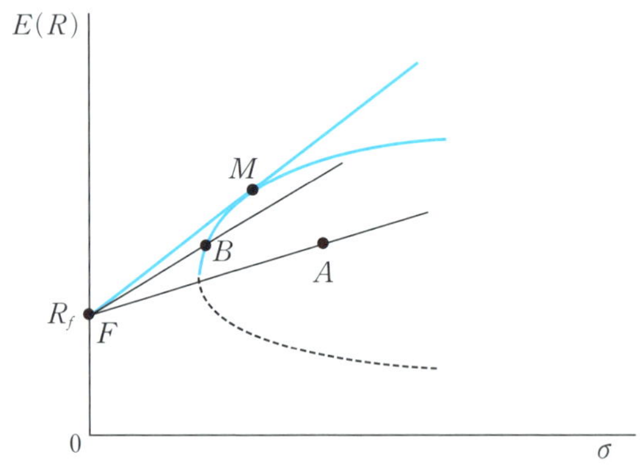

모든 투자자들이 자산의 미래 수익률분포에 대해 동일한 예상을 하는 경우에 투자자들은 모두 동일한 투자선을 갖게 되고, 투자자들이 선택하는 위험자산포트폴리오는 접점 M이 될 것이다. 따라서 포트폴리오 M은 위험자산에 대한 시장의 총수요를 나타내는 동시에 시장이 균형을 이루는 상황에서는 시장의 총공급을 나타낸다. 즉, 포트폴리오 M은 시장에서 거래되는 모든 위험자산을 시장가치비율에 비례하여 포함하는 포트폴리오로서, 이를 시장포트폴리오(market portfolio)라고 부른다.

요약하면 무위험자산이 존재하는 경우에 투자자는 위험자산의 최적포트폴리오로써 시장포트폴리오를 선택한 후 무위험자산 F와 시장포트폴리오 M에 자본을 배분을 하여 새로운 효율적 투자선인 자본배분선을 만드는데, 이렇게 구성된 자본배분선을 자본시장선(capital market line: CML)이라고 한다.

[그림 10-6] 자본시장선

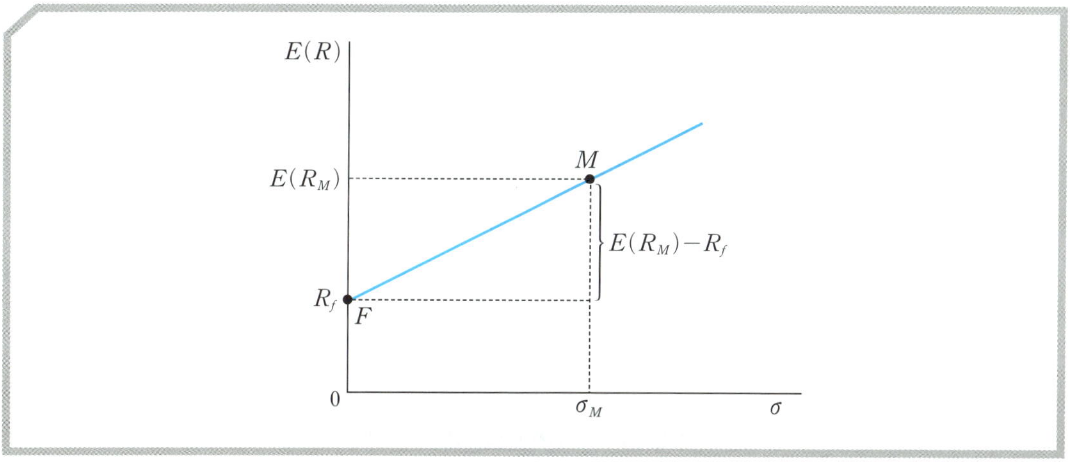

[그림 10-6]에서 시장포트폴리오의 기대수익률을 $E(R_M)$이라 하고 시장수익률의 표준편차를 σ_M이라 하면 자본시장선은 다음과 같은 식으로 나타낼 수 있다.

$$E(R_P)=R_f+\frac{E(R_M)-R_f}{\sigma_M}\sigma_P \tag{10-8}$$

(10-8)식에서 포트폴리오의 기대수익률은 무위험수익률에 위험프리미엄을 더한 값으로 결정되며, 위험프리미엄은 위험의 시장가격에 포트폴리오 P의 위험의 크기(σ_P)를 곱한 값과 같다. 여기에서 위험의 시장가격은 시장포트폴리오가 가지는 위

험의 단위당 가격인 $\frac{E(R_M)-R_f}{\sigma_M}$을 의미하며, 바로 자본시장선의 기울기가 된다.

(4) 최적포트폴리오의 선택

무위험자산이 존재하는 경우 투자자들이 선택할 수 있는 효율적인 투자기회의 집합은 무위험자산과 시장포트폴리오에 자본배분을 하여 구성되는 자본시장선 위의 포트폴리오가 된다. 이 중에서 투자자들의 기대효용을 극대화할 수 있는 최적포트폴리오는 투자자의 무차별곡선과 새로운 효율적 투자선인 자본시장선이 접하는 점에서 결정된다.

[그림 10-7]에서 IC^A와 같은 무차별곡선을 갖는 소극적 투자자의 경우는 포트폴리오 A가 최적포트폴리오가 된다. 이 투자자는 투자자금 중 일부를 은행예금과 같은 무위험자산에 투자를 하고 나머지 자금을 시장포트폴리오에 투자를 하여 최적포트폴리오를 구성한다. 반면 IC^B와 같은 무차별곡선을 갖는 적극적 투자자는 포트폴리오 B가 최적포트폴리오가 된다. 이 투자자는 자신의 투자자금과 은행 등으로부터 차입한 자금을 시장포트폴리오에 모두 투자를 하여 최적포트폴리오를 구성한다. 여기에서 포트폴리오 A를 대출포트폴리오, 포트폴리오 B를 차입포트폴리오라고 한다.

한편 투자자가 대출포트폴리오를 선택하든 차입포트폴리오를 선택하든 최적포트폴리오는 무위험자산과 시장포트폴리오로서만 구성되게 된다. 즉 투자자의 위험회피 정도에 따라 무위험자산과 시장포트폴리오에 대한 투자비율의 차이는 있겠지만 위험

[그림 10-7] 최적포트폴리오 선택

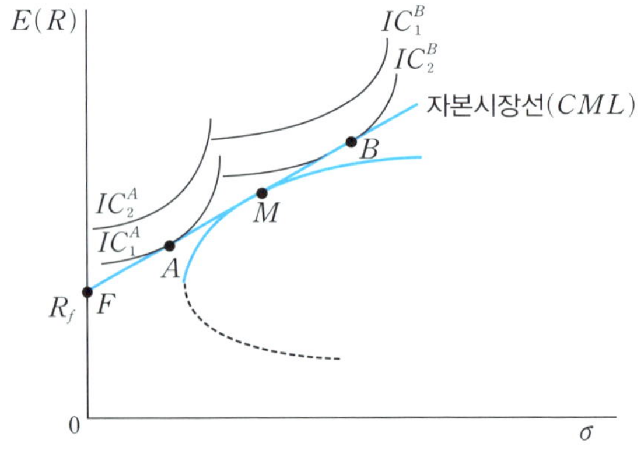

자산에 대한 투자비율, 즉 시장포트폴리오의 구성에는 차이가 없는데, 이와 같은 결과를 토빈의 분리이론(Tobin's separation theory)이라 한다.

토빈의 분리이론에 의하면 투자자들의 최적포트폴리오 선택은 다음과 같이 두 단계로 분리되어 독립적으로 이루어지게 된다.

첫 번째 단계는 효율적인 투자기회를 구성하는 단계로 이 단계에서는 투자자의 위험회피정도와 관계없이 무위험자산과 시장포트폴리오의 결합만으로 포트폴리오가 구성된다. 둘째 단계는 무위험자산과 시장포트폴리오에 자본을 배분을 하여 최적포트폴리오를 선택하는 단계로서 이 단계에서는 투자자의 위험회피 정도에 따라 무위험자산과 시장포트폴리오에의 투자비율이 결정된다.

연/습/문/제

객관식 문제

01 여러 자산에 분산투자를 할 경우 위험이 줄어드는 현상은?

① 피셔효과 ② 레버리지효과
③ 피구효과 ④ 포트폴리오효과

02 포트폴리오효과에 대한 설명으로 옳지 않은 것은?

① 포트폴리오의 위험은 포트폴리오를 구성하는 증권의 수가 많아질수록 줄어든다.
② 포트폴리오의 위험은 포트폴리오를 구성하는 증권의 상관관계에 따라 달라진다.
③ 분산투자를 함으로써 제거가능한 위험은 기업의 특수한 상황과 관련이 있는 기업의 특수위험이다.
④ 포트폴리오를 구성하는 증권의 수를 무한대로 증가시키면 포트폴리오의 위험은 완전히 사라진다.

03 분산투자에 의한 위험감소효과가 가장 크게 나타나는 경우는?

① 두 증권의 상관계수가 −1일 경우이다.
② 두 증권의 상관계수가 +1일 경우이다.
③ 두 증권의 상관계수가 0일 경우이다.
④ 두 증권의 상관계수와 관계없다.

04 분산투자로서 제거할 수 없는 위험에 속하는 것은?

① 판매부진
② 노동쟁의
③ 이자율의 변동
④ 소송사건

05 비체계적 위험(unsystematic risk)에 속하는 것은?

① 영업위험
② 이자율 위험
③ 구매력 위험
④ 전쟁 위험

06 다음은 포트폴리오효과를 나타낸 그림이다. 체계적 위험을 나타내는 부분은?

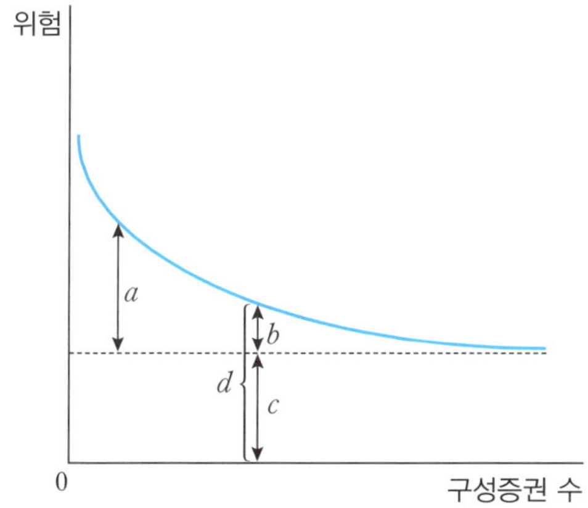

① a
② b
③ c
④ d

07 체계적 위험을 구성하는 요인으로 짝지어진 것은?

a. 경영위험	b. 재무위험	c. 산업위험
d. 이자율 위험	e. 인플레이션 위험	

① a, b, c ② d, e
③ c, d, e ④ a, b

08 효율적 포트폴리오(efficient portfolio)는?

① 동일한 위험 수준에서 가장 높은 수익률을 갖는 포트폴리오
② 모든 포트폴리오 중에서 가장 높은 수익률을 갖는 포트폴리오
③ 모든 포트폴리오 중에서 가장 낮은 위험을 갖는 포트폴리오
④ 시장에서 거래되는 모든 증권을 포함하여 구성되는 포트폴리오

09 Tobin의 분리정리를 적절하게 설명한 것은?

① 실물자산에의 투자는 개인의 주관적인 시간선호와 무관하다.
② 위험자산의 최적포트폴리오는 개인의 위험에 대한 태도와 무관하다.
③ 개별기업의 자본구조결정은 그 기업의 가치와 무관하다.
④ 개별기업의 배당정책결정은 그 기업의 가치와 무관하다.

[10~13] 어떤 투자가가 다음과 같은 특성을 갖는 두 개의 주식 A, B로 포트폴리오를 구성하려고 한다. 두 증권의 상관계수(r_{AB})는 -1이라고 한다.

주 식	기대수익률	표준편차
A	30%	20%
B	20%	10%

10 포트폴리오에서 26%의 기대수익률을 얻기 위한 주식 A, B의 구성비율은?

	주식 A	주식 B
①	0.5	0.5
②	0.4	0.6
③	0.6	0.4
④	1.0	0.0

11 주식 A, B에 동일한 금액을 투자할 경우 이 포트폴리오의 표준편차는?

① 5% ② 15%
③ 20% ④ 30%

12 최소분산포트폴리오를 구성하기 위한 주식 A와 B에의 투자비율은?

	주식 A	주식 B
①	1/2	1/2
②	1/3	2/3
③	2/3	1/3
④	3/4	1/4

13 주식 A와 B로 구성되는 최소분산포트폴리오의 기대수익률과 위험은?

	기대수익률	위 험
①	23.3%	0
②	23.3%	13.3%
③	16.7%	16.7%
④	16.7%	13.3%

주관식 문제

01 다음 용어를 설명하라.

(1) 포트폴리오

(2) 포트폴리오효과

(3) 체계적 위험과 비체계적 위험

(4) 자본시장선

(5) 시장포트폴리오

02 마코위츠의 포트폴리오이론에서 투자자와 관련된 가정을 설명하라. 이러한 가정이 필요한 이유는 무엇인가?

03 동일한 투자기회를 갖는 투자자들이 서로 다른 최적의 포트폴리오를 선택하게 되는 이유를 설명하라.

04 포트폴리오를 구성하는데 있어서 개별증권 수익률의 분산보다 개별증권 간 공분산이나 상관계수가 더 중요한 이유를 설명하라.

05 A회사 주식과 B회사 주식으로부터 얻을 수 있는 수익률의 확률분포가 다음과 같다.

(단위 : %)

상 황	확 률	A 주식	B 주식
1	0.1	30	0
2	0.2	10	5
3	0.4	10	5
4	0.2	10	15
5	0.1	−10	20

(1) 두 회사 주식수익률의 평균, 분산 및 표준편차, 공분산 및 상관계수를 각각 구하라.

(2) 두 주식에 각각 1/2씩 투자하여 구성된 포트폴리오의 기대수익률과 분산(표준편차)을 구하라.

(3) A주식에 1/3, B주식에 2/3의 비유로 투자하여 구성된 포트폴리오의 기대수익률과 표준편차를 구하라.

(4) 두 주식으로 구성할 수 있는 최소분산포트폴리오를 구하고, 그 기대수익률과 분산을 계산하라.

06 어떤 투자자가 다음과 같은 특성을 갖는 증권들을 이용하여 포트폴리오를 구성하려고 한다.

증 권	기대수익률	표준편차
A	8%	6%
B	12	10
C	16	20
F	4	0

한편 각 증권의 수익률의 상관계수(r)는 다음과 같다.

$$r_{AB}=0.8 \qquad r_{BC}=0.0 \qquad r_{CA}=-0.4$$

(1) 증권 F 와 다른 증권들의 수익률과의 상관계수를 구하라.

(2) 증권 A에 50%를 투자하고 나머지를 증권 F에 투자하여 구성되는 포트폴리오의 기대수익률과 표준편차를 구하라.

(3) 증권 A에 50%를 투자하고 나머지를 증권 B에 투자하여 구성되는 포트폴리오의 기대수익률과 표준편차를 구하라.

(4) 증권 A에 50%를 투자하고 나머지를 증권 C에 투자하여 구성되는 포트폴리오의 기대수익률과 표준편차를 구하라.

(5) 증권 B와 증권 C로 최소분산포트폴리오를 구성하기 위한 투자비율을 구하라. 이 때 최소분산포트폴리오의 기대수익률과 위험은?

CHAPTER

11 균형가격의 결정

1절 자본자산가격결정모형

1 자본자산가격결정모형의 의의

앞에서 우리는 투자자가 자신의 효용을 극대화하기 위하여 어떻게 포트폴리오를 구성하는지를 살펴보았다. 샤프(W. Sharpe), 린트너(J. Lintner), 모신(J. Mossin) 등은 이러한 포트폴리오이론을 토대로 하여 자본시장이 균형을 이루기 위해서는 자산의 기대수익률과 위험 사이에 어떠한 관계가 성립하여야 하는가를 명확하게 보여주었는데, 이들이 제시한 기대수익률과 위험 사이의 관계식을 자본자산가격결정모형(capital asset pricing model: CAPM)이라 부른다.

자본자산가격결정모형(이하 CAPM)은 자본시장이 균형상태에 있을 때 자산의 가격이 어떻게 결정되어야 하는가를 설명하는 모형으로서 현대 투자이론에서 매우 중요한 위치를 차지하는 이론이다. 여기서 우리는 CAPM의 기본가정과 내용들을 살펴보고, CAPM의 실증적 검증방법 및 결과에 대해 고찰하기로 한다.

2 자본자산가격결정모형의 의미

(1) CAPM의 가정

자본시장에서 거래되는 자산의 기대수익률과 위험 간에 성립하는 균형관계를 설명하는 CAPM은 다음과 같은 가정을 기초로 하고 있다.

① 자본시장은 완전자본시장(perfect capital market)이다. 따라서 특정 투자자가 시장에 영향을 미치지 못한다. 그리고 세금과 거래비용 등 거래의 제약요소가 존재하지 않으며, 모든 투자자가 동일한 정보를 소유한다.
② 모든 투자자는 기대효용을 극대화하고자 하는 위험회피형 투자자로서 평균－분산모형에 따라 투자한다.
③ 자본시장에 무위험자산이 존재하며, 투자자들은 아무런 제약이 없이 무위험수익률로 차입과 대출을 할 수 있다.
④ 모든 투자자는 시장에서 거래되는 자산의 미래수익률에 대하여 동일한 예상을 갖는다. 즉, 각 자산의 기대수익률, 분산 등에 관하여 동일한 예상을 한다.
⑤ 모든 투자자는 주식, 채권 등과 같이 공개적으로 거래가 가능한 금융자산에 투자한다.
⑥ 모든 투자자의 투자기간은 단일기간이다.

위의 가정들은 현실을 적절하게 반영하지 못하기 때문에 이러한 가정을 기초로 도출된 CAPM 역시 현실을 완벽하게 설명할 수는 없다. 그렇지만 이러한 가정을 기초로 하나의 이론을 도출한 후 이 가정들을 현실성 있게 수정해 나감으로써 보다 유용한 이론을 도출할 수 있다.

(2) CAPM의 의미

앞의 가정으로부터 도출되는 CAPM은 투자자에게 유용한 분석의 틀을 제공하며, 또한 여러 가지 중요한 경제적 의미를 시사하고 있다. 여기서는 CAPM과 관련된 중요한 몇 가지 의미를 간략하게 살펴본다.

첫째, CAPM에 의하면 모든 투자자는 위험자산의 최적포트폴리오로서 시장포트폴리오(market portfolio: M)를 선택하게 된다. 여기에서 시장포트폴리오란 시장에서 거래되는 모든 위험자산이 시장가치비율대로 구성되어 있는 포트폴리오를 말한다. 예를 들면 특정 자산 i가 시장포트폴리오에서 차지하는 비율(w_i)은 다음과 같다.

$$w_i = \frac{p_i \cdot x_i}{\sum_{i=1}^{n} p_i \cdot x_i} \qquad (11-1)$$

p_i : 자산 i의 시장가격
x_i : 자산 i의 총수량
n : 자본시장에서 거래되는 자산의 수

둘째, CAPM에 의하면 개별자산의 위험프리미엄은 시장포트폴리오의 위험프리미엄과 그 자산의 체계적 위험을 나타내는 베타계수에 비례한다. 이를 식으로 나타내면 다음과 같다.

$$R_i = [E(R_M) - R_f]\beta_i \qquad (11-2)$$

β_i : 자산 i의 베타계수($= Cov(R_i, R_M)$)

(11-2)식에서 $[E(R_M) - R_f]$는 시장포트폴리오의 위험프리미엄이며, β_i는 자산 i의 체계적 위험의 측정치이다. (11-2)식을 그림으로 표시하면 다음과 같다.

[그림 11-1]에서 개별자산 i의 기대수익률과 베타계수와의 선형관계식을 나타내

[그림 11-1] 증권시장선

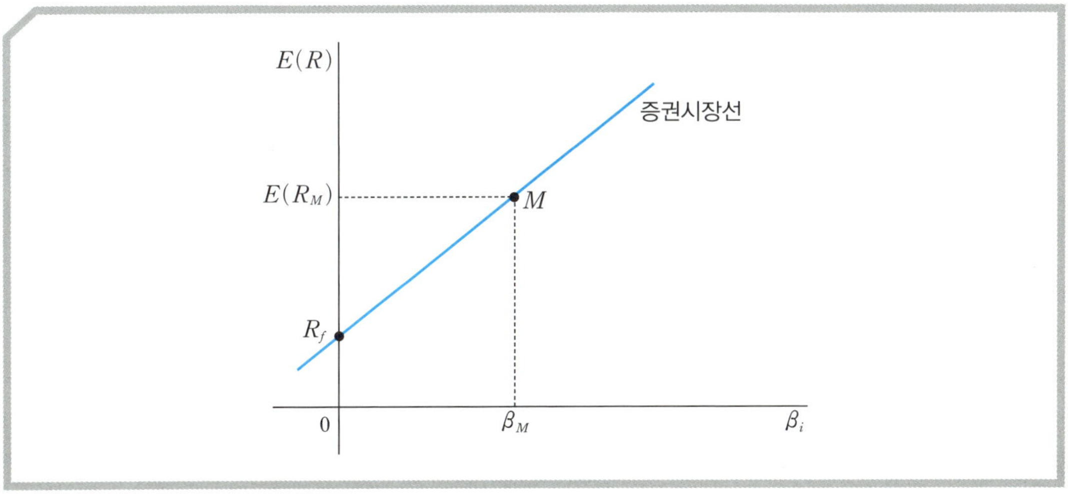

는 직선을 증권시장선(security market line: SML)이라 부른다. 증권시장선을 나타내는 수식은 다음과 같다.

$$E(R_i)=R_f+[E(R_M)-R_f]\beta_i \tag{11-3}$$

이러한 증권시장선이 갖는 의미는 자산의 기대수익률은 무위험수익률에 위험프리미엄을 더한 값과 같고, 위험프리미엄은 체계적 위험을 나타내는 베타계수(β)에 비례한다는 것이다.

⑶ CAPM과 자산가격

증권시장선은 어떤 자산(또는 포트폴리오)의 기대수익률은 그 자산의 체계적 위험과 선형적 관계를 가지고 있음을 의미한다. 즉 자본시장이 균형을 이룰 때 어떤 자산의 가격은 그 자산에 대한 기대수익률과 위험 사이에 선형적 관계가 성립하도록 자산가격이 결정되는데, 이때의 가격이 그 자산에 대한 수요와 공급을 일치시키는 균형가격이다.

예를 들어 [그림 11-2]에서 주식 L은 그 주식의 체계적 위험 β_L에 상응하는 균형수익률(L')보다 높은 수익률이 예상된다. 따라서 주식 L에 대한 수요는 증가하게 되어 가격이 상승하게 된다. 반면 주식 U는 체계적 위험 β_U에 상응하는 균형수익률(U')보다 낮은 수익률이 예상되기 때문에 주식 U에 대한 수요는 감소하게 되어 가격이 하

[그림 11-2] CAPM과 균형가격

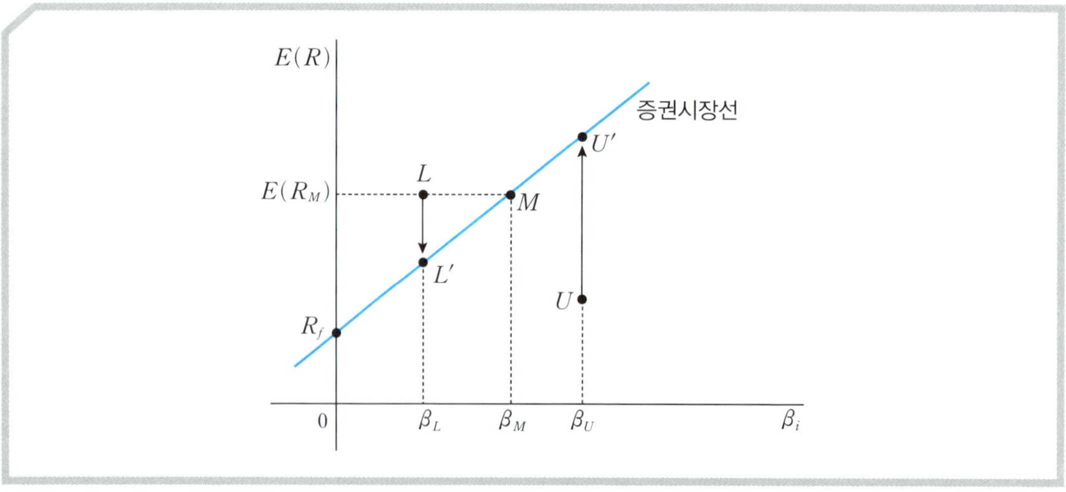

락하게 된다. 이러한 가격조정은 기대수익률과 β의 관계가 증권시장선상에서 균형을 이룰 때까지 계속된다.

3 자본자산가격결정모형의 검증

CAPM은 자산의 가격결정에 관한 균형이론으로서 자본시장에서 가격이 어떻게 결정되는가를 잘 설명해 주고 있지만 복잡한 현실을 여러 가지 가정하에 단순화시켰으므로 이 모형을 현실에 적용하는 데는 많은 문제점이 있다. 따라서 CAPM이 자본시장에서 자산의 가격변화를 적절하게 설명하고 있는지를 분석하기 위한 실증적 검증이 이루어져 왔다. 우리는 여기에서 CAPM의 실증검증방법 및 결과에 대해 간단히 살펴본다.

(1) CAPM의 실증검증방법

CAPM은 미래의 투자기간 동안에 형성될 자산(증권)의 위험과 수익률의 관계를 제시하는 사전적(ex－ante) 모형이다. 그러므로 증권시장에서 체계적 위험과 수익률의 관계가 증권시장선에서와 같이 선형관계를 갖는가를 규명하기 위해서는 증권의 기대수익률 자료와 기대베타계수 자료를 구해야 한다. 그러나 미래의 자료를 구하는 것은 현실적으로 매우 어렵기 때문에 주로 과거의 역사적 자료를 이용하여 CAPM에 대한 실증적 분석을 하게 된다.

제1단계 회귀분석: 시장모형의 추정

일반적으로 CAPM의 실증분석은 다음과 같이 2단계의 회귀분석 절차로 이루어지는데, 제1단계 회귀분석은 과거의 자료를 이용하여 시장모형을 추정하는 것이다. 시장모형(market model)이란 개별자산의 수익률의 변동을 시장수익률의 변동에 의하여 설명하고자 하는 수익생성모형으로 다음과 같이 표시된다.

$$R_i = a_i + \beta_i R_M + \varepsilon_i \qquad (11-4)$$

R_i : 자산 i의 수익률

R_M : 시장포트폴리오의 수익률

a_i : 상수항(절편값)

β_i : 자산 i의 베타계수(기울기)

ε_i : 오차항

(11－4)식은 미래에 예상되는 수익률간의 관계를 표시한 것이지만 현실적으로 미래의 수익률분포를 예측하기 어렵기 때문에 다음과 같이 과거의 수익률자료를 이용하여 시장모형을 나타낼 수 있다.

$$R_{it}=a_i+\beta_i R_{Mt}+\varepsilon_{it} \qquad (11-5)$$

R_{it} : t기에 실현된 자산 i의 수익률
R_{Mt} : t기에 실현된 시장포트폴리오의 수익률
ε_{it} : t기의 오차항

(11－5)식을 그림으로 나타내면 [그림 11－3]과 같다. 한편 (11－4)식으로부터 회귀분석을 통하여 [그림 11－3]과 같은 회귀선을 추정할 수 있는데, 이 회귀선을 증권특성선(security characteristic line: *SCL*)이라고 부른다.

증권특성선의 절편치인 a_i는 자산 i의 수익률 중에서 시장포트폴리오와 관계없이 얻게 되는 평균적인 수익률을 나타내고, 기울기인 β_i는 시장포트폴리오의 수익률이 변동할 때 자산 i의 수익률이 어느 정도 민감하게 변동하는가를 나타낸다. 일반적으로 베타계수가 1보다 큰 자산을 공격적 자산이라 하고, 베타계수가 1보다 작은 자산을 방어적 자산이라 한다.

[그림 11－3] 시장모형의 추정

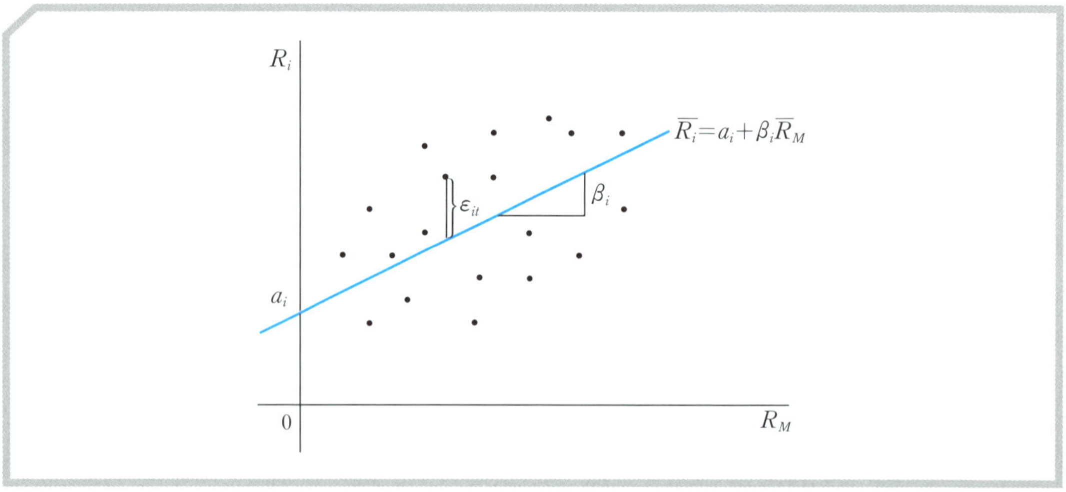

제2단계 회귀분석: 증권시장선의 추정

제1단계 회귀분석에서 시장모형을 이용하여 각 자산(증권)의 증권특성선을 추정하게 되면 추정된 증권특성선으로부터 구한 각 자산들의 베타계수와 수익률자료를 이용하여 횡단면 회귀분석을 하게 된다. CAPM의 실증분석을 위한 제2단계 회귀분석모형은 다음과 같다.

$$\overline{R}_i=\gamma_0+\gamma_1\hat{\beta}_i+\mu_i \qquad (11-6)$$

(11-6)식에서 R_i는 증권 i의 평균수익률의 추정치이며, β_i는 시장모형을 이용하여 추정한 증권 i의 베타계수이다. 그리고 γ_0와 γ_1은 회귀계수이고, μ_i는 잔차항이다. 한편 CAPM의 검증은 검증식 (11-6)과 이론적인 모형인 증권시장선 식과 비교하여 이루어진다.

증권시장선: $E(R_i)=R_f+[E(R_M)-R_f]\beta_i$
검증식: $\overline{R}_i=\gamma_0+\gamma_1\hat{\beta}_i+\mu_i$

즉, 제2단계 회귀분석으로부터 추정된 회귀식이 만약 증권시장선 식과 일치하거나 큰 차이가 없다면 CAPM이 현실을 잘 설명하고 있다고 할 수 있다.

(2) CAPM의 실증검증결과

블랙 · 젠센 · 숄즈의 연구

블랙(F. Black), 젠센(M. C. Jensen), 숄즈(M. Scholes)(1972년)는 1926년부터 1966년까지의 월별 주가자료를 이용하여 CAPM을 실증적으로 검증하였다. 이들은 개별주식의 베타계수의 크기에 따라 10개의 포트폴리오를 구성하고, 이렇게 구성된 포트폴리오의 베타계수와 수익률을 가지고 다음과 같은 회귀식을 추정하였다.

$$\overline{R}_i-\overline{R}_f=\gamma_0+\gamma_1\hat{\beta}_i+\mu_i \qquad (11-7)$$

한편 (11-7)식이 CAPM의 기본식 $\{E(R_i)-R_f=[E(R_M)-R_f]\cdot\beta_i\}$과 일치하기 위해서는 $\gamma_0=0$, 그리고 $\gamma_1=[E(R_M)-R_f]$가 되어야 한다. 그런데 이들의 실증분석결과 회귀식은 다음과 같이 추정되었다.

$$\overline{R}_i - \overline{R}_f = 0.00359 + 0.0108\beta_i \quad R_2 = 0.98 \qquad (11-8)$$
$$(t=6.52)\ (t=20.77)$$

즉, 이들의 CAPM의 실증분석 결과 γ_0와 γ_1은 모두 0과는 커다란 차이를 보이고 있었으며, 모형의 설명력을 나타내는 결정계수(R^2)는 0.98로서 매우 높게 나타났다. 한편 γ_0가 0이 아니라는 것은 CAPM이 현실적으로 맞지 않는다는 것을 의미한다.

파마와 맥베스의 연구

파마(E. Fama), 맥베스(J. D. Macbeth)(1974년)는 1935년부터 1968년까지의 기간을 대상으로 상장주식을 20개의 포트폴리오로 구성하고 다음과 같은 회귀식을 이용하여 CAPM을 검증하였다.

$$\overline{R}_i = \gamma_0 + \gamma_1\hat{\beta}_i + \gamma_2\hat{\beta}_i^2 + \gamma_3\hat{\sigma}_{ei} + \mu_i \qquad (11-9)$$

$\hat{\sigma}_{ei}$: 제1단계 회귀분석의 잔차항의 표준편차(비체계적 위험)

이들의 검증결과는 다음과 같이 추정되었다.

$$\hat{R}_{it} = 0.002 + 0.0114\hat{\beta}_i - 0.0026\hat{\beta}_i^2 + 0.0516\hat{\sigma}_{ei} \qquad (11-10)$$
$$(t=0.55)(t=1.85)\ (t=-0.86)\ (t=1.11)$$

(11-10)식에서 γ_2와 γ_3은 통계적으로 유의하지 않기 때문에 이들은 CAPM의 이론대로 수익률과 체계적 위험의 관계는 선형관계가 성립하며, 비체계적 위험은 수익률의 결정에 큰 영향을 미치지 못한다고 결론을 내렸다.

2절 차익거래가격결정모형

1 차익거래가격결정모형의 의의

차익가격결정모형(arbitrage pricing model: APM)은 경제학에서의 일물일가의 법칙을 기초로 금융자산의 균형가격의 결정을 설명하는 이론이다. 로스(S. Ross)(1976년)는 자산의 수익률은 여러 가지 공통요인에 의해 영향을 받게 되고, 투자가들은 차익거래이익(arbitrage profit)을 극대화하고자 한다는 가정을 기초로 CAPM보다 일반적인 차익거래가격결정모형을 제시하였다.

한편 차익거래(arbitrage)란 한마디로 공짜이익을 얻는 거래를 말한다. 즉 시장에서 실질적으로 동일한 자산이 서로 다른 가격에 거래될 경우에 가격이 높은 자산을 공매하여 가격이 낮은 자산을 매입함으로써 투자비용을 전혀 부담하지 않고 이익을 얻을 수 있게 되는데, 이와 같이 투자금액을 증가시키거나 더 큰 위험을 부담하지 않고서 추가적인 이익을 얻을 수 있는 거래를 차익거래(또는 재정거래)라 한다.

2 다요인 차익거래가격결정모형

차익거래가격결정모형의 일반식에 의하면 자산 i의 기대수익률 $E(R_i)$는 (11-10)식과 같이 k개의 공통요인에 대한 체계적 위험(β_{ik})과 선형함수관계를 갖는다.

$$E(R_i)=\lambda_0+\lambda_1\beta_{i1}+\lambda_2\beta_{i2}+\cdots+\lambda_k\beta_{ik} \qquad (11-11)$$

λ_k : k번째 공통요인의 위험프리미엄
β_{ik} : 공통요인 k에 대한 자산 i의 베타계수

즉 시장에서 거래되는 각 자산은 자산의 수익률에 영향을 미치는 공통요인이 k개일 경우 k개의 베타(β_1, β_1, $\cdots$, β_k)를 가지며, 각각의 베타에 대한 위험프리미엄(λ_1, λ_2, $\cdots$, λ_k)이 존재하게 된다.

3 CAPM과 APM의 비교

APM은 CAPM과 같이 완전자본시장과 동질적 예측의 가정하에 도출된 시장균형 모형이다. 그러나 다음과 같은 가정들과 관련해서 APM이 CAPM보다 더 일반적인 자산가격결정모형이라고 볼 수 있다.

① CAPM에서는 한 개의 공통요인에 의해 수익률이 결정되지만 APM에서는 여러 개의 공통요인이 수익률의 결정에 영향을 미칠 수 있다.
② CAPM에서는 투자자의 효용함수가 2차함수이거나 수익률의 분포가 정규분포라고 하는 가정을 하고 있으나, APM에서는 효용함수 또는 수익률의 확률분포에 대한 특별한 가정을 하고 있지 않다.
③ CAPM에서는 시장포트폴리오를 확인하기 위해 무위험자산이 존재한다고 가정하고 있으나 APM에서는 무위험자산에 대한 가정이 필요가 없다.

그러나 APM은 요인분석에 의해 추출되는 공통요인들의 경제적 의미를 해석하기 어렵다고 하는 한계를 갖고 있다.

연/습/문/제

객관식 문제

01 CAPM의 투자자에 관한 가정으로 옳지 않은 것은?

① 모든 투자자는 위험중립형 투자자로서 기대수익을 극대화하고자 한다.
② 모든 투자자는 미래수익의 확률분포에 대해 동질적인 기대를 갖는다.
③ 모든 투자자는 무위험이자율로 얼마든지 차입 또는 대출이 가능하다.
④ 모든 투자자는 평균-분산기준에 따라 포트폴리오를 선택한다.

02 CAPM의 자본시장에 관한 가정으로 옳지 않은 것은?

① 자본시장은 균형 상태에 있다.
② 세금이 전혀 존재하지 않는다.
③ 거래비용이 발생하지 않는다.
④ 무위험자산이 존재하지 않는다.

03 자본시장선에 관한 설명 중 옳지 않은 것은?

① 무위험자산이 존재할 경우의 효율적 투자집합을 의미한다.
② 자본시장선의 기울기는 위험에 대한 균형가격을 나타낸다.
③ 무위험자산과 시장포트폴리오의 결합으로 구성된다.
④ 자산의 체계적 위험과 기대수익률의 관계를 설명하고 있다.

04 다음의 그림에 대한 설명으로 옳지 않은 것은?

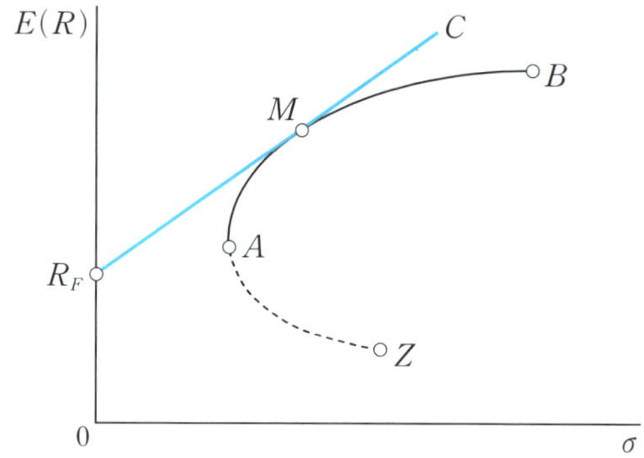

① 효율적 투자기회집합을 나타내는 자본시장선은 R_FMC의 직선이다.
② R_FM의 포트폴리오는 무위험자산과 시장포트폴리오로 구성되어 있다.
③ MC상의 포트폴리오를 대출포트폴리오(lending portfolio)라고 한다.
④ 마코위츠의 효율적투자선에서 가장 효율적인 포트폴리오는 M이다.

05 시장포트폴리오에 대한 설명으로 적절하지 않은 것은?

① 무위험자산이 존재할 때 구성되는 위험자산의 최적포트폴리오이다.
② 증권시장에서 거래되는 모든 위험자산을 포함하고 있다.
③ 시장포트폴리오에서 개별증권의 구성비율은 투자자에 따라 다르다.
④ 시장포트폴리오에서 개별자산의 비체계적 위험은 완전히 제거된다.

06 증권특성선에 대한 설명으로 적절하지 않은 것은?

① 시장수익률과 개별주식의 수익률과의 관계를 나타내고 있다.
② 증권특성선의 기울기는 CAPM에서의 베타계수와 같다.
③ 증권특성선의 기울기는 시장수익률의 변화에 대한 개별증권수익률의 민감도를 나타낸다.
④ 증권특성선의 절편값은 시장의 무위험이자율과 같다.

07 베타계수에 대한 설명으로 옳지 않은 것은?

① 개별증권의 체계적 위험을 나타낸다.
② 베타계수의 크기는 항상 0보다 크다.
③ 시장포트폴리오의 베타계수는 1이다.
④ 개별자산의 베타계수는 그 자산의 증권특성선의 기울기와 같다.

08 증권시장선(SML)에 대한 설명으로 옳지 않은 것은?

① 개별증권 또는 포트폴리오의 체계적 위험과 기대수익률과의 관계를 나타내고 있다.
② 포트폴리오의 총위험과 기대수익률 사이의 선형관계를 보여주는 모형이다.
③ 시장이 균형 상태에 있을 경우 위험자산의 가격은 그 자산의 가격이 SML 상에 있도록 결정된다.
④ 위험자산의 기대수익률은 무위험수익률과 그 자산의 위험프리미엄을 합한 것과 같다.

09 다음 그림에서 과소평가되고 있는 주식에 속하는 것은?

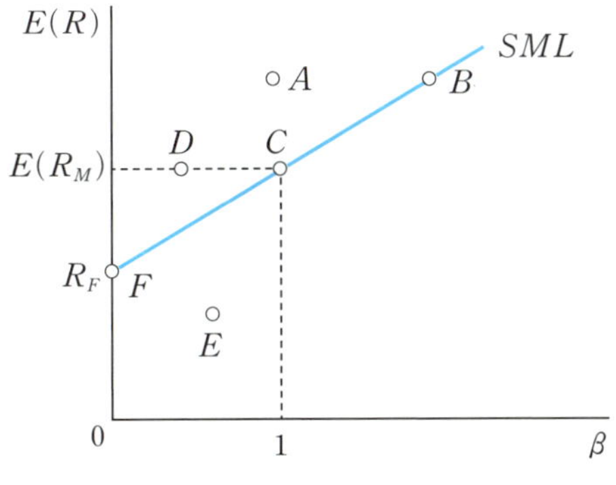

① E
② A, F
③ D, E
④ A, B

10 자본자산가격결정모형의 내용과 일치하지 않는 것은?

① 모든 투자자들은 위험에 대한 태도와 관계없이 동일한 위험자산 최적포트폴리오를 보유한다.

② 모든 투자자들은 시장포트폴리오와 무위험자산을 투자대상으로 선택 하게 된다.

③ 균형 상태에서 개별자산의 위험프리미엄은 그 자산의 체계적 위험을 나타내는 베타계수에 비례한다.

④ 균형 상태에서 개별자산의 기대수익률은 그 자산의 총위험에 비례해 결정되게 된다.

11 CAPM과 APT에 대한 비교설명으로 맞지 않는 것은?

① CAPM에서는 하나의 공통요인에 의해 수익률이 결정되나 APT에서는 여러 개의 공통요인이 수익률에 영향을 미칠 수 있다.

② CAPM에서는 수익률이 확률분포가 정규분포를 이룬다고 가정하고 있으나 APT에서는 수익률의 확률분포에 대한 가정이 없다.

③ CAPM에서는 무위험자산이 존재한다고 가정하고 있으나 APT에서는 무위험자산에 대한 가정이 없다.

④ CAPM에서는 모든 투자가들이 동질적인 기대를 갖는다고 가정하고 있으나 APT에서는 동질적인 기대를 갖는다는 가정이 없다.

주관식 문제

01 다음 용어를 설명하라.

(1) 시장포트폴리오

(2) 증권시장선(SML)

(3) 시장모형

(4) 증권특성선

(5) 차익거래

02 마코위츠의 포트폴리오이론에서의 기본가정과 자본시장이론에서 CAPM의 기본가정을 비교 · 설명하라.

03 자본시장이론의 가정 중에서 완전자본시장이란 어떤 시장을 의미하는가? 만약 이 가정이 성립되지 않는다면 결과는 어떻게 달라지는가?

04 차익거래가격결정모형에서 자산의 수익률에 영향을 미치는 공통요인의 경제적 의미를 어떻게 파악할 수 있는지 알아보자.

05 CAPM과 APM의 장단점을 비교 설명하라.

06 현재 증권시장에서 무위험자산의 수익률이 4%이고 시장포트폴리오의 기대수익률은 10%이며 시장수익률의 표준편차는 8%로 추정된다.

(1) 증권시장선을 구하고 이를 도시하라.
(2) A증권의 베타계수가 1.2로 추정되었을 경우 A증권의 균형수익률을 구하라.
(3) 현재 A증권의 수익률이 10%이라면 이 증권은 과소평가되고 있는지 아니면 과대평가되어 있는지 분석하라. 이 증권의 가격은 어떻게 변하겠는가?

Financial management

재무관리

PART 4

기업재무

CHAPTER 12 자본조달

1절 자본조달의 의의

1 기업의 금융수단

자동차를 움직이기 위해서는 휘발유나 경유와 같은 에너지 자원이 필요하듯이 기업이라고 하는 조직을 운영하기 위해서는 다양한 자금이 필요하다. 기업이 필요한 자금을 조달하는 방법에는 여러 가지가 있다. 예를 들면 기업 내부의 유보이익을 투자에 이용하는 내부금융과 기업 외부로부터 자금을 조달하여 투자에 이용하는 외부금융의 방법이 있다. 외부금융의 경우 은행이나 기타 금융기관에서 자금을 차입할 수도 있고 증권시장에서 채권이나 주식을 발행하여 자금을 조달할 수도 있다.

또한 기업에서 조달하는 자본은 자본의 만기에 따라 단기자본과 장기자본으로 구분되고, 자본의 성격에 따라 타인자본과 자기자본으로 구분된다. 여기서는 이와 같은 기업의 다양한 금융수단에 대해 살펴보기로 한다.

[그림 12-1] 기업의 자금조달수단

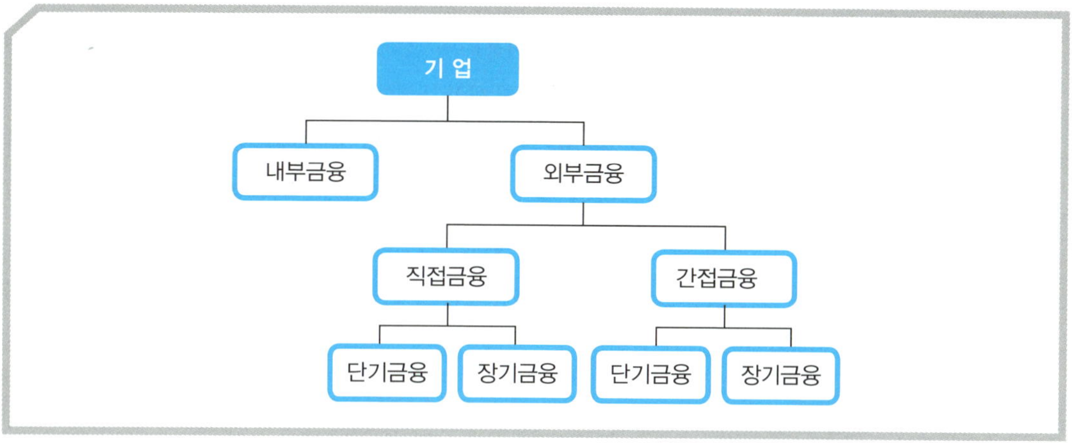

2 자금조달의 고려요인

기업이 자본을 조달하기 위해 선택할 수 있는 금융수단(financial instrument)은 매우 다양하다. 따라서 자본을 조달하는 기업의 고유특성이나 경영환경에 따라 서로 다른 금융수단을 선택할 수 있지만 기업이 자금을 조달할 경우 기본적으로 고려해야 하는 요인들을 살펴보면 다음과 같다.

자본의 만기

기업이 사용하는 자본은 만기에 따라 단기자본과 장기자본으로 구분된다. 일반적으로 단기자본이란 만기가 1년 이하의 유동부채를 말하며, 운전자본으로 사용된다. 반면에 장기자본은 만기가 1년 이상인 비유동부채와 자기자본을 말하며, 통상적으로 시설자본으로 사용이 된다. 기업이 자본을 조달할 때는 이와 같은 자본의 만기를 고려하여 자금의 조달방법을 선택하여야 한다. 예를 들면 단기자본은 은행으로부터 차입을 하거나 기업어음(commercial paper: CP)을 발행하여 조달하고, 장기자본은 증권시장에서 채권이나 주식을 발행하여 조달한다.

자본비용

기업이 자본을 조달할 때는 자본비용(cost of capital)을 고려하여야 한다. 자본비용은 기업이 자본을 사용하는 대가로 자본제공자에게 지급하는 비용을 말한다. 예를 들어 기업이 은행에서 자금을 차입한 경우에는 은행에 지급해야 하는 이자가 부채의 자본비용이 되며, 주식을 발행하여 자금을 조달한 경우에는 주주들에게 지급하게 되는 배당금이 자기자본에 대한 자본비용이 된다. 기업의 입장에서 보는 가능하면 자본비용이 적게 발생하는 자본을 사용함으로써 기업가치를 높일 수 있다. 자본비용에 대해서는 제13장에서 살펴보기로 한다.

기타 요인

기업이 사용하는 자본은 자본의 원천에 따라 크게 부채, 즉 타인자본과 자기자본으로 구분된다. 기업이 자본을 조달할 때 부채를 사용할 것인지 또는 자기자본을 사용할 것인지의 결정은 기업의 자본구조나 기업지배권의 영향을 받게 된다. 예를 들면 부채비율이 매우 높은 기업의 경우 추가적인 부채사용은 기업의 재무위험을 크게 증가시킴으로써 기업가치를 떨어뜨릴 수 있다. 또한 기업지배권이 약한 기업에서 신주나 전환사채를 발행할 경우 기존 주주의 기업지배권을 약화시킬 수 있다.

2 절 단기자본조달

1 단기자본의 특성

기업이 조달하는 자금은 그 사용기간에 따라 단기자본과 장기자본으로 분류할 수 있다. 기업의 단기자본은 통상적으로 1년 이내에 상환되어야 하는 자금으로서 유동자산의 투자에 사용된다. 기업에서 사용되는 단기자본은 매입채무, 차입금, 기업어음 등을 통하여 조달된다. 이와 같은 단기자본의 특성을 살펴보면 다음과 같다.

첫째, 기업의 단기자본은 장기자본에 비해 자본조달이 용이하다. 기업에서 자금이 필요할 때 단기자금은 보다 신속하게 조달할 수 있고, 또한 자금의 상환도 용이하다.

둘째, 기업의 단기자본은 장기자본에 비해 자본비용이 저렴하다. 이자율의 기간구조이론에 따르면 만기가 길수록 불확실성이 증가하므로 단기이자율보다 장기이자율이 높게 형성된다. 따라서 기업에서 단기자본을 사용할 때 지급하는 자본비용이 장기자본을 사용할 때의 자본비용보다 낮다.

셋째, 단기자본은 장기자본에 비해 위험이 높다. 기업이 단기자본을 많이 사용하는 경우 유동자산을 유동부채로 나눈 유동비율이 낮아지게 되고, 따라서 기업의 채무불이행위험은 증가하게 된다.

2 거래신용

기업의 단기자금조달수단으로 먼저 거래신용(trade credit)을 들 수 있다. 거래신용은 기업이 외부의 공급업체로부터 상품이나 원재료를 현금 대신 외상으로 구입하는 경우로서, 재무제표에 매입채무로 표시가 된다. 매입채무는 기업이 신용기간 동안 해당금액의 현금을 다른 용도로 이용할 수 있기 때문에 자금조달과 같은 효과를 갖게 된다.

거래신용은 일상적인 거래관계에서 발생하는 단기자금조달원천으로서 기업이 가장 손쉽게 이용할 수 있는 금융수단이다. 우리나라 기업들의 경우 총자본 중에서 매입채무가 차지하는 비중은 2012년 말 현재 10.0%로 나타나고 있다.[1] 특히 금융기관을 통하여 자금을 조달하기 어려운 중소기업의 경우 총자본 중에서 매입채무가 차지하는 비중은 11.1%로서 대기업의 9.6%보다 훨씬 높게 나타나고 있다.

3 금융기관 대출

기업의 단기자금조달을 위하여 가장 많이 이용되는 수단은 금융기관의 대출(loan)이라고 할 수 있다. 금융기관의 대출 중에서 가장 대표적인 일반은행의 대출을 살펴보면 다음과 같다.

1 한국은행, 「기업경영분석」, 2012년.

상업어음할인

상업어음할인은 기업의 상거래와 관련하여 발행된 어음을 은행이 만기일 전에 할인하여 매입하는 제도이다. 상업어음할인은 기업의 단기대출금으로서 은행에 의한 상업금융의 전형적인 형태라고 할 수 있다.

무역금융

무역금융은 수출입관련업체를 대상으로 수출 또는 수출을 위한 원자재나 완제품의 공급이행에 소요되는 자금을 지원하는 대출이다.

당좌대출

당좌대출은 은행에 당좌계정을 개설한 기업이 은행과의 사전약정에 따라 일정 한도 내에서 예금잔액을 초과하여 발행한 수표 및 어음을 은행이 지급함으로써 이루어지는 대출이다. 당좌대출의 상환은 기업이 당좌계정에 입금을 함으로써 이루어지며 대출약정기간 중에는 수시 상환이 가능하다.

일반자금대출

일반자금대출은 자금용도에 특별한 제한이 없고 대출과목도 따로 정해지지 않은 대출을 말한다. 일반자금의 대출기간은 기업의 운전자금의 경우 보통 1년이며, 기업시설자금은 통상 3~7년 사이에서 이루어진다.

기업구매자금대출

기업구매자금대출은 상업어음 사용에 따른 부작용을 해소하고 기업 간 거래 시 현금결제의 확대를 유도하기 위하여 도입되었다. 구매기업이 납품대금을 거래은행으로부터 융자받아 납품기업에 현금결제하는 방식이다.

일반은행의 대출금리는 시장금리에 연동하여 적용하여 왔으나 2010년 2월 이후부터 COFIX(Cost of Funds Index)가 도입되어 활용되고 있다. COFIX는 전국은행연합회에서 9개 국내은행의 저축성예금, CD, RP, 표지어음 및 금융채의 평균조달비용을 평균하여 산출하고 있다. 한편 우리나라 기업들의 경우 2012년 말을 기준으로 총자본 중에서 차입금이 차지하는 비중을 살펴보면 단기차입금의 비중이 10.3%, 장기차입금의 비

중이 7.9%로 나타나고 있다.[2]

4 기업어음

기업어음(Commercial Paper: CP)은 기업이 단기자금을 조달하기 위해 자기신용을 바탕으로 발행하는 융통어음이다. 기업어음은 발행절차가 간편하고 담보가 없이 신용으로 발행되기 때문에 신속한 자금조달수단으로 이용되고 있다.

[그림 12-2] 기업어음의 거래구조

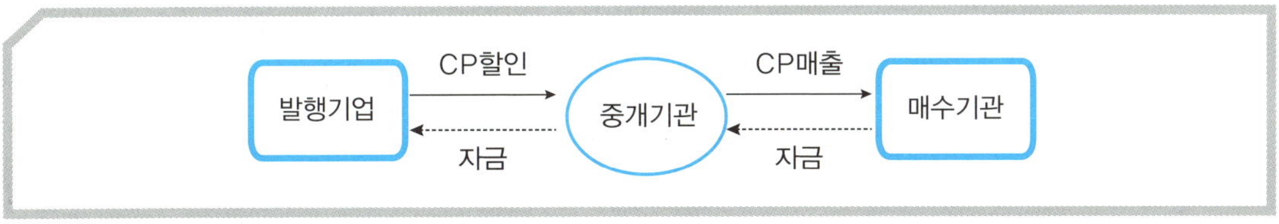

기업어음시장은 [그림 12-2]에서 보는 바와 같이 발행기업, 중개기관, 그리고 매수기관으로 구성된다. 먼저 기업이 기업어음을 발행하면 중개기관이 이를 모두 매입한 후 다시 매수기관에 매각하게 된다. 우리나라의 경우 기업어음의 발행은 주로 신용이 좋은 대기업을 중심으로 이루어지며, 중개기관은 투자매매중개업자(증권회사)와 종합금융회사가 담당하고 있다. 그리고 할인된 기업어음은 주로 자산운용회사 및 은행(신탁계정)에서 매입하여 단기자금의 운용수단으로 활용하고 있다.

2 한국은행, 「기업경영분석」, 2012년.

3절 장기자본조달

1 사 채

사채(corporate bond)란 기업이 일반대중으로부터 장기간에 걸쳐 거액의 자금을 조달하기 위해 발행한 증권이다. 현재 우리나라에서 발행되고 있는 사채의 만기는 대부분 3~5년으로 기업의 장기자본조달수단으로 이용되고 있다. 사채를 발행할 때는 액면가, 이자율, 만기 등을 표시하도록 되어 있다.

기업이 발행하는 사채는 이자지급방법, 상환방법, 담보 및 보증유무, 사채권자에게 부여된 옵션의 성격에 따라 다음과 같이 구분된다.

이표채와 할인채

사채는 이자지급방법에 따라 이표채와 할인채로 구분된다. 이표채(coupon bond)는 채권에 첨부되어 있는 쿠폰을 제시하여 매기 이자를 받고 만기일에 액면금액에 해당하는 원금을 받는 사채이다. 할인채(discount bond)는 사채를 발행할 때 액면가에서 만기일까지의 이자를 미리 차감한 가격으로 발행하고 만기에 액면금액을 모두 상환하는 사채이다.

한편 우리나라에서 발행되고 있는 복리채(compounding bond)는 액면금액으로 발행한 후 이자를 복리 계산하여 만기에 액면금액과 이자를 동시에 지급하고 있다.

일시상환사채와 수의상환사채

사채는 원금의 상환방법에 따라 일시상환사채와 수의상환사채로 구분되고 있다. 일시상환사채는 만기일에 원금을 일시에 상환하는 회사채로서 우리나라에서 발행되는 거의 모든 회사채가 일시상환사채이다. 수의상환사채(callable bond)는 일정한 기간이 경과한 후 채권을 발행한 기업이 일정한 가격으로 만기일 이전에 상환할 수 있는 권리가 부여된 회사채이다. 수의상환사채는 이자율이 하락할 때 기존의 사채를 조기상환하고 낮은 이자율로 새로운 회사채를 발행할 수 있기 때문에 유연성이 있는 기업의 자금조달수단이다.

담보부사채와 보증사채

사채는 원금과 이자의 상환을 위한 담보의 제공 유무에 따라 담보사채와 무담보사채로 구분된다. 담보부사채(secured bond)는 발행회사가 원금과 이자의 상환을 보장하기 위해 부동산 등의 물적 담보를 제공한 사채이고, 무담보사채(debenture)는 담보에 의해 보장이 되지 않은 사채로 원리금 상환은 발행회사의 신용에 의존한다. 현재 우리나라 금융기관 등에서 발행하고 있는 자산유동화증권(asset-backed securities; ABS)은 담보부사채의 일종이다.

한편 보증사채(guaranteed bond)는 원금과 이자의 상환을 은행 등의 제3자가 보증한 사채로서 1997년 외환위기 이전까지 우리나라에서 발행된 사채의 대부분이 보증사채였다. 무보증사채(non-guaranteed bond)는 기업이 원리금 상환 및 이자 지급을 제3자의 보증이나 물적 담보 없이 신용에 의해 발행하는 사채로 일반사채라고도 한다. 원리금 회수에 대한 위험부담이 크기 때문에 제3자가 보증하는 보증사채나 담보부사채에 비해 이자율이 높고 기간이 단기인 것이 특징이다.

고정금리사채와 변동금리사채

사채는 표면이자율이 만기까지 고정되어 있는가 아니면 변동할 수 있는가에 따라 고정금리사채와 변동금리사채로 구분된다. 고정금리사채(fixed rate bond)는 발행 당시에 확정된 표면이자율에 따라 이자를 지급하는 채권이다. 우리나라에서 발행되는 사채의 대부분이 이에 해당한다. 변동금리사채(floating rate bond)는 표면이자율이 기준금리에 연동되어 변동하는 사채이다. 우리나라는 1994년 9월부터 발행이 허용되었고 기준금리는 3개월 만기 양도성예금증서(CD) 유통수익률로 하고, 가산금리는 발행회사의 신용도에 따라 차등 적용된다.

전환사채와 신주인수권부사채

기업이 사채를 발행할 때에 여러 가지 다양한 옵션(option)을 부가하여 발행하기도 하는데 이를 옵션부사채라고 한다. 대표적인 옵션부사채로는 전환사채, 신주인수권부사채 등을 들 수 있다. 전환사채(convertible bond: CB)는 투자자에게 일정한 기간 이내에 일정한 가격으로 발행회사의 주식으로 전환할 수 있는 권리가 부여된 사채이다. 사채권자는 발행회사의 주가가 상승할 경우 전환권을 행사하여 주가상승의 효과를 얻을 수 있고, 반대로 주가가 낮은 상태로 있으면 주식으로 전환하지 않고 일반사채와 마찬가지로 이자와 원금을 지급받게 된다. 따라서 전환사채는 채권과 주식의 성격을 동시에 지니고 있는 복합 유가증권이라고 할 수 있다.

신주인수권부사채(bond with warrant: BW)는 발행회사가 유상증자를 할 때 채권자도 주주와 마찬가지로 신주를 일정한 가격으로 인수할 수 있는 권리가 부여되어 있는 사채를 말한다. 신주인수권부사채는 분리형과 비분리형으로 나누어지는데, 분리형은 신주인수권을 따로 떼어 거래할 수 있지만 비분리형은 사채와 신주인수권이 함께 거래된다. 우리나라에서는 주로 비분리형 신주인수권부사채가 발행되어 왔으나 1999년 1월부터 분리형 신주인수권부사채의 발행이 허용되고 있다.

〈표 12-1〉 전환사채와 신주인수권부사채

항 목	전환사채	신주인수권부사채
부가된 권리	전환권	신주인수권
권리행사 후 사채권	소멸	존속
추가자금 소요 여부	추가자금 불필요	별도자금 필요
신주취득가격	전환가격	행사가격
신주취득한도	사채금액과 동일	사채금액범위 내
권리의 이전	비분리형	분리형 및 비분리형

기업이 사채를 발행하여 자금을 조달하는 경우의 특성을 살펴보면 다음과 같다. 먼저 사채는 보통주나 우선주보다 자본비용이 저렴하다. 사채의 이자비용은 세법상 비용으로 인정되어 법인세 절감효과를 얻을 수 있기 때문이다. 또한 사채는 부채이기 때문에 주주의 소유권 또는 경영권에 영향을 미치지 않는다. 그러나 기업이 사채를 발행할 경우에 이자지급 및 원금상환의무가 늘어나게 되고 이에 따라 기업의 재무위험 또한 증가하게 된다.

2 보통주

기업이 발행할 수 있는 주식의 종류에는 이익배당과 잔여재산의 분배에 관한 권리의 순서에 따라 보통주, 우선주가 있다. 이 중 보통주(common stock)는 배당 등의 표준이 되는 주식을 말한다. 보통주는 주식회사가 자기자본을 조달하기 위해 발행하는 것으로 사채와 더불어 기업의 장기자금조달의 원천이 된다. 보통주의 주주는 기업의 소유주로서 경영참가권과 이익배분의 권리를 갖고 있는 반면 기업의 위험도 부담하게 된다. 그러나 오늘날의 대기업에서는 주주의 수가 많고 소유가 분산되어 있으므로 주주의 경영참가권은 명목적인 권리에 불과하다.

기업에서 발행하는 보통주는 액면금액의 표시 여부, 주주명부의 기재 여부 등에 따라 다음과 같이 구분된다.

액면주식과 무액면주식

액면주식(par value stock)은 주식에 액면가격이 표시되어 있는 주식이고, 무액면주식(no-par value stock)은 액면가격이 표시되어 있지 않은 주식이다. 우리나라 상법에서는 1주의 액면가를 5,000원 이상으로 주식 전부에 표시하여야 한다고 규정하고 있다. 그러나 주식의 액면가는 주식의 시장가격이나 주주지분의 장부가격을 표시하지 못하고 있으므로 그 의미가 거의 없다. 따라서 미국에서는 무액면주식이 보편화되어 있으며 일본도 이 제도를 채택하고 있다.

기명주식과 무기명주식

기명주식(registered stock)이란 주권 또는 주주명부에 주주의 이름이 기재되어 있는 주식이고, 무기명주식(bearer stock)은 주주의 이름이 기재되지 않는 주식이다. 우리나라 상법에서는 기명주식의 발행을 원칙으로 하고 있다. 기명주식은 주주로서의 권리 행사자를 명확히 파악할 수 있다는 장점이 있는 반면 주식을 신속하게 유통시킬 수 없다는 단점이 있다.

기업이 보통주를 발행하여 자금을 조달하는 경우의 특성을 살펴보면 다음과 같다.

첫째, 보통주는 차입금이나 사채의 이자비용과 같이 고정적인 금융비용이 발생하지 않는다. 이자비용은 기업의 이익 발생유무와 상관없이 고정적으로 지급해야 할 의무가 있지만 보통주에 대한 배당은 이익이 발생할 경우에 지급할 수 있고, 이익이 발생하더라도 반드시 지급해야 할 의무는 없다.

둘째, 보통주는 차입금이나 사채와 같은 부채를 사용할 때와 달리 만기상환의 부담이 없다. 따라서 보통주를 발행하여 조달한 자금은 기업의 가장 안정적인 자금으로서 기업이 존속하는 동안 영구적으로 사용할 수 있다.

셋째, 기업이 보통주를 발행하여 자금을 조달하게 되면 기업의 재무구조가 개선된다. 이에 따라 기업의 대외신용도가 향상되고, 기업의 미래 차입능력을 높일 수 있다.

넷째, 보통주의 배당금은 부채사용에 따른 이자비용과 달리 법인세 절감효과가 없다. 따라서 보통주의 자본비용은 부채의 자본비용보다 높다.

다섯째, 보통주의 발행은 기존주주의 의결권과 기업지배권을 희석시킬 수 있다. 이에 따라 지배구조가 취약한 기업의 경우 보통주의 발행을 회피하는 경향이 있다.

3 우선주

우선주(preferred stock)는 이익배당이나 잔여재산분배에 관해 보통주보다 우선적인 권리를 갖는 주식이다. 따라서 우선주는 사채의 성격과 보통주의 성격이 복합된 혼성증권이라고 할 수 있다. 즉 우선주는 회계장부상 자기자본이지만 고정적인 재무비용을 발생시킬 수 있으므로 사채와 유사하다. 우리나라에서는 기업이 우선주를 발행하는 경우에 지급해야 할 최저배당률을 정관에 규정하도록 하고 있다.

기업에서 발행하는 우선주는 배당의 누적 여부, 이익분배에의 참가 여부, 그리고 상환방법에 따라 다음과 같이 구분된다.

누적적 우선주와 비누적적 우선주

우선주는 배당의 누적 여부에 따라 누적적 우선주와 비누적적 우선주로 나뉜다. 누적적 우선주(cumulative preferred stock)는 기업이 예정된 배당을 지급하지 못할 때 미지급된 배당을 다음 연도에 이월하여 지급하는 우선주이다. 비누적적 우선주(non-cumulative preferred stock)는 기업이 예정된 배당을 지급하지 못하더라도 미지급된 배당금이 이월되지 않는다.

참가적 우선주와 비참가적 우선주

기업이 우선주에 대한 배당을 한 후 보통주에 대한 배당을 하고도 이익이 남을 경우 추가적으로 이익분배에 참가할 수 있는 우선주를 참가적 우선주(participating preferred stock)라고 한다. 반면에 추가적 이익분배에 참가할 수 없는 우선주를 비참가적 우선주(non-cumulative preferred stock)라고 한다.

의결권부 우선주와 무의결권 우선주

무의결권 우선주(non-voting share)란 보통주보다 우선적으로 이익배당을 받는 대가로 주주에게 의결권이 주어지지 않는 우선주이다. 그렇지만 무의결권 우선주주가 배당을 받지 못하면 의결권을 행사할 수 있다. 무의결권 우선주는 투자자의 입장에서 보면 주가상승으로 인한 자본이득이나 높은 배당소득을 얻을 수 있고 기업의 입장에서는 경영권의 침해를 받지 않고 자기자본을 조달할 수 있다는 장점이 있다. 우리나라 상법에서는 무의결권주의 수가 총발행주식수의 4분의 1을 초과하지 못하도록 제한하고 있다.

전환우선주와 상환우선주

우선주는 보통주와 마찬가지로 만기가 없지만 전환이나 상환의 규정을 두는 것이 보통이다. 먼저 전환우선주(convertible preferred stock)는 특정기간이 지난 후에 자동적으로 보통주로 전환되는 주식이다. 다음 상환우선주(redeemable preferred stock)는 일정기간이 지난 후 현금으로 상환되는 것으로, 상환을 위하여 감채기금이 적립되기도 한다.

기업이 우선주를 발행하여 자금을 조달하는 경우의 특성을 살펴보면 다음과 같다.

첫째, 우선주는 사채의 이자와는 달리 이익이 발생하지 않으면 배당금 지급을 취소하거나 다음 연도로 미룰 수 있다.

둘째, 우선주는 보통주와 마찬가지로 자기자본으로서 만기가 없다. 즉, 우선주를 발행하여 조달한 자금은 영구자본이 된다. 그리고 우선주는 자기자본이기 때문에 자본구조를 개선하고 부채수용능력을 향상시킬 수 있다.

셋째, 우선주는 일반적으로 의결권이 없는 무의결권주의 형태로 발행이 되므로 기존주주의 기업지배권에 영향을 미치지 않는다.

넷째, 우선주는 사채에 비해 자본비용이 높다. 다시 말하면 사채의 이자는 세금절감효과가 있으나 우선주에 대한 배당은 세후 순이익에서 지급이 되므로 세금절감효과가 없다.

4절 리스금융

1 리스의 의의

일반적으로 기업의 자산은 수익을 얻기 위한 하나의 수단이라고 할 수 있다. 기업이 수익을 얻기 위해 특정 자산을 획득하는 방법은 자산을 직접 구입을 하는 방법과 해당 자산을 빌려 사용하는 방법이 있다. 리스(lease)란 특정 자산의 소유자가 일정 기간 동안 사용료를 받기로 하고 다른 사람에게 그 자산의 사용권을 주는 것을 말하는 것으로 일종의 임대차계약이라고 할 수 있다. 즉 리스는 임차인(lessee)이 임대인(lessor)으로부터 필요한 자산을 빌려 사용하고 그 대가로 일정한 임차료 지급하는 계약이라고 할 수 있다. 리스계약에서 임대인은 [그림 12－3]과 같이 리스회사[3] 또는 리스자산의 제작회사가 될 수 있다.

기업이 직접 자산을 구입하는 대신 리스를 이용하게 되면 자산을 구입하는데 들어가는 자금을 조달하는 것과 동일한 효과를 얻을 수 있으므로 리스금융은 기업의 자금조달방법 가운데 하나라고 할 수 있다.

[그림 12－3] 리스계약의 유형

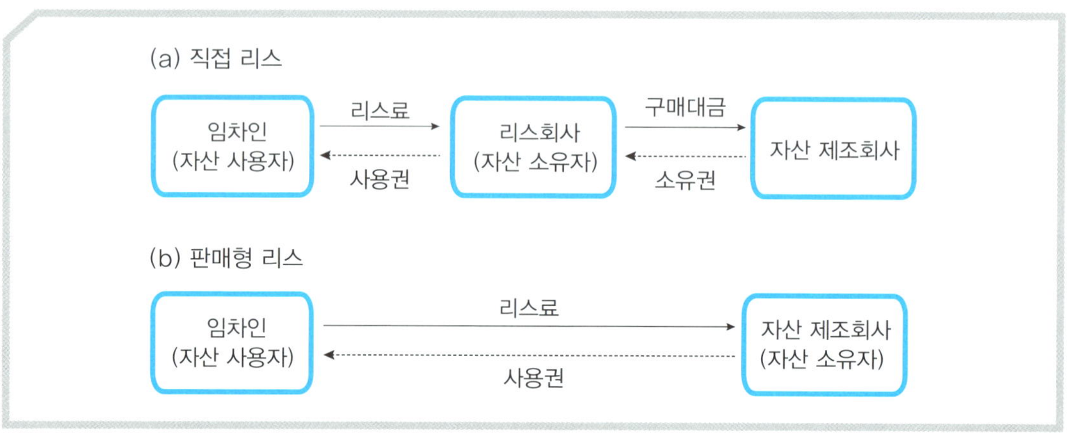

3 우리나라에서 리스회사는 여신전문금융회사로 분류되며, 전업리스회사와 종합금융회사 등 겸영회사가 있다. 리스회사의 주요 업무는 시설대여와 연불판매업무 등이다.

2 리스의 종류

운용리스

운용리스(operating lease)란 임차인이 특정 자산을 일정한 기간 동안 이용하고 리스회사에 반환하는 비교적 단기간의 리스를 말한다. 운용리스는 금융리스와는 달리 계약기간 만료 이전이라도 임차인의 희망에 따라 언제라도 중도 해약할 수 있다. 운용리스의 대상자산은 컴퓨터, 사무용기계, 의료기기, 자동차, 항공기 등과 같이 기술혁신에 따른 진부화의 위험이 큰 자산이 보통이며 금융리스와는 달리 유지관리 비용과 책임을 임대인이 부담한다.

금융리스

금융리스란 리스자산의 소유에 따른 대부분의 효익과 위험을 리스이용자가 부담하는 리스를 말한다. 임대자의 서비스는 설비에 대한 금융제공에 한정되고 임차인이 임차자산의 유지 · 보수에 관한 책임을 지는 리스이다. 금융리스는 중도해약이 불가능하고 리스기간은 해당 자산의 내용연수와 일치한다. 금융리스의 임대인은 자기책임하에 자산구입에 소요되는 자본을 출자하고 이를 임대료의 형식으로 분할 회수한다.

3 리스의 장단점

기업이 자산을 직접 구입하는 대신에 리스를 이용함으로써 얻을 수 있는 효과는 여러 가지가 있다. 먼저 리스 이용에 따른 장점을 살펴보면 다음과 같다.

첫째, 리스를 이용하는 기업은 리스자산의 취득과 관련된 모든 자금을 리스회사로부터 융자받는 것과 동일한 효과를 얻을 수 있다. 리스를 할 경우 리스회사가 리스자산의 구입대금과 세금 등의 각종 부대비용을 모두 부담한다. 따라서 기업이 자산을 구입하는 경우에 발생할 수 있는 일시적인 유동성 하락의 위험을 피할 수 있다.

둘째, 단기간 동안 사용하거나 진부화의 위험이 높은 자산은 직접 구입을 하는 것보다 리스를 이용하는 것이 보다 효율적이다. 예를 들어 기술혁신의 속도가 빠른 개인용 컴퓨터의 경우 구입을 하는 것보다 운용리스를 이용함으로써 성능이 좋은 최신 컴퓨터를 필요한 기간 동안만 효율적으로 사용할 수 있다.

셋째, 기업의 리스회사에 지급하는 리스료는 비용으로 처리되어 법인세 감세효과를 얻을 수 있다.

한편 리스 이용에 따른 단점을 살펴보면 다음과 같다.

첫째, 기업이 매년 지급해야 하는 리스료는 자산구입 시 발생하는 이자비용보다 높다. 리스회사에 지급해야 하는 리스료에는 자산구입에 필요한 자금에 대한 이자비용뿐만 아니라 리스자산의 감가상각비, 각종 관리비와 리스회사의 이익이 포함되어 있기 때문이다.

둘째, 기업의 자산관리가 비효율적으로 이루어질 수 있다. 즉 리스에서 임차인은 임대인의 승낙이 없이 리스자산을 수리하거나 개량할 수 없기 때문에 자산의 신속하고 효율적인 관리가 어렵다.

연/습/문/제

주관식 문제

1 다음 용어를 간단히 설명하라.

(1) 거래신용

(2) 무역금융

(3) 당좌대출

(4) 기업어음

(5) 보증사채

(6) 전환사채

(7) 운용리스

(8) 금융리스

2 기업이 자금을 조달할 때 고려해야 할 요인들에 대해 설명하라.

3 기업의 금융수단 중에서 단기자본이 갖는 장단점을 비교 · 설명하라.

4 우리나라 단기금융시장의 종류 및 그 현황에 대해 조사하라.

5 기업의 자금조달수단으로서 사채 발행의 장단점을 설명하라.

6 전환사채와 신주인수권부사채의 공통점과 차이점을 설명하라.

7 기업의 자금조달수단으로서 우선주 발행의 장단점을 설명하라.

8 운용리스와 금융리스의 차이점을 비교 · 설명하라.

9 자산을 직접 구입하지 않고 리스를 이용하는 경우의 장점을 설명하라.

10 우리나라 기업의 재무상태표를 이용하여 기업의 재무구조를 분석하라.

CHAPTER

13 자본비용

1절 자본비용의 의의

1 자본비용의 개념

자본비용(cost of capital)은 기업이 자본을 사용하는 대가로 자본제공자에게 지급하는 비용을 말한다. 예를 들어 기업이 은행에서 자금을 차입한 경우에는 은행에 지급해야 하는 이자가 부채의 자본비용이 되며, 주식을 발행하여 자금을 조달한 경우에는 주주에게 지급하게 되는 배당금이 자기자본에 대한 자본비용이 된다.

자본비용은 자본을 사용하는 기업의 입장에서 보면 비용이지만 자금을 제공하는 투자자의 입장에서 보면 기대수익률(expected rate of return)이 된다. 기대수익률이라는 것은 투자자들이 투자한 자본에 대하여 요구하는 수익률이기도 하므로 요구수익률(required rate of return)이라고도 한다.

한편 투자자가 기업에 자금을 제공하는 경우 투자자는 자신이 부담하는 위험의 크기에 따라 서로 다른 대가를 요구하게 된다. 예를 들면 투자자가 회사채를 매입하는 경우와 주식을 매입하는 경우에 투자자가 느끼는 위험은 다르므로 그 위험에 상응하는 위험프리미엄을 요구하게 된다. 따라서 기업의 입장에서 보면 자금조달의 원천에 따라 자본비용이 달라진다.

또한 자본비용은 미래의 현금흐름을 할인하여 현재의 가치를 구하는데 이용되기 때문에 자본환원율(capitalization rate) 또는 할인율(discount rate)이라고도 한다.

자본비용은 일반적으로 절대금액이 아닌 자금조달액에 대하여 지급하는 대가의 비율로 나타낸다. 또한 자본비용은 자금의 사용기간에 따라 다르기 때문에 일반적으로 자본을 1년간 사용하는 대가로 지불하는 비용으로 측정된다. 예를 들어 기업이 1,000만원의 차입금에 대하여 매년 100만원의 이자를 지급하고 있다면 차입금에 대한 자본비용은 10%가 된다.

2 자본비용의 역할

자본비용은 기업의 재무의사결정에 다양하게 이용된다. 첫째, 자본비용은 기업의 투자결정에 다양하게 활용된다. 즉 기업이 순현가법을 이용하여 투자결정을 하는 경우에는 자본비용은 미래 현금흐름의 현재가치를 구하기 위한 할인율로 사용된다. 또한 기업이 내부수익률법을 이용하여 투자결정을 하는 경우에는 자본비용이 투자선택의 기준, 즉 절사율(cut-off rate)로 이용된다. 즉 투자안의 기대수익률이 자본비용보다 클 경우에는 그 투자안이 채택되지만 작을 경우에는 기각된다. 이러한 의미에서 자본비용은 투자를 위해 필요한 최소한의 수익률(minimum required rate of return)이라고 할 수 있다.

둘째, 자본비용은 기업의 자금조달방법 및 자본구조를 결정하는 기준이 된다. 기업이 자금을 조달할 때 부채를 사용할 것인가, 아니면 자기자본을 사용할 것인가의 선택은 각 방법이 기업 전체의 자본비용 및 기업가치에 미치는 영향에 따라 그 결과가 달라진다. 따라서 기업의 목표가 기업가치의 극대화라고 하면 기업 전체의 자본비용이 극소화되도록 자본조달방법을 결정하게 될 것이다.

셋째, 자본비용은 기업의 배당결정이나 리스의 이용 여부, 사채차환(bond refunding)과 같은 재무의사결정에 중요한 변수로서 활용된다. 예를 들어 기업이 외부자본을 조달할 때 발생하는 자본비용이 상승하면 기업은 배당지급을 줄이고 이익의 사내유보를 늘리게 된다. 그리고 기업의 자본비용이 리스료가보다 상대적으로 높을 경우 기업은 설비구입을 위한 차입보다는 리스(lease)를 이용하는 것이 유리하게 된다. 또한 신규사채 발행에 따른 이자율이 기존사채의 이자율보다 낮다면 기업은 신규사채를 발행하여 기존사채를 차환하게 될 것이다.

2절 원천별 자본비용

자본비용이란 기업이 자본을 사용하는 대가로 자본제공자에게 지급하는 비용으로서 기업의 투자를 위해 필요한 최소한의 수익률인 동시에 투자자들의 요구수익률과 같다. 한편 투자자들의 요구수익률은 기업의 자금조달원천에 대해 투자자들이 인식하는 위험의 정도에 따라 달라지므로 기업의 자본비용도 자본조달원천에 따라 달라진다. 여기에서는 기업의 자본조달 원천별 자본비용에 대해 살펴보고자 한다.

1 부채의 자본비용

일반적으로 자본이라고 하면 대차대조표의 대변의 모든 항목을 말한다. 기업의 자본항목은 크게 나누어 타인자본인 부채와 자기자본으로 구분되고 자기자본은 다시 보통주, 우선주 그리고 유보이익으로 구분된다. 부채비용(cost of debt)이란 기업이 부채를 사용하는 대가로 채권자들에게 지급되는 비용을 말한다. 기업이 부채로 자금을 조달할 때에는 사용기간 동안 매년 일정한 이자를 지급하고 만기일에 원금을 상환하여야 한다.

먼저 세금효과를 고려하기 전의 부채비용은 다음과 같이 계산된다.

$$k_d=\frac{I}{B} \tag{13-1}$$

I : 이자지급액
B : 부채사용액

(13-1)식에서 부채의 세전비용은 원금에 대한 이자지급액의 비율로서 부채의 이자율과 같다. 그러나 부채에 대한 이자는 주식에 대한 배당과는 달리 비용으로 인정되어 과세소득을 줄여주는 항목이므로 법인세 감세효과를 가져온다. 이와 같은 감세효과를 고려한 후의 부채비용(k_d')은 다음과 같이 계산된다.

$$k_d' = \frac{I}{B}(1-t) = k_d(1-t) \qquad (13-2)$$

t : 법인세율

따라서 세금효과를 고려한 후의 부채비용은 세금효과를 고려하기 전의 부채비용보다 훨씬 작아지게 된다. 이러한 부채의 감세효과를 예를 들어 살펴보자. 어떤 회사가 은행으로부터 1,000만을 연간 10%의 이자율로 차입하여 사용하고 있으며, 이 회사의 영업이익은 500만이고 법인세율은 40%라고 한다면 차입금의 감세효과는 〈표 13-1〉과 같다.

〈표 13-1〉 부채의 감세효과 (단위 : 만원)

이자가 비용으로 처리되지 않는 경우		이자가 비용으로 처리되는 경우	
영업이익	500	영업이익	500
법인세	200	이 자	100
세후이익	300	세전이익	400
이 자	100	법인세	160
순이익	200	순이익	240

〈표 13-1〉에서 보는 것처럼 만약 이자가 비용으로 처리되지 않는다면 법인세는 200만원이지만 이자가 비용으로 처리되는 경우에는 법인세가 160만원으로 40만원의 세금이 절약된다. 따라서 이 회사가 은행에 실질적으로 지급하는 이자는 100만원이 아니라 100만원×(1-0.4)=60만원이다. 그러므로 법인세를 고려하면 이 회사의 부채비용은 6%가 된다.

$$k_d' = k_d = \cdot(1-t) = 10 \times (1-0.4) = 6\%$$

이와 같이 기업이 타인자본의 형태로 자금을 조달할 경우에는 그 이자가 비용으로 처리되어 감세효과가 있다. 그러나 기업이 부채를 계속 사용하게 되면 그 기업의 재무위험이 증가하게 되고 이는 자기자본비용에 영향을 미치게 된다. 즉 부채사용으로 증가되는 위험은 궁극적으로 그 기업의 주주에게 전가되므로 자기자본비용의 상승을 가져오게 된다.

예제 13-1

(주)BYC는 채권을 발행하여 자금을 조달할 예정이다. 이 회사가 발행예정인 채권의 액면가격은 100만원이고 표면이자율은 8%이고 만기는 3년이다. 이 회사 채권의 발행가격은 90만원이며 법인세율은 40%라고 할 경우에 이 회사의 부채비용을 구하라.

해설 먼저 이 회사의 연간이자지급액(I)을 구하면 다음과 같다.

$I = 1{,}000{,}000 \times 0.08 = 80{,}000$(원)

다음 이 회사 채권의 만기수익률(y)을 구하면 다음과 같다.

$$900{,}000 = \frac{80{,}000}{(1+y)} + \frac{80{,}000}{(1+y)^2} + \frac{1{,}080{,}000}{(1+y)^3}$$

$\therefore y = 0.1218(12.18\%)$

따라서 이 회사의 세후 부채비용(k_d')을 구하면 다음과 같다.

$k_d' = 0.1218 \times (1-0.4) = 0.0731(7.31\%)$

2 우선주의 자본비용

우선주의 자본비용(cost of preferred stock)은 우선주에 대한 배당금에 따라 결정된다. 우선주에 때한 배당은 이익이 발생하면 보통주보다 우선적으로 지급되지만 사채에 대한 이자와는 달리 법적인 강제력은 없다. 확정배당을 하는 우선주는 영구사채와 같은 성격을 갖고 있다. 기업이 우선주를 발행하여 자금을 조달할 때의 자본비용(k_p)은 다음과 같이 계산된다.

$$k_p = \frac{D_P}{P_P} \qquad (13-3)$$

D_P : 우선주의 배당
P_P : 우선주의 가격

(13-3)식에서 보면 우선주의 자본비용은 주당 배당을 우선주 가격으로 나눈 배당수익률과 같다. 한편 우선주의 배당은 세후순이익에서 지급되기 때문에 부채사용에 따른 이자와 같은 감세효과가 없다. 따라서 우선주의 자본비용은 부채의 자본비용보다 높은 것이 일반적이다.

예제 13-2

(주)TRY는 우선주를 발행하여 자금을 조달할 예정이다. 이 회사는 우선주에 대하여 주당 1,500원의 확정배당을 지급할 예정이며 발행가격은 10,000원으로 예상하고 있다. 이 회사의 법인세율이 40%라고 할 경우에 우선주의 자본비용을 구하라.

해설 부채에 대한 이자와는 달리 우선주의 배당은 감세효과가 없으므로 우선주의 자본비용은 다음과 같이 계산된다.

$$k_p = \frac{1,500}{10,000} = 0.15(15\%)$$

3 보통주의 자본비용

보통주의 자본비용(cost of common stock)은 보통주를 발행하여 자금을 조달하는 대가로 지급하는 비용을 말하며, 자기자본비용(cost of equity)이라고 부른다. 기업이 보통주를 발행하여 자금을 조달하는 경우의 대가는 부채에 대한 이자나 우선주에 대한 배당금과 달리 고정적인 배당금이 지급되지 않는다. 또한 보통주는 배당뿐만 아니라 이자 및 세금, 그리고 우선주 배당금을 지급한 후의 잔여이익에 대한 청구권도 갖고 있으므로 자기자본비용을 명확하게 측정하기 어렵다.

보통주의 자본비용은 보통주에 투자한 투자자들이 요구하는 요구수익률과 같다. 이와 같은 투자자들의 요구수익률은 투자자가 부담하는 위험을 반영하여 결정된다. 그런데 보통주 주주의 기대수익률은 배당과 주가상승(또는 하락)에 의한 자본이득(또는 자본손실)으로 구성되므로 보통주 주주의 위험이 채권자나 우선주 주주의 위험보다 더 크고, 이에 따라 보통주의 자본비용이 부채나 우선주의 자본비용보다 더 큰 것이 일반적이다.

보통주의 자본비용을 계산하는 방법은 고든의 배당평가모형을 이용하는 방법과 CAPM을 이용하는 방법이 있다.

배당평가모형의 이용

일반적으로 현재의 주식가격은 주식으로부터 기대되는 미래 현금흐름을 일정한 할인율로써 할인한 현재가치의 합이라고 할 수 있다.

$$P_0=\frac{D_1}{(1+k_e)}+\frac{D_2}{(1+k_e)^2}+\cdots+\frac{D_\infty}{(1+k_n)^\infty}$$
$$=\sum_{t=1}^{\infty}\frac{D_t}{(1+k_e)^t} \qquad (13-4)$$

P_0 : 현재의 주식가격
D_t : t기의 주당배당금
k_e : 할인율(자기자본비용)

(13-4)식은 주식가격을 결정하는 요인이 미래의 배당이기 때문에 이를 배당평가모형이라고 한다. 위 모형에서 할인율 k_e는 주식 투자자가 기업에 요구하는 요구수익률로서 자기자본비용이 된다.

(13-4)식에서 만약 매년 배당이 일정하다면 주식의 가치는 다음과 같이 계산된다.

$$P_0=\frac{D}{(1+k_e)}+\frac{D}{(1+k_e)^2}+\cdots+\frac{D}{(1+k_n)^\infty}$$
$$=\frac{D}{k_e} \qquad (13-5)$$

따라서 자기자본비용은 다음과 같이 계산된다.

$$k_e=\frac{D}{P_0} \qquad (13-6)$$

이와 같이 기업의 배당이 매년 일정하다면 기업의 자기자본비용은 배당수익률(dividend yield)과 같다. 그러나 (13-4)식에서 배당이 매년 g의 비율로 성장을 한다면 주식의 가치는 다음과 같이 계산된다.

$$P_0=\frac{D_1}{k_e-g} \qquad (13-7)$$

(13-7)식을 고든의 항상성장모형이라고 한다. 한편 (13-7)식을 k_e에 대해 정리하면 다음과 같다.

$$k_e=\frac{D_1}{P_0}+g \qquad (13-8)$$

즉 보통주를 발행하여 자금을 조달할 경우 자기자본비용은 배당수익률에 성장률을 더한 것과 같다.

예제 13-3

(주)BBQ는 보통주를 발행하여 자금을 조달할 예정이다. 이 회사 보통주의 현재가격은 20,000원이고 금년 말 예상배당액은 3,000원이라고 한다. 이 회사의 배당이 매년 3%씩 계속적으로 증가할 것으로 예상된다면 이 회사의 자기자본비용은 얼마인가?

해설 이 회사의 자기자본비용은 다음과 같이 계산된다.

$$k_e = \frac{3,000}{20,000} + 0.03 = 0.18(18\%)$$

고든의 항상성장모형은 배당이 매년 일정한 비율로 계속적으로 성장한다고 가정하고 있지만 현실적으로 기업이 이와 같이 일정한 성장을 계속하는 것은 흔하지 않다. 따라서 기업의 성장이 일정하지 않거나 불확실성으로 인하여 성장률을 예측하기 어려운 경우에는 배당평가모형을 이용하여 정확한 자기자본비용을 구하기가 어렵다. 그러나 장기적으로 볼 때 배당은 유보이익(주당이익－주당배당)의 비율만큼 성장하게 된다. 왜냐하면 기업은 유보이익의 재투자로부터 성장하기 때문이다.

따라서 기업의 장기적인 성장률은 다음과 같이 계산된다.

$$g = \frac{E-D}{P_0} \qquad (13-9)$$

(13-9)식을 (13-8)식에 대입하면 자기자본비용은 다음과 같이 계산된다.

$$\begin{aligned} k_e &= \frac{D_1}{P_0} + g \\ &= \frac{D_1}{P_0} + \frac{E-D}{P_0} \\ &\approx \frac{E}{P_0} \\ &\approx \frac{1}{P_0/E} \\ &= \frac{1}{PER} \end{aligned} \qquad (13-10)$$

즉 보통주를 발행하여 자금을 조달할 경우 자기자본비용은 주당이익을 현재의 주가로 나눈 값과 거의 같다. 한편 여기서 P_0/E는 주가수익비율(price-earning ratio : PER)이므로 자기자본비용은 PER의 역수와 같다고 볼 수 있다.

CAPM의 이용

자본시장이론에서 살펴본 자본자산가격결정모형(CAPM)은 자본시장이 균형상태에 있을 때 자산의 가격이 어떻게 결정되는가를 설명하는 이론적 모형이다. CAPM에 의해 산출되는 주식의 기대수익률은 자본시장이 균형상태에 있을 때 투자자가 그 주식에 대해 요구하는 요구수익률이므로 이는 기업의 입장에서 볼 때 자기자본비용이 된다. 그러므로 CAPM을 이용하여 자기자본비용을 측정할 수 있다.

CAPM에 의하면 자본시장이 균형상태에 있을 때 보통주의 기대수익률은 다음과 같이 계산된다.

$$E(R_i)=R_f+[E(R_M)-R_f]\cdot\beta_i \qquad (13-11)$$

$E(R_i)$: 주식 i의 기대수익률
R_f : 무위험수익률
$E(R_M)$: 시장수익률
β_i : 주식 i의 체계적 위험

(13-11)식에서 β는 주식의 체계적 위험을 나타내는 계수로 개별주식의 수익률이 시장수익률의 변화에 얼마나 민감하게 반응하는가를 나타낸다. 예를 들어 어떤 주식의 수익률이 시장수익률의 변화와 같은 크기로 변화할 때 그 주식의 β는 1이 된다. 그리고 어떤 주식의 β가 1보다 크면 그 주식의 수익률의 변화가 시장수익률의 변화보다 큰 것을 뜻하며, 1보다 작으면 시장수익률의 변화보다 작은 것을 뜻한다.

한편 기업이 자금을 조달하는 과정에서 그 기업의 레버리지가 변하면 재무위험도 변하게 되므로 그 기업의 β가 변하게 되고 이에 따라 보통주의 자본비용도 변하게 된다. 실제로 부채를 사용하는 기업과 부채를 사용하지 않는 기업의 보통주의 체계적 위험 β는 다음과 같은 관계를 갖는다.

$$\beta_{jL}=\beta_{jU}\left[1+\frac{B}{S}(1-t)\right] \quad (13-12)$$

β_{jL} : 부채를 사용하는 기업의 β
β_{jU} : 부채를 사용하지 않는 기업의 β
B : 부채의 시장가치
S : 자기자본의 시장가치
t : 법인세율

(13-12)식에서 기업의 레버리지가 증가하면 할수록 그 기업 주식의 β도 커지게 되는 것을 알 수 있다. 따라서 CAPM에 의할 경우 그 주식의 β가 커지게 되면 투자자의 요구수익률도 커지게 되므로 자기자본비용도 증가하게 된다.

예제 13-4

최근 10년 동안의 자료에 따르면 증권시장에서의 무위험수익률과 시장수익률은 각각 4%와 12%라고 한다. 한편 AA기업의 베타계수는 1.5이고, 레버리지(B/S)는 40%이며 법인세율은 50%이다. 이 기업의 현재 자기자본비용을 구하라. 만약 이 기업의 레버리지가 40%에서 50%로 증가한다면 자기자본비용은 어떻게 변하는지 구하라.

해설 우선 이 기업의 레버리지가 40%일 때 자기자본비용 $E(R_A)$는 다음과 같다.

$$\begin{aligned}E(R_A)&=R_f+[E(R_M)-R_f]\cdot\beta_A\\&=0.04+[0.12-0.04]\times 1.5\\&=0.16(16\%)\end{aligned}$$

한편 이 회사의 레버리지가 40%에서 50%로 증가할 경우 베타계수는 다음과 같이 변화한다.

$$\begin{aligned}\beta_{AU}&=\frac{\beta_{AU}}{1+\frac{B}{S}(1-t)}\\&=\frac{1.5}{1+0.4(1-0.5)}\\&=1.25\end{aligned}$$

$$\begin{aligned}\beta_{AL'}&=\beta_{AU}\left[1+\frac{B}{S}(1-t)\right]\\&=1.25\times[1+0.5\times(1-0.5)]\\&=1.5625\end{aligned}$$

따라서 이 기업의 레버리지가 50%일 경우 자기자본비용은 다음과 같다.

$$E(R_A)=R_f+[E(R_M)-R_f]\cdot\beta_{A'}$$
$$=0.04+[0.12-0.04]\times 1.5625$$
$$=0.165(16.5\%)$$

4 유보이익의 자본비용

기업은 영업활동을 통하여 창출한 이익의 일부를 주주에게 배당을 하고 나머지는 사내에 유보이익으로 남겨두게 된다. 유보이익(retained earnings)은 기업의 미래 투자를 위하여 필요한 자금의 원천으로서 이익을 유보하여 자금을 조달하는 방법을 내부금융이라고 한다.

기업이 내부금융을 이용하여 자금을 조달하는 경우 이자나 배당과 같은 명시적 비용은 발생하지 않지만 기회비용이 발생한다. 즉 유보이익은 주주에게 배당으로 지급할 이익을 재투자를 위하여 유보한 것이므로 주주는 이 기업과 동일한 위험을 갖는 다른 투자기회로부터 얻을 수 있는 수익률과 같은 대가를 요구하게 될 것이다. 따라서 유보이익의 재투자수익률이 만약 그 기업의 보통주에 대한 기대수익률보다 높으면 이익을 유보할 것이고, 유보이익의 재투자수익률이 보통주에 대한 기대수익률보다 낮으면 이익을 유보하지 않고 배당을 할 것이다. 이 경우 주주는 배당금을 동일한 위험을 가진 다른 투자기회에 투자를 함으로써 보통주의 기대수익률, 즉 자본비용과 동일한 수익률을 얻을 수 있게 된다. 그러므로 유보이익의 자본비용은 그 기업의 보통주의 자본비용과 같다고 볼 수 있다.

3절 가중평균자본비용

1 가중평균자본비용의 개념

가중평균자본비용(weighted average cost of capital: WACC)이란 기업의 자본을 구성하는 각 원천별 자본비용을 각 자본의 구성비율로 가중평균하여 구한 자본비용이다. 일반적으로 기업의 자본비용은 가중평균자본비용을 의미하는 것으로서 이러한 가중평균자본비용은 기업의 가치를 평가하기 위한 할인율이나 새로운 투자안의 순현가(NPV)를 구하기 위한 할인율로 이용된다.

기업의 자본이 부채, 우선주, 보통주 및 유보이익으로 구성되어 있다면 이 기업의 가중평균자본비용은 다음과 같이 계산된다.

$$k_0 = k_d(1-t)\cdot\frac{B}{V} + k_p\cdot\frac{P}{V} + k_e\cdot\frac{S}{V} + k_e\cdot\frac{R}{V} \qquad (13-13)$$

$$V = B + P + S + R$$

k_0 : 가중평균자본비용
V : 기업가치
B : 부채가치
P : 우선주가치
S : 보통주가치
R : 유보이익가치

예를 들어 ABC회사의 원천별 자본비용 및 자본구조가 〈표 13-2〉와 같다고 하자. 이 회사의 법인세율이 20%라고 할 때 이 회사의 가중평균자본비용을 구하면 다음과 같다.

〈표 13-2〉 ABC회사의 자본비용

구 분	가치(억원)	구성비율(%)	세전자본비용(%)
부 채	80	40	10
우선주	20	10	13
보통주	60	30	15
유보이익	40	20	–
합 계	200	100	–

$$k_0 = 10(1-0.2)\times\frac{80}{200}+13\times\frac{20}{200}+15\times\frac{60}{200}+15\times\frac{40}{200}$$
$$=12.0(\%)$$

2 가중평균자본비용의 계산

가중평균자본비용(WACC)은 기업의 자본을 구성하는 원천별 자본비용을 그 구성비율로 가중하여 구하게 된다. 이 때 가중치, 즉 자본구성비율을 장부가치를 기준으로 할 것인가, 또는 시장가치를 기준으로 할 것인가의 선택에 따라 가중평균비용이 달라질 수 있다.

장부가치 기준

장부가치를 기준으로 가중평균자본비용을 계산하는 이유는 시장가치가 시장의 상황에 따라 수시로 변하기 때문에 객관적인 기준을 정하기 어렵기 때문이다. 그러나 장부가치는 자본의 역사적 원가(historical cost)를 나타낼 뿐 자본의 경제적 가치를 반영하지 못하기 때문에 미래의 의사결정에 유용한 정보를 얻을 수 없다.

시장가치 기준

자본의 장부가치와 시장가치에 차이가 있을 경우 장부가치를 기준으로 가중평균자본비용을 구하는 것은 매우 비합리적이다. 왜냐하면 장부가치를 사용하여 기업의 자본비용을 계산할 경우 기업의 가치는 왜곡되어 평가될 우려가 있기 때문이다. 즉 모든 재무의사결정의 목표는 기업의 시장가치의 극대화이며, 따라서 기업가치의 평가에서 할인율로 사용되는 자본비용도 당연히 시장가치에 의해 계산되어야 한다. 일반적으로 기업의 자본의 시장가치는 증권시장에서 객관적으로 평가될 수 있다.

최적자본구조 기준

최적자본구조(optimal capital structure)란 기업의 가치를 극대화시키는 자본구조를 말한다. 기업은 그 가치를 극대화시키기 위하여 가중평균자본비용이 극소화되는 자본구조를 선택하고자 하고, 이러한 최적자본구조를 기준으로 가중평균자본비용을 구할 수 있다. 그러나 현실적으로 그 기업의 최적자본구조를 알 수 없는 경우에는 기업의 목표자본구조(target capital structure)를 사용하여 가중평균자본비용을 구할 수 있다.

예제 13-5

(주)KTF는 매년 35억원의 세후현금흐름을 영구적으로 벌어들일 수 있다고 한다. 이 회사의 법인세율은 50%이고, 현재 자본구조 및 자본비용은 〈표 13-3〉과 같다.

해설 〈표 13-3〉 KTF의 자본비용

구 분	장부가치(억원)	시장가치(억원)	세후자본비용(%)
타인자본	50	50	10
자기자본	50	150	20
합 계	100	200	

(1) 장부가치와 시장가치를 이용하여 가중평균비용을 구하라.

장부가치 기준 가중평균자본비용:

$$k_0=10\times\frac{50}{100}+20\times\frac{50}{100}=15.0(\%)$$

시장가치 기준 가중평균자본비용:

$$k_0=10\times\frac{50}{200}+20\times\frac{150}{100}=17.5(\%)$$

(2) 이 회사의 가중평균자본비용을 이용하여 기업가치를 평가하라.

$$V=\frac{35}{0.175}=200(\text{억원})$$

3 가중평균자본비용의 적용

기업의 가중평균자본비용은 크게 두 가지로 이용되고 있다. 첫째 가중평균자본비용은 기업의 가치를 평가할 때 할인율로 이용된다. 둘째 새로운 투자로부터 예상되는 현금흐름의 현가를 구하기 위한 할인율로 이용된다.

〈표 13-4〉 ABC회사의 손익계산서 (단위 : 억원)

영업이익	30.0
이자비용	8.0
세전이익	22.0
법인세(20%)	4.4
세후순이익	17.6
우선주배당금	2.6
보통주배당금	15.0

먼저 기업의 가중평균비용과 기업가치와의 관계를 살펴보자. 예를 들어 〈표 13-4〉와 같이 ABC회사의 매년 영업이익이 30억원으로 영구적이라고 하면 이 회사의 가치는 다음과 같이 계산된다.

$$V=\frac{30(1-0.2)}{0.12}=200(\text{억원})$$

한편 이 회사의 원천별 자본의 시장가치는 다음과 같이 계산된다.

$$\text{부채의 시장가치}=\frac{8}{0.1}=80(\text{억원})$$

$$\text{우선주의 시장가치}=\frac{2.6}{0.13}=20(\text{억원})$$

$$\text{보통주의 시장가치}=\frac{15}{0.15}=100(\text{억원})$$

이와 같은 원천별 자본의 시장가치를 모두 합하면 200억원으로 이는 바로 기업의 가치와 같다.

$$\text{기업의 총가치} = \frac{30(1-0.2)}{0.12} = 200(\text{억원})$$

다음으로 기업의 가중평균자본비용은 새로운 투자안의 평가에 적용될 수 있다. 그러나 기업의 가중평균자본비용을 새로운 투자안의 평가에 적용하기 위해서는 다음과 같은 두 가지 전제조건이 충족되어야 한다.

첫째, 새로운 투자를 위하여 조달되는 자금은 기업의 기존의 자본구성비율과 동일한 비율로 조달되어야 한다. 만약 새로운 투자를 위한 자금이 기존의 자본구성비율과 다르면 기업 전체의 자본구조가 달라지고, 기업의 가중평균자본비용도 달라지므로 새로운 투자안의 평가에 기존의 가중평균자본비용을 적용할 수 없게 된다.

둘째, 새로운 투자안의 위험이 기업의 기존의 영업위험과 같아야 한다. 만약 새로운 투자안의 위험이 기업의 기존의 영업위험보다 클 경우 새로운 투자안에 대해 요구되는 수익률은 기존의 투자안에 대한 요구수익률, 즉 자본비용보다 크게 마련이다. 따라서 새로운 투자안의 평가에 이미 계산된 가중평균자본비용을 이용할 수 없게 된다.

4절 한계자본비용

일반적으로 기업의 투자결정에 적용되는 자본비용은 이미 조달된 자금에 대한 자본비용이 아니라 새로운 투자를 위하여 추가로 조달하려는 자금의 자본비용, 즉 한계자본비용이 되어야 한다. 한계자본비용(marginal cost of capital: MCC)이란 추가적으로 자금을 조달할 때 발생하는 자본비용을 말한다. 한편 기업에서 투자에 필요한 자금을 조달하는 경우에는 일정한 금액의 자본에 대해 전체적인 조달 여부를 결정하는 것으로 연속적인 화폐단위에 대해 의사결정을 내리는 것은 아니므로 한계자본비용이란 엄밀한 의미에서 증분자본비용(incremental cost of capital)이라고 할 수 있다.

기업이 자본을 추가적으로 조달할 때 원천별 자본비용이 일정하고 추가자본의 구성비율이 그 기업의 기존의 자본구성비율과 일치한다면 한계자본비용은 가중평균자본비용과 일치한다. 그러나 새로운 투자를 위하여 조달되는 자금액이 늘어나면 기업의 한계자본비용은 상승하기 마련이다. 이는 자금조달금액이 늘어남에 따라 개별 자본비용 자체가 상승하기 때문인데, 이 경우 개별 자본의 한계비용이 증가할 때마다 자본구성비율을 조정하여 최적자본구조를 유지하는 것이 바람직하다.

한계자본비용이 어떻게 산출되고 최적투자결정이 어떻게 이루어지는지 예를 들어 살펴보자. 지금 BBQ회사의 자본구조는 〈표 13-5〉와 같다고 한다. 이 회사는 지난 10년간 매년 4%의 성장을 하였으며 앞으로도 이러한 성장을 계속할 것으로 예상하고 있다. 이 회사의 주식은 현재 15,000원에 거래되고 있고 기말의 예상 배당금은 주당 900원이다.

〈표 13-5〉 BBQ회사의 자본구조

구 분	금액(만원)
부 채	4,000
보통주	1,000
유보이익	5,000
합 계	10,000

이 회사는 현재 최적자본구조를 구성하고 있으며, 새로운 자금조달이 이루어지는 경우에도 현재의 자본구성비율을 계속 유지할 계획이다.

한편 이 회사가 부채를 사용하는 경우 600만원까지는 8%의 이자율로 차입이 가능하나 600만원을 초과하는 경우에는 이자율이 8%에서 12%로 상승한다고 한다. 이 회사의 순이익은 800만원으로 기대되며 이 중에서 600만원의 이익을 재투자할 계획이다. 그리고 이 회사가 신주를 발행하는 경우 주당 발행경비는 3,750원이고 법인세율은 50%이다. 현재 이 회사에서 고려하고 있는 투자안의 투자비용 및 내부수익률은 〈표 13-6〉과 같다.

〈표 13-6〉 BBQ회사의 투자기회

투자안	투자비용(만원)	내부수익률(%)
A	300	12.0
B	300	10.5
C	200	9.5
D	300	9.0
E	200	8.5
F	200	8.0

이 경우 BBQ회사가 현재의 자본구성비율을 그대로 유지하면서 부채와 자기자본으로 자금을 조달하는 경우 자금조달규모에 따른 한계자본비용은 〈표 13-7〉과 같이 계산된다.

〈표 13-7〉 BBQ회사의 한계자본비용

	0~1,000만원		1,000~1,200만원		1,200만원 이상	
	구성비율	자본비용	구성비율	자본비용	구성비율	자본비용
부 채	40%	4%	40%	4%	40%	6%
보통주	–	–	60%	12%	60%	12%
유보이익	60%	10%	–	–	–	–
한계자본비용	7.6%		8.8%		9.6%	

자금조달규모가 1,000만원 이하인 경우

부채의 세후자본비용 : $k_d'=8(1-0.5)=4(\%)$

유보이익의 자본비용 : $k_e=\dfrac{900}{15,000}+0.04=0.10(10\%)$

한계자본비용 : $k_0=4\times0.4+10\times0.6=7.6(\%)$

자금조달규모가 1,000만원에서 1,200만원 사이인 경우

부채의 세후자본비용 : $k_d'=8(1-0.5)=4(\%)$

보통주의 자본비용 : $k_e=\dfrac{900}{15,000-3,750}+0.04=0.12(12\%)$

한계자본비용 : $k_0=4\times0.4+12\times0.6=8.8(\%)$

자금조달규모가 1,200만원 이상인 경우

부채의 세후자본비용 : $k_d'=12(1-0.5)=6(\%)$

보통주의 자본비용 : $k_e=\dfrac{900}{15,000-3,750}+0.04=0.12(12\%)$

한계자본비용 : $k_0=6\times0.4+12\times0.6=9.6(\%)$

[그림 13-1] 한계수익률과 내부수익률

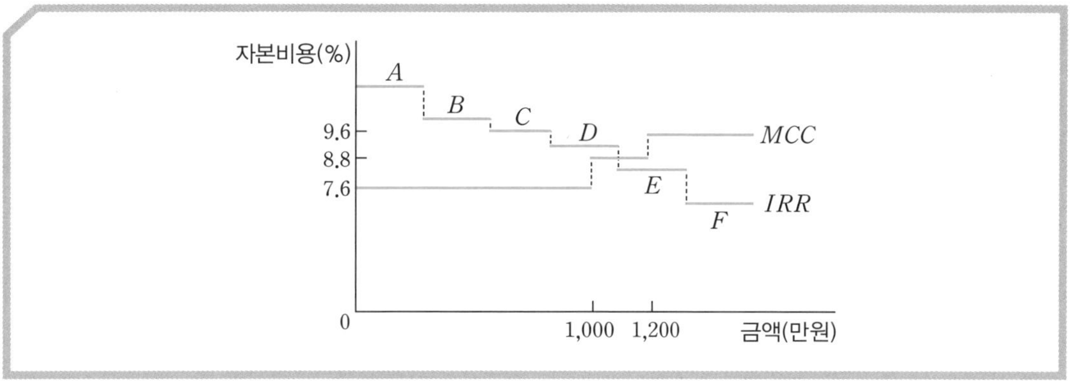

따라서 위에서 계산된 한계자본비용과 각 투자안의 내부수익률을 그림으로 나타내면 [그림 13-1]과 같다. [그림 13-1]에서 이 회사는 내부수익률이 한계자본비용보다 큰 A, B, C, D 네 개의 투자안을 선택하게 되며, 이때의 최적투자금액은 1,100만원이 된다.

연/습/문/제

객관식 문제

01 자본비용에 대한 설명으로 옳지 않은 것은?

① 기업이 자본을 사용하는 대가로 지급하는 비용이다.
② 기업이 투자를 하기 위해 필요한 최소한의 수익률이다.
③ 기업의 자본비용이 높을수록 기업가치는 증가된다.
④ 기업의 자금조달방법을 결정하는 기준이 된다.

02 자본비용과 같은 개념이 아닌 것은?

① 요구수익률　② 기대수익률
③ 내부수익률　④ 자본환원율

03 자본비용과 직접 관련이 없는 것은?

① 투자결정　② 자본구조
③ 영업위험　④ 배당결정

04 가중평균자본비용에 대한 설명으로 옳지 않은 것은?

① 원천별 자본비용을 자본구성비율로 가중평균한 것이다.
② 투자안의 순현가를 구할 때 할인율로 이용된다.
③ 기업이 투자를 하기 위해 필요한 최소한의 수익률이다.
④ 가중평균자본비용은 기업의 가치와는 무관하다.

05 새로운 투자를 위해 추가로 조달되는 자금의 비용은?

① 한계자본비용 ② 복합자본비용
③ 자기자본비용 ④ 타인자본비용

06 기업의 자본의 원천에 해당되지 않는 것은

① 보통주 ② 매출채권
③ 우선주 ④ 유보이익

07 J회사는 은행으로부터 1,000만원을 연간 이자율 10%로 차입하고 있다. 법인세율이 40%라고 할 때 이 회사의 세후 타인자본비용은?

① 10% ② 6%
③ 25% ④ 4%

08 Y회사는 투자를 위한 자금을 조달하기 위하여 액면가격이 100,000이고 표면이자율이 10%인 3년 만기 채권을 95,000원에 발행하였다. 법인세율이 40%라고 할 때 이 회사의 타인자본비용은?

① 12% ② 10%
③ 7.2% ④ 6%

09 K기업에서는 우선주를 발행하여 자금을 조달하려고 한다. 이 기업의 우선주의 발행가격은 15,000원이고 배당은 매년 3,000원씩 지급된다. 이 기업의 법인세율이 40%라고 할 때 우선주의 자본비용은?

① 5% ② 10%
③ 12% ④ 20%

10 A회사의 현재 주가는 25,000원이고 기말의 예상배당금은 주당 1,000원이다. 이 회사의 배당이 매년 6%의 비율로 일정하게 성장하는 것으로 가정할 경우 자기자본비용은?

① 4%
② 10%
③ 12%
④ 25%

11 현재 자본시장에서 무위험수익률은 4%, 시장수익률이 12%라고 한다. W회사의 주식의 β가 1.5라고 할 때 이 회사의 자기자본비용은?

① 4%
② 12%
③ 16%
④ 18%

12 S산업의 자본구조와 원천별 자본비용이 다음과 같다. 한편 이 기업의 법인세율은 40%라고 할 때 가중평균자본비용은?

구 분	금 액	세전자본비용
타인자본	40억원	12.5%
자기자본	60억원	15.0%

① 15%
② 14%
③ 12%
④ 10%

주관식 문제

01 다음 용어를 설명하라.

(1) 자본비용

(2) 타인자본비용

(3) 자기자본비용

(4) 가중평균자본비용

(5) 한계자본비용

02 기업의 재무의사결정에서 자본비용의 역할을 설명하라.

03 기업의 역사적 자본비용과 한계자본비용의 차이를 설명하라. 만약 기업이 새로운 투자를 하고자 할 경우 어떠한 자본비용이 새로운 투자안의 평가에 적용되어야 하는가?

04 기업이 부채를 사용하는 경우와 부채를 사용하지 않는 경우의 자기자본 비용은 어떻게 다른지 설명하라.

05 (주)BBC는 지난 해 주당 4,000원의 배당을 실시하였고 이 회사의 이익 및 배당은 향후 5%의 비율로 일정하게 성장할 것으로 예상된다. 현재 이 회사의 주가는 50,000원이고 주식의 베타계수는 1.5이다. 한편 최근 증권시장의 시장수익률은 12%이고 무위험수익률은 8%라고 한다.

(1) 배당모형을 이용하여 이 회사의 자기자본비용을 구하라.

(2) CAPM을 이용하여 이 회사의 자기자본비용을 구하라.

06 문어발주식회사의 자본구조 및 원천별 자본비용은 다음과 같다. 이 회사의 법인세율은 40%이다.

구 분	장부가치(억원)	자본비용(%)
타인자본	400	10
우선주	200	16
보통주	200	20

(1) 장부가치를 기준으로 이 회사의 가중평균자본비용을 구하라.

(2) 이 회사의 보통주의 액면가격은 5,000원이고 발행주식수는 400만 주이다. 한편 이 회사의 보통주의 현재 시장가격이 10,000원이라고 하면 이 회사의 시장가치 기준 가중평균자본비용은 얼마인가?

07 (주)KT&G는 다음과 같은 네 가지 투자안의 경제성을 분석하고 있다.

투자안	투자비용(억원)	내부수익률(%)
A	20	12.0
B	30	10.0
C	20	8.5
D	15	15.0

이 기업의 자본구조 및 원천별 자본비용은 다음과 같으며, 법인세율은 20%라고 한다.

구 분	금액(억원)	자본비용(%)
타인자본	600	10
자기자본	400	15

(1) 이 회사의 가중평균자본비용(WACC)을 계산하라.

(2) 이 회사의 최적투자조합 및 최적투자액을 구하라.

(3) (2)에서 구한 가중평균자본비용을 새로운 투자안의 평가에 적용하기 위해 필요한 전제조건은?

CHAPTER

14 자본구조이론

1절 자본구조의 의의

1 자본구조의 의미

일반적으로 기업의 재무구조(financial structure) 또는 자본구조(capital structure)란 기업의 자금이 어떻게 조달되었는가를 나타내는 것으로 재무상태표의 대변에 있는 모든 항목의 구성을 말한다. 그러나 엄밀하게 말하면 기업의 재무구조는 기업의 매입채무, 단기차입금과 같은 유동부채를 포함하여 재무상태표의 대변의 모든 항목의 구성형태를 의미하는 반면, 자본구조는 기업의 단기부채를 제외한 장기부채와 자기자본의 구성형태를 의미한다.

한편 기업의 장기자본은 크게 타인자본(장기차입금, 사채)과 자기자본(자본금, 자본잉여금, 이익잉여금)으로 구분된다. 따라서 기업의 자본구조란 장기차입금, 사채, 우선주, 보통주의 구성을 의미한다. 여기서는 자본구조를 타인자본과 자기자본의 구성형태를 의미하는 용어로 사용한다.

[그림 14-1] 재무상태표와 자본구조

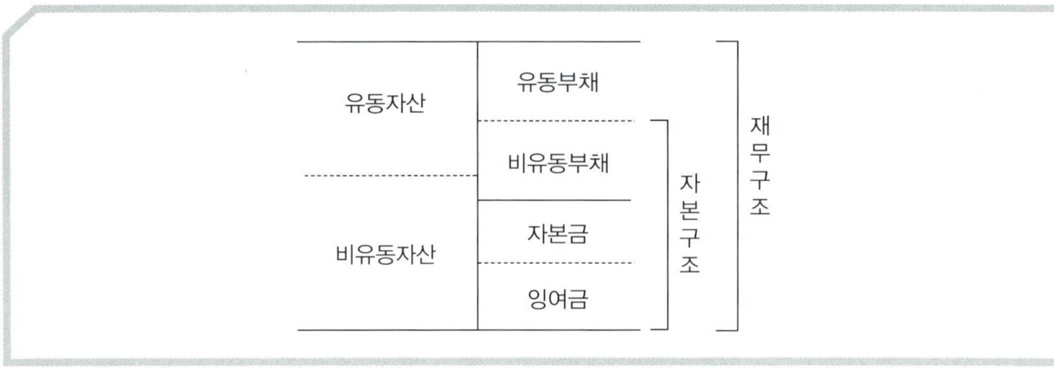

2 자본구조와 기업가치

앞에서 우리는 재무관리의 목표는 기업가치의 극대화에 있다고 하였다. 따라서 자본구조에 관한 이론의 관심사도 자본구조가 기업가치에 영향을 미치는가 하는 것이다. 즉 다른 조건은 모두 같고 자본구조만이 다른 기업이 있다면 그 가치가 차이가 있을까? 그리고 만약 자본구조가 기업가치에 영향을 미친다면 기업가치를 극대화하는 자본구조는 어떤 것일까 하는 것이다.

기업가치를 극대화할 수 있는 자본구조의 존재 여부에 관한 이론에 관해 살펴보기에 앞서 기업가치와 자본구조와의 이론적 관계에 대해 살펴보자. 기업의 가치는 기업으로부터 발생하는 미래현금흐름의 현재가치의 합이라 할 수 있다. 따라서 계속기업(going concern)을 가정하는 경우 기업의 가치는 다음과 같다.

$$V=\frac{CF_1}{(1+k_0)}+\frac{CF_2}{(1+k_0)^2}+\cdots+\frac{CF_\infty}{(1+k_0)^\infty} \quad (14-1)$$

CF_t : t기의 현금흐름

k_0 : 가중평균자본비용

(14-1)식에서 매기의 현금흐름이 CF로서 일정하다고 가정하면 기업의 가치는 다음과 같이 계산된다.

$$V = \frac{CF}{k_0} \tag{14-2}$$

한편 (14-2)식에서 서로 다른 자본구조를 갖는 기업들의 현금흐름(CF)이 모두 동일하다면 각 기업의 가치는 그 기업의 자본비용 k_0에 따라 결정된다. 따라서 기업의 가중평균자본비용이 가장 작은 기업의 가치가 가장 크게 된다. 그런데 기업의 가중평균자본비용은 이미 제13장에서 살펴본 것과 같이 타인자본비용, 자기자본비용, 그리고 레버리지에 달려 있다.

$$k_0 = k_d(1-t)\left(\frac{B}{B+S}\right) + k_e\left(\frac{S}{B+S}\right) \tag{14-3}$$

즉 (14-3)식에서 법인세율 t는 기업의 자본구조와 무관하므로 가중평균자본비용 k_0는 기업의 자본구조와 자본구조에 따라 k_d와 k_e가 어떻게 변화하는가에 달려 있다. 다시 말하면 자본구조이론은 자본구조에 따라 k_d와 k_e가 어떻게 변화하며 그 결과 k_0는 어떻게 되는가에 관한 이론이라고 할 수 있다.

2절 MM 이전의 자본구조이론

1958년 모딜리아니와 밀러(Modigliani and Miller: MM)의 자본구조에 관한 논문이 발표되기 전까지 많은 사람들은 기업이 타인자본을 적절히 사용함으로써 기업의 가치를 높일 수 있으며, 기업의 가치를 극대화하는 최적자본구조(optimal capital structure)가 존재한다고 믿어 왔다. 이러한 견해를 자본구조에 관한 전통적 견해(traditional approach)라고 한다.

1 순이익 접근방법

자본구조에 관한 순이익 접근방법(net income approach)은 자본구조가 변하더라도 타인자본비용과 자기자본비용은 일정하다고 가정한다. 그리고 타인자본은 자기자본보다도 위험이 낮기 때문에 타인자본비용(k_d)이 자기자본비용(k_e)보다 저렴하고 따라서 타인자본을 많이 이용하여 레버리지가 증가할수록 기업의 가중평균자본비용은 감소하게 된다는 주장이다. 그리고 기업가치는 기대현금흐름을 가중평균자본비용으로 할인한 현재가치이므로 레버리지가 증가할수록 기업가치는 증가하게 된다고 본다. 따라서 순이익 접근방법을 따를 경우 기업의 최적자본구조는 기업이 100% 부채를 사용할 때 달성된다.

[그림 14-2] 순이익 접근방법

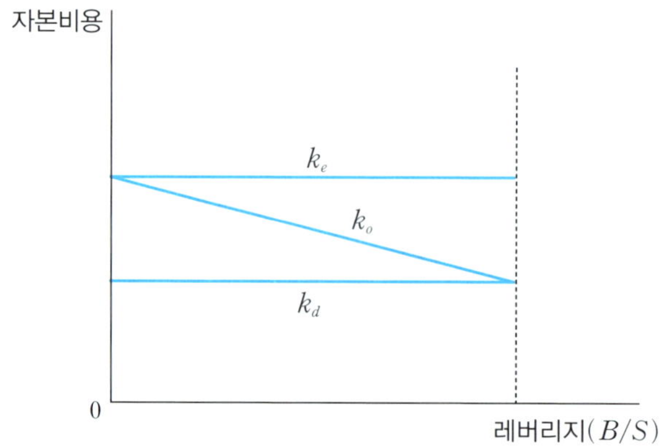

예제 14-1

현재 C회사의 부채는 200억원이고 이자율은 연 7%이다. 한편 이 회사의 영업이익의 수준은 50억원이고 자기자본비용은 12%라고 한다. 이 회사의 기업가치와 가중평균자본비용을 각각 구하라.

해설 먼저 이 회사의 자기자본의 시장가치를 구하면 다음과 같다.

$$S=\frac{EBIT-I}{k_e}=\frac{50-14}{0.12}=300(\text{억원})$$

따라서 이 회사의 시장가치를 구하면 다음과 같다.

$$V=B+S=200+300=500(\text{억원})$$

이 회사의 가중평균자본비용을 구하면 다음과 같다.

$$k_o=\frac{EBIT}{V}=\frac{50}{500}=0.10(10\%)$$

2 순영업이익 접근방법

순영업이익 접근방법(net operating income approach)은 순이익 접근방법과는 달리 레버리지가 증가함에 따라 보통주의 위험이 증가하게 되고 이에 따라 보통주 주주들의 요구수익률이 증가하기 때문에 자기자본비용이 상승하게 된다고 주장한다. 즉 순영업이익 접근방법에 따르면 기업의 타인자본 사용에 따르는 이점이 자기자본비용의 증가에 의해 완전히 상쇄되기 때문에 가중평균자본비용은 자본구조와 관계없이 일정하다고 본다. 따라서 기업가치는 기대현금흐름을 기업의 가중평균비용으로 할인한 현재가치이고 가중평균자본비용은 자본구조와 관계없이 일정하므로 기업가치는 자본구조와 독립적이라는 주장이다.

[그림 14-3] 순영업이익 접근방법

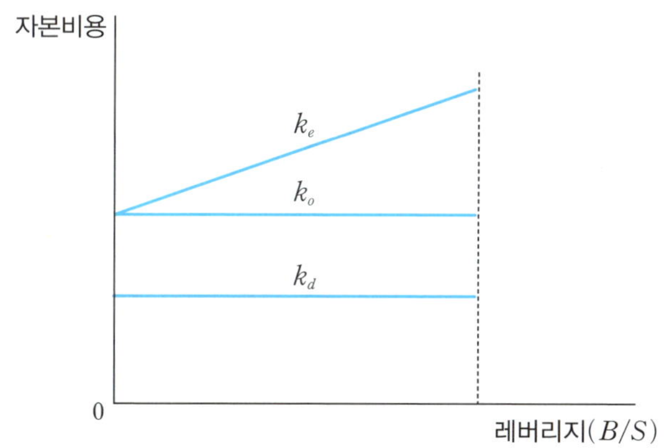

예제 14-2

[예제 14-1]에서 C회사의 가중평균자본비용이 10%라고 가정하고 이 회사의 시장가치, 보통주의 시장가치, 그리고 자기자본비용을 각각 구하라.

해설 기업의 가중평균자본비용은 레버리지와 관계없이 일정하므로 이 회사의 가치는 다음과 같다.

$$V = \frac{EBIT}{k_o} = \frac{50}{0.10} = 500(\text{억원})$$

따라서 보통주의 가치는 다음과 같다.

$S = V - B = 500 - 200 = 300$(억원)

따라서 이 회사의 자기자본비용은 다음과 같다.

$$k_e = \frac{EBIT - I}{S} = \frac{50 - 14}{300} = 0.12(12\%)$$

3 전통적 접근방법

자본구조에 관한 전통적인 접근방법(traditional approach)은 타인자본을 적절히 사용함으로써 기업의 가치를 높일 수 있으며 기업의 가치를 극대화하는 최적자본구조가 존재한다는 것이다. 즉 기업의 레버리지가 낮은 단계에서는 부채이용의 이점이 이로 인한 자기자본비용의 상승을 상쇄하고도 남지만 기업의 레버리지가 적정한 수준을 넘어선 단계에서는 자기자본비용의 상승이 부채이용의 이점보다 크게 된다는 것이다. 따라서 레버리지가 증가함에 따라 기업의 가중평균자본비용 k_0은 감소하다가 다시 증가하게 되고, 기업가치 V는 증가하다가 다시 감소하게 된다. 그리고 최적자본구조는 [그림 14-4]에서 $(B/S)^*$가 된다.

자본구조에 관한 전통적 이론에서는 부채이용에 따른 이점과 이에 따른 자기자본비용의 증가와의 관계를 적절히 비교하여 최적자본구조의 존재를 주장하고 있지만 기

[그림 14-4] 전통적 접근방법

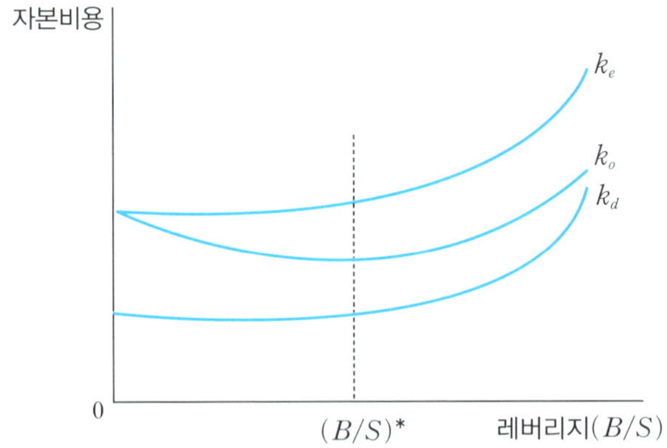

업가치가 극대화되는 최적자본구조를 구체적으로 제시하지 못하고 있다.

3절 MM의 자본구조이론

1 MM의 자본구조이론: 법인세가 없을 경우

1958년 MM은 완전자본시장(perfect capital market)의 가정하에 기업의 자본구조는 기업가치와 무관하다는 자본구조 무관련이론을 발표하였다. 여기서 완전자본시장이란 법인세 등의 세금이 없고, 거래비용이 발생하지 않으며, 모든 정보가 모든 투자자에게 동시에 그리고 정확하게 전달되는 시장을 말한다. 또한 자본시장에 참여하는 투자자가 많아 소수의 집단이 시장가격에 영향을 줄 수 없으며, 자본제달에 제약이 없는 시장을 말한다.

MM의 제1명제

MM의 제1명제는 완전자본시장하에서 기업의 가치는 그 기업의 자본구조와 무관하다는 이론이다. 이 명제는 기업이 주식(자기자본)이든 사채(타인자본)든 어떤 종류의 증권을 발행하여 자금을 조달하더라도 기업가치에 영향을 미치지 않는다는 것을 의미한다. 이러한 결과는 주어진 크기의 파이를 어떤 방식으로 자르더라도 파이 전체의 크기는 변하지 않는 것과 같다는 것이다.

MM의 제1명제는 다음과 같이 설명된다. 즉 완전자본시장을 가정할 때 기업의 가치는 다음과 같이 결정된다.

$$V=\sum_{t=1}^{\infty}\frac{EBIT}{(1+k_0)^t}=\frac{EBIT}{k_0} \qquad (14-4)$$

(14-4)식에서 영업이익($EBIT$)은 기업이 어떠한 투자안을 선택하느냐에 따라 결정되며, 기업의 자본구조와는 무관하다. 따라서 가중평균자본비용 k_0가 자본구조와 전혀 관계가 없다면 자본구조는 기업가치와 전혀 관계가 없게 된다.

한편 기업의 가중평균자본비용은 기업의 미래현금흐름, 즉 영업이익의 불확실성에 따르는 위험을 반영하여 결정된다. 그런데 기업의 자본구조는 기업의 재무위험에 영향을 미칠 뿐이며 영업위험과는 전혀 관계가 없다. 다시 말하면 가중평균자본비용은 자본구조와 관계가 있는 재무위험을 반영하는 것이 아니라 영업위험만을 반영하므로 결국 자본구조는 기업가치와 무관하다는 것이다.

MM의 제1명제에 의하면 완전자본시장하에서 기업의 자본구조의 변화는 그 기업의 현금흐름의 크기나 위험에 아무런 영향을 주지 않고 단지 그 기업이 벌어들이는 수익의 분배구조만을 변화시킨다. 예를 들어 어떤 기업의 부채비율이 높다고 하면 그만큼 채권자에게 돌아가는 수익이 많아지고 주주들에게 돌아가게 되는 수익이 적어지게 된다는 것을 의미할 뿐 기업 전체의 시장가치에는 차이가 없다.

MM의 제2명제

MM의 제2명제는 완전자본시장하에서 부채를 사용하는 기업의 자기자본비용은 레버리지(B/S)에 비례하여 증가한다는 이론이다. 즉 MM이론의 제2명제는 제1명제를 자기자본비용과 레버리지와의 관계로 설명한 것이다. 매년 일정한 영업이익, 즉 현금흐름이 발생하는 기업의 가치(V)는 일정한 현금흐름을 그 기업의 가중평균자본비용(k_0)으로 나눈 것과 같다.

$$V = \frac{CF}{k_0} \tag{14-2}$$

[그림 14-5] MM의 제2명제: 법인세가 없는 경우

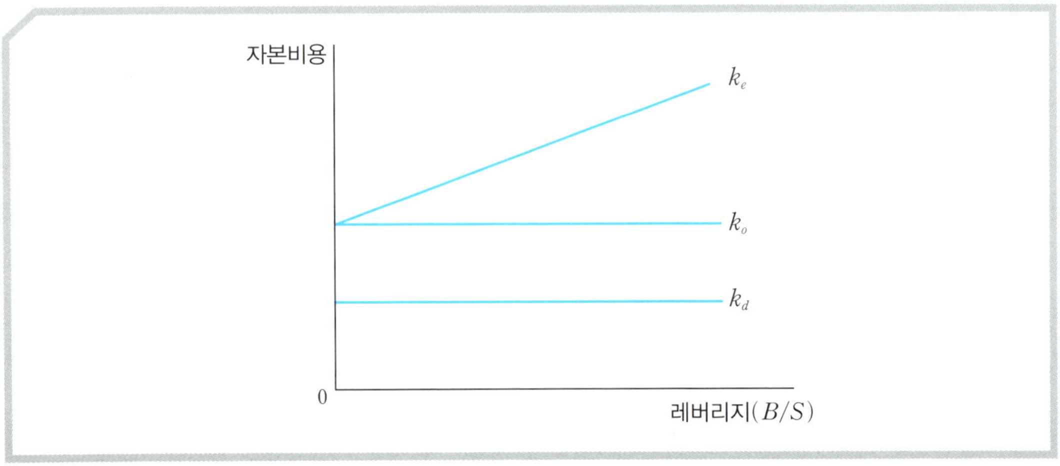

한편 법인세가 없다면 가중평균자본비용은 다음과 같다.

$$k_0 = k_d\left(\frac{B}{B+S}\right) + k_e\left(\frac{S}{B+S}\right) \tag{14-5}$$

(14-5)식을 k_e에 관하여 정리하면 다음과 같다.

$$k_e = k_o + (k_o - k_d)\frac{B}{S} \tag{14-6}$$

(14-6)식에서 자기자본비용 k_e은 자본구조와 무관한 가중평균자본비용 k_o과 레버리지(B/S)가 증가함에 따라 증가하는 재무위험에 대한 프리미엄으로 구성되며, 기업의 레버리지가 증가할수록 커지게 된다는 것을 알 수 있다.

MM이론의 의의

기업가치가 자본구조와 무관하다는 MM의 자본구조 무관련이론(capital structure irrelevancy)은 재무관리의 학문적 발전에 커다란 공헌을 하였다. 당시 기업의 자본구조에 대한 연구는 최적자본구조가 존재한다는 막연한 가정하에서 기업의 최적자본구조를 찾기 위한 것이었지만 MM은 이러한 노력이 무의미하다는 것을 논리적으로 증명하였다.

그러나 MM의 자본구조이론이 현실적으로 타당성을 갖는다고 보기는 어렵다. 예를 들어 은행들의 부채비율은 매우 높은 반면 제약회사의 부채비율은 낮다. 그리고 현실적으로 기업들의 부채비율이 무작위로 결정되는 것은 아니다. 하지만 MM의 자본구조이론은 현실적으로 타당하기보다는 자본구조이론의 출발점을 제시하였다는 점에서 무엇보다도 중요한 의미를 가진다. 다음 장에서는 MM이 이론전개 과정에서 사용한 완전자본시장의 가정과 관련하여 불완전한 현실시장에서 나타나는 ① 법인세, ② 파산비용, ③ 대리인비용, ④ 정보의 비대칭성 등과 관련된 문제에 대해 살펴보기로 한다.

2 MM의 자본구조이론: 법인세가 있을 경우

MM은 1958년 발표한 논문에서 법인세를 고려하지 않을 경우 자본구조는 기업가치와 무관함을 증명하였다. 그 후 MM은 법인세를 고려할 경우의 자본구조와 기업가치에 관한 수정이론(1963년)을 제시하였다.

기업이 타인자본을 이용하는 대가로 채권자에게 지급하는 이자비용은 법인세를 계산할 때 비용으로 처리되기 때문에 과세대상 이익이 줄어든다. 그러나 자기자본을 사용하는 대가로 주주에게 지급되는 배당은 법인세를 납부한 후의 순이익에서 지출되기 때문에 과세대상 이익이 줄어들지 않게 된다. 따라서 법인세가 존재하는 경우에는 자기자본보다 타인자본을 많이 이용하는 기업이 부담하는 법인세가 더 작다. 결국 기업에 자본을 제공한 주주와 채권자에게 돌아가는 현금흐름은 자기자본보다 타인자본을 더 많이 사용할수록 더 커지게 된다.

[그림 14-6] 법인세와 현금흐름

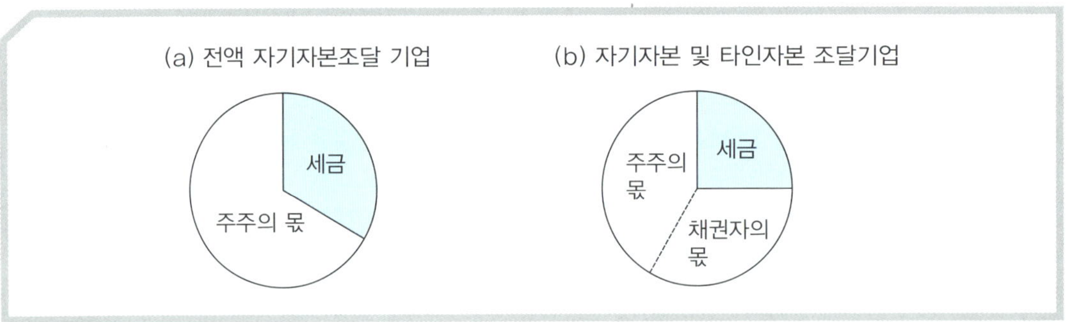

MM의 제1명제

수정이론에서의 MM의 제1명제는 법인세가 존재하는 경우 부채를 사용하는 기업의 가치는 부채를 사용하지 않는 기업의 가치보다 법인세의 감세효과의 현가만큼 크다는 것이다.

수정이론에서의 MM의 제1명제는 다음과 같이 설명된다. 일반적으로 기업의 가치를 결정하는 기대현금흐름, 즉 $EBIT$은 채권자에게 지급되는 이자(I)와 주주에게 돌아가는 순이익(EAT)의 합으로 표시된다. 여기에서 지급이자는 $k_d \cdot B$가 되고, 법인세 차감 후의 순이익은 $(EBIT - k_d \cdot B)(1-t)$가 된다. 따라서 법인세 차감 후의 기대현금흐름을 CF'는 다음과 같이 나타낼 수 있다.

$$\begin{aligned} CF' &= EAT + I \\ &= (EBIT - k_d \cdot B)(1-t) + k_d \cdot B \\ &= EBIT(1-t) + t \cdot k_d \cdot B \end{aligned} \qquad (14-7)$$

(14-7)식에서 첫 번째 항인 $EBIT(1-t)$는 기업이 부채를 사용하지 않는 경우 세금차감 후 주주들에게 돌아가는 기대현금흐름을 나타내며, 두 번째 항인 $t \cdot k_d \cdot B$는 기업이 부채를 사용함으로써 얻게 되는 감세액(tax saving)을 나타낸다.

한편 기업이 부채를 영구적으로 사용할 경우 감세액의 현가를 구하면 다음과 같다.

$$\begin{aligned} \text{법인세 감세효과의 현가} &= \sum_{t=1}^{n} \frac{t \cdot k_d \cdot B}{(1+k_d)^t} \\ &= \frac{t \cdot k_d \cdot B}{k_d} = t \cdot B \end{aligned} \qquad (14-8)$$

(14-8)식에서 기업이 부채를 영구적으로 사용하는 경우 법인세로 인한 감세효과의 가치는 이자율이 크기와 관계없이 타인자본 B에 법인세율 t를 곱한 금액과 같다. 따라서 타인자본을 사용하는 기업의 가치 V_L과 전액 자기자본만 사용하는 기업의 가치 V_U의 관계는 다음과 같다.

$$V_L = V_U + t \cdot B \qquad (14-9)$$

[그림 14-7] 법인세와 기업가치

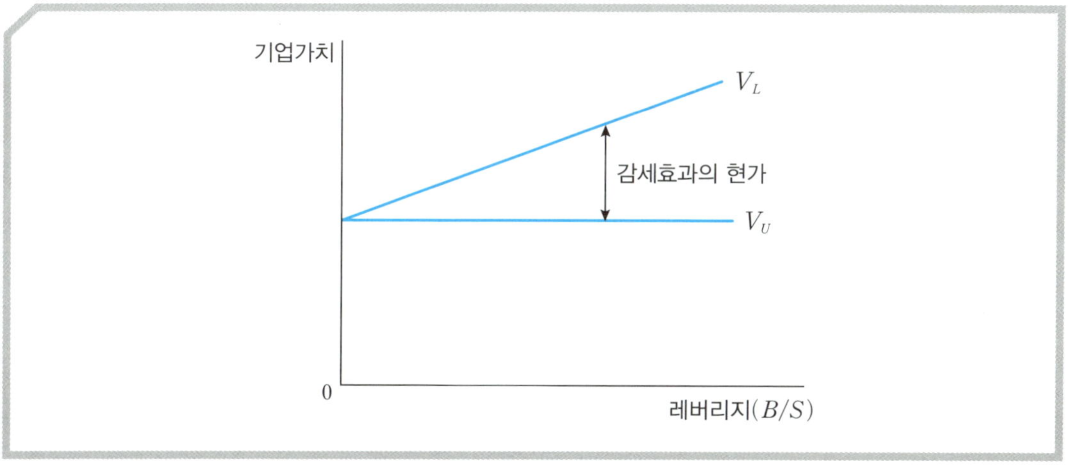

예제 14-3

다음과 같은 기업 U와 기업 L이 있다고 한다. 기업 U는 부채를 사용하지 않고 있으며, 기업 L은 1억원의 부채를 연 12%의 이자율로 사용하고 있다. 두 기업의 기대영업이익은 각각 5,000만원으로 동일하며, 법인세율은 40%이다. 이 경우 두 기업의 채권자와 주주들이 받을 이자와 세후 순이익을 구하라.

해설 〈표 14-1〉 법인세가 있는 경우 부채사용의 효과 (단위 : 만원)

	기업 U	기업 L
영업이익($EBIT$)	5,000	5,000
지급이자($k_d \cdot B$)	0	1,000
세전이익(EBT)	5,000	4,000
법인세($t=40\%$)	2,000	1,600
세후순이익(EAT)	3,000	2,400
순이익+이자	3,000	3,400
감세효과($t \cdot k_d \cdot B$)	0	400

MM의 제2명제

법인세를 고려하지 않았을 때 MM의 제2명제는 부채를 사용하는 기업의 자기자본비용은 레버리지(B/S)에 비례하여 증가한다는 것이었다. 이는 레버리지의 증가에 따라 기업의 재무위험이 커져 주주의 위험이 증가하기 때문이다. MM의 수정이론에서도 부채를 사용하는 기업의 자기자본비용은 레버리지가 증가함에 따라 증가하지만 법인세의 감세효과로 인해 자기자본비용의 증가 정도는 작아진다. 즉 법인세가 존재할 때 MM의 제2명제는 다음과 같이 수정된다.

$$k_e = k_u + (1-t)(k_u - k_d)\frac{B}{S} \qquad (14-10)$$

k_u : 부채를 사용하지 않는 기업의 자기자본비용

k_d : 세전 타인자본비용

[그림 14-8] MM의 제2명제: 법인세가 있는 경우

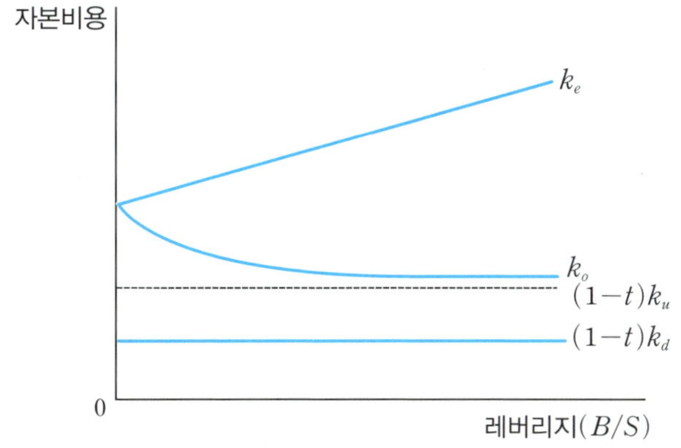

(14-10)식을 이용하여 가중평균자본비용 k 을 구하면 다음과 같다.

$$\begin{aligned} k_o &= (1-t)k_d\frac{B}{B+S}+k_e\frac{S}{B+S} \\ &= (1-t)k_d\frac{B}{B+S}+\left[k_u+(1-t)(k_u-k_d)\frac{B}{S}\right]\frac{S}{B+S} \\ &= k_u\left[1-t\cdot\frac{B}{B+S}\right] \qquad (14\text{-}11) \end{aligned}$$

한편 법인세가 있는 경우 MM의 제2명제를 그림으로 나타내면 [그림 14-8]과 같다.

4절 MM 이후의 자본구조이론

1 파산비용과 자본구조

지급불능과 파산비용

기업이 부채를 사용할 경우에는 매기 정해진 이자를 지급하고 만기에는 원금을 상환하여야 한다. 그러나 기업의 경영상태가 악화될 경우 이자지급이나 원금상환을 못하게 되는 경우도 있는데 이러한 상태를 채무불이행(default) 또는 지급불능(insolvency)이라고 한다. 기업의 기술적 지급불능(technical insolvency)은 기업의 일시적인 유동성 부족 때문에 발생하지만 실질적 지급불능(real insolvency)은 기업의 자산가치가 부채가치보다 작아 기업이 더 이상 존속할 수 없는 상태를 말한다. 기업이 실질적 지급불능 상태에 빠지게 될 경우에 채권자는 법원에 파산신청을 하게 되고 법원의 선고에 의해 기업은 해산이 된다. 파산(bankruptcy)이 된 기업은 일정한 절차를 거쳐서 정리되며 이러한 과정에서 여러 가지 파산비용(bankruptcy cost)이 발생하게 된다.

기업이 파산에 이르게 되면 법적 처리나 관리에 많은 비용이 발생하게 되는데 대표적인 것이 변호사 및 공인회계사 비용이다. 이 밖에도 기업이 정리절차에 들어가 잔여재산을 처분하는 경우에 설비자산이나 재고자산의 처분손실이 발생하는데, 이러한 비용을 파산의 직접비용이라고 한다.

한편 파산선고를 받은 기업이 파산 후에 재조직을 한다고 하여도 기업 이미지의 실추로 고객을 잃고 거래처를 상실하게 된다. 그 결과 영업활동이 위축되어 손해를 보게 되는데, 이러한 비용을 파산의 간접비용이라고 한다.

파산비용과 최적자본구조

부채의 이용은 한편으로는 부채에 대한 이자가 비용으로 처리됨으로써 법인세의 감세효과를 얻게 되지만 다른 한편으로는 부채의 이용은 파산의 확률을 높여 기대파산비용이 증가한다. 따라서 파산비용을 고려할 때 부채를 사용하는 기업 L의 가치는 다음과 같다.

[그림 14-9] 파산비용과 기업가치

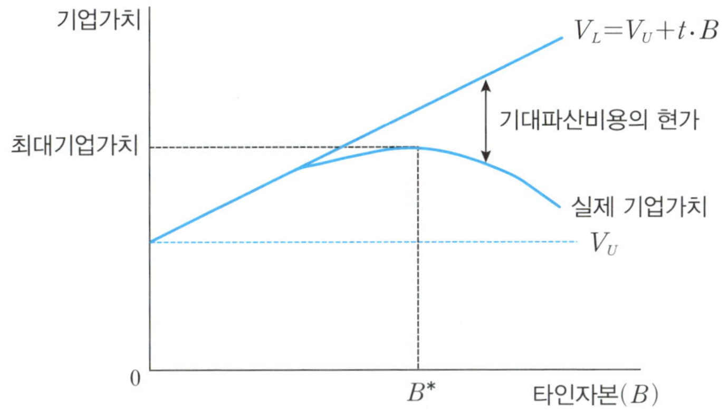

$$V_L = V_U + t \cdot B - C_B \qquad (14-12)$$

C_B : 기대파산비용의 현가

(14-12)식을 그림으로 나타내면 [그림 14-9]와 같다. [그림 14-9]를 보면 법인세만을 고려했을 때 기업 L의 가치는 $V_L = V_U + t \cdot B$로서 부채를 많이 사용할수록 기업의 가치는 커진다. 그러나 파산비용을 고려하게 되면 부채의 증가에 따라 기대파산비용의 현가가 증가하게 되어 기업의 가치는 감소한다. 따라서 법인세 감세효과와 파산비용을 동시에 고려하는 경우 기업의 가치가 극대화되는 최적부채수준(B^*)이 존재하게 되고, 이에 따라 기업은 최적자본구조를 갖게 된다.

2 정보비대칭과 신호효과

MM은 완전자본시장의 가정하에 기업의 자본구조는 기업가치와 무관하다고 주장하였으나 현실적으로 자본시장은 불완전하다. 그리고 불완전한 자본시장에서는 정보를 얻는데 시간과 비용이 들고 따라서 경영자와 주주, 채권자들은 서로 다른 수준의 정보를 갖게 된다. 이와 같이 경영자와 일반투자자들이 서로 다른 수준의 정보를 갖게 되는 것을 정보비대칭(information asymmetry)의 상황이라고 한다.

정보비대칭이 있는 경우 기업의 내용에 대해 우월한 정보를 갖고 있는 기업의 경영자는 자신이 알고 있는 정보를 자본조달정책이나 배당정책 등을 이용하여 일반투자자에게 전달해 줄 수 있다. 이와 같이 자본조달정책이나 배당정책이 갖는 정보전달의 효과를 신호효과(signaling effect) 또는 정보효과(information effect)라고 한다.

예를 들어 어떤 기업이 미래에 큰 수익을 가져다 줄 수 있는 투자안을 가지고 있는 경우 이 기업은 부채로 자본을 조달하여 부채비율을 증가시킬 수 있다. 이 경우 부채의 사용은 기업이 수익성이 높은 투자안을 가지고 있다는 정보를 시장에 전달하는 수단이 된다. 그렇지만 실제로 수익성이 높은 투자안을 갖고 있지 못한 기업은 시장의 긍정적인 반응을 기대하고 부채를 적정수준 이상으로 사용할 수가 없다. 왜냐하면 실제로 수익성이 높은 투자안이 없는 경우에 부채의 증가는 원리금의 지급부담으로 기업의 파산가능성을 높이며 결과적으로 기업의 가치를 하락시키기 때문이다.

이와 같이 새로운 투자에 필요한 자금을 부채로 조달하는 것이 투자자들에게 기업의 내용에 대한 긍정적인 정보를 전달해 주는 신호의 역할을 하는 경우 부채비율이 높은 기업일수록 기업가치가 높게 평가될 수 있다.

그리고 경영을 맡고 있는 내부주주의 소유지분도 신호효과를 가진다. 새로운 투자안의 수익성에 대해서 일반투자자에게 알려지지 않은 내부정보를 가지고 있는 내부주주는 자신의 지분을 통하여 정보를 전달할 수 있다. 새로운 투자를 위해 자금을 조달할 때 내부주주의 참여비율이 높은 경우 이는 일반투자자들에게 새로운 투자의 수익성이 좋다는 신호로 인식되며, 반대로 내부주주의 참여비율이 낮은 경우 이는 수익성이 좋지 않은 신호로 받아들여진다. 따라서 이러한 신호효과를 고려하면 내부주주에게서 자금을 조달하는 비중이 커질수록 기업가치는 높게 평가된다.

이와 같은 자본조달정책의 신호효과를 고려하면 MM의 이론과는 달리 세금이 없는 경우에도 최적자본구조가 존재할 수 있다. 경영자가 선택한 자본조달방법이 기업의 내용에 대한 긍정적인 정보효과를 갖는 경우 정보비대칭은 해소되고 이에 따라 기업의 가치는 증가한다. 한편 선택된 자본조달방법이 무엇이든 추가적인 비용이 발생하게 된다. 차입을 증가시키는 경우 파산위험의 증가로 차입비용이 상승하게 되며, 내부주주의 추가출자로 수익성이 높지만 위험도 큰 투자를 늘리는 경우에 기업위험의 증가로 자본비용이 높아질 수 있다. 따라서 기업의 최적자본구조는 정보비대칭의 해소에 따르는 기업가치의 증가액과 자본비용의 상승에 따르는 기업가치의 감소액이 일치하는 수준에서 결정될 것이다.

3 자본조달순서이론

정보비대칭과 자본조달순서

자본조달순서이론(pecking order theory)은 기업의 경영자가 투자자에 비해 상대적으로 정보우위에 있는 경우, 즉 정보비대칭이 존재하는 경우 기업의 자본조달은 정보비대칭이 적은 순서대로 이루어진다는 것이다.

즉 자본조달순서이론에 따르면 정보비대칭이 존재하는 경우 기존주주의 입장에서 볼 때 내부유보이익으로 필요한 자금을 조달하는 것을 최선이며, 외부자금을 조달하는 경우에는 부채차입이 주식발행에 비해 유리하다는 것이다. 정보비대칭하에서 주식발행은 투자자에게 기업의 내용에 대한 나쁜 신호를 전달한다. 정보비대칭하에서 신주발행으로 자금을 조달하는 경우 정보대칭인 경우에 비해 기존주주의 부는 작아지며, 기존주주는 신규주주들의 희생을 바탕으로 자신들의 부를 증가시킬 수 있는 경우 외에는 주식발행을 통한 자금조달을 꺼리게 된다.

결국 정보비대칭의 존재는 기업의 자본조달형태가 부채와 자기자본의 적절한 균형비율에 의하여 이루어지는 것이 아니라 정보비대칭의 특성에 따라 결정됨을 보여준다. 그리고 이 경우 기존주주들의 부의 극대화라는 측면만을 고려하면 ① 내부유보, ② 부채, ③ 신주발행 순의 자본조달순서가 생기게 된다.

자본조달순서와 최적자본구조

자본조달순서이론에 따르면 기업의 가치를 극대화하는 특정한 목표부채비율은 존재하지 않는다. 왜냐하면 자기자본에는 내부유보이익과 신주발행의 두 가지 방법이 있는데 기존주주의 입장에서 보면 내부유보이익에 의한 자기자본의 조달은 가장 선호되는 방법이지만, 신주발행에 의한 자기자본 조달은 가장 나쁜 방법이기 때문이다. 따라서 신주발행에 의해 자기자본을 조달하여 부채비율이 낮은 기업의 경우 그 기업이 건전한 자본구조를 갖고 있다고 평가할 수 없다. 그리고 각 기업의 현재 부채비율은 단순히 기업의 영업활동과정에서 발생한 투자지출과 내부유보이익의 크기에 따라 나타난 결과로 부채차입을 통한 외부자금조달이 누적된 결과를 반영할 뿐이다.

자본조달순서이론은 수익성이 높은 기업들의 부채비율이 낮은 이유를 설명해 준다. 수익성이 높은 기업은 내부에 축적된 유보이익이 많아 신규투자에 필요한 자금을 조달하는데 외부자금을 필요로 하지 않기 때문이다. 이에 반해 수익성이 낮은 기업들은 신규투자에 필요한 내부자금을 충분히 갖고 있지 않기 때문에 결과적으로 차입을 통해 필요자금을 조달하게 되고 높은 부채비율을 갖게 된다.

자본조달순서이론은 기업들이 여유자금(financial slack)을 보유하려는 동기를 설명해 준다. 여유자금이란 현금이나 시장성 유가증권, 그리고 쉽게 매각할 수 있는 설비자산의 보유와 같이 기업이 여러 방법으로 확보하고 있는 자금조달원을 말한다. 미래에 수익성이 높은 신규투자의 기회가 예상되는 기업의 경우 여유자금을 보유하는 것이 매우 중요하다. 정보비대칭이 존재하는 상황에서 경영자가 주식을 발행하여 자금을 조달하려는 경우에 시장의 투자자들은 주가가 과대평가되었다고 생각한다. 반대로 부채차입을 통하여 자금을 조달하는 경우에는 발행비용이나 파산비용의 증가에 따른 추가비용을 부담하여야 한다. 이러한 경우 기업은 신규투자에 필요한 자금을 외부자본시장에서 조달하는 것보다는 내부에 유보된 여유자금을 이용하여 조달하는 것이 바람직할 수 있다.

4 균형부채이론

밀러(Miller)는 개인소득세가 존재하는 경우에 자본구조와 기업가치는 서로 무관하다고 하는 균형이론을 제시하였다. 그의 주장에 따르면 기업의 부채사용에 따르는 이자의 법인세 감세효과는 그 기업에 투자한 투자자들의 개인소득세에 의해 완전히 상쇄되기 때문에 결국 기업이 어떤 형태의 자본구조를 갖던 기업의 시장가치와는 무관하게 된다는 것이다.

회사채의 수요곡선

국가 등의 비영리단체에서 발행하는 면세채권의 이자율을 r_o라고 하면, 투자자들이 면세채권에 투자를 함으로써 얻을 수 있는 세후 수익률은 r_o가 된다. 그러나 기업의 회사채에 대해서는 개인소득세 구조에 따라 투자자별로 다른 r_{pd}의 세금을 부담하여야 하기 때문에 기업의 회사채에 대한 세후 투자수익률이 면세채권에 대한 수익률 r_o보다 커야 기업의 회사채에 투자를 할 것이다. 따라서 투자자들의 회사채에 대한 최소한의 요구수익률은 다음과 같이 된다.

$$r_D = \frac{r_o}{1-t_{pd}} \tag{14-13}$$

회사채의 공급곡선

모든 기업의 법인세율이 t_c로 동일하다면 기업은 $r_o/(1-t_c)$의 이자율로 채권을 무제한으로 발행할 수 있다. 왜냐하면 기업이 투자자에게 제공할 수 있는 이자율을 r_s라고 할 때 $r_S(1-t_c)$가 r_o보다 크면, 즉 r_S가 $r_o/(1-t_c)$보다 크면 기업이 부담하는 세후부채비용은 r_o보다 크게 되므로 기업은 회사채 발행을 피할 것이다. 반대로 r_S가 $r_o/(1-t_c)$보다 작다면, 기업은 회사채를 발행해 조달한 자금으로 면세채권을 매입하는 차익거래를 통하여 이익을 볼 수 있기 때문에 채권을 무제한 발행하려고 할 것이다. 이러한 이유로 기업의 회사채에 대한 공급곡선은 다음과 같이 된다.

$$r_S = \frac{r_o}{1-t_c} \tag{14-14}$$

기업은 위의 식을 만족하는 r_S 수준에서 회사채를 무제한으로 공급하게 된다.

균형부채의 결정

기업의 회사채에 대한 수요곡선과 공급곡선을 그림으로 나타내면 [그림 14－10]과 같다. [그림 14－10]에서 기업의 회사채의 공급곡선은 완전탄력적인 수평선의 모양을 나타내고 있는데, 이는 기업의 법인세율이 모두 동일하기 때문이다. 한편 기업의 회사채에 대한 수요곡선은 우상향하는 곡선의 형태를 나타내고 있는데, 이는 부채가 증가함에 따라 더 높은 세율을 적용받게 되는 투자자들의 요구수익률이 증가하기 때문이다. 따라서 회사채의 수요곡선과 공급곡선이 일치하는 점 B^*에서 경제 전체적인 균형부채량이 결정되며, 이 때 시장은 다음의 조건을 충족하게 된다.

$$r_S = \frac{r_o}{1-t_c} = \frac{r_o}{1-t_{pd}} = r_D \tag{14-15}$$

한편 (14－15)식은 $t_c = t_{pd}$일 때 성립하며, 이 때 B^*점에서는 부채사용으로 인한 이득이 0이 되어 부채를 사용하지 않는 기업과 부채를 사용하는 기업의 가치가 같아지

[그림 14-10] 회사채의 수요곡선과 공급곡선

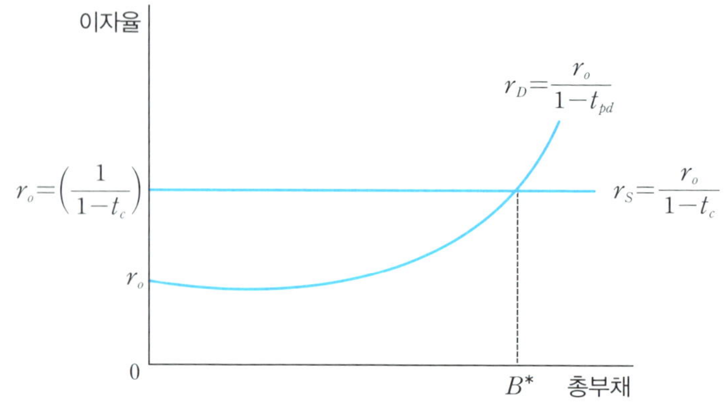

게 된다. 따라서 기업의 최적자본구조는 존재하지 않는다. 다만 사회 전체적으로 볼 때 전체기업의 최적부채는 B^*로서 최적자본구조가 존재할 수 있다.

결국 모든 기업의 법인세율이 동일한 경우에는 자본구조의 변경이 개별기업의 가치에 미치는 영향이 전혀 없기 때문에 개별기업의 최적자본구조는 존재하지 않는다.

5 대리이론

대리비용의 개념

젠센과 맥클링(Jensen and Meckling)은 경영자 · 주주 · 채권자와 같은 기업의 이해관계자들 사이에서 발생하는 상충된 이해관계를 분석함으로써 최적자본구조의 존재를 설명하는 이른바 대리이론(agency theory)을 제시하였다. 젠센과 맥클링은 대리관계를 "1인 이상의 사람(본인: principal)이 다른 사람(대리인: agent)에게 자신을 대신하여 의사결정을 할 수 있도록 의사결정권한을 위임한 계약관계"로 정의하고, 이 과정에서 서로간의 이해다툼으로 인하여 대리문제가 발생하게 되는데 이를 대리비용(agency cost)이라고 불렀다. 대리비용은 대리문제의 방지수단에 따라 다음과 같이 구분된다.

첫 번째 비용은 감시비용(monitering cost)이다. 이는 대리인의 행위가 본인의 이익으로부터 이탈하는 것을 감시하는데 드는 비용을 말한다. 기업경영에서 주주(principal)는 경영자(agent)에게 적절한 보상을 제공함으로써 경영자가 주주가 원하는 행동을 하도록 유인하는 동시에 경영자의 행동이 주주들이 바라는 행동에서 벗어나지 않도록 감시를 하게 된다. 예를 들면 기업 내에 감사를 두고 이를 운영하는데 드는 비용이 감시비용의 예이다.

두 번째 비용은 확증비용(bonding cost)이다. 이는 대리인이 본인에게 해가 되는 행위를 하고 있지 않음을 보증하는 과정에서 발생하는 비용을 말한다. 기업의 경우 대리인인 경영자는 주주가 원하지 않는 행동을 하지 않는다는 것을 보여주기 위해 자발적으로 자기행동을 구속하거나, 주주가 원하지 않는 행동을 할 경우 어떤 배상을 하겠다고 약속하는 활동을 하게 된다. 예를 들면 경영자가 외부감사인으로부터 회계감사를 받고, 이를 발표하는 드는 비용이 확증비용의 예이다.

세 번째 비용은 잔여손실(residual loss)이다. 주주의 감시활동과 경영자의 확증활동이 이루어진다고 하더라도 주주의 부를 극대화시키는 의사결정과 경영자의 의사결정 사이에는 차이가 생길 수 있다. 이러한 차이로 인하여 주주의 부가 감소하는 경우 이를 잔여손실이라고 한다. 따라서 잔여손실은 소유와 경영의 분리에 따른 비용이라고 할 수 있다.

자기자본의 대리비용

자기자본의 대리비용은 내부주주인 경영자가 필요한 자금을 자기자본, 즉 주식을 발행하여 외부로부터 조달하는 경우에 발생하게 된다. 자기자본의 대리비용에는 경영자의 과도한 특권적 소비 및 경영자의 나태에 따른 손실이 있다.

먼저 경영자의 특권적 소비(perquisite consumption)란 경영자가 개인적인 효용을 얻기 위해 무책임하게 회사의 재산을 소비하는 행위를 말한다. 일반적으로 경영자는 기업으로부터 받는 급여 등의 화폐적인 보상으로부터 얻게 되는 효용뿐만 아니라 호화로운 사무실 집기, 매력적인 비서, 과다한 기부금 등과 같은 비화폐적인 보상으로부터 얻게 되는 효용 역시 중요하게 생각한다. 그런데 이러한 개인적인 효용을 얻기 위하여 소비되는 회사의 재산은 경영자의 소유지분이 100%일 때는 모든 비용이 자신의 몫으로부터 지출되나 경영자가 일부의 지분만을 소유하고 있는 경우에는 비용의 일부만을 경영자가 부담하게 되어 특권적 소비를 부추기게 된다.

또한 경영자는 특권적 소비와 더불어 회사일을 등한시하고 자신의 여가를 즐기고자 한다. 즉 태업(negligence)으로 인한 손실이 발생할 수도 있다.

이처럼 경영자가 특권적 소비나 태업 등의 방법으로 자기 자신의 효용을 추구함으로써 발생하는 주주의 부의 감소를 자기자본의 대리비용이라 한다. 자기자본의 대리비용은 경영자의 지분비율이 낮아질수록 크게 나타난다. 반면 기업의 소유지분을 100% 갖고 있는 경영자가 외부자금을 부채로 조달하는 경우에는 외부주주들이 없으므로 자기자본의 대리비용이 발생하지 않는다.

부채의 대리비용

일반적으로 주식회사의 주주는 주식회사의 유한책임제도에 따라 자기가 투자한 금액에 대해서만 책임을 진다. 이러한 주주의 유한책임제도에 따라 부채를 많이 사용하고 있는 기업의 주주는 위험이 큰 투자안을 선택하는 것이 유리할 수 있다. 반면 기업에 자금을 제공하는 채권자의 입장에서는 주주가 위험이 큰 투자안을 선택하는 경우 채권을 회수하지 못할 가능성이 높아지게 된다. 따라서 채권자는 부채를 제공할 때 주주가 위험이 보다 큰 투자안을 선택함으로써 입게 될 불이익을 보전하기 위하여 높은 이자율을 요구하게 된다. 결국 주주들은 부채이용에 대한 대가로 높은 비용을 부담하게 되는데 이를 위험유인(risk incentive)에 따르는 대리비용이라고 한다. 위험유인에 따르는 대리비용은 타인자본의존도가 높을수록 증가한다. 또한 이러한 위험유인에 따라 타인자본의존도가 높은 기업의 주주들이 순현가가 0보다 작은 투자안이라도 투자하려는 유인을 갖게 되면 기업이 적정수준 이상의 투자를 하게 되므로 과대투자(over investment)가 발생한다.

한편 기업의 부채이용으로 인하여 과소투자(under investment)의 문제가 발생할 수도 있다. 기업이 부채를 이용하지 않는다면 주주는 순현가가 0보다 큰 모든 투자안에 투자를 하려고 할 것이다. 그렇지만 부채를 사용하는 기업의 주주들은 비록 순현가가 0보다 크더라도 순현가가 매우 크지 않은 경우에는 그 투자안을 포기하려는 유인을 갖는다. 왜냐하면 부채를 과다하게 사용하여 파산가능성이 있는 기업의 경우 순현가가 충분히 크지 않은 신규투자안에 대한 투자는 오히려 주주의 부를 감소시키고 채권자의 부를 증가시킬 수 있기 때문이다. 이에 따라 기업이나 사회 전체적으로 볼 때 적정수준 이하의 투자가 이루어진다. 그리고 이러한 과소투자에 따르는 기회비용은 기업의 부채비율이 높아질수록 커지게 된다. 또한 과소투자가 이루어지게 되면 기업의 부채의 상환 가능성은 그만큼 감소하게 된다.

마지막으로 기업에서 부채를 많이 사용하면 부채사용의 대가로 채권자에게 지급해야 하는 이자가 늘어나게 되고 주주에게 돌아갈 몫은 그만큼 작아질 가능성이 높다.

이 경우 주주들은 배당이나 다른 방법으로 기업의 자금을 빼돌리고 채권자에게 돌아가는 가치를 줄이려는 경향이 발생하는데 이를 재산도피(milking the property)라고 한다. 이러한 현상은 타인자본 의존도가 큰 기업일수록 현저하게 나타난다.

대리비용과 최적자본구조

젠센과 맥클링은 기업의 외부자금조달의 원천을 주식발행을 통한 자기자본과 부채로 구분하고 이들의 최적비율은 자기자본과 부채의 총대리비용이 최소가 되는 수준에서 결정된다고 보았다.

자기자본의 대리비용은 외부주주와 내부주주인 소유경영자 사이에 발생하기 때문에 타인자본에만 의존하여 자금을 조달할 때는 자기자본의 대리비용이 발생하지 않는다. 반면에 타인자본의존도를 줄이고 자기자본으로 자금을 조달할 때는 자기자본의 대리비용이 증가한다.

자기자본의 대리비용과는 달리 부채의 대리비용은 부채를 많이 쓸수록 위험유인과 과소투자로 인하여 증가한다. 이를 그림으로 나타내면 [그림 14－11]과 같다. 기업이 부채의 사용을 증가시키면 부채의 대리비용이 증가하는 대신 자기자본의 대리비용이 감소한다. 이 두 대리비용은 서로 상충관계에 있기 때문에 기업의 총대리비용이 최소화되는 점이 존재하게 된다. 이 점이 대리비용만을 고려했을 때의 최적자본구조가 된다. 즉 법인세나 파산비용이 없는 경우에도 대리비용이 발생하는 상황에서는 최적자본구조가 존재할 수 있다.

[그림 14－11] 대리비용과 최적자본구조

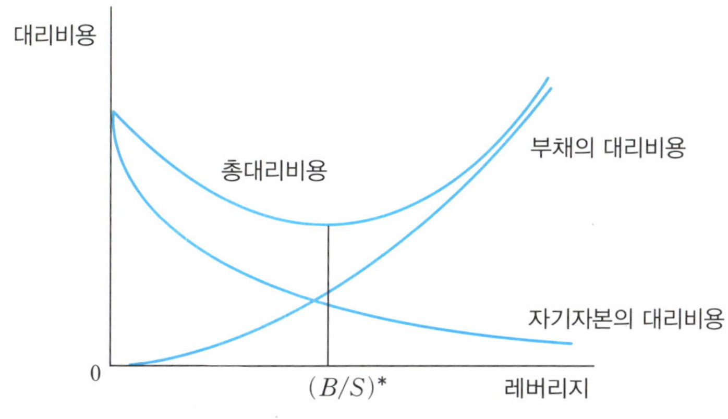

연/습/문/제

객관식 문제

01 자본구조의 개념으로 가장 적절한 것은?

① 단기부채와 장기부채의 구성비율
② 장기부채와 자기자본의 구성비율
③ 재무상태표상의 대변항목의 구성비율
④ 재무상태표상의 차변항목의 구성비율

02 기업의 자본구조와 관련이 있는 위험은?

① 재무위험 ② 영업위험
③ 투자위험 ④ 시장위험

03 순이익 접근법에서의 자본구조와 자본비용의 관계는?

① 자본비용
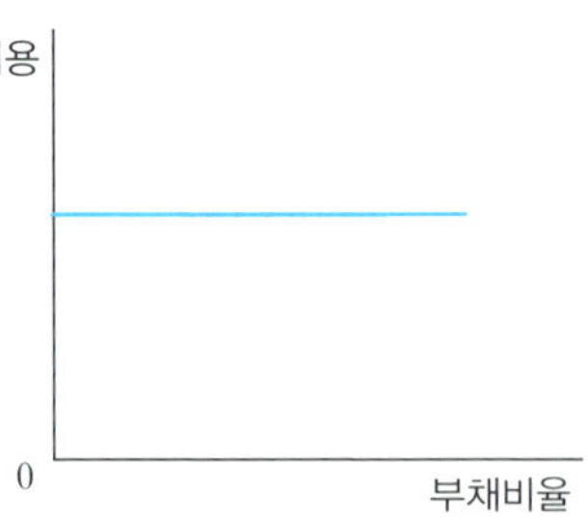

② 자본비용
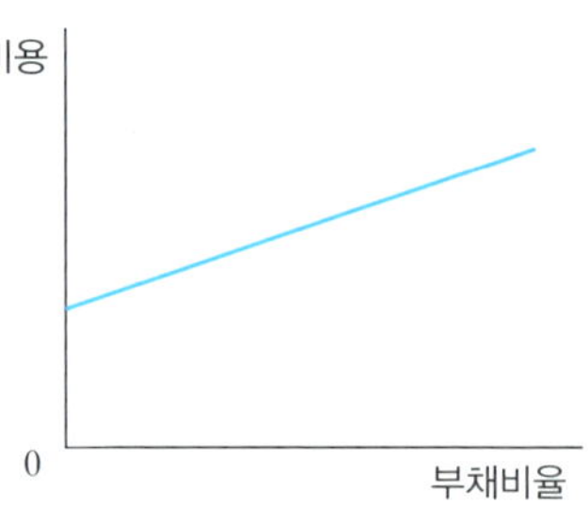

③ 자본비용
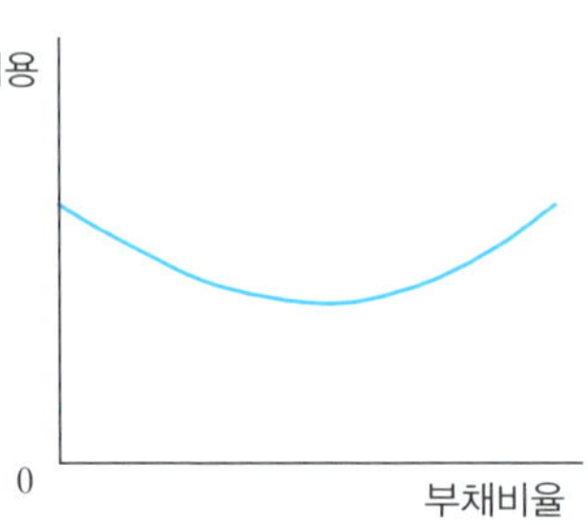

④ 자본비용
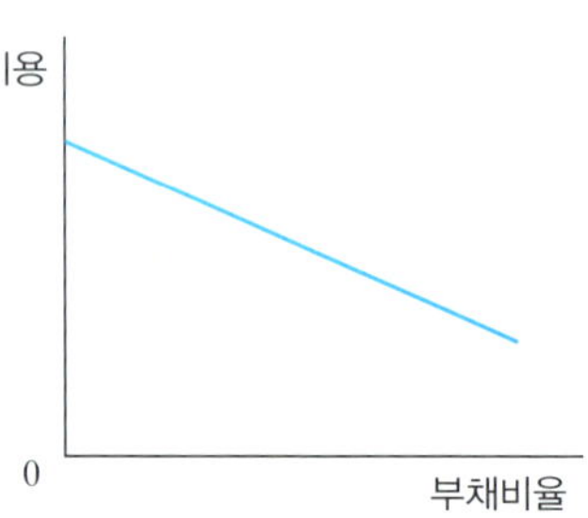

04 순영업 접근법에서의 기업구조와 기업가치의 관계는?

①
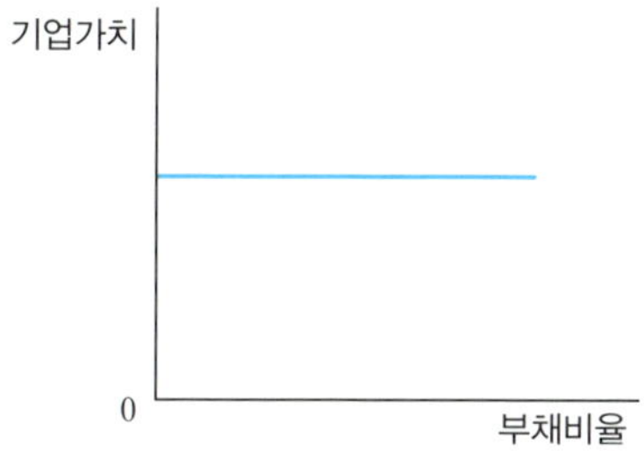

②
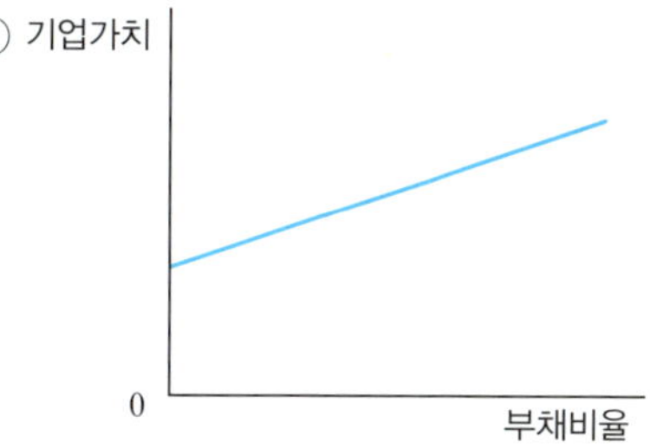

③
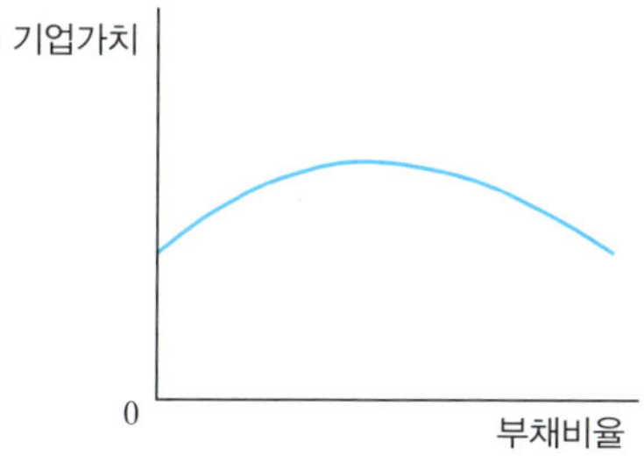

④
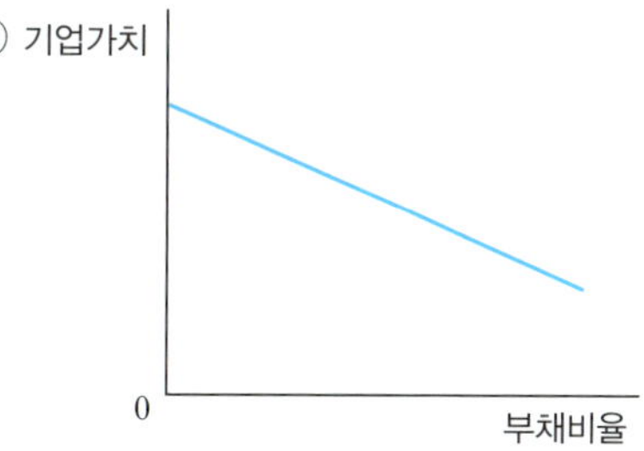

05 자본구조에 관한 전통적 견해는?

① 기업가치는 그 기업의 자본구조와 무관하다.
② 자기자본을 많이 이용할수록 기업가치가 증가한다.
③ 부채를 많이 이용할수록 기업가치가 증가한다.
④ 부채를 적절히 이용할 때 기업가치가 극대화된다.

06 기업가치가 자본구조와 무관함을 주장한 이론은?

① 전통적 이론 ② 파산비용이론
③ 순이익 이론 ④ 순영업이익 이론

07 MM의 자본구조이론의 가정이 아닌 것은?

① 세금과 거래비용이 존재하지 않는다.
② 모든 정보는 개인에게 동일하게 전달된다.
③ 기업 간의 경영위험에는 차이가 없다.
④ 개인과 기업의 차입능력에 차이가 있다.

08 MM의 자본구조이론에 관한 설명으로 맞지 않는 것은?

① 기업가치는 기업의 영업이익을 시장자본환원율로 할인한 것이다.
② 기업의 가중평균자본비용은 그 기업의 자본구조에 따라 결정된다.
③ 타인자본사용에 따른 이점은 자기자본비용증가에 의해 상쇄된다.
④ 새로운 투자에 대한 거부율은 기업의 자금조달방법과는 무관하다.

09 MM의 자본구조이론에 대한 평가로서 옳지 않은 것은?

① 완전자본시장의 가정하에서 MM의 이론에는 논리적 모순이 없다
② 파산위험과 대리인문제 등 자본시장의 불완전성을 고려하지 않았다.
③ 부채의 사용에 따르는 재무위험의 증가효과를 고려하지 않고 있다.
④ 완전자본시장하에서 금융의 환상이란 존재할 수 없음을 입증하였다.

10 MM의 법인세를 고려한 자본구조이론에서 기업가치는?

① 기업의 자본구조와 관계없이 일정하다.
② 부채를 많이 사용할수록 증가한다.
③ 자기자본을 많이 사용할수록 증가한다.
④ 부채를 적절히 사용할 때 극대화된다.

11 기업경영에서 경영자, 주주, 채권자 등이 이익을 추구하는 과정에서 이해관계자들의 이해상충으로 인해 발생하는 비용은?

① 자본비용 ② 대리비용
③ 거래비용 ④ 파산비용

12 자본구조에 관한 Miller의 균형이론을 설명한 것은?

① 기업의 부채비율이 일정수준을 초과하면 부채의 감세효과보다는 파산비용의 증가가 커지므로 기업가치는 감소하게 된다.
② 부채사용에 따르는 감세효과는 자기자본사용에 따르는 비감세효과와 상쇄되므로 기업가치는 자본구조와 독립적이다.
③ 부채를 이용하는 기업의 가치가 부채를 이용하지 않는 기업의 가치보다 법인세 감세효과의 현가만큼 크다.
④ 부채의 대리인비용과 자기자본의 대리인비용의 합인 총대리인비용이 최소가 되는 수준에서 기업의 최적자본구조가 결정된다.

13 S회사의 총자본은 20억원으로 모두 자기자본으로 구성되어 있다. 이 회사가 10억원의 사채를 발행하여 10억원의 자사주를 매입하는 방법으로 자본구조를 바꿀 경우 자기자본비용은? 단, 현재 이 회사의 자기 자본비용은 20%이고, 회사채의 이자율은 10%이며, 법인세는 없다고 가정한다.

① 10% ② 20%
③ 30% ④ 40%

14 다음 중 기업가치와 자본구조가 무관하다는 이론은?

a. 전통적 자본구조이론	b. MM의 자본구조이론(1958)
c. MM의 자본구조이론(1963)	d. 파산비용이론
e. Miller의 균형이론	f. 대리비용이론

① b, e
② a, c
③ b, c
④ a, c, d, f

[15~17] 기업 U와 기업 L은 동일한 영업위험을 갖고 있는 기업으로서 두 기업의 기대순영업이익은 각각 1,000만원으로서 같다고 한다. 그러나 기업 U는 부채를 사용하지 않고 있는 반면에 기업 L은 2,000만원의 부채를 연 15%의 이자율로 사용하고 있다. 현재 이 기업의 법인세율은 40%이다.

15 기업 U의 자기자본비용이 20%라고 할 때 기업 U의 가치는?

① 5,000만원
② 3,000만원
③ 2,000만원
④ 1,500만원

16 기업 L의 부채 사용에 따르는 법인세 감세효과의 현재가치는?

① 800만원
② 600만원
③ 300만원
④ 250만원

17 기업 U의 자기자본비용이 20%라고 할 때 기업 L의 기업가치는?

① 3,000만원
② 3,333만원
③ 3,800만원
④ 5,000만원

주관식 문제

01 다음 용어를 설명하라.

(1) 재무구조

(2) 완전자본시장

(3) 최적자본구조

(4) 무관련이론

(5) 파산비용

(6) 신호효과

(7) 위험유인

(8) 대리비용

(9) 재산도피

02 MM이론의 가정에 대해 설명하라. 이러한 가정이 MM이론의 결론에 미치는 영향을 설명하라.

03 파산에 따르는 직접비용과 간접비용의 예를 들어보라. 이러한 파산비용이 기업가치에서 차지하는 비중은 어느 정도 되는지 조사하라.

04 법인세가 존재할 경우 파산비용과 대리비용이 MM의 명제에 어떤 영향을 미치는지 설명하라.

05 정보비대칭이 기업의 자본구조에 미치는 영향을 신호효과 및 자본조달 순서 두 가지 측면에서 설명하라.

06 기업의 경영의사결정과정에서 발생 가능한 대리비용에는 어떠한 비용이 있는지 설명하라. 이러한 대리비용을 감소시키는 방안을 찾아보라.

07 HD자동차는 현재 순수자기자본으로 기업을 운영하고 있다. 이 회사의 발행주식수는 10만 주이고, 주가는 5만원이며, 매년 순영업이익은 10억원이다. 최근 이 회사는 10%의 이자율로 총 25억원의 사채를 발행하여 자사의 주식을 재매입함으로써 자본구조를 변경하려고 한다. 현재 법인세는 없다고 가정한다.

(1) 이 회사의 자본구조 변경전의 기업가치와 자기자본비용, 그리고 가중 평균자본비용을 구하라. 만약 이 회사의 법인세율이 40%라고 가정할 경우에는 어떻게 달라지는가?

(2) 이 회사의 자본구조 변경 후의 기업가치와 자기자본비용, 그리고 가중 평균자본비용을 구하라. 만약 이 회사의 법인세율이 40%라고 가정할 경우에는 어떻게 달라지는가?

08 기업 U와 기업 L은 자본구조를 제외한 다른 조건은 모두 동일하다고 한다. 현재 기업 U는 부채를 전혀 사용하고 있지 않으며, 기업 L은 연 10%의 이자율로 8억원의 타인자본을 사용하고 있다. 두 기업의 기대 순영업이익은 2억원이고, 기업 U의 자기자본비용은 12%이다. 한편 법인세와 개인소득세는 다음과 같다.

법인세율(T_C) : 40%	
개인소득세율	
채권소득 : 20%	주식소득 : 10%

(1) 기업 U의 가치와 기업 L의 가치를 각각 구하라.

(2) 법인세만 존재하는 경우 기업 L의 레버리지 이득은?

(3) 법인세와 개인소득세가 모두 존재하는 경우 기업 L의 레버리지 이득은 얼마인가?

CHAPTER 15 배당정책

1절 배당의 의의

1 배당의 의미

배당(dividend)이란 주식을 가지고 있는 사람들에게 그 소유 지분에 따라 기업이 이윤을 분배하는 것으로 출자에 대한 보상의 의미를 갖고 있다. 기업은 영업활동을 통하여 이익이 발생하면 그 이익을 주주에게 배분하는 것이 원칙이다. 주식회사의 목적은 배당을 통하여 기업가치를 극대화하는 것이라고 할 수 있다. 한편 배당에 참여할 수 있는 권리는 주주에게 있고, 따라서 배당결정은 주주총회의 중요한 의결사항이다.

배당정책(dividend policy)이란 이와 같이 기업이 벌어들인 이익을 주주에게 줄 배당금과 유보이익으로 나누는 결정을 말한다. 여기서 배당은 주주의 출자지분에 대한 보상의 성격을 가지며, 유보이익(retained earnings)은 미래 기업의 투자를 위하여 필요한 기업내부 자금의 원천이 된다. 따라서 기업에서 배당을 많이 하게 되면 그만큼 유보이익이 줄어들게 되므로 기업의 투자가 줄어들고 잠재적인 성장률도 낮아지게 된다. 반대로 성장률을 높이기 위해 유보이익을 늘리려면 주주에게 지급될 배당금은 줄어들게 된다. 기업의 목표는 기업가치의 극대화에 있으므로 배당정책 또한 기업의 가치를 극대화시키는 방향으로 결정이 이루어져야 할 것이다. 이와 같은 배당정책은 기업의 내부금융의 주요 원천이라고 할 수 있는 유보이익의 규모를 결정함으로써 결과적으로 외부금융의 규모에 영향을 미치게 된다.

2 배당의 유형

배당은 배당금의 지급형태, 지급시기 등에 따라 다양한 형태로 분류된다.

① **현금배당**(cash dividend)

현금배당은 가장 일반적인 배당의 형태로서 현금으로 배당금을 지급하는 방법이다. 현금배당은 투자자의 입장에서 볼 때 이익을 사내에 유보하는 것보다도 확실한 현금수입이 발생하기 때문에 선호하는 경향이 있다. 반면에 기업의 입장에서 보면 현금배당은 현금의 사외유출이 발생하기 때문에 기업의 유동성에 부정적인 영향을 미치게 된다.

② **현물배당**(property dividend)

현물배당은 현금 이외의 회사자산을 주주에게 배당하는 형태로서 회사가 보유하고 있는 타사의 유가증권이나 자사의 제품을 주로 지급한다. 예를 들어 기업이 경영활동에 반드시 필요하지 않은 유휴자산이 과다한 재고자산을 보유하고 있는 경우 현물배당을 통하여 이를 정리할 수 있다.

③ **증권배당**(security dividend)

증권배당은 현금이나 현물이 아니라 자기회사에서 발행한 유가증권을 배당하는 형태로서 유가증권의 종류에 따라 주식배당, 사채배당, 증서배당 등으로 구분된다. 주식배당(stock dividend)은 현금 대신 신주를 발행해서 배당을 지급하는 방법이다. 주식배당은 현금의 사외유출을 방지하고 자기자본의 증가를 가져오는 효과가 있다. 주식배당은 주로 기업의 유동성이 부족하거나 설비투자 등으로 자금수요가 증가할 때 이루어진다. 사채배당(bond dividend)은 현금 대신에 사채를 발행하여 배당하는 방법으로서 이는 배당지급일을 일시적으로 연기하는 효과가 있다. 증서배당(scrip dividend)은 단기약속어음이나 이와 유사한 증서를 주주에게 교부함으로써 배당을 지급하는 방법이다. 증서배당은 회사가 실제로 배당할 수 있는 수익을 가지고 있으나 재무 정책적으로 현금을 다른 자산으로 전환할 필요가 있을 때 이용된다.

3 배당의 척도

기업의 배당정책의 기준이 되는 배당의 척도에는 다음과 같이 여러 가지 개념이 사용되고 있다.

① **주당배당금**(dividend per share: *DPS*)

주당배당금은 1주당 지급되는 배당금의 크기를 말하며 기업의 배당금총액을 발행주식수로 나누어 계산한다.

$$\text{주당배당금}(DPS)=\frac{\text{총배당금}}{\text{발행주식수}} \tag{15-1}$$

② **배당률**

배당률은 액면가 대비 주당배당금의 비율로서 주당배당금을 주식의 액면가격으로 나누어 계산한다.

$$\text{배당률}=\frac{\text{주당배당금}}{\text{액면가}} \tag{15-2}$$

③ **배당수익률**

주식으로부터 얻을 수 있는 수익은 두 가지 유형이 있다. 하나는 배당금이고, 다른 하나는 주가상승으로부터 발생하는 자본이득(capital gain)이다. 전자를 배당수익률이라고 하며 주당배당금을 주식의 현재 시장가격으로 나누어 계산한다.

$$\text{배당수익률}=\frac{\text{주당배당금}}{\text{주가}} \tag{15-3}$$

한편 후자를 자본이익률이라고 하며 자본이득을 취득 당시 주식의 시장가격으로 나누어 계산한다.

$$\text{자본이득률}=\frac{\text{주식매도가격}-\text{주식매수가격}}{\text{주식매수가격}} \tag{15-4}$$

④ **배당성향**(dividend payout ratio)

배당성향은 기업의 순이익 중에서 배당금으로 지급된 금액의 비율을 나타내는 것으로서 배당금총액을 순이익으로 나누어 계산한다.

$$\text{배당성향}=\frac{\text{총배당금}}{\text{순이익}}=\frac{\text{주당배당금}}{\text{주당순이익}} \tag{15-5}$$

한편 유보율(retention ratio)은 배당성향과 상반되는 개념으로 기업의 순이익 중에서 적립된 잉여금의 비율을 나타내는 것으로서 유보이익을 순이익으로 나누어 계산한다.

$$\text{유보율}=\frac{\text{유보이익}}{\text{순이익}}=\frac{\text{순이익}-\text{총배당금}}{\text{순이익}}=1-\text{배당성향} \tag{15-6}$$

우리나라에서는 배당의 지표로 배당률을 사용하여 왔으나 배당률과 배당수익률의 괴리가 생김에 따라 상장 · 등록법인은 2003년 2월부터 배당을 공시할 때 시가배당률을 반드시 명시하도록 했다. 시가배당률이란 배당기준일 주가 대비 배당금의 비율로서 배당수익률과 같은 개념이다.

4 배당의 지급절차

우리나라 상법에서는 배당지급에 관한 사항을 회계연도 종료일로부터 3개월 내에 열리는 주주총회에서 의결하도록 규정하고 있다. 배당지급에 관한 사항은 주당배당금, 배당기준일, 배당지급일 등을 포함한다.

① **배당기준일**

기업에서 배당지급 의사결정이 있을 경우 배당지급을 받기 위해 주주가 자신의 주권(shares)을 공식적으로 보유하고 있어야 하는 마지막 날을 말한다. 예를 들어 6월 30일 결산법인의 경우 당해사업연도의 마지막 날인 6월 30일이 배당기준일은 된다.

② **배당락일**

배당락일은 배당을 받을 권리가 없이 주식의 거래가 이루어지는 첫날을 말한다. 우리나라의 경우 주식의 거래는 거래체결일로부터 3일째 되는 날에 결제가 이루어지므로 배당락일은 보통 배당기준일 1일 전이 된다. 예를 들어 6월 30일 결산법인의 경우 배당락일은 6월 29일이다.

③ 배당공시일

배당공시일은 기업에서 정한 배당에 관한 구체적인 내용이 증권시장에 공표되는 날을 말한다. 배당에 관한 사항은 이사회에서 결정되며 주주총회에서 승인을 받게 된다. 상장법인의 경우 주주총회는 매 사업연도 말일부터 90일 이내에 개최하도록 규정되어 있기 때문에 배당공시일은 사업연도 말일로부터 90일 이내로 볼 수 있다.

④ 배당지급일

배당지급일은 주주에게 실제로 배당이 지급되기 시작하는 날을 말하며, 일반적으로 배당공시일로부터 1개월 이내이다.

이처럼 우리나라의 경우에는 배당기준일 이후 상당한 시간이 지난 후에 배당공시가 이루어지기 때문에 배당에 관한 정보가 주어지지 않은 상태에서 배당락이 이루어진다는 문제점이 있다. 미국의 경우에는 대부분의 기업이 1년에 4번 분기별로 배당을 지급한다. 우리나라의 경우 결산기가 지난 후에 지급되는 배당 외에 영업연도 중 1회에 한하여 현금으로 중간배당을 할 수 있도록 허용하고 있다.

[그림 15-1] 배당의 지급절차

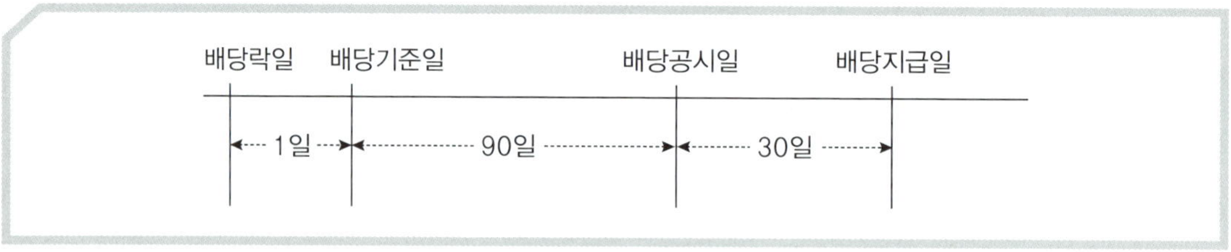

2절 배당에 관한 이론

배당이론의 핵심은 기업의 배당정책이 기업가치 또는 주주의 부에 영향을 미치는가 하는 문제이다. 만약 배당정책이 기업의 가치와 관련이 있다면 배당정책은 기업의 가치를 극대화시키는 방향으로 결정이 되어야 할 것이다. 배당정책과 기업가치와의 관계에 관한 이론은 크게 세 가지로 분류할 수 있다.

[그림 15-2] 배당정책과 기업가치의 관계

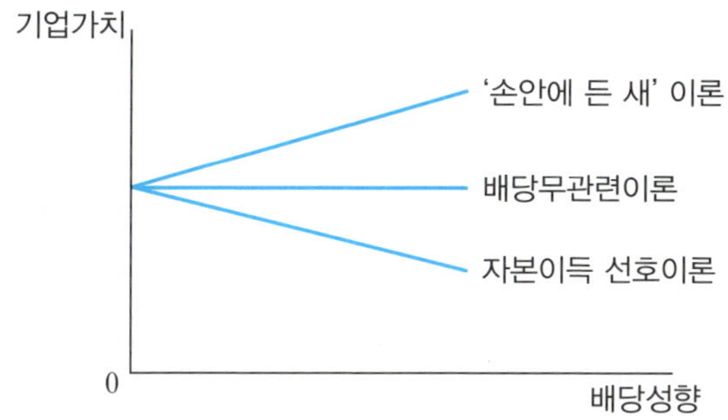

첫째는 배당정책이 기업가치와 무관하다는 주장이다. 예를 들면 밀러와 모딜리아니(이하 MM)는 완전자본시장하에서 기업가치는 기업의 투자에 의해서 결정되고 기업의 배당정책과는 무관하다고 주장하였다.

둘째는 배당이 기업가치를 증가시킨다는 주장이다. 이러한 주장의 근거는 '손안에 든 새의 논리'로서 투자자들은 일반적으로 위험을 싫어하기 때문에 유보이익의 재투자에 따른 미래의 자본이득보다는 현재의 배당을 선호한다는 주장이다.

셋째는 배당이 기업가치를 감소시킨다는 주장이다. 우리나라의 경우 개인의 투자소득 중 배당소득에 대한 세율이 자본이득에 대한 세율보다 훨씬 높기 때문에 주주들은 배당보다는 자본이득을 선호하기 때문이라는 것이다.

1 배당무관련이론

MM은 1961년에 발표된 논문에서 완전자본시장하에서는 배당정책과 기업가치는 관련이 없다고 주장하였다. 기업의 자본구조이론에서 살펴본 바와 같이 기업의 가치는 현금흐름과 자본비용에 의해 결정된다. 그런데 MM에 의하면 완전자본시장하에서 기업의 현금흐름은 기업이 어떤 투자안을 선택하였는가에 의해 결정되고, 기업이 어떤 배당정책을 사용하는지는 전혀 영향을 미치지 않는다. MM의 배당무관련이론의 논리적 근거는 다음과 같다.

우선 완전자본시장하에서 기업은 필요한 자금을 새로운 주식의 발행을 통하여 조달할 수 있을 뿐만 아니라 매출된 주식의 재매입도 가능하다. 따라서 주주들이 원하는 배당을 한 후 기업 내에 유보된 이익이 투자에 소요되는 자금보다 적을 경우는 새로운 주식을 발행하여 투자자금을 충당할 수 있고, 자금이 남을 경우에는 주식의 재매입을 통해 자본을 줄일 수 있다. 이와 같이 배당정책과 관계없이 투자에 소요되는 자금을 조달할 수 있으므로 기업의 가치를 결정하는 현금흐름은 배당정책과 전혀 관련이 없고, 따라서 기업의 가치 또한 배당정책과 무관하다는 것이다.

MM의 주장은 합리적이고 완전한 경제환경하에서는 소위 금융환상(financial illusion)이 존재할 수 없다는 것이다. 다시 말하면 기업가치는 재무의사결정의 기술적인 요인에 의해 증대될 수 없으며, 현금흐름과 같은 실질적인 요인에 의해서만 좌우된다는 것이다.

예를 들어 다음과 같은 현금흐름을 가진 A기업이 있다고 하자. 이 기업은 순수자기자본만으로 운영되고 있으며, 이익은 모두 현금으로 배당하고 있다. 이 기업의 자기자본비용은 20%이다.

시 점	0	1
배 당	10,000	12,000

이 경우 기업의 가치(V_0), 즉 주주의 부는 각 시점의 현금흐름을 할인한 것으로 다음과 같이 구할 수 있다.

$$V_0 = 10{,}000 + \frac{12{,}000}{1+0.2} = 20{,}000(\text{원}) \qquad (15-7)$$

한편 이 기업의 경영자가 현재의 배당정책을 다음과 같은 새로운 배당정책으로 변경하는 방안을 검토하고 있다고 하자.

1안	현재배당 : $D_0 = 12{,}000$, 미래배당 : $D_1 = 9{,}600$
2안	현재배당 : $D_0 = 8{,}000$, 미래배당 : $D_1 = 14{,}400$

먼저 1안은 올해의 현금흐름보다 2,000원을 더 많이 배당하는 것으로 이 경우 A기업은 추가배당을 위하여 2,000원을 차입하거나 신주를 발행하여야 할 것이다. 한편 내년에 A기업이 기존주주에게 배당할 수 있는 금액은 9,600원($=12{,}000-2{,}000\times1.2$)이고 이 경우 기존주주의 부는 다음과 같다.

$$V_0 = 12{,}000 + \frac{9{,}600}{1+0.2} = 20{,}000(\text{원}) \qquad (15-8)$$

즉, A기업이 기존의 배당정책 대신에 1안과 같은 새로운 배당정책을 선택하더라도 기존주주의 부는 여전히 20,000원으로 종전의 배당정책에서의 그것과 동일하다.

다음 2안은 올해의 현금흐름보다 2,000원이 적은 8,000원을 배당하고 여유자금 2,000원을 자기자본비용과 동일한 수익률을 얻을 수 있는 투자안에 투자를 하는 것이다. 이 경우 내년에 A기업이 기존주주에게 배당할 수 있는 금액은 14,400원($=12{,}000+2{,}000\times1.2$)이고 기존주주의 부는 다음과 같다.

$$V_0 = 8{,}000 + \frac{14{,}400}{1+0.2} = 20{,}000(\text{원}) \qquad (15-9)$$

즉, A기업이 기존의 배당정책 대신에 2안과 같은 새로운 배당정책을 선택하더라도 기존주주의 부는 20,000원으로 동일하다.

2 저배당 선호요인

앞서 살펴본 MM의 배당무관련이론은 완전자본시장을 가정하고 있다. 그러나 현실적으로 자본시장은 불완전하고, 이러한 자본시장의 불완전성으로 인하여 배당이 기업가치에 영향을 미칠 수 있다. 여기서는 먼저 자본시장의 불완전성으로 인하여 배당이 기업가치에 불리하게 작용할 수 있는 요인들을 살펴보기로 한다.

거래비용

일반적으로 기업이 배당을 많이 하게 되면 새로운 투자에 필요한 자금을 외부로부터 조달하여야 한다. 즉 투자자금을 은행으로부터 차입을 하거나, 사채나 신주를 발행하여 자금을 조달하여야 하는데, 이와 같이 외부로부터 자금을 조달할 경우에는 수수료, 발행비용과 같은 거래비용이 발생하게 된다. 따라서 기업이 배당을 많이 하게 되면 기업의 자금조달비용이 증가하게 되고 그만큼 기업가치는 줄어들게 된다.

세 금

기업이 배당을 하는 경우 주주는 이 배당에 대해 배당소득세를 내게 된다. 그러나 기업이 배당을 하지 않고 유보이익으로 사내에 적립을 할 경우에는 이것이 주가에 반영되어 주식을 매매할 때 자본이득을 얻게 되고, 따라서 주주는 자본이득세를 내게 된다. 여기서 만일 배당소득과 자본이득에 대한 유효세율이 동일하다면 배당정책은 주주의 부에 직접적인 영향을 주지 못할 것이다. 그러나 두 세율의 차이가 존재한다면 배당정책은 주주의 부에 직접적인 영향을 주게 된다.

우리나라의 경우는 현재 배당소득에 대해서는 소득세가 부과되고 있지만 자본이득에 대해서는 따로 소득세를 부과하지 않고 있다. 따라서 주주의 입장에서 보면 자본이득을 얻는 것이 동일한 배당소득보다 더 유리하고, 기업들은 주주에게 배당을 지급하는 것보다 이익을 유보하는 것을 선호하게 된다.

3 고배당 선호요인

앞에서 살펴본 바와 같이 거래비용이나 세금 등과 같은 시장의 불완전요인은 배당이 주주에게 불리하게 작용하도록 한다. 그러나 다음과 같은 요인들은 배당이 기업가치에 유리하게 작용하도록 하는 역할은 한다.

현재소득에 대한 선호

시간선호란 개인들은 본능적으로 미래의 소비보다는 현재의 소비를 선호한다는 주장으로 이러한 시간선호로 인하여 주주들이 현재소비가 가능한 배당소득을 자본이득보다 선호하는 현상을 말한다. 물론 주주들이 주식을 매각하여 자본이익을 현재의 소득으로 전환할 수도 있지만 주식을 매각할 경우 매매수수료와 증권거래세 등의 거래비용이 발생할 뿐만 아니라 소유하고 있는 주식을 매각하는데 따르는 불안심리가 작용할 수 있기 때문에 자본이득보다 배당소득을 선호하게 된다.

손안에 든 새의 논리

손안에 든 새(bird in hand)의 논리란 숲속에 있는 많은 새들보다 현재 손안에 들어있는 한 마리의 새가 훨씬 낫다는 주장으로 숲속의 새는 유보이익의 재투자로부터 얻을 수 있는 미래의 불확실한 소득을 말하고, 손안에 든 새는 현재의 확실한 배당소득을 의미한다. 다시 말하면 투자자들은 미래의 불확실한 수익보다 현재의 안전한 배당을 선호한다는 것이다. 즉, 기업이 이익을 현금으로 배당하는 경우에 주주들의 부는 확실하게 증가하지만 이익이 기업 내에 유보되어 재투자될 경우 예상되는 주가상승이나 자본이득은 미래에 발생하게 되므로 배당보다 불확실하다. 그러므로 투자자들은 기업이 배당을 줄이고 유보이익을 늘리게 되면 미래 현금흐름에 대해 더 큰 위험을 느끼게 되고 이에 따라 더 큰 위험프리미엄을 요구하게 되어 기업의 주가가 하락한다는 것이다.

배당의 정보효과

배당의 정보효과(information−content effect)란 투자자들이 기업의 배당정책 변화를 기업내용 변화의 신호로 인식하기 때문에 주가가 변하는 현상을 말하는 것으로 배당의 신호효과(signaling effect)라고도 한다. 이러한 정보효과는 자본시장에 존재하는 정보의 비대칭성(information asymmetry)으로 인하여 나타난다. 일반적으로 기업의 경영자는 일반투자자들보다 기업의 상황에 대해 더 많은 정보를 가지고 있으며, 배당정책은 기업에 관한 정보를 일반투자자들에게 알리는 수단이 될 수 있다는 것이다. 예를 들면 어떤 기업이 배당을 일정하게 유지해 오다가 이를 갑자기 늘리면 일반투자자들은 이를 기업에 관한 좋은 소식(good news)의 신호로 인식함으로써 주가가 상승하게 되며, 반대로 배당을 줄이게 되면 이를 기업에 관한 나쁜 소식(bad news)의 신호로 인식하여 주가가 하락하게 된다. 한편 MM은 배당의 정보효과가 존재하는 것은 사실이지만 이는 일시적인 현상이며 주가와 장기적인 관계는 없다고 주장하고 있다. 왜냐하면 배당의 증가는 기업의 미래에 대한 낙관적인 신호로 인식되어 주가가 상승하지만 배당의 증가가 없다고 하더라도 투자자들은 다른 경로를 통해 기업의 미래에 대한 정보를 얻을 수 있으므로 주가가 상승하였을 것이기 때문이다.

3절 배당정책의 결정

1 잔여배당정책

앞에서 살펴본 바와 같이 기업이 배당을 많이 하게 되면 새로운 투자에 필요한 자금을 외부로부터 조달하여야 하는데, 기업이 외부로부터 자금을 조달할 때에는 수수료, 주권발행비용과 같은 거래비용이 발생하게 되고 그만큼 기업가치는 줄어들게 된다. 이에 따라 기업에서는 새로운 투자에 필요한 자금의 조달수단으로 유보이익 등 내부금융수단을 선호하게 되는데 이 경우 배당은 내부자금 중 새로운 투자에 필요한 자금을 유보하고 남는 부분이 배당으로 지급되게 된다. 이와 같이 기업이 투자에 필요한 자금을 먼저 유보하고 남는 자금을 배당하는 정책을 잔여배당정책이라고 한다. 따라서 기업이 잔여배당정책을 선택하는 경우에 배당금은 기업의 투자규모 및 목표자본구조에 따라 크게 달라진다.

예를 들어 K기업의 올해 순이익이 100억원이고, 내년도 신규투자액은 80억원이라고 하자. 현재 이 기업의 부채비율은 100%이고 이 비율을 계속 유지하려고 한다. 이 경우에 K기업이 현재의 자본구조를 그대로 유지하려면 신규투자액 중에서 40억원은 부채로 조달하고 나머지 40억 원은 자기자본으로 조달하여야 한다. 따라서 K기업이 잔여배당정책을 택할 경우에 배당금은 다음과 같이 결정된다.

$$\begin{aligned}\text{배당금} &= \text{순이익} - \text{유보이익} \\ &= 100\text{억} - 40\text{억} = 60\text{억(원)}\end{aligned}$$

이와 같이 잔여배당정책하에서는 투자기회가 많은 기업은 배당을 적게 하고 투자기회가 없는 기업은 배당을 많이 하게 된다. 실제로 주력제품이 성숙기에 접어든 기업보다 도입기 또는 성장기에 있는 고성장 기업이 배당을 적게 하는 경향이 있다.

2 안정배당정책

일반적으로 많은 기업들은 이익이 일시적으로 변동하더라도 배당금은 이와 관계없이 일정하게 유지하려고 한다. 즉 이익의 일시적 증가나 감소에 따라 배당을 변경시키지 않고 목표배당을 정하여 주당배당금을 일정하게 유지하려는 경향이 있는데, 이를 안정배당정책이라고 한다.

기업들이 배당을 안정적으로 유지하려는 이유는 다음과 같다.

첫째, 기업이 안정된 배당을 하는 경우 주주들은 미래 배당흐름을 비교적 확실하게 예측할 수 있다. 그러므로 배당이 불안정한 기업과 비교할 때 그만큼 주식의 위험이 낮고 주가가 상승할 가능성이 높다.

둘째, 배당소득으로 생활을 하는 투자자들에게 불안정한 배당은 투자자들의 안정된 생활을 위협할 수 있다. 일반적으로 투자자들은 안정된 소득을 선호하는 경향이 있고, 이는 안정된 배당정책을 가진 기업의 주식을 선택하도록 한다.

[그림 15-3] 안정배당정책

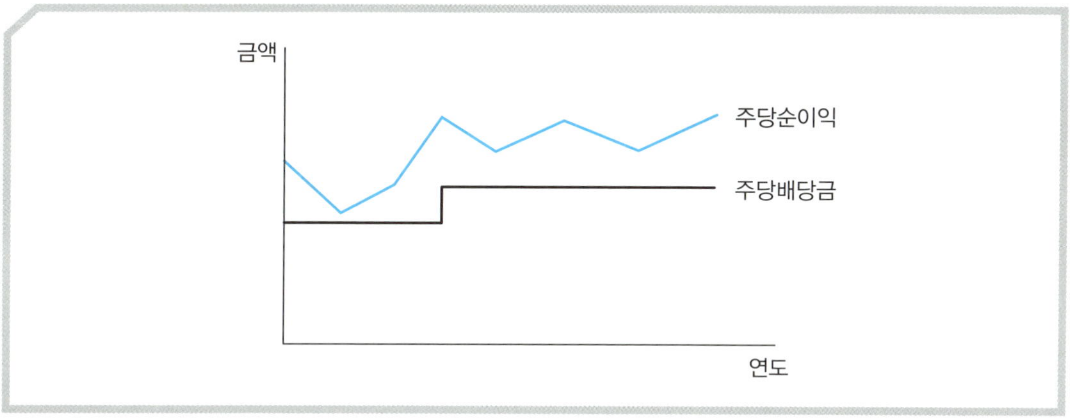

3 배당의 고객효과

배당에 관한 다양한 연구들을 살펴보면 모든 투자자들이 기업의 배당정책에 대해 동일한 태도를 보이는 것은 아니라는 결과를 보유주고 있다. 예를 들면 직장은퇴 후 배당소득으로 생활하는 투자자는 현금배당을 선호하지만 소득수준이 높은 투자자는 세율이 높은 배당소득보다 상대적으로 세율이 낮은 자본이득을 선호하게 된다. 이와 같이 투자자들은 각자 다른 선호를 만족시킬 수 있는 배당성향을 가진 주식에 투자하게 되는데 이를 배당의 고객효과(clientele effect)라고 한다.

MM은 이러한 배당의 고객효과를 배당무관련이론을 뒷받침하는 근거라고 주장하였다. 즉 주주들은 각자 자기의 선호를 만족시키는 배당성향을 가진 기업의 주식에 투자하게 되므로 특정 기업의 가치는 그 기업의 배당정책을 선호하는 투자자들의 수요와 공급에 따라서 결정된다. 다시 말하면 기업이 고배당정책을 선택한다고 그 기업의 주가가 상승하지도 않으며, 반대로 저배당정책을 선택한다고 해서 주가가 하락하지도 않는다는 것이다.

한편 이러한 고객효과로 인하여 기업들이 배당정책을 변경하는 것이 어렵게 될 수 있다. 왜냐하면 예를 들어 어떤 기업이 고배당에서 저배당으로 배당정책을 바꾸게 되면 고배당을 선호하는 주주들이 주식을 매각하게 되고, 이 때 새로운 투자자의 주식 매입이 없으면 주가 하락으로 이어질 수 있기 때문이다.

4 기타 배당의 결정요인

기업의 배당결정에 영향을 미치는 현실적인 요인은 매우 다양하지만 중요한 몇 가지 요인들을 살펴보면 다음과 같다.

법적 규제

우리나라 상법은 기업이 건전한 자본구조를 유지하도록 하기 위해 배당을 제한하고 있다. 회사는 재무상태표상의 순재산액에서 자본금, 해당 결산기까지 적립된 자본준비금 및 이익준비금 그리고 해당 결산기에 적립해야 할 이익준비금을 공제한 금액을 한도로 이익배당을 할 수 있도록 규정하고 있다.

기업의 유동성

기업이 순이익 중에서 배당으로 지급되지 않고 사내에 적립된 유보이익은 현금의 형태로 남아 있을 수도 있지만 대부분이 새로운 투자나 운전자본으로 사용되게 된다. 따라서 배당을 할 때는 반드시 기업의 유동성을 고려하여야 한다. 순이익이 많이 발생하였어도 기업의 유동성이 좋지 않고 외부로부터의 자금조달이 어려운 경우에는 배당을 줄이거나 주식배당 등을 고려하여야 한다.

부채의 상환의무

기업이 금융기관에서 차입을 하거나 사채를 발행하는 경우 이지지급이나 부채상환계획을 고려하여 배당지급을 결정하여야 한다. 특히 사채를 발행할 경우에 채권자들의 요구에 따라 배당의 지급을 제한하는 조항을 명기할 수 있다.

기업의 지배권

배당에 따른 운전자본이나 시설자금의 부족으로 신주를 발행하는 경우 기업의 소유구조가 바뀔 수 있다. 예를 들어 기존주주가 인수자금의 부족으로 신주인수권을 포기하는 경우에 기업지배권이 약화되게 된다. 따라서 기업이 배당을 결정할 때 기업지배권 변동에 따르는 영향을 고려하여야 한다.

4 절 특수배당정책

일반적으로 기업의 배당은 배당금의 지급형태에 따라 현금배당과 주식배당으로 구분된다. 또한 주식분할이나 자사주 매입도 주주들의 입장에서 볼 경우 배당과 유사한 효과가 있기 때문에 배당정책의 일환으로 간주된다. 본 절에서는 주식배당과 주식분할 및 자사주매입의 의의 및 효과에 대해 살펴본다.

1 주식배당

주식배당(stock dividend)이란 기업이 현금 대신 주식을 발행하여 배당을 지급하는 것을 말한다. 주식배당이 이루어지면 기업의 발행주식수가 늘어나고 주식배당액만큼 기업의 이익잉여금이 자본금으로 전환되게 된다. 그러나 기업의 자기자본에는 변화가 없고 기존주주의 지분비율에도 변화가 일어나지 않기 때문에 주주의 부에는 변화가 없다. 주식배당은 기업의 유동성이 부족하거나 설비투자 등에 따른 자금수요의 증가에 대비하여 현금을 확보하고자 할 때 현금배당 대신에 이루어진다.

주식배당이 기업에 미치는 효과를 살펴보기 위하여 다음과 같은 자기자본구조를 가진 W기업이 있다고 가정하자.

주식배당 이전의 W기업의 자기자본구조	(단위 : 만원)
자본금 (액면금액 5,000원 발행주식수 100만 주)	500,000
자본잉여금	100,000
이익잉여금	400,000
자기자본 합계	1,000,000

여기서 W회사가 20%의 주식배당을 하기로 결정한다면 이 회사는 신주를 20만 주(100만×0.2) 추가로 발행하여 기존주주에게 지급하게 될 것이고, 따라서 주식배당 이후의 W회사의 자기자본구조는 다음과 같이 변하게 된다.

주식배당 이후의 W회사의 자기자본구조	(단위 : 만원)
자본금 (액면금액 5,000원 발행주식수 120만 주)	600,000
자본잉여금	100,000
이익잉여금	300,000
자기자본 합계	1,000,000

즉, 주식배당 이후의 W회사의 자기자본구조를 살펴보면 자본금이 10억원 증가하였지만 이익잉여금이 10억원 감소함으로써 자기자본합계에는 전혀 변화가 없다. 한편 주식배당을 위해 추가로 발행되는 주식은 주주의 지분비율에 따라 배분이 되기 때문에 기존주주의 지분비율에도 변화가 없다. 따라서 이론적으로 볼 때 주식배당으로 인하여 주주의 부에는 전혀 변화가 발생하지 않는다. 다시 말하면 주식배당으로 인하여 주식이 늘어난 비율만큼 주가가 하락하게 된다.

이와 같이 이론적으로 볼 때 주식배당이 기업의 가치에 영향을 미치지 않음에도 불구하고 기업에서 주식배당을 실시하는 이유는 다음과 같다.

첫째, 주식배당은 현금의 사외유출을 막아 기업의 유동성을 높이고, 수익성이 높은 투자안에 투자를 할 수 있는 기회를 늘리게 된다. 따라서 주식배당은 투자자들에게 기업의 성장성에 관한 긍정적인 신호를 주게 된다.

둘째, 주식배당은 주가를 조정함으로써 시장에서 주식의 거래가 용이하도록 한다. 주가가 높은 주식의 경우 일반투자자가 쉽게 매매할 수 없지만 주식배당을 통하여 주가가 낮아지면 증권시장에서 거래가 활발하게 이루어질 수 있다.

셋째, 주식배당이 이루어지면 주식배당액만큼 이익잉여금이 자본금으로 전입이 되기 때문에 자본의 안정성이 높아진다. 이익잉여금은 자본금과 달리 기업의 배당정책에 따라 변화할 수 있으므로 자본금보다 유동적인 형태의 자기자본이다.

이와 같이 주식배당은 다양한 장점이 있지만 다음과 같은 단점도 있다.

첫째, 주식배당은 발행주식수가 증가하기 때문에 기업이 일정한 배당률을 유지하는 경우 미래의 현금배당이 늘어나게 된다. 결국 현재의 현금유출을 방지하기 위한 배당정책이 미래의 현금유출의 증가를 가져올 수 있다.

둘째, 주당배당은 신주를 발행하여 배당을 지급하게 되므로 신주발행비용(floatation cost)이 발생하게 된다.

셋째, 주식배당은 기업이 현금배당을 할 수 없을 정도로 기업의 자금사정이 좋지 않다는 신호로 해석될 수도 있다.

2 주식분할

주식분할(stock split)은 기업이 자본을 증가시키지 않고 발행주식수를 늘리는 것을 말한다. 예를 들어 W회사가 2 : 1의 주식분할을 실시하게 되면 기존에 10주를 소유하고 있던 주주는 새로 분할된 주식 20주를 갖게 된다. 이와 같이 기업이 주식분할을 실시하는 경우 기업의 발행주식수는 증가하지만 반대로 액면가는 줄어들게 된다.

앞서 예를 든 W회사가 주식배당 대신에 2 : 1로 주식분할을 실시하는 경우 자기자본구조의 변화를 살펴보자. 먼저 주식분할 이전의 자기자본구조는 다음과 같다.

주식분할 이전의 W회사의 자기자본구조 (단위 : 만원)

자본금 (액면금액 5,000원 발행주식수 100만 주)	500,000
자본잉여금	100,000
이익잉여금	400,000
자기자본 합계	1,000,000

다음 W회사가 주식분할을 실시한 이후의 자기자본구조는 다음과 같다.

주식분할 이후의 W회사의 자기자본구조 (단위 : 만원)

자본금 (액면금액 2,500원 발행주식수 200만 주)	500,000
자본잉여금	100,000
이익잉여금	400,000
자기자본 합계	1,000,000

즉 W회사가 2:1의 주식분할을 실시하게 되면 W주식의 액면가가 5,000원에서 2,500으로 줄어들고 발행주식수는 100만주에서 200만주로 늘어나지만 자본금, 자본잉여금, 이익잉여금에는 아무런 변화가 없다.

주식분할을 하더라도 기업의 자기자본구조에 아무런 변화가 발생하지 않음에도 불구하고 기업이 주식분할을 실시하는 이유는 다음과 같다.

첫째, 기업의 주가가 너무 높아 시장에서 거래가 원활하게 이루어지지 않을 때 주식분할을 함으로써 주가를 적절한 수준으로 조절할 수 있다. 즉 주식분할을 통하여 주식의 거래를 원활히 하고 주가의 안정을 도모할 수 있다.

둘째, 주식분할은 투자자들에게 기업의 미래에 대해 좋은 뉴스(good news)를 제공하는 역할을 하기 때문에 주가에 긍정적인 영향을 미칠 수 있다.

셋째, 주식분할은 기업의 과다한 이익을 은폐하기 위한 수단으로 사용될 수도 있다. 예를 들어 주당순이익이 2,000원인 기업이 단순히 2:1의 주식분할을 함으로써 주당순이익은 1,000원으로 줄어들게 된다.

3 자사주매입

자사주매입(stock repurchase)이란 기업이 자사주를 매입하여 보유하는 것으로, 이 경우 기업이 보유하고 있는 자사주를 금고주(treasury stock)라고 한다. 만약 기업이 배당에 사용할 현금으로 자사주를 매입하게 되면 이는 주주들에게 현금을 배당하는 것과 같은 효과를 갖게 된다.

기업이 자사주매입은 크게 세 가지 방법이 이용된다. 첫째는 기업이 자사주매입의 사실을 알리지 않고 시장에서 주식을 매입하는 방법이다. 이 경우 주식의 매도자는 주식의 매수자가 그 주식을 발행한 회사이라는 사실을 알 수 없다. 둘째는 기업이 시장에서 공개매수(tender off)를 통하여 자사주를 매입하는 것이다. 이 경우 기업은 자사주 매입가격과 수량, 그리고 매입기간 등을 시장에 공시한 후 주식을 매입하게 된다. 셋째는 기업이 특정 주주가 보유하고 있는 주식을 대량으로 매입하는 방법이다.

한편 현금배당과 자사주매입이 기업의 가치 또는 주주의 부에 어떠한 영향을 미치는지를 비교하기 위해 다음과 같은 사례를 살펴보자. 앞서 예를 들었던 W회사에서 유보이익 40억원 중에서 10억원을 현금으로 배당하거나 자사주매입을 통해 배당하려고 한다. W회사의 현재 주가는 1만원이라고 한다. 이 경우 W회사는 1주당 1,000원의 현금배당을 지급하거나 총발행주식의 10%인 10만 주를 1주당 1만원에 매입할 수가 있다. 주식을 매입할 경우에 W회사의 주식수는 100만 주에서 90만 주로 줄어들게 된다. 이 경우 이 회사의 주식을 1,000주 보유하고 있는 어떤 주주 갑의 부를 비교하면 다음과 같다.

〈표 15-1〉 현금배당과 자사주매입에 따른 주주의 부의 비교

	현금배당	자사주매입
주식매도금액	0	10,000원×100주=1,000,000원
현금배당액	1,000원×1,000주=1,000,000원	0
보유주식의 가치	9,000원×1,000주=9,000,000원	10,000원×900주=9,000,000원
주주의 부	10,000,000원	10,000,000원

〈표 15-1〉에서 보는 것처럼 주주 갑의 부는 이 회사가 현금배당을 하거나 자사주매입을 하거나 1,000만원으로 동일하다. 단지 현금배당을 하는 경우에 갑은 100만원의 배당소득을 얻게 되지만 자사주매입의 경우 100만원의 자본소득이 발생한다. 또한 갑이 보유하게 되는 주식의 가치는 현금배당을 하는 경우에 900만원(=9,000원×1,000주)이고, 자사주매입을 하는 경우에도 900만원(=10,000원×900주)으로 동일하다.

자사주매입은 장단점을 살펴보면 다음과 같다. 먼저 주주의 입장에서 볼 때 배당소득보다 자본소득의 세율이 낮으므로 현금배당에 비해 자사자매입이 유리하다. 또한 기업은 일시적으로 많은 이익이 발생하였을 경우 주식재매입을 통해 미래 배당증가에 대한 부담이 없이 이익을 배당할 수 있다. 또한 주식가격이 저평가되어 있다고 판단될 경우 기업은 자사주를 매입하여 보유하였다가 주가가 정상화된 후에 매각함으로써 이익을 얻을 수도 있다. 물론 자사주매입이 주가조작을 목적으로 악용될 가능성도 있다.

연/습/문/제

주관식 문제

01 다음 용어를 설명하라.

(1) 현금배당

(2) 주식배당

(3) 배당성향

(4) 손안에 든 새

(5) 배당의 정보효과

(6) 배당의 고객효과

(7) 자사주매입

(8) 금고주

02 배당이 기업가치를 높이도록 작용하는 요인들에 대해 설명하라.

03 배당이 기업가치를 떨어뜨리도록 작용하는 요인들에 대해 설명하라.

04 안정배당정책이 기업의 주가에 미치는 영향에 대해 설명하라.

05 현금배당과 자사주매입이 주주의 부에 미치는 영향을 비교 · 설명하라.

06 최근 우리나라 증권시장에서 이루어진 주식분할 또는 자사주매입의 사례를 조사해 보라.

07 W회사와 관련된 재무정보는 다음과 같다.

> 주가 : 10,000원
> 발행주식수 : 10만 주
>
> 이 회사는 다음과 같은 재무정책을 검토하고 있다.
> A안　2:1의 주식분할
> B안　주당 100원의 현금배당
> C안　1억원의 자사주매입

세금과 거래비용을 모두 무시할 때 A안, B안, C안이 W기업의 다음 항목에 어떠한 영향을 미치게 될지 설명하라.

(1) 발행주식수

(2) 액면가격

(3) 주식가격

(4) 기업가치

08 X회사의 자기자본구조는 다음과 같다.

자본금	100,000,000원
	(@10,000×10,000주)
이익잉여금	50,000,000원
자기자본 합계	150,000,000원

이 회사는 주당 0.5주의 비율로 주식배당을 고려하고 있다. 주식배당 이후의 자본금, 이익잉여금, 그리고 자기자본총액을 계산하라.

09 Y회사는 올해에 4억원의 순이익을 얻었으며, 이 중에서 2억원을 배당할 예정이다. 현재 이 회사의 발행주식수는 100,000주이고 주가는 20,000원이라고 한다. Y회사는 올해 배당으로 자사주를 주당 22,000원에 10,000주를 매입하거나 주당 2,000원의 현금배당을 할 예정이다. 이 경우 자사주매입이 주가에 미치는 영향을 분석하라(PER는 일정하다고 가정). 또한 현금배당을 할 경우와 자사주매입을 할 경우의 주주의 부를 비교하라.

10 A기업의 발행주식수는 20,000주, 당기순이익은 5,000원, 현재 주가는 10,000원이다. 주가가 이론적으로 변한다고 할 때 다음과 같은 A기업의 재무정책에 따른 주가수익비율(PER)을 구하라.

a. 순이익의 20%를 현금으로 배당한다.
b. 발행주식수의 20%를 주식으로 배당한다.
c. 2:1로 주식을 분할한다.
d. 2:1로 주식을 병합한다.
e. 순이익의 20%에 해당하는 금액의 자사주를 10,000원에 재매입한다.

5 PART

운전자본

CHAPTER
16 운전자본관리

1절 운전자본관리의 의의

1 운전자본관리의 중요성

운전자본(working capital)은 크게 두 가지 의미로 사용되고 있다. 하나는 현금, 유가증권, 매출채권, 재고자산 등의 유동자산을 나타내는 개념으로 사용되고 있고 다른 하나는 유동자산에서 유동부채를 차감한 순운전자본(net working capital)의 개념으로 사용되고 있다. 따라서 운전자본관리는 현금관리, 유가증권관리, 매출채권관리, 재고자산관리 등 유동자산관리와 매입채무 등 유동부채관리를 모두 포함한다. 그러나 유동부채에 대해서는 제12장의 자본조달에서 이미 다루었으므로 본장에서는 유동자산관리에 대해서만 살펴보기로 한다.

〈표 16－1〉은 2012년도 우리나라 제조업 전체의 재무상태표를 보여주고 있다. 〈표 16－1〉에서 우리나라 제조업의 총자산 중에서 유동자산이 차지하는 비율은 42.1%이고, 제조업의 총자본 중에서 유동부채가 차지하는 비율은 33.9%로서 총자산(총자본) 중에서 운전자본이 차지하는 비중이 매우 높다는 것을 알 수 있다. 뿐만 아니라 기업의 운전자본관리는 일상적 · 반복적으로 이루어지기 때문에 기업의 경영활동과정에서 매우 중요한 부분을 차지한다고 할 수 있다.

〈표 16-1〉 제조업 전체 재무상태표 (2012년 말) (단위 : 10억원)

과 목	금 액	과 목	금 액
유동자산	667,769	유동부채	536,947
당좌자산	499,347	매입채무	158,747
현금및현금성자산	78,044	단기차입금	162,826
단기투자자산	94,038	유동성장기부채	47,297
매출채권	259,474	기타유동부채	168,077
기타당좌자산	67,791	비유동부채	260,326
재고자산	168,422	회사채	71,067
비유동자산	918,591	장기차입금	124,700
투자자산	267,821	기타비유동부채	64,560
유형자산	583,616	자본	789,094
토지	170,834	자본금	112,282
설비자산	365,261	자본잉여금	159,699
건설중인자산	47,522	자본조정	-45,284
무형자산	32,181	기타포괄손익누계액	23,523
기타비유동자산	34,980	이익잉여금	538,873
자산총계	1,586,367	부채 및 자본총계	1,586,367

자료: 한국은행, 「기업경영분석」, 2012년.

기업의 운전자본관리의 목표는 기업가치를 극대화하는 최적운전자본의 수준을 결정하는 것이다. 기업이 적절한 유동성을 확보하고 원활한 생산 및 판매활동을 수행하기 위해 운전자본이 필요하지만 운전자본을 유지하는데 여러 가지 비용이 발생하기 때문에 관리비용이 최소화되는 적정수준의 운전자본수준을 결정하여야 한다.

2 운전자본조달정책

유동자산 투자정책

기업의 운전자본조달정책은 유동자산에 대한 투자정책과 운전자본의 조달정책으로 구분할 수 있다. 기업의 유동자산 투자정책은 유동자산의 투자규모를 결정하는 것으로 매출액 대비 유동자산의 비율에 따라 보수적 정책과 공격적 정책으로 구분된다. 보수적인 정책은 매출액 대비 유동자산의 비율을 상대적으로 높게 유지하는 정책으로 수익성보다는 안정성에 초점을 두는 정책이다. 반면 공격적인 정책은 매출액 대비 유동자산의 비율을 상대적으로 낮게 유지하는 정책으로 안정성보다는 수익성에 초점을 두는 정책이다. 예를 들면 보수적인 유동자산 투자정책을 선택하는 기업의 경우 현금이나 시장성 유가증권의 보유수준을 높이고 신용정책도 신용기간을 늘리거나 신용기준을 완화함으로써 신용판매를 확대하려고 한다.

따라서 기업이 보수적인 유동자산 투자정책을 선택할 경우 기업의 총자산 중에서 유동자산이 차지하는 비중이 더욱 커지게 된다. 유동자산의 비중이 커지면 기업의 유동성(liquidity), 즉 단기채무 상환능력은 향상되지만 수익성은 떨어지게 된다. 반대로 공격적인 유동자산 투자정책을 선택할 경우 수익성이 낮은 유동자산의 비중이 줄어들기 때문에 수익성은 향상되지만 유동성 부족으로 지급불능위험에 빠지게 될 가능성은 증가하게 된다. 따라서 기업은 수익성과 위험이라고 하는 두 가지 요인을 모두 고려하여 유동자산 투자정책을 결정하여야 한다.

[그림 16-1] 유동자산 투자정책

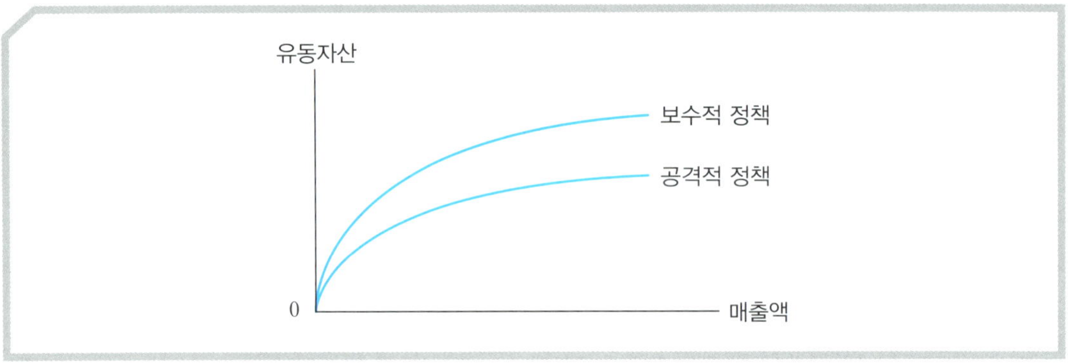

운전자본 조달정책

유동자산에 대한 투자규모가 결정되면 다음으로 유동자산에 투자할 자금을 어떻게 조달할 것인지 결정하여야 한다. 기업의 운전자본 조달정책은 장기자본 대비 단기부채의 비율에 따라 보수적 정책과 공격적 정책으로 구분된다. 먼저 보수적인 자금조달정책은 기업의 모든 자금을 장기자본(비유동부채+자기자본)으로 조달하여 사용하고 유휴자금이 발생하면 유동성이 높은 유가증권에 투자하는 정책이다. 이와 같은 보수적인 자금조달정책은 기업의 채무상환능력은 높일 수 있으나 기업의 수익성은 상대적으로 떨어지게 된다. 공격적인 자금조달정책은 기업에 필요한 단기자금은 단기부채로 조달하고, 장기간 사용할 자금은 장기자본으로 조달하는 정책이다. 공격적인 자금조달정책은 유휴자금을 줄이고 기업의 수익성을 높일 수 있지만 단기부채 의존도가 높아서 기업의 이자율변동위험이나 지급불능위험에 빠질 수 있다.

[그림 16-2] 운전자본 조달정책

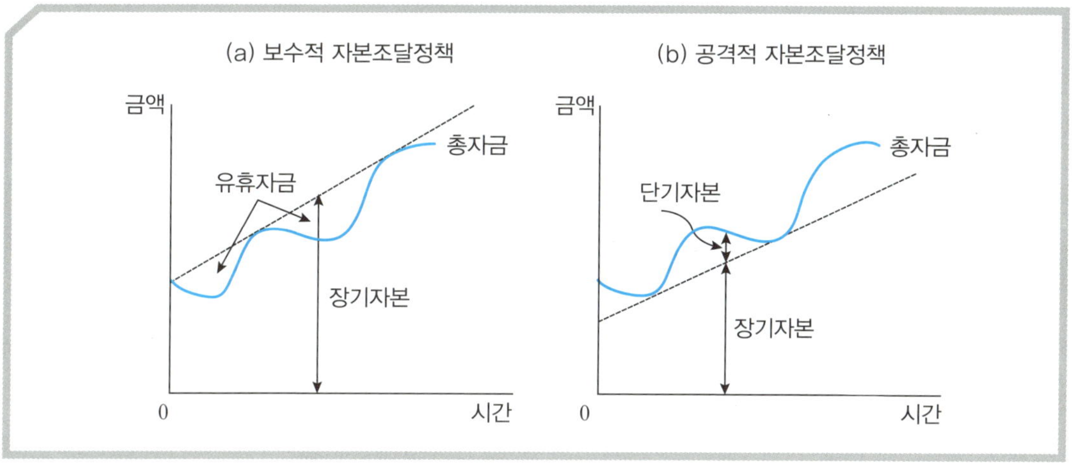

2 절 현금관리

1 현금관리의 의의

기업이 영업활동을 원활하게 수행하기 위해서는 현금을 충분히 보유하고 있어야 한다. 만일 기업이 현금이 부족하여 매입채무를 상환하지 못하거나 차입금 등의 부채에 대한 이자나 원금을 상환하지 못하면 그 기업은 신용을 잃게 되고 나아가서는 영업활동을 중단할 수밖에 없는 곤경에 빠질 수도 있다. 그러나 기업이 현금을 과다하게 보유할 경우에도 여러 가지 비용이 발생하게 된다. 왜냐하면 현금은 유휴자산(idle asset)

으로서 그 자체로서는 수익을 얻을 수 없기 때문이다.

〈표 16-1〉을 보면 우리나라 기업들의 총자산 중에서 현금 및 현금성 자산이 차지하는 비중은 4.9%로서 과거에 비해 크게 감소하였다. 이는 자본시장의 발달과 더불어 기업들이 현금을 가능한 한 최소한으로 보유하고 대신 여유 자금을 수익성이 높은 유가증권에 투자를 하였기 때문이다. 유가증권은 현금처럼 유동성을 유지하면서 수익성을 올릴 수 있기 때문에 이러한 추세는 더욱 가속화될 전망이다.

이와 같이 현금관리의 목적은 한편으로는 유동성을 적절히 유지하여 기업의 지급불능위험을 줄이는 동시에 기업의 수익성을 높이기 위한 것이다. 최근에는 현금의 기능을 대체할 수 있는 다양한 형태의 화폐가 개발되고 그 사용이 증가함에 따라 전통적인 현금관리이론을 대체할 수 있는 새로운 모형에 대한 연구가 활발하게 이루어지고 있다.

2 현금보유동기

기업이 어느 정도의 현금을 보유해야 하는지 살펴보기에 앞서 기업이 현금을 왜 보유해야 하는지 명확히 살펴볼 필요가 있다. 여기에서 현금이란 시중에서 유통되고 있는 지폐와 동전뿐만 아니라 타인발행 수표 · 배당증권 · 송금환 · 우편환증서 · 사채이자표 등의 통화대용증권을 포함한다. 그리고 당좌예금과 보통예금 등의 요구불예금도 현금에 포함된다. 케인즈(Keynes)에 의하면 기업이 현금을 보유하는 동기에는 거래동기, 예비동기, 투기동기가 있다.

거래동기

거래동기(transaction motive)란 기업이 일상적인 거래활동을 위하여 현금을 보유하는 것을 말한다. 예를 들면 기업은 원재료 구입, 인건비 지급, 세금 등 각종 경비의 지급을 위하여 현금을 보유하게 된다.

예비동기

예비동기(precautionary motive)란 기업이 비상사태나 우발적인 사태에 대비하여 현금을 보유하는 것을 말한다. 예를 들면 경기가 후퇴할 것으로 예상되는 경우 기업은 매출 감소에 대비하여 미리 현금을 보유할 필요가 있다.

투기동기

투기동기(speculative motive)란 기업이 미래에 큰 이익을 얻기 위해 현금을 보유하는 것을 말한다. 예를 들면 증권시장에서 증권가격이 크게 하락할 때 증권에 투자를 하기 위해 미리 현금을 보유하는 경우이다.

3 현금관리정책

기업의 현금보유동기는 크게 세 가지로 나누어 볼 수 있다. 그러나 실제로 현금보유수준은 기업이 영업활동을 하는 과정에서 발생하는 현금유입과 현금유출의 시간에 따라서 달라진다. 따라서 현금관리의 기본원칙은 화폐의 시간가치를 고려하여 현금의 유입은 되도록 빨리 하고, 반대로 현금유출은 늦게 하는 것이다.

기업이 현금유입을 촉진시키기 위해서는 고객이 수표로 대금을 지불한 시점과 해당 수표가 은행에 입금되어 현금을 이용할 수 있는 시점과의 시간적인 간격을 줄여야 한다. 그리고 현금유출을 지연시키기 위해서는 기업이 수표로 대금을 지불한 시점과 해당 수표가 결제되어 기업의 은행계정에서 예금이 빠져나가는 시점과의 시간적인 간격을 늘려야 한다. 플로트(float)란 기업의 장부잔액과 은행의 계정잔액의 차이를 의미하는 것으로 수표의 지급시점과 정산시점의 차이 때문에 발생한다. 플로트에는 지급플로트, 회수플로트, 순플로트가 있다. 지급플로트는 기업에서 지불한 수표가 기업 장부에는 현금유출로 기록이 되어 있으나 은행계정에는 정산이 되지 않고 아직 현금으로 남아있는 금액을 말한다. 회수플로트는 기업이 수취한 수표가 기업 장부에는 현금으로 기록이 되어 있으나 은행계정에는 아직 현금으로 기록되지 않고 있는 금액을 말한다. 순플로트는 지급플로트에서 회수플로트를 차감한 금액을 말한다.

예를 들어 2014년 3월 28일 현재 지급플로트가 5천만원이고 회수플로트가 3천만원이면 순플로트는 2천만원이 된다. 이 경우 기업은 기업 장부의 현금 외에 2천만원만큼의 현금이 남아있다고 볼 수 있다. 즉 이 기업은 현금을 추가적으로 조달하지 않고서도 순플로트만큼의 유동성을 확보하는 셈이 된다.

4 현금보유수준의 결정

보몰의 모형

보몰(Baumol)은 일정 기간 동안의 현금수요를 정확히 예측할 수 있고 현금유출이 일정하게 이루어진다는 가정하에 재고관리모형을 이용하여 거래동기에 의한 최적 현금보유수준을 결정하는 모형을 도출하였다.

보몰은 현금관리를 위한 비용을 유지비용과 거래비용으로 구분하고, 이 비용을 최소로 하는 1회 현금조달금액을 구하였다.

$$B^* = \sqrt{\frac{2FA}{i}} \qquad (16-1)$$

B^* : 1회 최적현금조달금액
F : 1회 거래비용
A : 총현금수요
i : 이자율

(16-1)식에 의하면 1회 최적현금조달금액은 유가증권 거래금액의 제곱근에 비례하고, 유가증권 투자수익률의 제곱근에 반비례한다. 즉 유가증권 거래비용이 증가하면 평균현금보유수준이 늘어나고, 유가증권 투자수익률이 높을수록 현금보유수준은 줄어들게 된다.

[그림 16-3] 평균현금보유수준

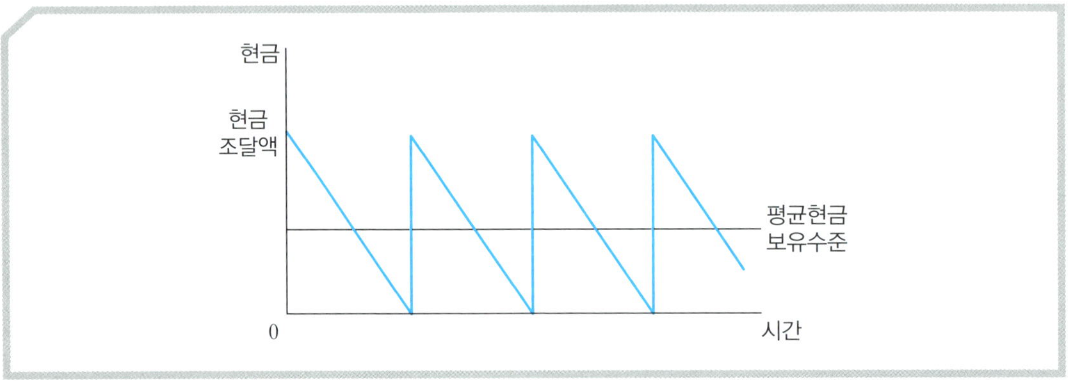

예제 16-1

M기업의 연간 총현금수요는 10억원이다. 이 기업은 현금을 유가증권에 투자하고 있다가 일정한 금액을 현금으로 전환하여 사용한다. 이 기업의 유가증권 투자수익률은 연 8%이고, 유가증권을 매각할 때 100,000의 거래비용이 발생한다. 이 기업의 최적 현금보유수준을 구하라.

해설 먼저 유가증권 최적매각금액을 구하면 다음과 같다.

$$B^* = \sqrt{\frac{2FA}{i}} = \sqrt{\frac{2 \times 1{,}000{,}000{,}000 \times 100{,}000}{0.08}} = 50{,}000{,}000(\text{원})$$

따라서 M기업의 평균현금보유수준은 다음과 같다.

$$\frac{B^*}{2} = 25{,}000{,}000$$

밀러 · 오어의 모형

앞에서 살펴본 보몰의 현금관리모형의 단점은 기업의 현금유출이 항상 일정하다고 가정한 것이다. 밀러와 오어(Miller & Orr)는 미래의 현금흐름을 확실하게 예측할 수 없는 상황에서 이용할 수 있는 새로운 현금관리모형을 제시하였다.

[그림 16-4]에서 U와 L은 각각 현금보유 상한선과 하한선을 나타낸다. 즉 기업의 현금보유수준이 U에 도달하면 유가증권을 매입하여 현금보유수준을 귀착점인 R로 내리고, 현금수준이 L까지 내려가면 유가증권을 매각하여 현금보유수준을 다시 R로 올린다.

[그림 16-4] 밀러와 오어의 현금관리모형

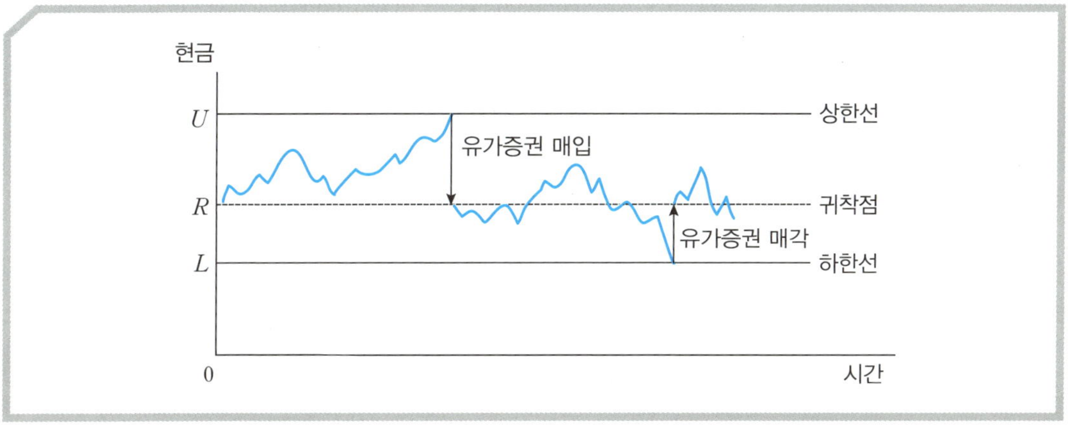

한편 밀러와 오어의 모형에서 현금관리비용을 최소로 하는 상한선과 하한선의 폭과 귀착점은 다음과 같이 결정된다.

$$U-L=3\sqrt[3]{\frac{4F\sigma^2}{4i}} \tag{16-2}$$

$$R=L+\frac{1}{3}(U-L) \tag{16-3}$$

$$U=L+(U-L) \tag{16-4}$$

여기서 F는 유가증권 거래비용, σ^2은 매일의 순현금흐름의 분산을 나타내고, i는 유가증권의 수익률을 나타낸다.

(16-2)식에 따르면 현금보유 상한선과 하한선의 폭$(U-L)$은 순현금흐름의 분산과 유가증권 거래비용이 커질수록 넓어지고, 유가증권의 수익률이 높을수록 줄어든다.

예제 16-2

N기업은 미래 현금흐름의 불확실성을 고려하여 현금을 최소한 1,000만원 이상 보유하고 있다. 이 기업의 일별 현금흐름의 표준편차는 200만원, 유가증권 일별 수익률은 0.05%이며, 유가증권 거래비용은 매회 2만원이 발생한다. 이 기업의 현금보유 상한선 및 귀착점을 구하라.

해설 먼저 $(U-L)$을 구하면 다음과 같다.

$$U-L=3\sqrt[3]{\frac{4F\sigma^2}{4i}}=3\sqrt[3]{\frac{3\times 20{,}000\times 2{,}000{,}000^2}{4\times 0.0005}}=10{,}627{,}000(\text{원})$$

따라서 현금보유 상한선은 다음과 같다.

$$U=L+(U-L)=20{,}000{,}000+10{,}627{,}000=30{,}627{,}000(\text{원})$$

한편 귀착점은 다음과 같이 결정된다.

$$R=L+\frac{1}{3}(U-L)=20{,}000{,}000+\frac{1}{3}(10{,}627{,}000)=23{,}542{,}000(\text{원})$$

3절 유가증권관리

1 유가증권관리의 의의

일반적으로 증권(security)이란 시장성이 있는 금융자산을 의미한다. 즉, 채권이나 주식과 같이 시장에서 자유롭게 거래될 수 있는 금융자산을 증권이라고 한다. 예를 들면 은행의 정기예금증서는 증권이라고 할 수 없지만 양도성예금증서(certificate of deposit: CD)는 시장에서 자유롭게 거래되기 때문에 증권에 포함된다. 넓은 의미에서 증권은 상법상의 유가증권을 의미한다. 상법에서 유가증권이란 '어떤 재산적 권리를 나타내는 증서'를 말한다. 이러한 유가증권의 종류에는 화폐증권(어음, 수표), 상품증권(선하증권, 창고증권, 화물상환증), 자본증권(채권, 주식, 수익증권) 등이 있다. 그러나 일반적인 의미의 증권이란 유가증권 중에서도 자본증권을 말하는 경우가 대부분이다. 자본증권이란 특정자산으로부터 기대되는 미래수익에 대한 법적 청구권을 나타내는 증서이다.

한편 기업의 유동자산으로 분류되는 유가증권은 단기간에 현금화할 수 있는 유동성이 높은 금융상품을 말하는 것으로 기업어음(CP), 양도성예금증서(CD), 환매조건부채권(RP) 등의 단기금융자산과 단기매매를 목적으로 보유하는 국공채, 회사채, 주식 등의 장기금융자산이 모두 포함된다. 기업이 이와 같이 시장성이 있는 유가증권을 보유하는 이유는 유가증권이 유동성을 확보하기 위한 현금의 대체수단으로서의 역할을 함과 동시에 어느 정도 수익을 얻는 투자자산으로서의 역할도 하기 때문이다. 기업이 유가증권을 소유하고 있으면 현금이 부족할 때 유가증권을 매각함으로써 현금을 확보할 수 있다. 뿐만 아니라 여유현금이 발생할 때 유가증권에 투자를 함으로써 단기수익을 올릴 수 있다.

2 유가증권의 선택기준

기업은 미래의 현금부족사태에 대비하여 여유자금을 단기적으로 유가증권에 투자하게 된다. 이 경우 다음과 같은 요인을 고려하여 유가증권을 선택하여야 한다.

수익성

기업이 유가증권에 투자를 할 때에는 수익성을 고려해야 한다. 유가증권의 투자수익률이란 투자로부터 얻게 되는 수익을 투자원금으로 나눈 비율로서, 투자로부터 얻게 되는 수익에는 수입이자, 배당금, 매매차익 등이 있다. 일반적으로 유가증권의 수익성은 그 위험과 비례하는 관계에 있다.

위 험

기업이 유가증권에 투자를 할 때에는 위험을 고려하여야 한다. 유가증권의 보유에 따르는 위험에는 크게 채무불이행위험과 시장위험이 있다. 채무불이행위험(default risk)이란 원금과 이자를 약정된 날짜에 받지 못할 가능성을 의미하는 것으로 해당 유가증권 발행자의 신용도에 따라 다르다. 한편 시장위험(market risk)이란 유가증권의 시장가격 하락으로 인한 자본손실의 가능성을 의미한다.

[그림 16-5] 수익성과 위험의 관계

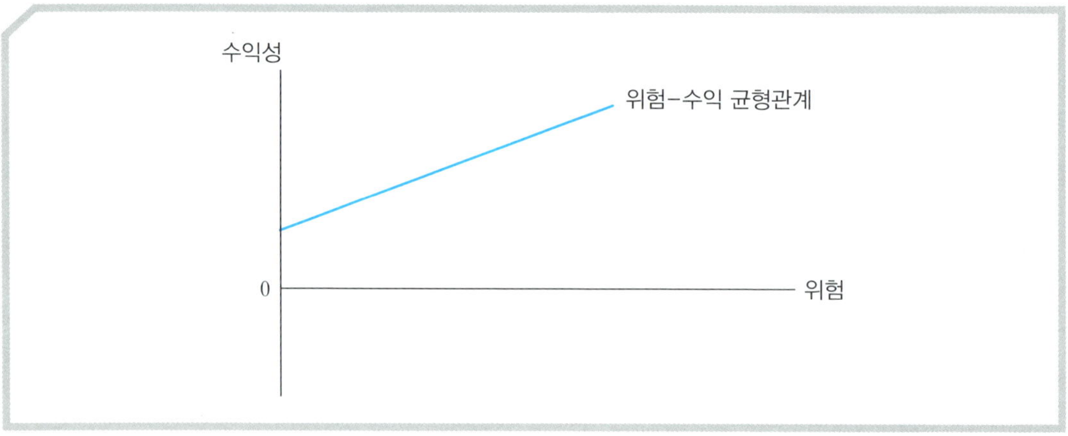

유동성

유동성(liquidity)이란 기업이 유가증권을 매각할 때 단기간 내에 손실을 보지 않고 현금화할 수 있는 가능성을 의미한다. 일반적으로 유가증권의 유동성은 수익성과 반비례하는 관계에 있다. 기업이 일시적 여유자금으로 유가증권에 투자를 할 때에는 대량의 유가증권을 신속하게 현금화할 수 있어야 하므로 유동성이 높은 유가증권에 투자를 하여야 한다.

[그림 16-6] 수익성과 유동성의 관계

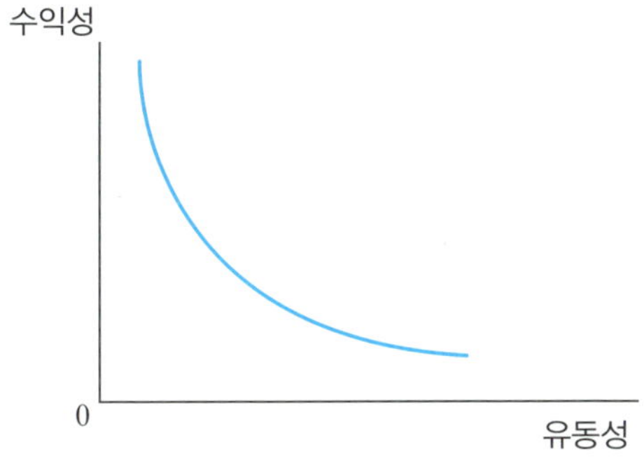

4 절 매출채권관리

1 매출채권관리의 의의

매출채권(account receivable)이란 재화나 용역을 외상으로 판매하고 아직 회수되지 않은 채권을 말한다. 매출채권은 기업의 운전자본으로서 재무상태표상의 외상매출금 계정과 받을어음 계정으로 표시된다.

기업은 신용판매를 통하여 매출을 증가시키고 매출총이익을 증가시킬 수 있지만 매출채권이 증가함으로써 대손(bad debt)의 위험이 늘어나고 매출채권에 투자된 자금의 대한 유지비용이 발생한다. 특히 경기가 불황으로 접어들 경우 매출채권 회수기간이 늘어나고 이에 따라 기업의 자금사정이 악화되어 부도위험이 크게 증가할 수 있다. 따라서 기업은 매출채권의 수익성과 위험의 트레이드오프(trade off) 관계를 고려하여 매출채권관리정책을 결정하여야 한다.

2 신용정책의 결정

기업의 신용정책이란 매출채권관리를 위한 여러 가지 정책을 말한다. 기업이 결정해야 하는 신용정책에는 다음과 같은 네 가지가 있다.

신용기간

신용기간(credit period)이란 매출채권의 상환기간으로서 제품을 구입하고 대금을 지급하기까지 소요되는 시간을 말한다. 기업이 신용기간을 연장하게 되면 매출이 증가하게 되고, 이에 따라 영업이익도 증가하게 된다. 그러나 신용기간이 길어지면 기업의 매출채권이 증가하고, 매출채권이 증가하면 대손의 위험과 매출채권의 유지비용도 함께 증가한다.

신용기준

신용기준(credit standard)이란 신용판매를 위한 고객을 선별하는 기준을 말한다. 고객에 대한 신용평가를 할 때 다음과 같은 5가지 요인을 고려하는데, 이를 흔히 '5C'라고 한다.

① **성격**(character) : 고객의 채무상환 의지 또는 태도
② **능력**(capacity) : 고객의 채무상환 능력(경영능력, 현금흐름능력)
③ **재무상태**(capital) : 고객의 재무상태(부채비율, 유동비율 등)
④ **담보능력**(collateral) : 고객이 제공하는 담보자산의 수준
⑤ **상황**(condition) : 경제상황 등의 기업 외적 조건

현금할인

현금할인(cash discount)은 일정 기간 이내에 외상판매대금을 현금으로 지급하면 할인을 해 주는 제도이다. 현금할인정책을 선택하는 이유는 고객을 늘리고, 매출채권의 회수기간을 단축시키기 위한 것이다. 예를 들어 「2/10, net 30」의 신용조건은 고객이 제품을 구입한 후 30일 이내에 대금을 지급하여야 하며, 만일 10일 이내에 현금으로 지급을 할 때에는 대금의 2%를 할인해 준다는 조건이다. 한편 이와 같은 현금할인정책이 효과를 거두기 위해서는 현금할인율이 시장이자율보다 높게 책정되어야 한다.

수금정책

수금정책(collection policy)은 기업이 매출채권의 회수방법을 결정하는 것을 말한다. 매출채권 회수가 지연 또는 불능이 되면 매출채권투자가 증가하게 되고, 이는 기업의 자금사정을 악화시킬 수 있으므로 기업은 매출채권 회수를 촉진하기 위한 다양한 수금정책을 강구하여야 한다. 기업이 수금정책을 강화하게 되면 매출채권의 회수기간이 단축되고 대손율도 낮아질 수 있으나 수금비용이 증가하게 된다. 한편 수금비용이 일정한 수준을 넘어서게 되면 수금비용을 증가시키더라도 대손이 더 이상 줄어들지 않는데, 이를 포화점이라고 한다. 따라서 수금비용이 포화점에 도달하면 수금비용을 증가시킬 필요가 없다.

한편 매출채권에 투자된 자금을 회수하기 위한 방법으로 팩토링(factoring)을 이용할 수도 있다. 팩토링이란 기업이 매출채권을 팩토링 회사에 양도하고 팩토링 회사는 기업을 대신하여 고객으로부터 매출채권을 추심하는 단기금융의 한 방법이다. 팩토링의 거래절차를 요약하면 [그림 16-7]과 같다. 기업이 이러한 팩토링을 이용하면 매출채권의 회수를 촉진시킬 수 있고, 대손위험을 팩터에게 전가할 수 있다.

[그림 16-7] 팩토링

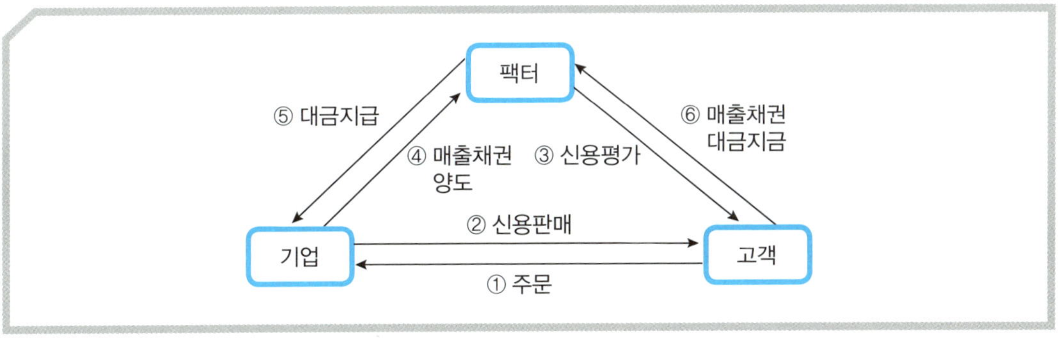

3 최적신용정책의 결정

기업이 최적신용정책을 결정하기 위해서는 신용정책의 변경이 순이익에 미치는 효과를 분석하여야 한다. 즉 신용정책의 변경에 따르는 매출액의 증감, 현금할인금액의 증감, 매출원가의 증감, 매출채권 증가에 따르는 유지비용의 증감, 수금비용의 증

〈표 16-2〉 신용정책의 변경효과

구 분	변경 전 신용정책	변경 후 신용정책
신용조건	2/10, net 30	3/10, net 50
매출액	10,000,000	14,400,000
평균회수기간	25일	50일
수금비용	150,000	200,000
대손율	매출액의 1%	매출액의 2%
자본비용	10%	10%
변동비율	50%	50%
할인고객비율	40%	50%
법인세율	20%	20%

감, 대손의 증감 등을 비교하여 순이익의 변화를 살펴보아야 한다.

예를 들어 Q기업이 새로운 신용정책의 도입을 검토하고 있다고 하자. 이 기업이 신용조건을 변경할 경우에 예상되는 매출액 및 각종 비용의 변화는 〈표 16-2〉와 같다고 한다. 이 기업의 새로운 신용정책의 도입에 따르는 순이익의 변화를 분석하면 다음과 같다.

매출이익의 변화

기업이 신용정책을 완화할 경우 얻을 수 있는 효과는 매출액의 증가 및 이에 따른 매출이익의 증가를 들 수 있다. 매출액(S)이 증가할 경우에 기업의 매출이익(E)은 다음과 같이 공헌이익률$\left(1-\frac{v}{p}\right)$에 따라 결정된다.

$$\Delta E = \Delta S\left(1-\frac{v}{p}\right) \tag{16-5}$$

v : 단위당 변동비용
p : 단위당 판매가격

따라서 Q기업의 신용정책의 완화에 따르는 매출이익의 변화는 다음과 같다.

$$\Delta E = \Delta S\left(1-\frac{v}{p}\right)$$

$$=(14{,}400{,}000-10{,}000{,}000)(1-0.5)$$
$$=2{,}200{,}000(\text{원})$$

매출채권 투자자금 및 매출채권 유지비용의 변화

기업이 신용정책을 완화할 경우 매출채권에 투자되는 자금(I)이 증가하고, 따라서 매출채권 유지비용도 증가하게 된다. 신용정책의 완화에 따르는 매출채권 투자자금의 증가금액(ΔI)은 평균회수기간(ACP)의 연장에 따라 늘어나는 자금과 신용정책의 완화로 증가하는 매출채권에 대한 투자자금으로 구성된다.

$$\Delta I=\left(\frac{S_P}{360}\right)(ACP_N-ACP_P)+\left(\frac{v}{p}\right)\left(\frac{\Delta S}{360}\right)ACP_N \tag{16-6}$$

(16-6)식에서 ACP_P는 신용정책 변경 전의 매출채권 평균회수기간을 나타내고, ACP_N는 변경 후의 평균회수기간을 나타낸다.

Q기업이 신용정책을 완화할 경우 증가하는 매출채권 투자자금은 다음과 같다.

$$\Delta I=\left(\frac{S_P}{360}\right)(ACP_N-ACP_P)+\left(\frac{v}{p}\right)\left(\frac{\Delta S}{360}\right)ACP_N$$
$$=\frac{10{,}000{,}000}{360}\times(50-25)+(0.5)\times\frac{4{,}400{,}000}{360}\times(50)$$
$$=1{,}000{,}000(\text{원})$$

한편 매출채권에 대한 투자자금의 증가로 인해 추가로 발생하는 매출채권 유지비용($\Delta I \times K$)은 증가된 매출채권 투자금액(ΔI)에 기업의 자본비용(k)을 곱한 것과 같다.

$$\Delta I \times k=1{,}000{,}000\times 0.1=100{,}000(\text{원})$$

현금할인, 대손, 수금비용의 변화

신용정책의 완화에 따라 늘어나는 비용에는 현금할인(CD), 대손(BD), 수금비용(CC)이 있다.

$$\Delta CD = CD_N - CD_P \quad (16-7)$$
$$\Delta BD = BD_N - BD_P \quad (16-8)$$
$$\Delta CC = CC_N - CC_P \quad (16-9)$$

Q기업이 신용정책을 완화할 경우에 증가하는 비용은 각각 다음과 같이 계산된다.

$$\begin{aligned}\Delta CD &= CD_N - CD_P \\ &= 14{,}400{,}000 \times 0.5 \times 0.03 - 10{,}000{,}000 \times 0.4 \times 0.02 \\ &= 136{,}000(\text{원})\end{aligned}$$

$$\begin{aligned}\Delta BD &= BD_N - BD_P \\ &= 14{,}400{,}000 \times 0.03 - 10{,}000{,}000 \times 0.02 \\ &= 188{,}000(\text{원})\end{aligned}$$

$$\begin{aligned}\Delta CC &= CC_N - CC_P \\ &= 200{,}000 - 150{,}000 \\ &= 50{,}000(\text{원})\end{aligned}$$

따라서 Q기업이 기존의 신용정책을 새로운 신용정책으로 변경하는 경우에 발생하는 순이익(NI)의 변화를 구하면 다음과 같다.

$$\begin{aligned}\Delta NI &= (\Delta EBIT - \Delta CD - \Delta BD - \Delta CC - \Delta I \times k)(1-t) \\ &= (2{,}200{,}000 - 136{,}000 - 188{,}000 - 50{,}000 - 100{,}000)(1-0.2) \\ &= 1{,}380{,}000(\text{원})\end{aligned}$$

이와 같이 Q기업이 신용정책을 변경할 경우 순이익은 1,380,000원이 증가할 것으로 예상이 된다. 따라서 Q기업은 기존의 신용정책보다 신용조건을 완화한 새로운 신용정책을 선택하는 것이 유리할 것이다.

5절 재고자산관리

1 재고자산관리의 의의

재고자산(inventory)이란 생산활동이나 판매활동을 위해 기업이 일시적으로 보유하고 있는 원재료, 재공품, 완제품 등을 의미한다. 원재료는 제품을 생산하는데 필요한 원료 및 재료를 말하고, 재공품(work-in-process)은 생산공정에 투입되어 완제품으로 만들어지기 전까지의 중간제품을 말하며, 완제품은 생산이 완료되었으나 아직 판매되지 않은 제품을 가리킨다.

재고자산은 미래의 수요와 공급이 불규칙적으로 변동함에 따라 발생하는 여러 가지 문제를 해결하는데 기여한다. 재고자산은 기업의 생산활동과 판매활동이 원활히 이루어질 수 있도록 해주고 기업의 수익성을 향상시켜주는 역할을 한다. 그러나 재고자산을 적정수준 이하로 보유하거나 적정수준 이상으로 보유하면 이로 인한 손실이 발생하게 된다. 재고자산이 부족하면 생산계획에 차질이 생기거나 제품의 판매기회를 잃을 위험이 발생하며, 재고자산을 과다하게 보유하면 영업활동의 효율성이 떨어질 위험이 발생한다. 따라서 재고자산관리의 목적은 적정수준의 재고를 유지함으로써 이러한 위험들을 최소화하고 기업의 수익성을 높이는 것이다.

한편 재고관리와 관련하여 발생할 수 있는 비용에는 재고유지비용, 주문비용, 재고부족으로 인한 기회비용 등이 있다. 재고유지비용(carrying cost)은 재고자산을 보관하고 유지하는데 발생하는 비용으로 재고자산 투자자금에 대한 자본비용, 보관비용, 감가상각비, 보험료 등이 있다. 주문비용(ordering cost)은 재고자산의 주문과 관련하여 발생하는 여러 가지 비용으로 통신비용, 선적 및 하역비용 등이 있다. 재고고갈로 인한 기회비용에는 판매기회를 상실하여 발생하는 매출손실과 생산계획의 차질로 인한 손실 등이 있다.

2 경제적 주문량의 결정

재고자산관리에서 가장 기본적인 결정은 재고관리비용을 최소화하는 주문량 및

[그림 16-8] 1회 주문량과 평균재고량

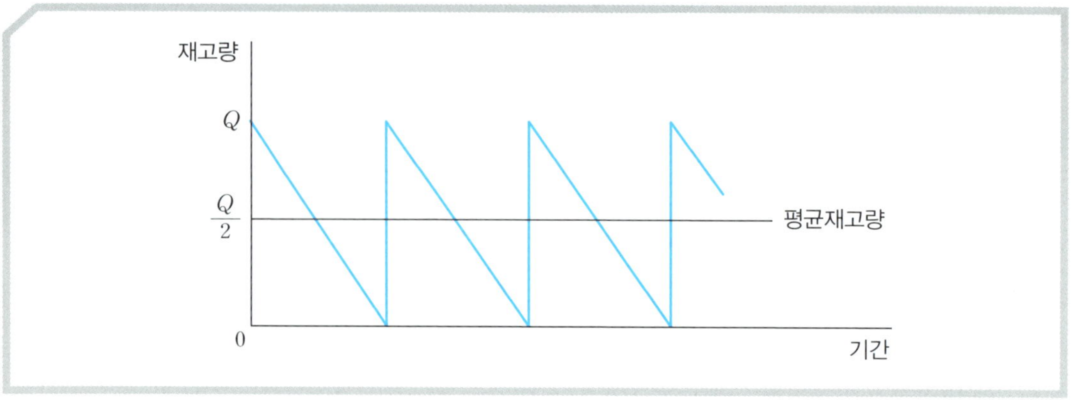

주문시점을 결정하는 것이다. 본 절에서는 일정 기간 동안에 필요한 재고자산의 수요를 정확히 예측할 수 있다는 가정하에 재고관리비용을 최소화하는 1회 주문량, 즉 경제적 주문량(economic order quantity: *EOQ*)을 도출하고자 한다.

경제적 주문량을 정하기 위하여 다음과 같은 가정을 하기로 한다. 즉, 재고자산의 총수요량(D)은 일정하고, 재고자산의 사용량 또는 사용률도 일정하다. 또한 재고자산을 주문하여 도착할 때까지 걸리는 조달기간도 일정하다고 가정한다.

재고자산의 1회 주문량(Q)이 일정하고 재고자산이 일정한 비율로 사용된다면 평균재고량은 [그림 16-8]과 같이 1회 주문량의 1/2 수준이 된다. 그리고 재고자산의 사용량과 조달기간이 일정하다고 가정할 경우 재고부족으로 인한 기회비용은 발생하지 않으므로 총재고관리비용은 총재고유지비용과 총주문비용을 합한 것과 같다.

$$TC = \frac{Q}{2}C + \frac{D}{Q}O \qquad (16-10)$$

TC : 총재고관리비용
C : 단위당 재고유지비용
O : 1회 주문비용

위의 (16-10)식을 그림으로 나타내면 [그림 16-9]와 같다.

한편 경제적 주문량(EOQ)은 총재고관리비용이 최소가 될 때의 주문량이므로 (16-10)식을 미분하여 그 값이 0이 되는 Q의 값을 구하면 다음과 같다.

[그림 16-9] 재고관리비용

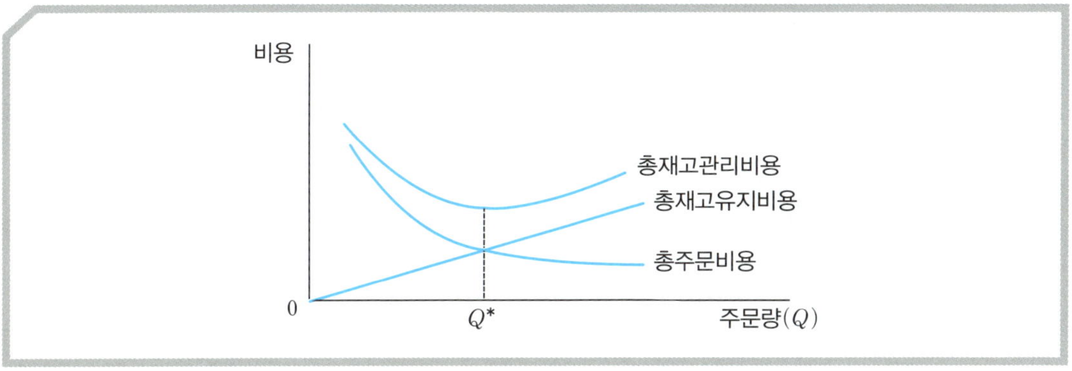

$$Q^* = \sqrt{\frac{2OD}{C}} \qquad (16-11)$$

그리고 경제적 주문량에서 발생하는 총재고관리비용은 다음과 같다.

$$TC = \sqrt{2OCD} \qquad (16-12)$$

(16-11)식에 의하면 기업의 경제적 주문량(Q^*)은 1회 주문비용과 재고자산의 총수요량에 비례하고, 단위당 재고유지비용에 반비례한다는 것을 알 수 있다.

예제 16-3

M기업은 PC를 제조 · 판매하는 기업이다. 이 기업은 PC를 제조하는데 사용되는 모니터를 외부에서 구입하여 사용하고 있다. 이 기업은 연간 500,000대의 모니터가 필요하며, 모니터를 구입할 때마다 100,000원의 주문비용이 발생하며, 모니터의 대당 재고유지비용은 1,000원이다. 이 기업의 경제적 주문량과 총재고관리비용을 구하라.

해설 $Q^* = \sqrt{\frac{2 \times 100{,}000 \times 500{,}000}{1{,}000}} = 10{,}000$(대)

$TC^* = \sqrt{2 \times 100{,}000 \times 1{,}000 \times 500{,}000} = 10{,}000{,}000$(원)

즉 M기업의 경제적 주문량은 10,000대이고, 연간 주문횟수는 50회(500,000÷10,000)가 된다. 또한 이 기업의 평균재고량은 5,000대(10,000÷2)가 된다. 이 때 발생하는 총재고관리비용은 10,000,000(5,000×1,000+50×100,000)원이 된다.

연/습/문/제

주관식 문제

01 다음 용어를 간단히 설명하라.

(1) 운전자본(working capital)

(2) 거래동기

(3) 플로트

(4) 유가증권

(5) 5C

(6) 팩토링

(7) 경제적 주문량(EOQ)

(8) 신용기간

02 기업의 운전자본조달정책에 대하여 설명하라.

03 보몰(Baumol)의 현금관리모형에 대하여 설명하라.

04 유가증권의 세 가지 선택기준에 대하여 설명하라.

05 신용기준을 완화할 때의 손익에 대하여 설명하라.

06 EOQ모형을 도출하고, 그 가정과 한계에 대하여 설명하라.

07 재고자산의 역할에 대하여 설명하고, 기업의 최적재고수준을 결정하는 요인들을 나열하라.

08 Y회사는 올해 총 81,000,000원의 현금이 필요하다. 이 회사가 현금을 유가증권에 투자할 경우 연간 9%의 수익률을 올릴 수 있으며, 증권을 매각할 때에 매번 20,000원의 수수료가 발생한다.

(1) 이 회사의 최적현금인출금액은 얼마인가?
(2) 이 회사가 현금을 보유함에 따라 발생하는 비용은 모두 얼마인가?

09 Z회사의 1일 평균매출액은 400만원이며 신용기간은 20일이라고 한다. 이 회사가 신용기간을 30일로 연장할 경우 1일 평균매출액은 600만원으로 증가할 것으로 예상하고 있다. 이 회사의 제품 단위당 변동비는 판매가격의 60%이고, 자본비용은 15%이다.

(1) 이 회사가 신용기간을 연장할 경우에 예상되는 매출이익의 증가액을 구하라.
(2) 신용기간의 연장에 따라 추가적으로 소요되는 운전자본과 그 비용을 계산하라.

10 U회사의 신용조건은 2/10, net 30이다. 이 회사의 연간 매출액은 6,000만원이다. 한편 이 회사의 고객 중에서 40%는 10일 후에 대금을 지급하고 할인을 받으며, 나머지 60%는 구매 후 평균 40일 후에 대금을 지급하고 있다.

(1) 이 회사의 매출채권 평균회수기간을 구하라.

(2) 이 회사의 평균매출채권잔고를 구하라.

(3) 이 회사가 신용관리를 강화하여 비할인고객이 구매 후 30일 내에 대금을 상환하도록 할 경우의 평균매출채권잔고를 구하라.

11 N기업은 매달 50대의 컴퓨터를 구매하여 판매하고 있다. 이 기업의 컴퓨터 판매가격은 대당 2,48,5000원이고, 판매가격의 17%가 보험료 등의 재고유지비용으로 지출되고 있다. 한편 이 회사가 컴퓨터를 주문할 때 발생하는 주문비용은 매회 220,000원이다.

(1) 이 회사의 경제적 주문량은 얼마인가?

(2) 이 회사는 1년에 몇 번 주문을 해야 하는가?

재무관리

PART 6

특수재무이론

CHAPTER 17 선 물

1절 선물의 기초개념

1 선물거래의 의의

시장에서 이루어지는 매매거래는 계약시점과 결제시점을 기준으로 현물거래와 선도거래로 구분할 수 있다. 현물거래(spot transaction)는 매매계약이 성립된 시점에서 대금의 지급과 상품의 인수 및 인도가 동시에 이루어지는 거래를 말한다. 선도거래(forward transaction)는 매매계약의 체결시점과 결제시점 간에 차이가 있는 거래를 말한다. 즉 선도거래는 계약이 이루어지고 일정한 시간이 경과한 후에 대금의 지급과 상품의 인수도가 이루어지는 거래를 말한다.

예를 들어 어떤 상인이 배추농사를 짓는 농부로부터 수확기에 배추를 한 접에 100,000원을 주고 모두 100접을 샀다면 이는 현물거래라고 할 수 있다. 그러나 이 상인이 수확기가 되기도 전에 이 배추를 한 접에 100,000원을 주고 100접을 사기로 계약을 체결하였다면 이는 선도거래라고 할 수 있다. 이와 같이 선도거래 또는 선도계약(forward contract)이란 거래당사자가 미래의 일정한 시점에서 미리 합의한 가격으로 특정 상품을 거래하거나 또는 거래하기로 약정한 계약을 말한다.

선물거래(futures transaction)는 거래 내용과 조건을 표준화하여 시장성을 높인 선도거래라고 할 수 있다. 즉 선물계약은 매수자와 매도자 간에 미래의 일정한 시점에서 미리 합의한 가격으로 특정 상품을 거래하기로 약정하는 계약으로서 계약규모, 품질, 만기일 등 계약조건이 표준화되어 있고, 당사자 간에 직접거래가 아니라 일정한 장소에서 거래된다는 점이 선도계약과 다르다.

한편 이러한 선물거래는 국내외 경제활동에서 매우 다양하게 활용되고 있다. 예를 들면 국내 정유회사들은 미래 국제유가의 상승에 대비하고 안정된 공급물량확보를 위하여 원유에 대한 선물거래를 하고 있고, 사료업자는 앞으로 사용할 원료를 안정적으로 확보하기 위해 밀이나 옥수수 등에 대한 선물거래를 이용하고 있다. 그리고 수출입업자의 경우 환율변동에 따른 환차손을 줄이기 위해 선물시장에서 외환선물거래를 활용하고 있다.

2 선도계약과 선물계약

선도계약과 선물계약은 다 같이 미래의 일정한 날에 거래당사자 상호간에 합의된 가격으로 특정 상품을 인수 및 인도할 것을 약정한 계약을 말한다. 그러나 다음과 같은 점에서 차이가 있다.

첫째, 선물계약은 표준화된 상품과 표준화된 거래조건을 가지고 조직화된 시장에서 거래가 이루어지는 반면, 선도계약은 거래당사자 상호간의 합의에 의해 계약조건을 임의로 정할 수 있으며, 거래 장소에도 제한이 없다.

둘째, 선물계약은 만기일 이전이라도 반대매매에 의해 청산을 할 수 있지만 선도계약은 원칙적으로 만기일에 가서 상품의 인도 및 대금결제가 이루어진다. 실제로 선물계약의 경우 만기일에 상품의 인도와 인수가 이루어지는 경우는 전체 계약의 2~5%에 불과하다.

셋째, 선도계약은 당사자 간의 직접거래이므로 계약불이행의 위험이 따르지만 선물계약은 계약의 이행이 청산소(clearing house)에 의해 보증이 되므로 거래에 따르는 위험이 거의 없다. 청산소에서는 계약의 이행을 보증하기 위해 소정의 증거금(margin)을 징수하고, 일일정산과정을 통하여 매일 매수자와 매도자의 손익을 정산하고 있다.

〈표 17-1〉 선도거래와 선물거래의 비교

	선도거래(forward)	선물거래(futures)
시장형태	장외시장	거래소시장
거래방법	당사자 간의 직접거래	공개경쟁입찰방식
거래조건	당사자 간에 합의가능	표준화되어 있음
가격형성	계약시 한 번 결정됨	매일매일 결정됨
이행보증	거래당사자의 신용에 좌우	청산소에서 보증
청산방법	만기일에 결제	일일정산 결제
가격제한	없음	있음
시장 참가자	소수의 실수요자	다양한 투자자

넷째, 선도계약은 당사자 간에 직접 가격결정이 이루어지고, 가격결정의 제한이 없지만 선물계약의 경우 가격결정이 공개호가방식에 의해 이루어진다. 따라서 가격결정이 경쟁적이고 효율적이며 상대적으로 시장의 유동성이 높지만 투기적 요소가 많으므로 가격변동에 제한을 두고 있다.

이러한 선도거래와 선물거래의 특성을 비교하면 〈표 17-1〉과 같다.

3 선물거래의 종류

선물거래는 거래대상이 되는 기초자산에 따라 크게 상품선물(commodity futures)과 금융선물(financial futures)로 구분된다. 선물거래는 1970년대 초까지 중요 농산물과 금속 등을 기초자산으로 하는 상품선물거래가 주종을 이루었다. 그러나 1970년대에 들어 국제금융시장에서 환율과 이자율의 변동이 심해지면서 금융자산을 기초자산으로 하는 금융선물거래가 시작되어 급속한 성장을 계속하고 있다.

[그림 17-1] 선물거래의 종류

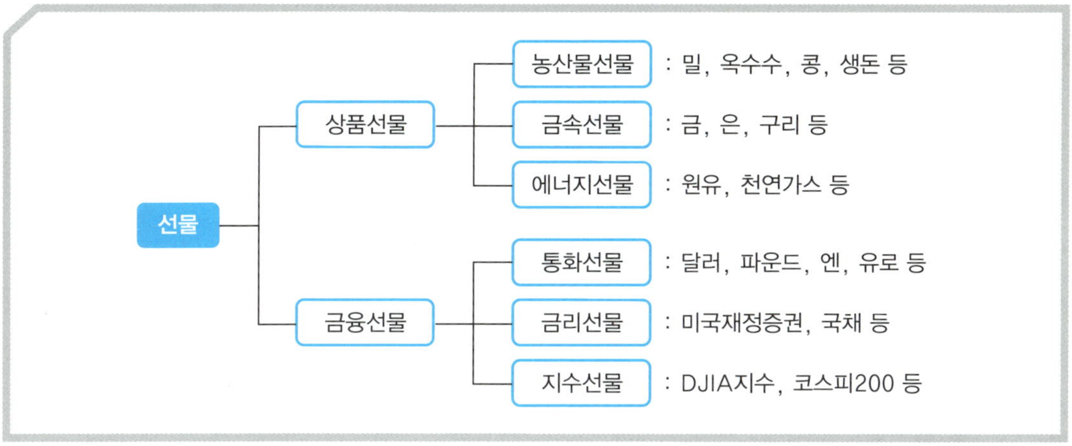

상품선물거래는 옥수수, 밀, 소, 돼지 등의 농·축산물과 금, 은, 구리 등의 금속, 그리고 원유나 천연가스 등의 에너지자원을 기초자산으로 하여 오래전부터 거래가 이루어져 왔다. 상품선물거래는 기초상품의 생산자와 소비자가 상품의 가격변동에 따라 발생하는 가격위험을 관리하는 수단으로 유용하게 이용된다.

금융선물거래는 1972년 시카고상업거래소(Chicago Mercantile Exchange: CME) 내에 국제통화시장이 개설되어 영국의 파운드화 등 7개국의 통화를 대상으로 한 통화선물(currency futures)이 거래되면서 시작되었다. 이후 1973년 1차 오일쇼크를 계기로 이자율이 급격히 변동하게 되자 이자율변동위험을 회피하기 위한 수단으로 금리선물(interest rate futures)의 필요성이 대두되어 미국정부가 발행한 재무성증권을 거래대상으로 하는 선물거래가 시작되었으며, 현재는 금융선물거래의 주류를 이루고 있다. 한편, 1980년대 이후에는 주가지수를 기초자산으로 하는 주가지수선물거래(index futures)가 활발하게 이루어지고 있다.

이러한 금융선물거래는 1980년대 이후에 이자율, 환율, 그리고 주식가격의 변동이 더욱 심해지고 높은 인플레이션이 지속되는 상황에서 위험관리수단 및 투자수단으로서의 역할을 하며 큰 폭의 성장을 기록하고 있다.

우리나라의 선물거래는 1996년 5월 3일 코스피200지수선물이 한국증권거래소에 개설되면서 시작되었다. 국내의 지수선물은 그 거래규모가 현물시장의 주식거래규모를 상회할 정도로 성장하였다. 현재 한국거래소 선물시장에서는 〈표 17-2〉에서와 같이 코스피200선물을 비롯하여 다양한 선물상품이 상장되어 거래가 이루어지고 있다.

〈표 17-2〉 우리나라의 선물거래

종 류	구 분	내 역
상품선물	금속	금선물, 미니금선물
	농산물	생돈선물
금융선물	주가지수	코스피 200선물, 스타지수선물, 개별주식선물
	금리(채권)	국채선물(3년, 5년, 10년)
	외환(통화)	미국달러선물, 엔선물, 유로선물

2절 선물시장

1 선물시장의 구조

선물시장은 선물거래소, 투자자, 선물중개회사, 청산소 등이 있다. 선물시장의 기본적인 구조는 [그림 17-2]와 같다.

선물거래소

선물거래소는 선물시장을 개설하고 운영하는 곳을 말한다. 선물거래소에서는 선물상품의 거래가 원활하고 공정하게 이루어질 수 있도록 여러 가지 규정이나 규칙을 만들어 시행하는 역할을 한다. 우리나라의 경우에는 한국증권선물거래소 내의 선물시

[그림 17-2] 선물시장의 구조

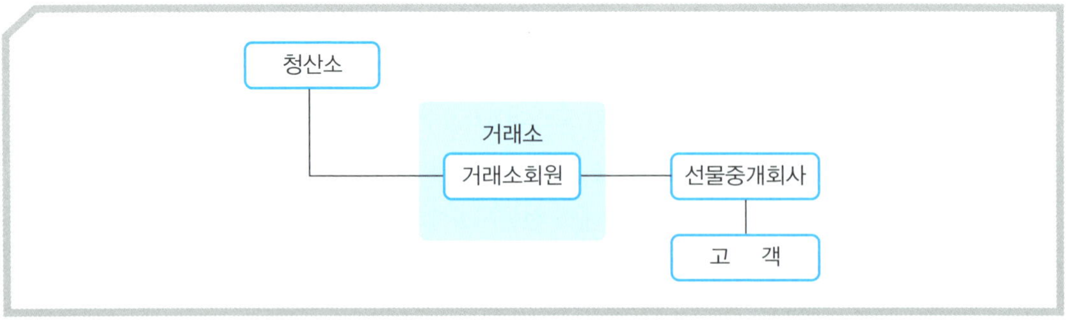

장본부에서 선물거래를 관리하고 있다. 선물거래소의 역할을 살펴보면 다음과 같다.

① 거래대상상품의 선정 및 상장
② 매매관련 규정의 제정
③ 거래내용 및 각종 정보의 공시
④ 회원의 자격심사 및 등록
⑤ 결제업무

투자자

선물시장에 참가하는 투자자는 헤저(hedger), 투기자(speculator), 그리고 차익거래자(arbitrageur)로 나눌 수 있다. 헤저란 자신이 보유하고 있는 자산의 가치하락이나 매수할 예정인 상품의 가격상승에서 오는 위험을 회피하기 위하여 선물거래를 하는 사람을 말한다. 예를 들어 미국에서 옥수수를 수입하고 있는 국내 사료업자가 옥수수 가격의 상승을 예상한다면 선물을 매수하면 된다.[1]

이 경우 선물가격과 현물가격은 같은 방향으로 움직이므로 사료업자의 예상대로 옥수수의 현물가격이 상승하게 되면 선물가격도 상승하게 될 것이므로 사료업자는 현물가격 상승에 의한 손실을 선물거래 이익으로 상쇄시킬 수 있다. 이와 같이 현물시장의 가격변동위험을 줄이거나 제거하기 위해 현물과 동일한 선물계약을 매수하거나 매도하는 거래를 헤지거래라 하고 이러한 거래를 하는 투자자를 헤저라고 부른다.

투기자는 투기거래를 하는 투자자를 말하는 것으로 투기거래란 현물거래와 연계되지 않은 선물거래를 말한다. 투기거래는 장래의 가격변동을 예측하여 위험을 감수하고 가격변동에 따르는 시세차익을 얻기 위한 거래이다. 예를 들어 앞으로 금값이 상승할 것이라고 예측한 투자자가 금선물을 매입한 경우 실제로 현물시장에서 금값이 오르게 되면 이 투자자는 이익을 얻을 수 있다. 그러나 금값이 반대로 떨어지게 되면 이 투자자는 오히려 손해를 보게 될 것이다.

차익거래자는 현물가격과 선물가격 간의 비정상적인 차이를 이용하여 위험부담 없이 이익을 얻으려는 투자자를 말한다. 예를 들어 현재 금의 현물가격이 온스당 450달러이고 3개월 후 만기가 되는 금의 선물가격이 온스당 500달러에 거래되고 있다고

---

1 이와 같이 선물매수를 통한 헤지거래를 매수헤지(long hedge)라고 하고, 선물매도를 통한 헤지거래를 매도헤지(short hedge)라고 한다.

하자. 이 경우 투자자가 금현물을 매수하는 동시에 금선물을 매도하면 온스당 50달러를 벌 수 있다. 이 경우 금현물을 구입하고 보관하는데 드는 금융비용과 보관비용은 별도로 고려하여야 할 것이다.

선물중개회사

선물중개회사(futures commission merchant)는 투자자와 선물거래소를 연결시켜 투자자의 주문을 성사시켜주고 이에 따른 여러 가지 업무를 중개 또는 대행해주는 역할을 한다. 선물거래소에서는 회원만이 거래를 할 수 있기 때문에 선물중개회사는 선물거래소의 회원권을 보유하게 된다. 현재 한국증권선물거래소의 회원에는 세 가지 종류가 있는데, 출자의무가 있는 정회원과 준회원, 그리고 주식관련 파생상품만 취급하는 특별회원이 있다.

청산소(결제소)

청산소(clearing house)는 선물거래의 결제이행을 보증하는 기관으로 선물거래소의 하부조직으로 설립되거나 별도의 독립기관으로 설립될 수 있다. 청산소의 역할은 모든 선물거래에 대하여 결제이행을 보증하고, 반대매매를 통한 포지션의 청산을 가능하게 해주며, 선물거래와 관련된 자료를 기록 · 유지 · 보관하는 역할을 한다.

[그림 17-3]은 이러한 청산소의 역할을 나타내고 있다. 즉 청산소가 없는 선도거래의 경우 매수자와 매도자가 거래의 직접적인 당사자가 된다. 따라서 거래당사자들이 직접 거래조건을 결정하여야 하고 거래의 이행 역시 당사자들의 신용에 의존하게 된다. 그러나 선물거래의 경우 일단 거래가 성립되면 청산소가 매수자와 매도자의 거래 상대방이 되어 선물거래의 이행을 보증하는 역할을 담당한다.

[그림 17-3] 청산소의 역할

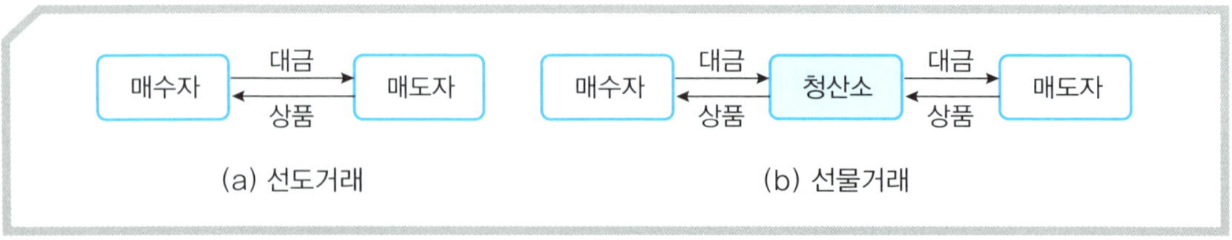

2 선물거래제도

거래절차

선물거래소의 회원이 아닌 일반투자자가 선물거래를 하기 위해서는 다음과 같은 과정을 거치게 된다.

계좌개설 : 선물거래를 하고자 하는 사람은 먼저 선물중개회사에 거래계좌를 개설하여야 한다.

매매주문 : 중개회사에 거래주문을 낼 때는 먼저 선물계약금액의 일정 비율에 해당하는 증거금을 예치한 다음 계약대상 종목의 가격, 인도월, 계약건수 등을 기록한 주문서를 제출한다.

매매체결 : 고객의 주문서는 거래소의 입회장소에 통보되어 공개호가방식이나 전산시스템에 의해 계약상대자를 찾게 된다. 거래가 성립되면 중개회사는 매매확인서를 고객에게 우송하고 청산소에 거래를 통보한다.

청산(결제) : 선물거래는 만기일에 기초자산을 선물가격에 인수하거나 인도함으로써 거래가 청산된다. 그러나 많은 경우에 있어 선물거래는 만기일의 현물가격과 약정된 선물가격의 차액을 현금으로 결제함으로써 거래를 청산하거나 만기일 이전에 원래의 거래와 반대되는 반대매매(reversing trade)를 통해 거래를 청산한다.

한편 고객이 매수 또는 매도한 선물계약이 반대매매를 통하여 청산되지 않고 그대로 남아 있는 것을 미결제약정(open interest)이라고 한다. 미결제약정수량은 특정 선물거래의 개시 직후 0에서 시작하여 시간이 지나면서 거래가 증가할수록 늘어난다. 그러나 선물의 만기가 가까워지면 투자자들이 반대거래를 통하여 선물포지션을 청산하게 되고, 미결제약정수량은 다시 줄어들게 된다.

증거금과 일일정산

선물거래를 하려면 매수자나 매도자는 증거금을 거래소에 예치하여야 한다. 선물거래의 증거금은 매매대금의 일부가 아니라 선물거래의 이행을 보장하기 위한 이행보증금의 성격을 갖는다.

한편 선물거래의 증거금은 개시증거금과 유지증거금으로 구분된다. 개시증거금(initial margin)은 선물계좌를 개설하고 특정 선물에 대한 매도나 매수 주문을 낼 때 예치해야 하는 증거금을 말한다. 개시증거금은 대개 계약금액의 5~10% 수준으로 설정된다. 유지증거금(maintenance margin)은 일일정산과정에서 거래자가 유지하여야 하는 최소한도의 증거금을 의미한다. 일반적인 선물거래의 경우 유지증거금은 개시증거금의 75% 수준으로 설정된다. 코스피 200 선물의 경우 개시증거금은 계약금액의 15%이며, 유지증거금은 개시증거금의 2/3(계약금액의 10%)로 정해져 있다.

선물거래는 선도거래와 달리 시장에서 매일매일 거래가 이루어지고 선물가격이 형성된다. 따라서 선물거래자는 매일 매일의 가격변동에 따라 손익이 발생하게 되는데, 이러한 손익을 정산하여 기록하는 과정을 일일정산(daily settlement)이라고 한다. 선물거래자는 일일정산제도로 인해 만기 시점뿐 아니라 만기 전 언제라도 반대매매를 통해 손익을 실현함으로써 손쉽게 거래를 청산할 수 있다. 따라서 이 제도는 선물시장의 유동성을 높이는 데 커다란 역할을 하고 있다.

한편 선물가격의 변동에 따른 일일정산과정에서 모든 현금의 입출금은 증거금계좌를 통해 이루어진다. 따라서 일일정산과정에서 증거금잔고가 유지증거금 이하로 떨어지면 청산소는 투자자에게 추가증거금의 예치를 요구하게 되는데, 이 경우 투자자는 개시증거금 수준까지 추가로 증거금을 예치하여야 한다. 이러한 추가증거금 요구를 마진콜(margin call)이라고 한다([그림 17-4] 참조). 만약 투자자가 마진콜에 응하지 않게 되면 선물회사는 반대매매를 통하여 그 투자자의 선물계약을 청산하게 된다.

[그림 17-4] 일일정산과 증거금

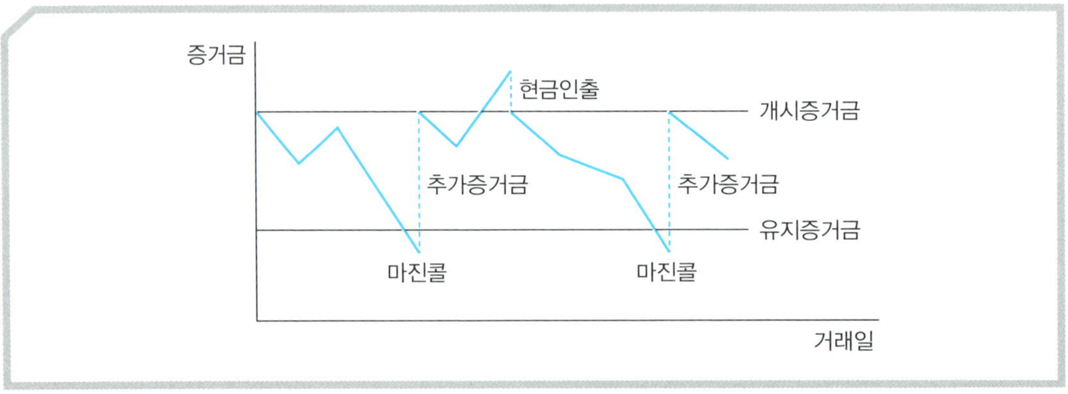

3 선물거래의 경제적 기능

선물시장은 투자자들에게 미래의 약정된 자산의 인도 및 대금의 지불을 이연시켜 거래할 수 있는 기회를 제공함으로써 여러 가지 유익한 경제적 기능을 수행하고 있다.

위험이전기능

현물시장에서 어떤 자산을 보유하고 있거나 앞으로 투자를 하려고 하는 투자자는 그 자산의 미래가격이 변동함에 따라 나타나는 위험을 부담하게 된다. 예를 들어 배추 농사를 짓고 있는 농부는 수개월 후의 수확기에 배추 값이 하락할 가능성을 우려하고 있다고 하자. 반면 배추상인은 올해 배추의 작황을 고려하여 수확기에 배추 값이 오를 것으로 예측하고 미리 배추를 확보하려고 한다고 하자. 이 때 선물시장은 농부가 부담하고 있는 위험을 상인에게 이전하는 수단을 제공하는 역할을 한다.

한편 선물시장에서 농부와 같이 가격위험을 회피하고자 하는 거래자를 헤저(hedger)라고 하고, 상인과 같이 이익을 얻을 목적으로 위험을 적극적으로 부담하는 거래자를 투기자(speculator)라고 부른다. 선물시장에서 투기자는 선물가격의 변동에 대한 예측을 바탕으로 선물계약을 매수하거나 매도함으로써 선물시장의 유동성을 높이는 역할을 한다.

가격발견기능

선물시장에서 거래되는 자산의 선물가격은 그 자산의 미래가격에 대한 정보를 제공한다. 즉 선물가격은 특정자산의 미래가격에 대한 많은 시장참여자들의 집약적인 예상을 반영하고 있기 때문에 미래의 예측가격으로 이용된다. 이러한 가격예측기능을 효율적으로 수행하는 선물시장이 존재할 경우 미래가격에 대한 정보를 쉽게 얻을 수 있으므로 정보수집과 해석에 필요한 시간과 비용을 줄일 수 있다.

기타 기능

선물시장은 투자자들에게 새로운 투자수단을 제공하고, 현물시장의 거래를 활성화시키는 역할을 한다. 즉 선물거래는 현물거래와는 적은 금액으로 큰 규모의 거래를 할 수 있으므로 투자자들은 높은 위험을 부담하는 대신 높은 수익을 얻을 수 있는 투기적 거래가 가능하다. 이러한 투기적 거래의 활성화는 선물시장으로 자금을 집중시켜 유동성을 높여주므로 기업과 소비자 등의 위험관리를 용이하게 해준다.

한편 실제 선물가격과 이론적인 선물가격 간에 차이가 발생하면, 선물을 매수하고 현물을 매도하거나 선물을 매도하고 현물을 매수하는 차익거래가 활성화된다. 이러한 차익거래의 활성화는 현물시장의 효율성을 증가시켜 모든 자원의 효율적 배분을 가능하게 한다.

3절 선물거래전략

선물시장을 이용한 투자전략은 크게 헤지거래, 투기거래, 차익거래, 그리고 스프레드거래 전략으로 구분해 볼 수 있다. 본 절에서는 선물거래로부터 기대할 수 있는 이득의 형태에 대하여 살펴본 다음 선물거래를 이용한 투자전략에 대하여 살펴본다.

1 선물거래의 기초개념

선물이란 특정 상품을 미래의 일정 시점에 미리 정한 가격으로 거래하기로 한 계약이다. 이 때 선물거래의 대상이 되는 상품을 기초자산(underlying asset)이라고 하고, 현재 시장에서 거래되고 있는 기초자산의 가격을 현물가격(spot price), 미래에 거래하기로 합의된 가격을 선물가격(futures price), 그리고 미래의 일정 시점을 만기일(delivery date)이라고 한다.

예를 들어 옥수수를 주원료로 사용하고 있는 국내의 어떤 사료업자가 옥수수 선물거래를 이용하는 경우를 가정해 보자. 현재 현물시장에서 거래되는 옥수수의 가격은 2.40달러/부셸이고, 지금으로부터 6개월 후에 인도할 예정인 옥수수선물의 가격은 2.50달러/부셸이라고 한다. 이 경우 선물거래의 기초자산은 옥수수이고, 이 옥수수의 현물가격은 2.40달러, 선물가격은 2.50달러, 그리고 만기는 6개월이 된다. 이 사료업자가 선물시장에서 옥수수선물을 모두 10계약 매수하기로 하였다면 선물거래대금은

125,000달러(5,000부셸×2.50달러×10계약)가 된다.[2]

2 매수포지션과 매도포지션

선물거래에서 매수포지션(long position)이란 만기일에 기초자산을 선물가격으로 매수할 것을 약속하는 것이며, 매도포지션(short position)이란 만기일에 기초자산을 선물가격으로 매도할 것을 약속하는 것이다. 현물거래에서와 마찬가지로 선물거래에서도 선물의 매수자는 기초자산의 가격이 오를수록 이익을 보게 되며, 선물의 매도자는 기초자산의 가격이 떨어질수록 이익을 보게 된다. 선물의 매수자와 매도자가 만기일까지 선물을 보유하였다고 할 때, 매수자와 매도자가 만기일에 얻게 되는 계약 단위당 손익(payoff)은 다음과 같다.

$$\text{매수포지션의 손익} = \text{만기일의 현물가격} - \text{계약시점의 선물가격} \qquad (17-1)$$

$$\text{매도포지션의 손익} = \text{계약시점의 선물가격} - \text{만기일의 현물가격} \qquad (17-2)$$

[그림 17-5] 선물거래의 손익

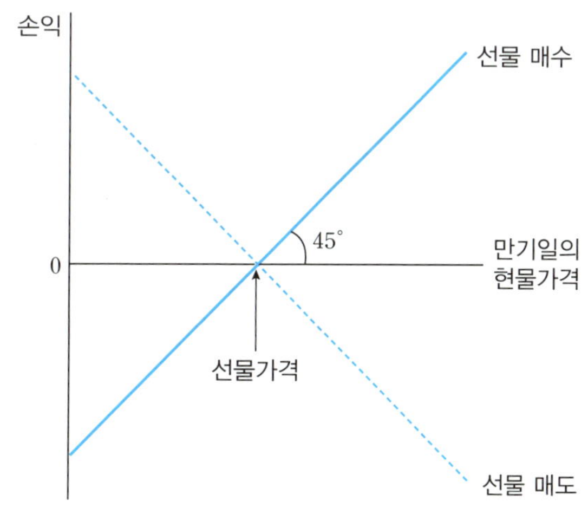

2 옥수수선물의 1계약 단위는 5,000 bushel이고, 인도월(delivery month)은 12월, 3월, 5월, 7, 9월이다.

예를 들어 앞의 옥수수 선물거래에서 국내 사료업자가 6개월 후 만기가 도래하는 옥수수선물 10계약을 매수하였다고 하자. 만약 만기일에 옥수수의 현물가격이 부셸당 2.70달러에 형성되었다면 이 사료업자는 총 10,000달러((2.70−2.50)×5,000×10)의 이익을 얻을 수 있게 된다. 반대로 선물을 매도한 사람은 10,000달러의 손실을 보게 된다.

(17−1)식 및 (17−2)식과 [그림 17−5]에서 보듯이 선물매수자가 이익을 얻게 되면 반대로 선물매도자는 그만큼 손실을 보게 되고, 선물매도자가 이익을 얻게 되면 반대로 선물매수자가 그만큼의 손실한 보게 된다. 다시 말하면 선물매수자와 매도자의 손익을 더하면 항상 0이 된다. 따라서 선물거래는 본질적으로 제로섬 게임(zero−sum game)이라고 할 수 있다.

3 헤지거래

헤지(hedge)란 특정 자산의 가격변동으로부터 발생하는 위험을 줄이거나 없애는 전략을 말한다. 여기서 가격변동위험에 노출이 되어 있는 자산을 헤지대상이라 하고, 위험을 줄이거나 없애기 위하여 이용하는 자산을 헤지수단(hedge tool)이라 한다. 선물거래는 미래의 거래가격을 현재시점에서 고정시키는 계약이므로 자산의 가격변동위험을 제거하는 헤지수단으로 유용하게 이용될 수 있다.

선물거래를 이용하는 전통적인 헤지방법은 현물시장에서의 포지션과 반대되는 포지션을 선물시장에서 취하는 것이다. 이와 같이 선물거래를 이용하는 헤지는 매수헤지와 매도헤지로 구분된다.

매수헤지

매수헤지(long hedge)는 미래에 현물시장에서 자산을 매입해야 할 투자자가 선물시장에서 선물계약을 매수함으로써 가격상승의 위험을 제거하려는 투자전략을 말한다. 만약 자산의 가격이 상승하면 현물시장에서는 손해를 보지만 선물시장에서는 이익을 얻게 된다. 따라서 미래의 자산가격이 상승함에 따른 손실을 보전할 수 있다.

예제 17-1

국내의 한 사료업자가 오는 7월에 사료의 원료로 사용할 옥수수 5,000부셸을 수입하고자 한다. 3월 1일 현재 옥수수의 현물가격 및 선물가격은 다음과 같다.

현물시장 : $3.50/bushel

선물시장(7월물) : $3.60/bushel

해설 이 경우 이 사료업자는 7월에 만기가 되는 선물을 1계약 매수함으로써 7월의 옥수수 현물가격(S_T)과 관계없이 옥수수를 $3.60/bushel로 매입할 수 있다.

〈표 17-3〉 선물계약을 이용한 매수헤지

거 래 내 용	현금흐름(부셸당)	
	3월	7월
현물시장 7월에 현물가격(S_T)으로 구입	0	S_T
선물시장 선물계약 매입(F_0=$3.60) 후 만기 청산($S_T$)	0	$(3.60-S_T)$
헤지거래	0	$3.60

매도헤지

매도헤지(short hedge)는 현재 현물시장에서 자산을 보유하고 있는 투자자가 선물시장에서 선물계약을 매도함으로써 가격하락의 위험을 제거하려는 투자전략을 말한다. 만약 자산의 가격이 하락하면 현물시장에서는 손해를 보지만 선물시장에서는 이익을 얻게 된다. 따라서 미래의 자산가치가 하락함에 따른 손실을 보전할 수 있다.

예제 17-2

미국의 한 농부는 오는 7월에 5,000부셸의 옥수수를 수확할 것으로 기대하고 있다. 이 농부는 수확기에 옥수수의 가격이 하락할 것을 우려하고 있다. 3월 1일 현재 옥수수의 현물가격 및 선물가격은 다음과 같다.

현물시장 : $3.50/bushel

선물시장(7월물) : $3.60/bushel

해설 이 경우 농부는 7월에 만기가 되는 선물을 1계약 매도함으로써 7월의 옥수수 현물가격(S_T)과 관계없이 옥수수를 \$3.60/bushel로 판매할 수 있다.

〈표 17-4〉 선물계약을 이용한 매도헤지

거래내용	현금흐름(부셸당)	
	3월	7월
현물시장 7월에 현물가격(S_T)으로 구입	0	S_T
선물시장 선물계약 매입(F_0=\$3.60)후 만기 청산(S_T)	0	$(3.60-S_T)$
헤지거래	0	\$3.60

4 투기거래

투기거래(speculation)는 미래의 현물가격 또는 선물가격의 변동을 예측하여 가격변동에 따르는 시세차익을 얻고자 하는 투자전략을 말한다. 선물거래는 일정률의 증거금만으로도 거래가 가능하기 때문에 현물거래에 비하여 투기적인 성격이 강하고, 투기자들이 쉽게 이용할 수 있다.

전형적인 투기전략은 선물가격이 상승할 것으로 예상하면 매수포지션을 취하고, 선물가격이 하락할 것으로 예상하면 매도포지션을 취하는 것이다. 이를 포지션거래(position trade)라고도 하는데,[3] 선물가격이 예상한 대로 상승하거나 하락하면 큰 이익을 얻을 수 있지만, 예상과 반대로 선물가격이 하락하거나 상승하게 되면 큰 손실을 보게 된다.

3 투기거래는 선물포지션의 보유기간에 따라 주로 30분 내외의 단기 포지션을 유지하는 단기투자자(scalper), 장 종료시까지 포지션을 청산하는 당일거래자(day trader), 그리고 익일로 포지션을 이월하는 포지션거래자(position trader)로 분류된다.

예제 17-3

어떤 투자자가 미래에 주가가 상승할 것으로 예상하고 6월 10일에 만기가 되는 코스피 200 선물[4] 10계약을 매수하였다고 한다. 2005년 3월 2일 현재 코스피 200 선물가격이 130이라고 할 때 만기일에 코스피 200지수가 150으로 상승한 경우와 110으로 하락한 경우의 거래결과를 분석하면 다음과 같다.

〈표 17-5〉 코스피 200 선물 투기거래의 결과

현재(3월 2일)	만기일(6월 10일)	
	상승한 경우	하락한 경우
선물 10계약을 130에 매수	(150−130)×500,000×10 =1억원(이익)	(110−130)×500,000×10 =−1억원(손실)

5 스프레드거래

스프레드(spread)란 서로 관련이 있는 두 개의 선물의 가격의 차이를 의미하며, 스프레드거래(spread trading)란 시간의 경과에 따른 스프레드의 변동을 예측하여 상대적으로 낮은 가격의 선물을 매수하고 동시에 높은 가격의 선물을 매도함으로써 이익을 얻고자 하는 투자전략이다.

스프레드거래는 기초자산은 동일하나 만기가 서로 다른 두 개의 선물 중 하나는 매입하고 다른 매도하는 결제월간 스프레드거래와, 만기는 동일하나 서로 다른 상품을 기초자산으로 하는 두 개의 선물 중 하나는 매입하고 다른 하나는 매도하는 상품간 스프레드거래로 구분할 수 있다.

예를 들어 어떤 투자자가 옥수수선물시장에서 9월물 선물계약을 매수하고 동시에 7월물 선물계약을 매도하였는데 일정한 기간이 경과한 후에 9월물 선물가격은 부셸당 0.3달러가 상승하였고 7월물 선물가격은 부셸당 0.2달러가 상승하였다면 이 투자자는 반대매매에 의해 포지션을 청산함으로써 부셸당 0.1달러의 이익을 얻을 수 있다.

한편 다른 투자자가 선물시장에서 7월물 옥수수선물계약을 매수하고 7월물 밀선물계약을 매도하였는데 일정기간 경과 후 옥수수선물은 부셸당 0.2달러가 상승하였고 밀선물은 부셸당 0.1달러가 하락하였다면, 이 투자자는 반대매매에 의해 포지션을 청

4 코스피 200 선물거래의 수량단위는 1계약으로 1계약의 금액은 코스피 200지수×50만원이다.

산함으로써 부셸당 0.3달러의 이익을 얻을 수 있다.

스프레드거래는 투기거래와 마찬가지로 선물가격이 투자자의 예상과 다르게 움직일 경우 손실을 보게 된다. 그러나 스프레드거래는 두 개의 선물계약을 이용하는 것이므로 하나의 선물거래를 이용하는 일반적인 투기거래보다 그 위험이 적다.

6 차익거래

차익거래(arbitrage transaction)는 현물가격과 선물가격의 일시적인 불균형을 이용하여 위험의 부담 없이 이익을 얻는 거래를 말한다. 예를 들어 2015년 6월 현재 금의 현물가격이 온스당 350달러인 데 비하여 1개월 후에 만기가 되는 금선물의 가격이 온스당 400달러라고 한다면, 투자자는 현물시장에서 금을 매수하는 동시에 선물시장에서 금선물을 매도함으로써 온스당 50달러의 이익을 얻을 수 있다.

여기서 금의 현물가격과 선물가격의 차이를 베이시스(basis)라고 하는데, 이를 결정하는 것은 보관비용과 이자비용이다. 만약 금의 선물가격이 현물가격에 보관비용과 이자비용을 더한 것보다 높을 경우, 투자자들은 금 현물을 매수하고 선물을 매도하는 매수차익거래를 통하여 이익을 얻을 수 있다. 반대로 금의 선물가격이 현물가격에 보관비용과 이자비용을 더한 가격보다 나을 경우, 투자자들은 금 현물을 매도하고 선물을 매수하는 차익거래를 통하여 이익을 얻을 수 있다. 그리고 이와 같은 차익거래를 통하여 결국 선물가격은 현물가격에 보관비용과 이자비용을 더한 것과 같게 된다.

4절 선물가격결정이론

1 현물 – 선물등가이론

선물시장에서의 균형선물가격은 시장의 원리에 따라 선물계약에 대한 총수요와 총공급이 일치하는 점에서 결정된다. 한편 균형선물가격은 '무차익의 원리'에 의하여 현물가격과 일정한 관계를 갖게 되는데, 이와 같이 선물가격과 현물가격과의 관계를 설명하는 이론을 현물-선물등가이론(spot-futures parity theorem)이라고 한다.

예를 들어 어떤 상품을 미래 일정시점까지 확보하기 위한 두 가지 방법을 비교하여 보자. 첫 번째 방법(방법 A)은 자금을 차입하여 현물시장에서 현물을 S_0을 주고 매수한 후 미래의 일정시점(T)까지 보유하는 방법이다. 두 번째 방법(방법 B)은 선물시장에서 미래 일정 시점에서 이 상품을 인수할 수 있는 선물계약을 F_0을 주고 매수하는 방법이다. 그런데 첫 번째 방법의 경우 일반적으로 두 가지의 비용이 발생한다. 첫째는 차입금에 대한 이자비용이다. 즉 선물거래를 이용하는 경우에 비해 현물시장에서 현물을 매수하는 경우 바로 자금이 필요하기 때문에 자금의 차입에 따르는 금융비용이 발생하거나 자기자금을 사용하는 경우에는 금융비용만큼의 기회비용이 발생하게 된다. 둘째는 상품을 미래 일정 시점까지 보유하는데 드는 보관비용이다. 그러나 첫 번째 방법의 경우 상품의 보유로부터 편의수익(benefit)이 발생할 수 있다.[5] 이와 같이 상품의 소유로부터 얻을 수 있는 편의수익을 그 상품의 가격으로 나눈 비율을 편의수익률이라고 한다.

한편 앞에서 예를 든 두 가지 방법은 미래 일정 시점에서 동일한 상품을 보유하게 된다는 점에서 동일한 결과를 가져오게 된다. 그리고 두 가지 투자방법은 현재 시점에서 순투자액이 0으로 동일하기 때문에 차익거래의 기회가 존재하지 않는다면 미래의 현금흐름도 동일할 수밖에 없다(〈표 17-6〉 참조).

$$-S_0 \cdot [1+r+(c-y)] = -F_0 \qquad (16-3)$$

S_0 : 현물가격
F_0 : 선물가격
r : 연간 이자율
c : 보관비용/현물가격
y : 연간 편의수익률

〈표 17-6〉 현물거래와 선물거래의 현금흐름 비교

방법 A	투자액	미래 현금흐름
차입	S_0	$-S_0(1+r)$
현물매수	$-S_0$	$-S_0(c-y)$
결과	0	$-S_0(1+r+c-y)$

5 현물을 매입하여 보유함으로써 현재와 선물의 인도시점 사이에서 발생할 수 있는 원료부족이나 생산중단 사태 등을 피할 수 있다.

방법 B	투자액	미래 현금흐름
선물매수	0	$-F_0$

(17-3)식을 F_0에 대해 정리하면 (17-4)식과 같다. 즉 (17-4)식을 현물-선물 등가식이라고 하며, 이 식은 선물의 이론가격을 구하는 데 사용된다.

$$F_0^* = S_0 \cdot [1 + r + (c - y)] \qquad (17-4)$$

F_0^* : 선물의 이론가격

만약 선물계약의 만기가 1년이 아닌 다기간(N)일 경우 (17-4)식은 다음과 같이 일반화할 수 있다.

$$F_0^* = S_0[1 + r + (c - y)]^N \qquad (17-5)$$

예제 17-4

6월 30일 현재 국제 금시장에서 금 1온스의 가격은 40달러라고 한다. 지금으로부터 6개월 후에 만기가 되는 금선물의 이론적 가격을 구하라. (단, 금은 보관비용이나 편의수익이 발생하지 않으며, 연간 이자율은 4%라고 가정한다.)

해설 $F_0^* = 40 \times (1 + 0.04)^{1/2} = 40.79$달러

투자자들은 선물시장에서 거래되는 선물가격과 이론가격 간에 차이가 발생할 때 차익거래를 통하여 위험부담 없이 이익을 취할 수 있다. 즉 선물가격이 이론가격을 초과할 경우에는 고평가된 선물을 매도하고 저평가된 현물을 매수하는 매수차익거래를 통하여 이익을 얻을 수 있으며, 반대로 선물가격이 이론가격보다 낮을 경우에는 저평가된 선물을 매수하고 고평가된 현물을 매도하는 매도차익거래를 통하여 이익을 얻을 수 있다(〈표 17-7〉 참조).

〈표 17-7〉 매수차익거래

거래내용	투자액	미래(T)의 현금흐름
차입	S_0	$-S_0(1+r)$
현물매수	$-S_0$	$S_T - S_0(c-y)$
선물매도	0	$F_0 - S_T$
차익거래 결과	0	$F_0 - S_0(1+r) - S_0(c-y)$

〈표 17−7〉에서 살펴보면 매수차익거래로부터 얻을 수 있는 차익거래이익(arbitrage profit)은 다음과 같이 확정됨을 알 수 있다.

$$\begin{aligned} & F_0 - S_0(1+r) - S_0(c-y) \\ & = F_0 - S_0(1+r+c-y) \\ & = F_0 - F_0^* \end{aligned} \qquad (17-6)$$

즉 매수차익거래의 경우 차익은 선물가격에서 이론가격을 차감한 것과 같다. 반대로 매도차익거래의 차익은 선물의 이론가격에서 선물가격을 차감한 것과 같다.

2 선물가격과 기대현물가격의 관계

앞에서 우리는 선물가격과 현재 시점의 현물가격과의 관계를 살펴보았다. 한편 선물가격결정이론에서 현재의 선물가격과 만기일의 기대현물가격 간의 관계에 대해서는 많은 논란이 있다. 즉 만기일에서의 선물가격(F_T)과 현물가격(S_T)은 당연히 일치하겠지만 현재시점에서 형성되는 선물가격(F_0)과 만기일의 현물가격에 대한 기대치, 즉 기대현물가격($E(S_T)$) 사이에는 어떠한 관계가 성립하는가에 관해서는 여러 가지 가설이 제기되고 있다.

기대가설

기대가설(expectations hypothesis)은 현재의 선물가격(F_0)은 선물만기일의 현물가격에 대한 기대치와 같다는 주장이다. 즉 $F_0 = E(S_T)$의 관계가 성립한다는 것이다. 따라서 이 가설에 의할 경우 매도포지션이든지 매수포지션이든지 기대이익은 모두 0이 된다.

이 가설은 투자자가 위험중립형이라는 전제하에 성립된다. 왜냐하면 투자자가 선물시장에서 매수포지션이나 매도포지션을 취하는 경우 위험이 따르는데도 불구하고 기대이익이 0이라는 것은 투자자가 선물거래에서 어떤 위험프리미엄도 요구하지 않는다는 것을 의미하기 때문이다. 따라서 투자자들이 위험회피형이라면 기대가설은 성립될 수 없다.

정상적 백워데이션 가설

정상적 백워데이션(normal backwardation) 가설은 선물가격은 미래의 기대현물가격보다 낮게 형성($F_0 < E(S_T)$)되었다가, 만기일이 가까워지면서 선물가격이 기대현물가격이 접근해 간다는 주장이다([그림 17-5] 참조).

$$\text{선물가격} = \text{기대현물가격} - \text{위험프리미엄} \qquad (17-7)$$

이러한 주장의 근거는 선물계약을 매수하는 투기자들의 경우 선물거래로부터 발생하는 기대이익이 0보다 클 때 위험을 부담하고 시장에 참여하게 되며 ($[E(S_T) - F_0] > 0$), 선물계약을 매도하는 헤저들은 위험을 회피하는 대가로 기대손실($[F_0 - E(S_T)] < 0$)을 부담하게 된다는 것이다.

콘탱고 가설

콘탱고(contango) 가설은 선물가격은 미래의 기대현물가격보다 높게 형성 ($F_0 > E(S_T)$)되었다가, 만기일이 가까워지면서 선물가격이 기대현물가격에 접근해 간다는 주장이다([그림 17-6] 참조).

$$\text{선물가격} = \text{기대현물가격} + \text{위험프리미엄} \qquad (17-8)$$

[그림 17-6] 선물가격과 기대현물가격과의 관계

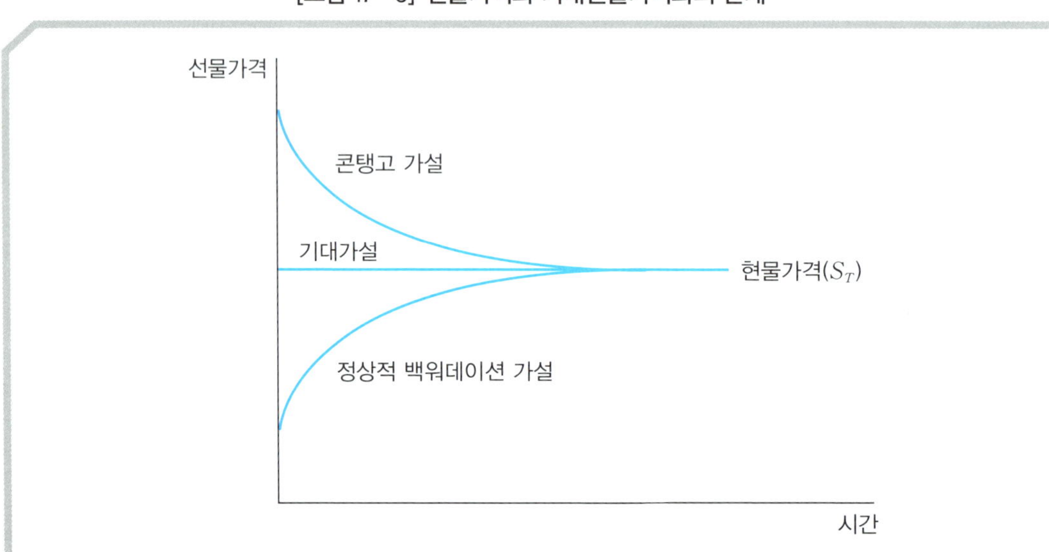

이 가설은 정상적 백워데이션 가설과는 상반되는 주장이다. 즉 선물시장에는 매수헤저와 매도헤저가 모두 시장에 참여하며, 선물가격과 기대현물가격의 상대적인 크기는 어떤 쪽의 비중이 더 큰가에 따라 결정된다는 것이다. 콘탱고 가설에 의하면 매도헤저가 매수헤저보다 위험헤지에 대한 보상에 더 적극적이라는 것이다. 왜냐하면 동일한 밀 선물계약에 대해서 밀 농가와 같은 매도헤저보다 밀의 소비가 많은 제분업자와 같은 매수헤저가 현재 시점에서 미래가격을 고정시키고자 하는 유인이 더 강하기 때문이다. 따라서 선물가격이 미래현물의 기대가격보다 높게 형성된다는 것이다.

현대 포트폴리오이론

현대 포트폴리오이론에서는 선물계약을 매수하면 포트폴리오의 체계적 위험이 증가하여 결국 선물가격은 기대현물가격보다 낮게 형성된다고 본다.

투자자산에 대한 투자자의 요구수익률을 k라고 하면 투자자산의 현물가격 S_0은 만기일의 현물가격의 기대치인 $E(S_T)$의 현재가치이므로 다음과 같이 표시할 수 있다.

$$S_0=\frac{E(S_T)}{(1+k)^T} \tag{17-9}$$

한편 현물－선물등가이론에서 보관비용과 편의수익이 없다고 가정할 경우 현물가격 S_0은 다음과 같이 표시할 수 있다.

$$S_0=\frac{F_0}{(1+r_F)^T} \tag{17-10}$$

(17－9)식과 (17－10)식의 우변을 F_0에 대해서 정리하면 다음과 같다.

$$F_0=E(S_T)\left(\frac{1+r_F}{1+k}\right)^T \tag{17-11}$$

(17－11)식에서 투자자산의 체계적 위험이 (+)일 경우 $k>r_F$이므로 $F_0<E(S_T)$의 관계가 성립함을 알 수 있다.

한편 대부분의 자산은 양의 체계적 위험을 갖고 있으므로 현대 포트폴리오이론에 의하면 선물가격은 기대현물가격보다 낮게 형성될 것이다.

연/습/문/제

주관식 문제

01 다음 용어를 설명하라.

(1) 선도계약

(2) 선물계약

(3) 청산소

(4) 일일정산

(5) 헤지거래

(6) 투기거래

(7) 스프레드거래

(8) 차익거래

(9) 콘탱고가설

02 선도계약과 선물계약의 차이를 설명하라.

03 선물거래소에서 청산소의 역할을 설명하라.

04 선물시장의 경제적 기능을 설명하라.

05 스프레드거래와 차익거래를 비교하라.

06 우리나라 선물시장에서 거래되고 있는 선물계약의 종류 및 거래조건에 대해 알아보자.

CHAPTER

18 옵 션

1절 옵션의 개요

1 옵션의 개념

옵션(option)이란 미리 정해진 가격으로 정해진 기간 또는 날짜에 특정한 자산을 사거나 팔 수 있는 권리 또는 그러한 권리를 표시한 증권을 말한다. 옵션에는 콜옵션(call option)과 풋옵션(put option)이 있다. 콜옵션은 특정한 자산을 살 수 있는 권리를 말하고, 풋옵션은 특정한 자산을 팔 수 있는 권리를 말한다. 이 때 계약대상이 되는 특정한 자산을 기초자산(underlying asset)이라 하고, 정해진 날짜를 만기일(maturity date)이라 하며, 미리 약정된 가격을 행사가격(exercise price)이라고 한다.

예를 들어 어떤 투자자가 앞으로 3개월 후에 한국전력 주식을 30,000원에 살 수 있는 콜옵션을 1,000원에 매입하였다고 하자. 이 경우 옵션의 기초자산은 한국전력 주식이고, 옵션의 만기는 3개월, 그리고 행사가격은 30,000원이 된다. 한편 이 투자자가 옵션을 매입할 때 지불하는 1,000원은 그 권리에 대한 대가로서 옵션가격 또는 옵션프리미엄이라고 한다.

한편 옵션매수자의 권리는 만기일에 선택적으로 행사되게 된다. 다시 말하면 옵션매수자는 경제적으로 자신에게 유리하다고 생각할 경우에만 그 권리를 행사하고, 자신에게 불리할 경우에는 권리를 행사하지 않게 되어 만기일이 지나면 그 권리는 자동으로 소멸하게 된다. 예를 들어 한국전력 주식을 주당 30,000원에 살 수 있는 옵션을 매수한 투자자는 만기일에 시장가격이 행사가격인 30,000원보다 높을 경우에는 그 권리를 행사하여 30,000원의 가격으로 주식을 매입하겠지만, 만약 시장가격이 30,000원보다 낮을 경우에는 옵션을 행사하지 않고 그 권리를 포기할 것이다. 이와 같이 옵션이란 만기일에 있어서 기초자산의 시장가격에 따라 권리의 행사 여부가 결정되는 조건부 청구권의 전형적인 형태라고 할 수 있다.

2 옵션의 기능

옵션이란 미리 약정된 조건으로 특정 자산을 사거나 팔 수 있는 권리를 말하는 것으로, 투자자에게 유리할 경우에만 행사되는 일종의 조건부청구권이라고 할 수 있다. 옵션의 기원은 창세기까지 거슬러 올라갈 수 있으나 오늘날과 같이 구체적인 조건을 갖춘 형태의 옵션거래가 처음 등장하게 된 것은 네덜란드의 튤립매매로부터라고 한다. 그리고 17세기 말에 이르러서는 영국의 런던에서 주식에 대한 옵션거래가 시작되었고, 19세기 말부터는 뉴욕의 월가에서 주식옵션거래가 장외시장을 중심으로 간헐적으로 이루어져 왔다. 그리고 1973년 4월 시카고옵션거래소(CBOE)에서 상장옵션거래가 시작된 이후 아메리카증권거래소(AMEX), 필라델피아증권거래소(PHLX), 태평양증권거래소(PSE), 뉴욕증권거래소(NYSE)에서 각각 주식옵션거래를 시작하였다.

옵션의 거래가 표준화되고 옵션결제소(option clearing corporation) 제도가 도입되면서 옵션의 거래량도 급격히 증가하였다. 옵션의 거래가 급격히 증가한 이유는 옵션이 투자자에게 다양한 투자기회를 제공하기 때문이라고 할 수 있는데, 이러한 옵션의 기능을 살펴보면 다음과 같다.

첫째, 옵션은 레버리지(leverage)의 수단으로 사용될 수 있다. 즉 옵션은 주식이나 채권에 직접 투자하는 것에 비하여 훨씬 큰 레버리지효과를 얻을 수 있다. 예를 들어 어떤 투자자가 현재 30,000원에 거래되고 있는 한국전력 주식에 직접 투자를 하는 경우와 이 주식을 30,000에 살 수 있는 콜옵션을 1,000에 매입하는 경우의 투자수익률을 비교하여 보면 다음과 같다.

현재 주가가 옵션만기일에 36,000원으로 오를 경우

$$주식수익률=\frac{36,000-30,000}{30,000}=0.2$$

$$옵션수익률=\frac{6,000-1,000}{1,000}=0.5$$

현재 주가가 옵션만기일에 24,000원으로 내릴 경우

$$주식수익률=\frac{24,000-30,000}{30,000}=-0.2$$

$$옵션수익률=\frac{0-1,000}{1,000}=-1.0$$

이와 같이 옵션거래는 주식에 비해서 높은 레버리지효과를 얻을 수 있다는 특징이 있다.

둘째, 옵션은 헤지(hedge)의 수단으로 사용될 수 있다. 예를 들어 어떤 투자자가 현재 30,000원에 거래되고 있는 한국전력 주식을 보유하고 있다고 하자. 이 경우 만일 이 회사가 부도가 나거나 도산을 하게 되면 이 투자자는 주가하락에 따라 큰 손실을 입게 될 것이다. 그러나 이 투자자가 이 회사 주식을 30,000원에 팔 수 있는 풋옵션을 가지고 있다면 주가가 하락하더라도 옵션을 행사함으로써 큰 손실을 막을 수 있다.

이 경우 옵션의 매도자는 옵션의 매수자로부터 옵션프리미엄을 받고 옵션매입자가 부담하는 위험을 떠맡게 된다. 이러한 의미에서 옵션의 거래는 위험의 이전거래라고 할 수 있다.

셋째, 옵션은 다른 옵션이나 증권들과 여러 가지 방법으로 결합함으로써 투자자가 원하는 새로운 형태의 금융상품을 창조할 수 있다. 예를 들어 동일한 기초주식에 대해 발행된 서로 다른 형태의 옵션을 동시에 매입하면 미래에 주가가 크게 오르거나 내릴 경우 이익을 얻을 수 있으나 그 반대의 경우 손해를 보게 되는 수익형태를 갖는 새로운 상품을 만들 수 있다. 이와 같이 재무관리 분야에서 새로운 금융상품을 개발하고 연구하는 학문분야를 금융공학(financial engineering)이라고 한다.

3 옵션의 종류

권리의 내용에 따른 분류

기본적으로 옵션은 권리의 내용에 따라 기초자산을 살 수 있는 권리를 나타내는 콜옵션과 팔 수 있는 권리를 나타내는 풋옵션으로 구분된다. 그리고 이러한 콜옵션과 풋옵션소유자의 권리는 만기일에 선택적으로 행사되게 된다.

콜옵션의 경우 만기일에 기초자산의 시장가격이 행사가격보다 높을 경우에만 그 권리를 행사할 것이다. 반대로 기초자산의 시장가격이 행사가격보다 낮을 경우에는 시장에서 직접 매입하는 것이 유리하기 때문에 콜옵션은 행사되지 않을 것이다.

그러나 풋옵션은 콜옵션과는 달리 기초자산을 팔 수 있는 권리이므로 만기일에 기초자산의 시장가격이 행사가격보다 낮을 경우에만 그 권리를 행사할 것이다. 반대로 기초자산의 시장가격이 행사가격보다 높을 경우에는 시장에서 직접 매도하는 것이 유리하기 때문에 풋옵션은 행사되지 않을 것이다.

이처럼 옵션투자자는 기초자산의 가격이 자신에게 유리한 방향으로 움직일 경우에만 그 권리를 행사하게 된다. 옵션거래 및 권리행사와 관련하여 옵션매수자와 옵션매도자의 권리와 의무를 요약하면 〈표 18－1〉과 같다.

〈표 18－1〉 옵션거래유형에 따른 시장참가자의 권리 및 의무

		콜옵션	풋옵션
옵션매수자 (buyer)	권리	행사가격으로 자산매입	행사가격으로 증권매도
	의무	옵션프리미엄 지급	옵션프리미엄 지급
옵션매도자 (writer)	권리	옵션프리미엄 청구권	옵션프리미엄 청구권
	의무	행사가격으로 증권매도	행사가격으로 자산매입

권리의 행사시기에 따른 분류

옵션은 만기와 관련하여 유럽식 옵션과 미국식 옵션으로 분류할 수 있다. 유럽식 옵션(European option)은 미리 정해진 만기일에 한해서 권리를 행사할 수 있는 옵션을 말하고, 미국식 옵션(American option)은 만기일 이전에도 권리를 행사할 수 있는 옵션을 말한다. 미국식 옵션은 만기일에 한해서 권리를 행사할 수 있는 유럽식 옵션보다 권리를 행사할 수 있는 시기를 선택할 수 있는 폭이 넓기 때문에 가격도 높은 것이 일

반적이다.

기초자산에 따른 분류

옵션은 주식 이외의 다른 자산에 대해서도 발행될 수 있다. 특히 최근 들어 다양한 형태의 비주식옵션(non-stock option)들이 거래소에 상장되어 거래되고 있는데, 이러한 비주식옵션은 거래대상이 되는 기초자산의 종류에 따라 크게 지수옵션, 통화옵션, 금리옵션, 선물옵션 등으로 구분된다.

주식옵션 : 주식옵션(stock option)은 주식을 기초자산으로 하는 옵션으로, 1973년 시카고옵션거래소에서 18종목의 주식에 대한 옵션거래가 처음 시작된 이후 현재 시장에서 가장 널리 거래되고 있는 옵션이다. 우리나라에서는 2002년 1월부터 삼성전자, SK텔레콤, KT, 한국전력, POSCO, 국민은행, 현대차 등 7개 종목을 대상으로 거래가 시작되어 거래대상 종목이 확대되었으나 실제 거래는 거의 없는 실정이다.

한편 주식옵션이 행사될 때 주식을 실제로 교환하는 경우는 흔하지 않고 대신 옵션발행자가 옵션보유자에게 해당 주식의 시장가격과 행사가격의 차액을 현금으로 지불하는 현금결제가 주로 이루어지고 있다.

주가지수옵션 : 주가지수옵션(stock price option)은 개별주식을 기초자산으로 하는 것이 아니라 주가지수를 기초자산으로 하는 옵션이다. 미국시장의 경우 S&P 100지수, 다우존스산업평균지수 등을 거래대상으로 하는 주가지수옵션이 있으며, 일본에는 Nikkei 225지수를 거래대상으로 하는 옵션이 있다. 우리나라에서는 코스피 200을 거래대상으로 하는 주가지수옵션이 활발하게 거래되고 있다.

주가지수옵션은 주식옵션과 달리 기초자산이 추상적인 상품이므로 만기일에 실물을 인도할 수가 없다. 따라서 주가지수옵션은 만기일에서의 주가지수와 행사가격과의 차이를 기준으로 현금결제가 이루어지게 된다.

통화옵션 : 통화옵션(currency option)이란 특정 외국통화를 미리 정한 환율로 사고 팔 수 있는 권리가 부여된 옵션이다. 통화옵션은 1982년 12월 필라델피아증권거래소에서 거래가 시작된 후 시카고옵션거래소(CBOE)와 시카고상업거래소(CME)에서도 많은 거래가 이루어지고 있다.

예를 들어 국내 수입업자가 미국 달러화에 대한 통화옵션을 매입한다면 수입대금 지급시기에 달러화에 대한 원화의 환율이 상승하더라도 환율상승에 따른 환차손을 예방할 수 있다. 이러한 통화옵션은 통화선물옵션의 형태로 거래되는 경우가 많다.

금리옵션 : 금리옵션(interest rate option)이란 채권을 기초자산으로 하는 옵션이다. 한편 기초자산으로 이용되는 채권의 종류로는 미국 재무성증권(Treasury Bill, Treasury Note, Treasury Bond), 양도성예금증서(CD), 정부저당채권(GNMA) 등을 들 수 있다. 금리옵션은 1982년 시카고옵션거래소(CBOE)에서 거래가 시작된 후 시카고상업거래소(CME) 등에서 거래가 이루어지고 있다. 금리옵션도 채권선물옵션의 형태로 거래되는 경우가 많다.

선물옵션 : 선물옵션(futures option)이란 선물계약을 기초자산으로 하는 옵션이다. 여기서 선물계약(futures contract)이란 미래의 일정한 날짜에 미리 정한 가격으로 어떤 상품이나 증권을 사고팔기로 약정하는 계약을 의미한다. 따라서 선물옵션보유자는 이러한 선물계약을 사거나 팔 수 있는 권리를 갖게 되는 것으로서, 만일 선물옵션보유자가 이 옵션을 행사하게 되면 선물옵션발행자는 선물옵션보유자에게 선물계약의 현재가격과 행사가격의 차이에 해당하는 금액을 지불하게 된다.

기초자산의 현재가격과 행사가격의 비교에 따른 분류

옵션은 기초자산의 현재가격과 옵션의 행사가격을 비교하여 내가격 옵션, 외가격 옵션, 등가격 옵션으로 분류한다.

내가격 옵션 : 내가격 옵션(in-the-money option)이란 지금 바로 옵션을 행사하면 이익을 얻을 수 있는 상태의 옵션을 말한다. 따라서 콜옵션의 경우에는 기초자산의 현재가격이 그 옵션의 행사가격보다 높은 상태, 그리고 풋옵션의 경우에는 기초자산의 현재가격이 그 옵션의 행사가격보다 낮은 상태에 있는 옵션을 말한다. 예를 들어 현재 시장에서 한국전력의 주식이 32,000원에 거래되고 있다고 하자. 이 때 행사가격이 30,000원인 한국전력주식의 콜옵션은 내가격 옵션이 된다.

외가격 옵션 : 외가격 옵션(out-of-the-money option)이란 내가격 옵션과는 반대로 지금 바로 옵션을 행사하면 손실을 볼 수 있는 상태의 옵션을 말한다. 따라서 콜옵션의 경우에는 기초자산의 현재가격이 그 옵션의 행사가격보다 낮은 상태, 그리고 풋옵션의 경우에는 기초자산의 현재가격이 그 옵션의 행사가격보다 높은 상태에 있는 옵션을 말한다. 따라서 현재 시장에서 한국전력의 주식이 32,000원에 거래되고 있다면 행사가격 30,000원의 한국전력주식의 풋옵션은 외가격 옵션이 된다.

등가격 옵션 : 등가격 옵션(at-the-money option)이란 기초자산의 현재가격과 그 옵션의 행사가격이 일치하는 경우의 옵션을 말한다. 예를 들어 현재 한국전력 주식이

30,000원에 거래되고 있다면 행사가격이 30,000원인 한국전력주식에 대한 콜옵션 또는 풋옵션은 모두 등가격 옵션이 된다.

4 옵션거래제도

옵션거래소

옵션의 기원은 창세기까지 거슬러 올라갈 수 있으나 오늘날과 같이 구체적인 조건을 갖춘 형태의 옵션거래가 처음 시작된 것은 네덜란드의 튤립매매로부터라고 한다. 그리고 17세기 말에 이르러서는 영국의 런던에서 주식에 대한 옵션거래가 시작되었고, 19세기 말에는 뉴욕 월가에서 주식옵션거래가 장외시장을 중심으로 간헐적으로 이루어져 왔다.

그러나 이러한 장외시장을 통한 옵션거래는 거래비용이 많이 들 뿐만 아니라 유통시장이 발달되어 있지 않아서 그 거래량은 미미하였다. 따라서 본격적인 옵션거래가 시작된 것은 1973년 4월 시카고옵션거래소(CBOE)가 설립되어 콜옵션을 거래하기 시작한 이후라고 할 수 있다. 이후 아메리카증권거래소(AMEX), 필라델피아증권거래소(PHLX), 태평양증권거래소(PSE), 뉴욕증권거래소(NYSE) 등의 옵션거래소에서 옵션거래가 이루어지고 있다. 이들 조직화된 옵션거래소에서는 옵션거래의 대상이 되는 상품의 내용과 만기일, 행사가격 등을 표준화하여 거래를 용이하게 하고, 신속하고 저렴하게 거래가 이루어지도록 하여 시장의 유동성을 높여주고 있다.

옵션청산소

옵션거래소에서 결제는 옵션청산소(option clearing house)를 통하여 이루어진다. 옵션은 매수자의 입장에서 볼 때는 권리를 행사할 수 있는 계약이지만 매도자는 의무를 이행해야 하는 계약이다. 예를 들어 콜옵션의 경우 만기일에 기초자산의 시장가격이 행사가격보다 더 높다면 옵션소유자는 그 권리를 행사하고자 할 것이므로 옵션매도자는 자신에게는 불리한 행사가격으로 기초자산을 인도하여야 할 의무를 지니게 된다. 따라서 쌍방간에 계약대로 권리와 의무가 이행되도록 하기 위해서는 중립적이고 신뢰성이 있는 기관이 결제를 대행하는 것이 바람직하다. 옵션청산소는 옵션의 매입자에 대해서는 실질적인 매도자로서, 매도자에 대해서는 실질적인 매입자로서의 역할을 수행하여 옵션거래의 이행을 보장해 준다. 결과적으로 옵션청산소는 옵션거래의 신뢰성과 안정성을 높이는 기능을 하고 있다.

옵션청산소는 옵션거래의 이행을 보장하기 위하여 옵션의 매도자로 하여금 증거금을 예치하도록 요구하고, 옵션의 매입자로부터는 옵션프리미엄을 징수한다. 이러한 옵션청산소는 옵션거래소와 분리되어 별도의 회사로 존재하는 경우도 있지만 옵션거래소 내부의 한 부서가 청산소의 역할을 하기도 한다. 우리나라 코스피 200 옵션의 경우 한국거래소가 옵션거래소이며, 거래소의 한 부서가 청산소의 역할을 하고 있다.

5 한국의 옵션거래

현재 한국증권선물거래소에 상장되어 거래되고 있는 옵션은 코스피 200, 미국달러, 국민은행, 삼성전자, POSCO, 현대자동차, 한국전력공사, KT, SK텔레콤 등 33개 종목의 개별주식옵션이 있다. 그리고 우리나라에서 거래되는 옵션의 형태는 만기일에 권리행사가 가능한 유럽식 옵션이다.

〈표 18-2〉 한국의 옵션거래

구 분	코스피 200 옵션	미국달러옵션
거래소	한국거래소	한국증권선물거래소
대상자산	코스피 200 지수	미국달러
거래단위	코스피 200 가격×50만원	USD 10,000
결제월	최근 연속 3개월 및 3, 6, 9, 12월	최근 연속 3개월 및 3, 6, 9, 12월
가격표시	원화(소수점 둘째 자리)	원화(소수점 둘째 자리)
최소호가단위	프리미엄 3 이상 : 0.05포인트 프리미엄 3 미만 : 0.01포인트	0.10원
가격제한폭	없음	없음
최종거래일	각 결제월의 두 번째 목요일	최종결제일의 직전 2거래일
최종결제일	최종 거래일의 다음 거래일	결제월의 세 번째 수요일
거래방식	현금결제	인수도 결제

코스피 200 옵션

코스피 200 옵션시장은 1997년 7월 한국증권거래소에서 개설되었으나 정부의 선물시장 통합방침에 따라 2004년 1월부터 주가지수선물과 함께 한국선물거래소로 이관되었고, 이후 증권거래소와 선물거래소가 통합되면서 현재 한국거래소의 선물시장에서 운영되고 있다.

코스피 200 옵션은 한국증권선물거래소의 유가증권시장본부에서 발표되는 코스피 200 지수를 거래대상으로 하며, 옵션 1계약의 거래단위는 코스피 200 옵션의 가격에 500,000원을 곱한 금액이다. 예를 들어 행사가격이 125포인트인 2015년 4월물 콜옵션([그림 18-1] 참조)을 종가(2.92포인트)에 1계약 매입을 한다면 콜옵션 매입대금은 2.92×500,000원=1,460,000원이 된다.

코스피 200 옵션은 최근 연속 3개월 및 3, 6, 9, 12월 중 만기가 6개월 이내인 4개 상품이 상장되어 거래된다. 즉 현재 시점이 2015년 4월 1일이라면 시장에서 거래되는 옵션은 2015년 4월물, 5월물, 6월물, 그리고 9월물 등 4종류가 된다. 한편 4월물 콜옵션을 매입한 투자자는 옵션만기일인 2015년 4월 두 번째 목요일(2015년 4월 14일)에 옵션의 행사 여부를 결정해야 한다. 만약 만기일의 코스피 200 현물가격이 130포인트로 마감된다면 이 투자자는 콜옵션을 행사하여 (130−125)×500,000원=2,500,000원의 이익을 얻게 된다.

[그림 18-1] 코스피 200 옵션의 시세표(2013년 11월물, 2013.11.1. 현재)

CALL 옵션					행사가격	PUT 옵션				
거래량	매수가	매도가	대비	현재가		현재가	대비	매도가	매수가	거래량
18,704	0.00	0.01	0.00	0.01	287.50	18.85	▼0.10	18.95	18.70	2
43,301	0.01	0.02	0.00	0.02	285.00	14.50	0.00	16.95	15.60	-
29,811	0.03	0.04	0.00	0.04	282.50	13.60	▲1.90	14.00	13.70	8
51,677	0.08	0.09	▼0.02	0.08	280.00	12.10	0.00	11.60	11.00	-
85,124	0.18	0.19	▼0.02	0.19	277.50	9.05	▼0.55	9.20	9.05	88
90,469	0.43	0.44	▼0.05	0.44	275.00	6.85	▼0.55	6.90	6.80	478
78,904	0.95	0.96	▼0.05	0.96	272.50	4.85	▼0.55	4.90	4.85	2,554
70,673	1.83	1.84	▼0.03	1.84	270.00	3.25	▼0.45	3.30	3.25	7,517
7,481	3.10	3.15	▼0.05	3.10	267.50	2.05	▼0.41	2.06	2.05	68,079
1,860	4.75	4.85	▲0.15	4.80	265.00	1.23	▼0.32	1.23	1.22	69,641
504	6.75	6.80	▲0.30	6.90	262.50	0.72	▼0.26	0.72	0.71	72,300
175	8.90	9.05	▲0.25	9.00	260.00	0.41	▼0.20	0.42	0.41	53,678
1	11.20	12.30	▼0.20	11.00	257.50	0.24	▼0.14	0.24	0.23	33,182
-	13.60	14.35	0.00	14.65	255.00	0.14	▼0.12	0.15	0.14	25,576
-	16.10	16.65	0.00	16.20	252.50	0.10	▼0.07	0.10	0.09	21,800
10	18.35	18.80	▲0.60	19.15	250.00	0.07	▼0.04	0.07	0.06	10,275
2	21.00	21.35	▼2.35	21.15	247.50	0.04	▼0.04	0.05	0.04	13,091
-	23.05	24.50	0.00	23.55	245.00	0.03	▼0.03	0.04	0.03	8,765
-	25.60	27.00	0.00	28.00	242.50	0.03	▼0.03	0.03	0.02	6,783
-	28.00	29.50	0.00	28.20	240.00	0.02	▼0.02	0.03	0.02	2,765
-	30.70	31.95	0.00	31.05	237.50	0.01	▼0.03	0.02	0.01	4,461
-	33.05	34.45	0.00	33.55	235.00	0.01	▼0.02	0.02	0.01	1,282
-	35.50	36.95	0.00	35.50	232.50	0.01	▼0.02	0.02	0.01	2,284
-	38.00	39.45	0.00	38.25	230.00	0.01	▼0.01	0.02	0.01	1,054
-	40.50	41.95	0.00	41.85	227.50	0.01	0.00	0.01	0.00	2,079
-	43.05	44.45	0.00	43.50	225.00	0.01	0.00	0.01	0.00	4,733

[그림 18－1]은 2013년 11월 만기의 코스피 200 옵션의 11월 1일자 시세표이다. 이 표에는 2013년 11월 만기의 코스피 200 콜옵션과 풋옵션의 거래내용이 나타나 있다. 즉 코스피 200 11월물의 경우 행사가격이 260포인트인 콜옵션의 현재가격은 9.00포인트이며, 거래량은 175계약이다. 한편 행사가격이 260포인트인 풋옵션의 현재가격은 0.41포인트이며, 거래량은 58,678계약이다.

한편 코스피 200지수는 2013년 11월 1일 현재 267.95포인트로 거래가 이루어지고 있고, 따라서 행사가격이 260포인트인 콜옵션의 경우 현재 내가격옵션이고, 동일한 행사가격의 풋옵션은 외가격옵션이다.

미국달러옵션

미국달러옵션이란 미리 정한 환율로 최종 거래일에 달러화를 매수 또는 매도할 수 있는 권리를 의미한다. 우리나라의 미국달러옵션거래는 $100,000을 기본계약단위로 하고 있으며, 만기가 6개월 이내인 4개의 결제월 상품이 상장되어 거래되고 있다. 미국달러옵션의 결제는 현금결제방식이 아니라 실물인수도 방식으로 이루어진다. 이러한 실물인수도 방식의 결제는 현물환 거래에 따르는 불편함과 현물환 거래와 관련된 거래비용 등으로 인하여 투자자들의 시장 참여를 제약하는 주요 요인으로 작용하고 있다.

개별주식옵션

개별주식옵션은 2002년 1월부터 삼성전자, SK텔레콤, KT, 한국전력, POSCO, 국민은행, 현대차 등 7개의 종목을 대상으로 거래가 시작되었으며 현재는 33개 종목으로 확대되었다.

한편 개별주식옵션은 초기 국내의 투자자들의 관심을 끌지 못하였는데 그 이유는 개별주식옵션이 주가지수옵션과 달리 결제방식이 현금결제가 아니라 실물결제이었기 때문이다. 현금결제는 만기에 손익을 현금으로 주고받기 때문에 간편한 반면 실물결제는 주식을 주고받기 때문에 복잡하다. 이에 따라 투자자들은 간편할 뿐만 아니라 이익을 즉시 현금화할 수 있는 현금결제를 선호한다. 최근 국내에서도 개별주식옵션의 거래를 활성화하기 위하여 결제방식을 주가지수옵션과 같은 현금결제로 변경하였다.

2절 옵션의 가치

1 내재가치와 시간가치

옵션의 내재가치

옵션의 가치는 내재가치와 시간가치의 두 가지 요소로 이루어져 있다. 옵션의 내재가치(intrinsic value)란 지금 즉시 옵션을 행사할 경우 투자자가 얻을 수 있는 가치를 의미한다. 예를 들어 현재 내가격 상태에 있는 콜옵션의 내재가치는 현재 기초자산의 가격(S)과 행사가격(K)의 차이, 즉 $S-K$가 된다. 한편 등가격 상태나 외가격 상태의 옵션은 내재가치가 영(0)이다. 즉 옵션은 권리이지 의무가 아니기 때문에 내재가치가 마이너스가 될 수는 없다.

예를 들어 한국전력의 현재 주가가 30,000원이고 다음 달에 만기가 되는 콜옵션의 행사가격이 25,000원이라고 한다면 이 콜옵션의 내재가치는 30,000−25,000=5,000원이 된다. 그러나 한국전력의 현재 주가가 25,000원이거나 그 이하일 경우에는 콜옵션의 내재가치는 0이 된다.

옵션의 시간가치

일반적으로 옵션은 내재가치보다 높은 가격에 거래되고 있으며, 내재가치가 없는 등가격옵션이나 외가격옵션도 정(+)의 가격에 거래되고 있다. 이는 만기일까지의 남은 기간 동안 기초자산의 가격이 상승하여 행사가격보다 더 높아질 가능성이 존재하기 때문인데, 이처럼 만기까지 남은 기간 동안 기초자산의 가격이 유리하게 변동할 가능성에 대한 가치를 옵션의 시간가치라고 한다. 따라서 옵션의 시장가격은 옵션의 내재가치와 시간가치의 합이라고 할 수 있다.

$$\text{옵션가격} = \text{옵션의 내재가치} + \text{옵션의 시간가치} \qquad (18-1)$$

예를 들어 현재 30,000원에 거래되는 한국전력 주식을 25,000원에 살 수 있는 콜옵션의 현재 시장가격이 6,000원이라고 한다면, 현재 시장가격 6,000원에서 내재가치 5,000원을 뺀 1,000원이 콜옵션의 시간가치가 된다([그림 18−2] 참조).

[그림 18-2] 콜옵션의 내재가치와 시간가치

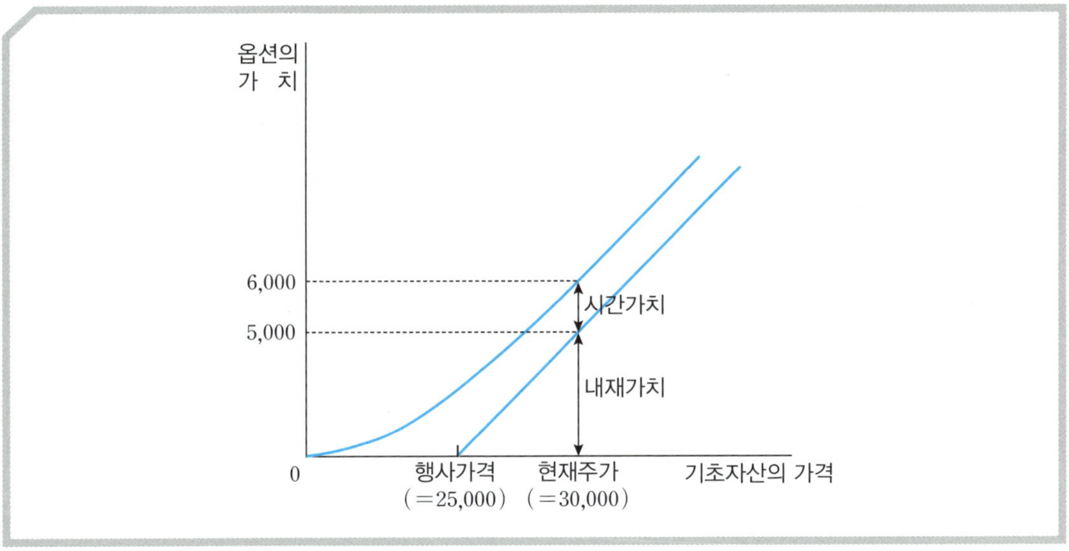

한편 옵션의 시간가치는 기초자산의 가격이 현재보다 크게 상승(콜의 경우)하거나 또는 크게 하락(풋의 경우)할 가능성이 높을수록 커지게 된다. 또한 옵션의 시간가치는 만기가 가까워짐에 따라 줄어들게 되며, 만기일에는 0이 되어 옵션가격은 옵션의 내재가치와 같아진다.

2 옵션가격의 결정요인

옵션가격은 여러 가지 요인들에 의해 영향을 받게 된다. 여기서는 주식을 기초자산으로 하는 콜옵션을 대상으로 옵션가격결정요인들에 대해 살펴본다.

현재의 주식가격

현재의 주식가격이 높을수록 옵션의 가격은 상승한다. 왜냐하면 현재 주식가격이 높을수록 만기일에 주식가격이 행사가격보다 높을 확률이 크기 때문이다. 만기일에서의 콜옵션의 가치는 만기일에서의 주식가격(S^*)에서 행사가격을 차감한 값과 0 중에서 큰 값($\max[0,\ S^*-K]$)과 같다.

행사가격

옵션의 가격은 행사가격이 낮을수록 상승한다. 행사가격은 미래에 옵션을 행사할 때 주식매입가격이므로 낮으면 낮을수록 좋다. 따라서 옵션의 행사가격이 낮을수록 투자자는 옵션구입에 더 많은 대가를 지불하게 되고 옵션가격은 상승하게 된다.

만기까지의 기간

옵션의 가격은 만기일이 길수록 상승한다. 그 이유는 만기일이 길수록 만기일의 주식가격이 현재의 주식가격보다 높아질 가능성이 크기 때문이다. 한편 만기일까지의 기간이 무한한 옵션의 가격은 현재 주식의 가격과 동일하게 된다. 왜냐하면 만기일까지의 기간이 무한할 경우 만기일에 지급되는 행사가격의 현재가치는 0이 되기 때문이다.

주가 변동성

옵션의 가격은 주가 변동성이 클수록 상승한다. 주가 변동성이란 주식가격의 변화정도를 나타내는 기준으로서 주가 변동성이 클수록 주식가격이 크게 하락하거나 또는 크게 상승할 가능성이 커지게 된다. 옵션소유자는 주식가격이 하락할 때는 옵션을 행사하지 않고, 주식가격이 상승할 때는 옵션을 행사하여 큰 이익을 얻을 수 있다.

시장이자율

옵션의 가격은 시장이자율이 높을수록 상승한다. 콜옵션은 미래에 행사가격을 지불하고 주식을 매입할 권리이기 때문에 시장이자율이 오를 경우 행사가격의 현재가치가 줄어들어 옵션의 이익을 증가시키는 효과가 있다.

이상의 다섯 가지 요인 외에도 주식옵션의 경우 현금배당이 있게 되면 옵션의 계약조건은 전혀 변화하지 않는데 주가는 하락하게 되므로 콜옵션의 가격도 하락하게 된다. 지금까지는 콜옵션을 중심으로 옵션가격의 결정요인들을 살펴보았다. 한편 풋옵션의 경우도 이들 요인에 의해 영향을 받게 되며 그 결과를 요약하면 〈표 18－3〉과 같다.

〈표 18-3〉 옵션가격결정요인과 옵션가격과의 관계

	콜옵션	풋옵션
현재의 주가	+	−
행사가격	−	+
만기까지의 기간	+	+
주가변동성	+	+
시장이자율	+	−
배당	−	+

3 옵션가격의 범위

콜옵션의 가격범위

옵션의 가격은 주식의 가격, 행사가격, 만기까지의 기간, 주가 변동성, 시장이자율 등에 의해 결정된다. 한편 이러한 옵션의 가격은 균형 상태에서 다음과 같은 범위에서 결정되게 된다.

첫째, 콜옵션의 가격(C)은 부(−)가 될 수 없다. 그 이유는 옵션이 그 소유자에게 유리한 경우에만 행사되는 권리이지 의무가 아니기 때문이다.

$$C>0 \tag{18-2}$$

둘째, 콜옵션의 가격은 주식의 가격(S)보다 낮다. 그 이유는 콜옵션은 주식을 매입할 수 있는 권리이므로 그 가격이 주식 자체의 가격을 초과할 수 없기 때문이다.

$$C \leq S \tag{18-3}$$

만약 (18-3)식이 성립되지 않는 경우 투자자는 콜옵션을 발행하고 주식을 매입함으로써 차익(arbitrage profit)을 얻을 수 있다.

셋째, 콜옵션의 가격은 현재 주가에서 행사가격의 현재가치를 차감한 값보다 크다.

$$C>S-PV(K) \tag{18-4}$$

$$PV(K): \text{행사가격의 현재가치}\left(=\frac{K}{(1+r_f)^T}\right)$$

[그림 18-3] 콜옵션가격의 범위

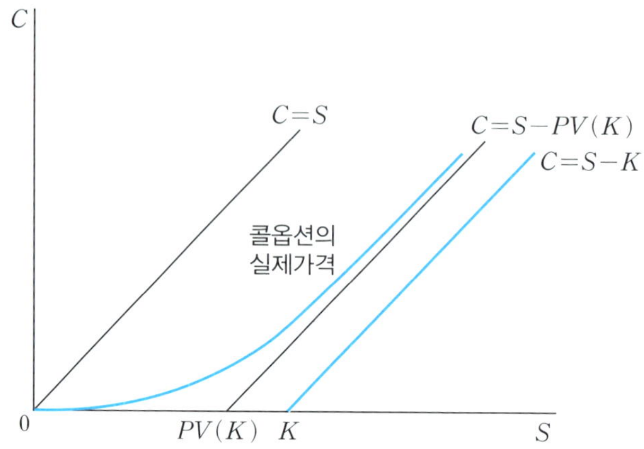

지금까지 설명한 세 가지 조건을 종합하면 콜옵션의 가격은 [그림 18-3]과 같은 범위에서 형성되게 될 것이다.

[그림 18-3]에서 콜옵션의 가격은 주가가 상승함에 따라 더욱 빠르게 상승하며, 그 가격은 내재가치 $S-K$와 시간가치 $C-(S-K)$의 합으로 구성되어 있음을 알 수 있다.

한편 미국식 콜옵션의 가격(C^A)은 유럽식 콜옵션의 가격(C^E)보다 높거나 같다. 그 이유는 미국식 콜옵션은 유럽식 콜옵션과는 달리 만기일뿐만 아니라 그 이전에도 언제든지 그 권리를 행사할 수 있기 때문이다.

$$C^A \geq C^E \geq S-PV(K) \tag{18-5}$$

하지만 만약 투자자가 현재시점에서 미국식 콜옵션을 행사할 경우 이득은 max[0, $S-K$]가 된다. 그러나 지금으로부터 t기간 후에 이 옵션을 행사할 경우 현재 주가가 그대로 유지된다면 이득은 max[0, $S-PV_t(K)$]가 되므로 더 높은 가치를 갖게 된다. 따라서 미국식 콜옵션은 주가에 특별한 변화가 예상되지 않는 한 만기일 이전에 행사되지 않는 것이 일반적이다.

풋옵션의 가격범위

풋옵션도 콜옵션과 마찬가지로 일정한 범위에서 가격이 결정되게 된다.

첫째, 풋옵션의 가격(P)은 부(-)가 될 수 없다. 그 이유는 풋옵션도 콜옵션과 마찬가지로 그 보유자에게 유리한 경우에만 행사되는 권리이기 때문이다.

$$P>0 \tag{18-6}$$

둘째, 풋옵션의 가격은 행사가격보다 낮다. 그 이유는 풋옵션이 행사가격 K에 주식을 팔 수 있는 권리이므로 투자자들이 행사가격 K보다 큰 금액을 지불하지 않을 것이기 때문이다.

$$P\leq K \tag{18-7}$$

만약 풋옵션의 가격이 행사가격보다 높을 경우 투자자는 풋옵션을 발행하여 매각함으로써 적어도 $P-K$의 차익을 얻을 수 있다.

셋째, 풋옵션의 가격은 행사가격의 현재가치에서 현재의 주가를 차감한 값보다 크다.

$$P>PV(K)-S \tag{18-8}$$

이와 같은 조건들을 종합하면 풋옵션의 가격은 [그림 18-4]와 같은 범위에서 형성되게 될 것이다.

[그림 18-4]에서 풋옵션의 가격은 주가와 반비례하며, 주가가 상승할 경우 풋옵션의 가격이 하락하는 속도는 줄어드는 것을 알 수 있다.

한편 미국식 풋옵션은 투자자가 현재시점에서 그 권리를 행사할 경우 행사가격 K를 당장 받을 수 있지만 지금으로부터 t기간 후에 그 권리를 행사할 경우 t기간 후에 행사가격 K를 받게 되므로 그 현재가치는 K보다 작게 된다.

따라서 미국식 풋옵션은 미국식 콜옵션과는 달리 만기일 이전에 행사되는 것이 일반적이다. 그리고 이러한 이점 때문에 미국식 풋옵션의 가격(P^A)은 유럽식 풋옵션의 가격(P^E)보다 작은 값을 갖지 않는다.

$$P^A\geq P^E \tag{18-9}$$

[그림 18-4] 풋옵션가격의 범위

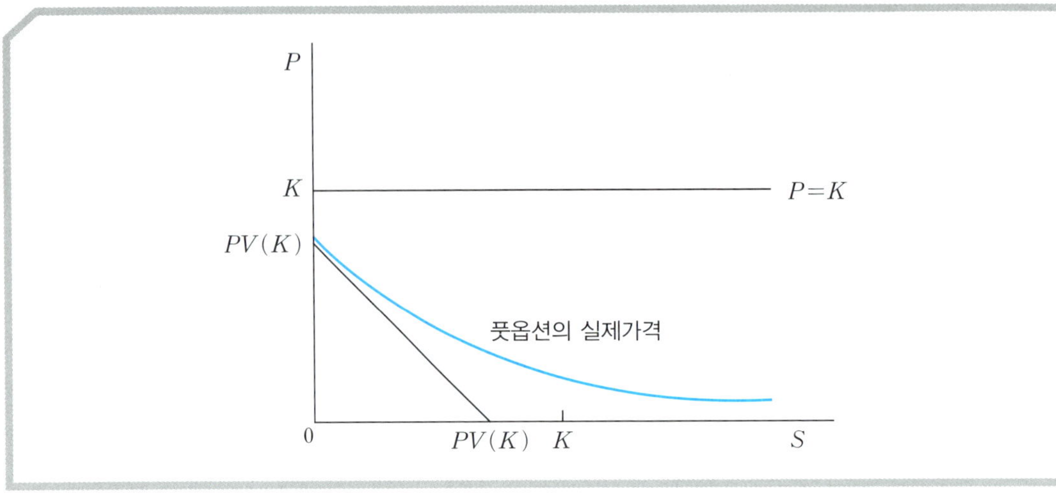

4 풋-콜 등가식

앞에서 우리는 옵션가격의 결정요인 및 그 범위에 대해서 알아보았다. 한편 동일한 주식을 기초자산으로 하여 발행된 동일한 만기 및 행사가격을 갖는 콜옵션과 풋옵션의 가격은 균형하에서 일정한 관계를 갖는데, 이와 같은 콜옵션과 풋옵션의 가격의 균형관계를 풋-콜 등가식(put-call parity)이라고 부른다.

이와 같은 콜옵션과 풋옵션의 관계를 살펴보기 위해 다음과 같이 포트폴리오를 구성한다고 가정한다.

① 주식 1주 매입(현재가격 S)
② 풋옵션 1계약 매입(현재가격 P)
③ 콜옵션 1계약 매도(현재가격 C)

단, 포트폴리오에 포함된 풋옵션과 콜옵션은 동일한 행사가격과 만기를 갖고 있다고 한다.

〈표 18-4〉 무위험포트폴리오 구성

포트폴리오 구성	현재의 현금흐름	만기의 현금흐름	
		$S_T>K$	$S_T\le K$
주식 매입	S	S_T	S_T
풋옵션 매입	P	0	$K-S_T$
콜옵션 발행	$-C$	$-(S_T-K)$	0
포트폴리오	$S+P-C$	K	K

〈표 18-4〉를 살펴보면 이 포트폴리오는 만기시점의 주가(S_T)와 관계없이 항상 행사가격 K와 같은 수익을 갖는 무위험포트폴리오라는 것을 알 수 있다. 이러한 무위험포트폴리오의 수익률은 자본시장이 균형상태에 있을 때 무위험수익률(R_f)과 같게 된다.

따라서 무위험포트폴리오의 현재의 투자비용($S+P-C$)과 만기의 투자수익(K) 사이에는 다음과 같은 관계가 성립한다.

$$S+P-C=\frac{K}{(1+R_f)^T} \qquad (18-10)$$

T : 옵션의 만기(연)

(18-10)식을 풋옵션가격 P에 관하여 정리하면 다음과 같다.

$$P=C+\frac{K}{(1+R_f)^T}-S \qquad (18-11)$$

(18-11)식은 동일한 기초자산에 대해 행사가격과 만기가 같은 콜옵션의 가격과 풋옵션의 가격이 균형상태에서 어떤 관계를 갖는지 보여준다. 우리는 이 균형관계식을 풋-콜 등가식(put-call parity)이라 부른다.

한편 이러한 무위험포트폴리오의 수익은 만기가 동일하고 액면금액이 K인 무위험순수할인채권을 매입하는 것과 동일한 수익을 갖는다. 따라서 액면가격이 K인 무위험순수할인채권의 현재가격(B)은 다음과 같다.

$$B = \frac{K}{(1+R_f)^T} \qquad (18-12)$$

T : 채권의 만기(연)

따라서 (18-11)식은 다음과 같이 표시될 수도 있다.

$$P = C + B - S \qquad (18-13)$$

만기의 주가변화에 따른 무위험포트폴리오의 이익의 형태는 [그림 18-5]와 같다.

[그림 18-5] 무위험포트폴리오의 이익

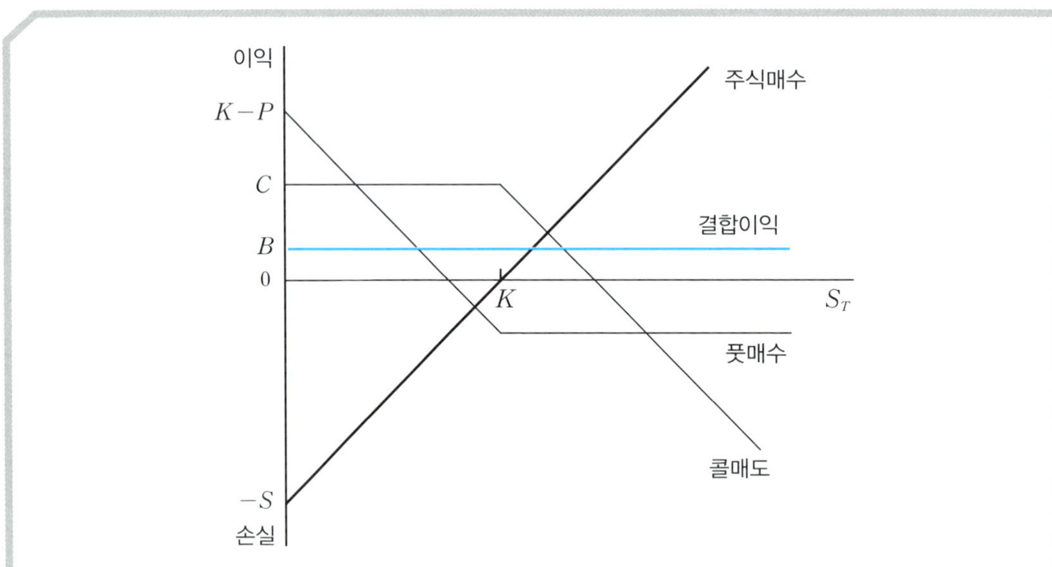

3절 옵션가격결정모형

앞에서 우리는 옵션의 가격을 결정하는 몇 가지 중요한 변수들과 옵션가격의 범위에 대해 살펴보았다. 본 절에서는 옵션의 균형가격결정에 관한 구체적인 모형을 유도하고 그 의미를 살펴보고자 한다.

1 이항옵션가격결정모형

이항옵션가격결정모형(binomial option pricing model)은 기초주식의 가격이 이항분포를 따른다는 가정하에 옵션의 균형가격을 도출하고 있다. 여기서는 투자기간을 단일기간으로 가정하는 1단계 이항모형에 대해 살펴보기로 한다.

모형의 가정

1단계 이항모형은 다음과 같은 가정을 전제로 하고 있다. 첫째, 자본시장은 완전자본시장이다. 즉, 거래비용이나 세금이 없고, 모든 정보가 투자자에게 동시에 전달되며, 투자자는 무위험이자율로 차입과 대출이 가능하다.

둘째, 투자기간은 단일기간이다. 이 기간에 기초주식의 가격은 만기일에 일정한 비율로 상승(u)하거나 하락(d)하는 이항분포를 따른다.

모형의 도출

이항옵션가격결정모형을 이용하여 옵션의 가격을 구하는 과정을 살펴보기 위해 한국전력의 주가가 다음과 같이 이항분포를 갖는다고 가정하자. 이 한국전력 주식에 대해 행사가격이 20,000원이고 만기가 1년인 콜옵션의 가격을 구해보기로 한다. 단, 현재 무위험이자율은 연 10%라고 가정한다.

S : 기초주식의 현재가격(=20,000원)
q : 주가의 상승확률(=0.5)
$1-q$: 주가의 하락확률(=0.5)

u : 주가의 상승비율(=1.2)
d : 주가의 하락비율(=0.8)
K : 콜옵션 행사가격(=20,000원)
r : 무위험이자율(=0.10)

이와 같이 주가가 이항분포를 따를 경우 만기일에 있어서 옵션의 가치는 [그림 18−6]과 같다. 1년 후 한국전력의 주가가 24,000원으로 상승하면 이 주식에 대한 콜옵션의 가치(C_u)는 24,000−20,000=4,000원이 되며, 주가가 16,000원으로 하락하면 콜옵션이 행사되지 못하여 그 가치(C_d)는 0이 된다.

[그림 18−6] 주가변화 및 옵션의 가치

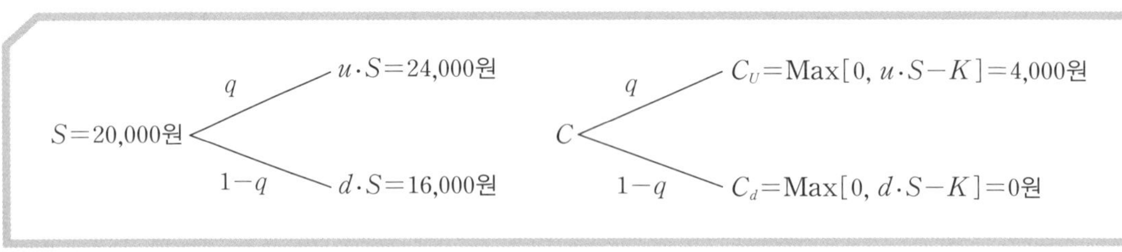

한편, 어떤 투자자가 주식과 콜옵션을 결합하여 미래의 주가와 관계없이 일정한 수익을 얻을 수 있는 헤지포트폴리오(hedge portfolio)를 구성할 경우 그 수익률은 균형상태에서 무위험이자율과 같게 될 것이다. 이와 같은 위험이 전혀 없는 무위험포트폴리오를 구성하기 위해 이 투자자가 주식 1주를 사고 그 주식에 대한 콜옵션 m개를 매각한다면 만기일에서의 이 포트폴리오의 가치는 [그림 18−7]과 같이 된다.

[그림 18−7] 헤지포트폴리오의 가치

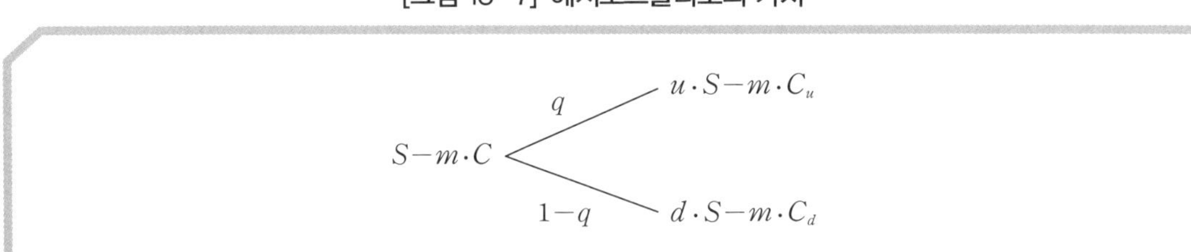

이러한 헤지포트폴리오의 가치가 만기일의 주가와 관계없이 동일하기 위한 조건은 다음과 같다.

$$u \cdot S - m \cdot C_u = d \cdot S - m \cdot C_d \quad (18-14)$$

$$m = \frac{S(u-d)}{C_u - C_d} \quad (18-15)$$

따라서 위 투자자의 경우 헤지비율(hedge ratio)은 다음과 같다.

$$m = \frac{20{,}000(1.2-0.8)}{4{,}000-0} = 2$$

즉, 이 투자자는 한국전력 주식 1주를 매입하면서 동시에 2개의 콜옵션을 매도함으로써 무위험 헤지포트폴리오를 구성할 수 있다. 이 경우 무위험 헤지포트폴리오의 만기일의 가치는 〈표 18-5〉와 같다.

〈표 18-5〉 무위험 헤지포트폴리오의 가치 (단위 : 원)

헤지포트폴리오	현재가치	만기일의 가치	
		주가상승의 경우	주가하락의 경우
1주식 매수	20,000	24,000	16,000
2콜옵션 매도	$-2C$	$-2 \times 4{,}000$	0
합 계	$20{,}000-2C$	16,000	16,000

한편, 이러한 위험이 전혀 없는 헤지포트폴리오의 수익률은 균형상태에서 무위험 이자율과 동일할 것이다. 따라서 다음과 같은 균형관계가 성립하게 된다.

$$(S - m \cdot C)(1+r) = u \cdot S - m \cdot C_u \quad (18-16)$$

$$= d \cdot S - m \cdot C_d \quad (18-17)$$

(18-16)식이나 (18-17)식에 (18-15)식을 대입하여 C에 대해 정리하면 다음과 같은 식을 얻게 된다.

$$C = \left[C_u \left(\frac{1+r-d}{u-d} \right) + C_d \left(\frac{u-1-r}{u-d} \right) \right] / (1+r) \quad (18-18)$$

한편, p를 다음과 같이 정의하기로 한다.

$$p=\left(\frac{1+r-d}{u-d}\right) \tag{18-19}$$

$$1-p=\left(\frac{u-1-r}{u-d}\right) \tag{18-20}$$

이 때 p를 헤지확률(hedge probability)이라고 하며, p는 항상 0과 1 사이의 값을 갖게 된다. 위의 예에서 헤지확률(p)을 구하면 다음과 같이 계산된다.

$$p=\frac{1+0.1-0.8}{1.2-0.8}=0.75$$

$$1-p=1-0.75=0.25$$

한편, (18-19)식과 (18-20)식을 이용하면 (18-18)식은 다음과 같이 정리된다.

$$C=\frac{pC_u+(1-p)C_d}{1+r} \tag{18-21}$$

(18-21)식을 우리는 이항옵션가격결정모형이라고 부른다. 이러한 이항모형을 이용하여 위와 같은 한국전력 주식에 대한 콜옵션의 이론가격을 구해보면 다음과 같다.

$$C=\frac{0.75\times 4{,}000+0.25\times 0}{1+0.10}=2{,}727\text{원}$$

이와 같은 이항옵션가격결정모형으로부터 우리는 옵션의 가격과 관련된 몇 가지 중요한 사실들을 발견할 수 있다.

첫째, 옵션의 가치는 주가의 상승확률(q) 또는 하락확률($1-q$)과는 무관하다는 사실이다. 따라서 투자자들이 주가가 오르거나 내릴 확률에 대해 서로 다른 예상을 하더라도 콜옵션의 균형가격이 존재할 수 있다.

둘째, 옵션의 가치는 투자자들의 위험에 대한 태도와 무관하다는 사실이다. 다시 말하면 옵션의 가격결정과 관련된 여러 가지 가정들 가운데 투자자의 위험에 대한 태도와 관련된 가정은 없다. 따라서 위험회피형 투자자이든 위험선호형 투자자이든 동일한 가격을 도출할 수 있다.

셋째, 옵션의 가치를 결정하는 확률변수는 기초주식의 가격뿐이라는 사실이다. 즉 옵션의 가치는 다른 자산이나 포트폴리오의 가격과는 전혀 무관하다.

2 블랙－숄즈 옵션가격결정모형

앞에서 설명한 이항모형은 주가의 변동이 항상 이항분포를 따른다는 가정을 기초로 옵션의 균형가격을 도출하고 있다. 그러나 블랙과 숄즈(Black and Scholes)는 주가의 변동을 연속적으로 변화하는 확률과정(stochastic process)으로 가정하고 옵션의 균형가격결정모형을 도출하였다.

블랙－숄즈모형의 가정

블랙－숄즈옵션가격결정모형은 다음과 같은 가정을 기초로 하고 있다.

첫째, 자본시장은 완전하며, 차익거래의 기회가 존재하지 않는다. 즉 시장에는 거래비용과 세금이 없고, 투자자는 무위험이자율로 차입과 대출이 가능하며, 무위험이자율은 옵션의 만기일까지 일정하다.

둘째, 증권의 거래는 연속적으로 이루어진다.

셋째, 주식가격은 연속적으로 변화하며, 이러한 주가의 변동성은 시간의 경과에 관계없이 일정하다.

블랙－숄즈옵션가격결정모형

블랙과 숄즈는 이와 같은 가정을 기초로 다음과 같은 유럽식 콜옵션의 가격결정모형을 도출하였다.

$$C = S \cdot N(d_1) - K \cdot e^{r \cdot T} \cdot N(d_2) \qquad (18-22)$$

$$d_1 = \frac{ln(S/K) + \left(r + \frac{1}{2}\sigma^2\right)T}{\sigma\sqrt{T}}$$

$$d_2 = d_1 - \sigma\sqrt{T}$$

C : 콜옵션의 가격
S : 주식의 가격
K : 행사가격
r : 무위험이자율
T : 옵션의 만기
σ : 주식수익률의 표준편차

$N(d)$: 표준정규분포의 $z=d$까지의 누적확률
ln : 자연로그함수

블랙-숄즈모형은 콜옵션의 가격을 현재주가(S), 행사가격(K), 만기까지의 기간(T), 무위험이자율(r), 그리고 주식수익률의 표준편차(σ)의 함수로 설명하고 있다. 즉, 블랙-숄즈의 모형에서 콜옵션의 가치는 주식가격 및 행사가격의 직접적인 함수로 주가가 올라가면 콜옵션의 가치도 증가하며, 행사가격이 올라가면 콜옵션의 가치는 감소한다. 그리고 나머지 요인들은 할인가치나 누적확률을 변화시킴으로써 옵션의 가치에 영향을 미친다.

한편 블랙-숄즈모형에서 주식수익률의 표준편차를 제외한 나머지 변수들은 옵션계약에 명시되어 있거나 시장에서 관찰할 수 있다. 그러나 주식수익률의 표준편차는 시장에서 관찰할 수 없기 때문에 과거의 주가자료를 이용하여 추정할 수밖에 없다. 이와 같이 블랙-숄즈모형은 옵션의 이론가격 추정에 필요한 변수의 값을 비교적 쉽게 측정할 수 있어 증권업계 실무자들이 옵션가격을 산출하는데 널리 이용하고 있다.

4절 옵션가격결정모형의 응용

옵션가격결정모형은 옵션의 가격을 평가하는데 이용되고 있을 뿐만 아니라 옵션과 유사한 성격을 갖는 다른 자산의 가치를 평가하는데도 이용될 수 있다. 본 절에서는 옵션가격결정모형을 이용하여 기업의 자기자본 및 전환사채, 그리고 신주인수권의 가치를 평가해 보기로 한다.

1 자기자본의 평가

블랙과 숄즈는 1973년 발표된 옵션가격결정모형에 관한 논문에서 부채를 사용하고 있는 기업의 주식은 그 기업의 총자산에 대한 콜옵션으로 볼 수 있다고 주장하였다. 즉 기업의 부채가 만기일에 액면금액을 상환하는 순수할인사채라고 가정할 경우, 주주는 사채를 발행할 때 기업의 자산을 사채권자에게 매도하고, 사채의 만기일에 그 자산

[그림 18-8] 주식과 회사채의 가치

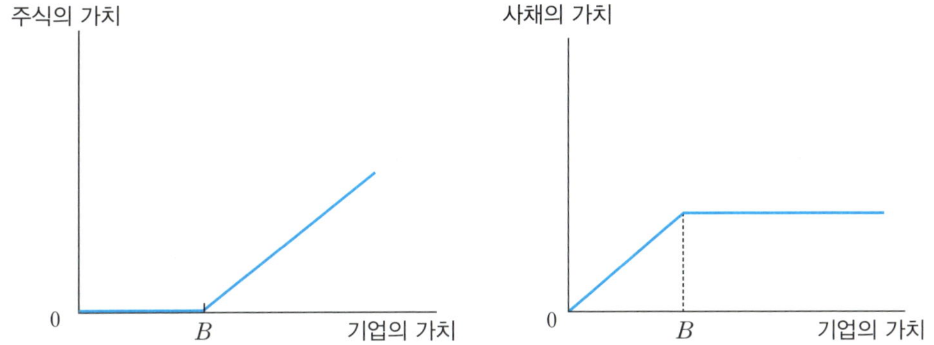

(a) 주식의 가치　　(b) 사채의 가치

을 다시 매수할 수 있는 옵션을 갖는 것으로 볼 수 있다는 것이다. 이 경우 옵션의 기초자산은 기업의 총자산이 되고, 행사가격은 사채의 액면가격이 된다.

따라서 사채의 만기일에 기업의 총자산가치(V)가 회사채의 액면가격(B)보다 클 경우 주주는 옵션을 행사하여 그 기업에 대한 소유권을 획득하게 되지만, 반대로 회사채의 만기일에 기업의 총자산가치가 사채의 액면가격보다 작을 경우에는 옵션을 행사하지 않게 된다. 이 경우 주식의 가치는 물론 0이 되고, 이는 주주의 유한책임제도와 일치하는 것이다. 이를 식으로 표시하면 다음과 같다.

$$S_T = \max[0,\ V-B] \qquad (18-23)$$

이와 같이 주식은 그 기업에 대한 콜옵션으로 볼 수 있기 때문에 주식의 가치는 옵션가격결정모형으로 설명할 수 있다. 즉 주식의 가치(S)는 기업의 가치(V), 부채의 액면가격(B), 기업가치의 표준편차(σ_V), 부채의 만기(T_B), 그리고 무위험이자율(r) 등의 함수로 표시될 수 있다.

$$S = f(V,\ B,\ \sigma_V,\ T_B,\ r) \qquad (18-24)$$

또한 콜옵션의 특성으로부터 다음과 같은 관계가 성립된다.

$$\frac{\partial S}{\partial V}>0,\ \frac{\partial S}{\partial B}<0,\ \frac{\partial S}{\partial \sigma_V}>0,\ \frac{\partial S}{\partial T_B}>0,\ \frac{\partial S}{\partial r}>0 \qquad (18-25)$$

2 전환사채의 평가

전환사채(convertible bond : CB)란 그 소유자의 의사에 따라 그 기업의 주식으로 전환할 수 있는 권리가 부여된 사채를 말한다. 전환사채는 그 소유자가 만기 이내에 전환권을 행사하면 주식이 되고, 전환권을 행사하지 않으면 일반사채가 되는 혼합증권이다.

일반적으로 전환사채의 가치는 사채가치나 전환가치보다 높게 형성된다. 그 이유는 전환사채가 일반사채로서 미래의 이자지급 및 원금상환에 대한 청구권을 갖고 있을 뿐만 아니라 주식으로의 전환권을 동시에 갖고 있기 때문이다. 이러한 전환권

[그림 18-9] 전환사채의 가치

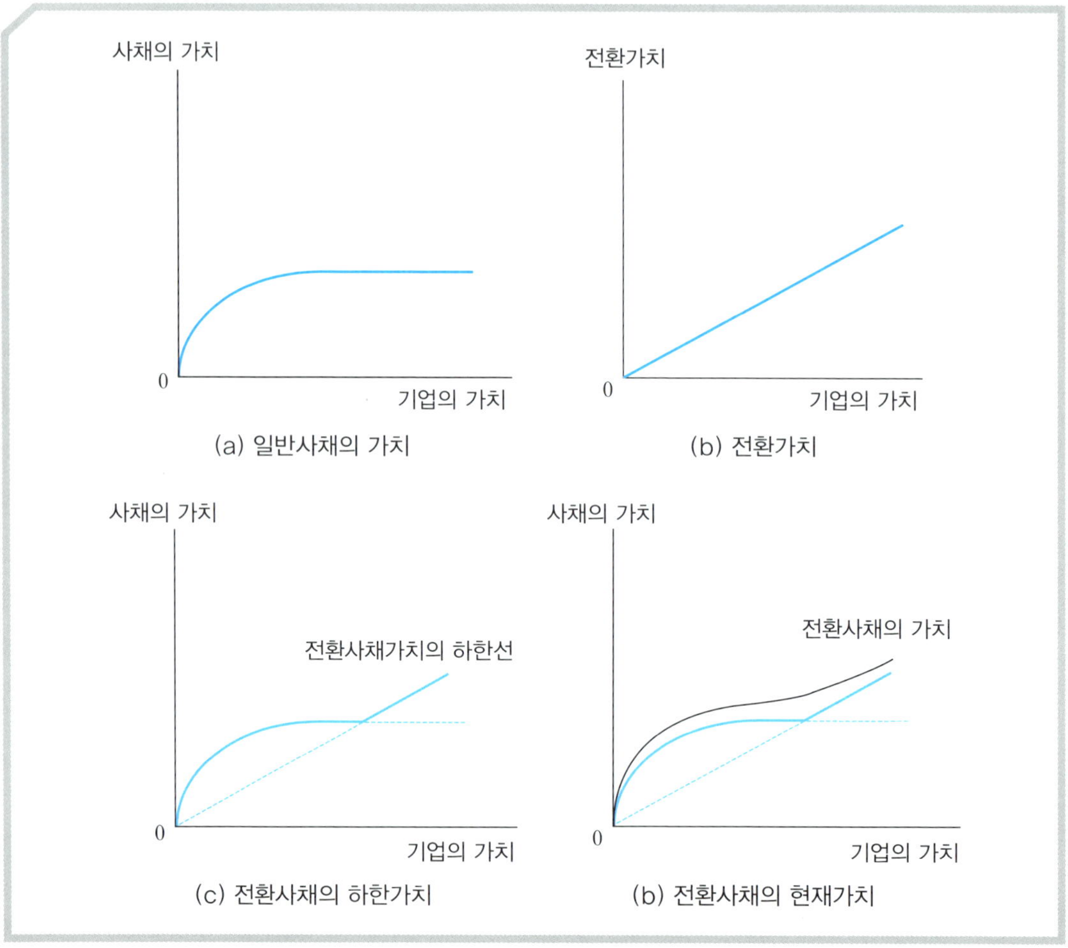

(conversion privilege)은 일정한 기간 이내에 사채로서의 가치를 포기하고 주식을 취득할 수 있다는 점에서 미국식 콜옵션과 같은 성격을 갖는다. 즉, 전환가치가 사채가치보다 높을 경우 사채권자는 전환권을 행사하여 이익을 얻을 수 있고, 반대의 경우에 사채권자는 전환권을 포기하고 일반사채로서의 권리만을 행사할 것이다.

따라서 전환권의 현재가치는 그 주식의 콜옵션의 가격에 전환율을 곱한 값과 같게 되는데, 이를 전환프리미엄이라고 부른다. [그림 18-9]의 (a)는 일반사채의 현재가치를 나타내고 (b)는 전환가치를 나타내며 (c)는 전환사채가치의 하한선을 나타내고 있다. 즉, 현재시점에서 전환사채의 가치는 일반사채의 가치보다 작을 수 없으며, 또한 전환가치보다 작을 수도 없다. 한편 [그림 18-9]의 (d)에서 전환사채의 가치와 하한선의 차이는 바로 일반사채의 가치를 행사가격으로 하는 콜옵션의 시간가치를 나타낸다.

3 신주인수권의 평가

신주인수권부사채(bond with warrants: BW)란 일정한 기간 내에 약정된 가격으로 주식을 매입할 수 있는 권리가 부여되어 있는 사채를 말한다. 신주인수권부사채에 부여되어 있는 신주인수권(warrants)은 사채권자가 사채를 주식으로 전환할 수 있는 전환권과는 달리 기업이 신주를 발행하는 경우에 이를 매입할 수 있는 권리이다. 즉, 신주인수권부사채를 보유하고 있는 투자자가 신주인수권을 행사할 때에는 기업에 약정된 매입대금을 납입하고서 주식을 인수하게 된다.

이러한 신주인수권은 일정한 가격에 주식을 매입할 수 있는 권리이므로 기업이 발행하는 콜옵션으로 볼 수 있다. 그러나 신주인수권이 일반적인 콜옵션과 다른 점은 신주인수권이 행사될 경우 기업의 발행주식수가 늘어나서 기존주주들의 지분이 희석될 수 있다는 것이다. 그리고 인수인수권의 만기는 콜옵션의 만기보다 길어서 가끔은 권리가 영구적인 신주인수권도 발행되고 있다.

신주인수권부사채에는 분리형 신주인수권부사채와 비분리형 신주인수권부사채가 있다. 비분리형 신주인수권부사채의 신주인수권은 사채권에 사채의 권리와 병행하여 표시하기 때문에 사채권에서 따로 분리하여 양도할 수 없으며, 사채가 상환되면 신주인수권도 자동적으로 소멸된다. 반면에 분리형 신주인수권부사채의 신주인수권은 사채권과는 별도의 신주인수권증서로 표시되므로 사채권에서 분리하여 양도가 가능하며 독자적으로 유통된다.

신주인수권부사채의 가치는 이론적으로 일반사채의 가치에 신주인수권의 가치를 합한 것과 같다. 예를 들어 현재 n개의 주식을 발행한 기업이 주당 K의 가격에 신주를 매입할 수 있는 신주인수권 m개를 발행하였다고 하면 이 기업의 가치(V)는 다음과 같다.

$$V = n \cdot S + m \cdot W \tag{18-26}$$

W : 신주인수권의 현재가치

한편, 신주인수권이 만기일(T)에 행사될 경우 그 가치는 다음과 같다.

$$\begin{aligned} m \cdot W_T &= \left(\frac{m}{n+m}\right)(V_T + m \cdot K) - m \cdot K \\ &= \left(\frac{m}{n+m}\right)(V_T - n \cdot K) \end{aligned} \tag{18-27}$$

따라서 만기일에 있어서 신주인수권의 가치는 다음과 같다.

$$W_T = \left(\frac{1}{n+m}\right)(V_T - n \cdot K) \tag{18-28}$$

한편, 신주인수권은 콜옵션과 같은 특성을 갖고 있으므로 신주인수권의 가치는 옵션가격결정모형을 이용하여 구할 수 있다. 즉, 만기일에 신주 1주를 매입할 수 있는 신주인수권의 가치는 다음과 같이 산출된다.

먼저 사채권자가 신주인수권을 행사할 경우 신주인수권 행사 후 주가 S'_T는 발행주식수의 증가에 따른 희석효과(dilution effect)에 의해 다음과 같다.

$$S'_T = \frac{nS + mK}{n+m} \tag{18-29}$$

따라서 만기일에 있어서 신주 1주를 매입할 수 있는 신주인수권의 가치는 다음과 같다.

$$W_T = \text{Max}[0,\ S'_T - K] \tag{18-30}$$

$$= \left(\frac{1}{1+\lambda}\right)\text{Max}[0,\ S'_T - K] \tag{18-31}$$

여기서 $\lambda=m/n$

(18-31)식에서 $\text{Max}[0,\ S_T-K]$는 이 기업의 주식에 대한 콜옵션의 가치(C)를 나타내므로 신주인수권의 가치는 다음과 같이 표시할 수 있다.

$$W=\left(\frac{1}{1+\lambda}\right)\cdot C \tag{18-32}$$

$$=\left(\frac{1}{1+\lambda}\right)[S\cdot N(d_1)-K\cdot e^{r\cdot T}\cdot N(d_2)] \tag{18-33}$$

여기서 $d_1=\dfrac{ln(S/K)+\left(r+\frac{1}{2}\sigma^2\right)T}{\sigma\sqrt{T}}$

$d_2=d_1-\sigma\sqrt{T}$

4 수의상환사채의 평가

수의상환사채(callable bond)란 사채의 발행회사가 그 사채의 만기일 이전에 미리 약정된 가격(상환가격)으로 사채를 상환할 수 있는 권리, 즉 수의상환권(call provision)을 가지고 있는 사채를 말한다. 수의상환사채는 현재 이자율이 높지만 향후 이자율이 하락할 것으로 예상되는 경우에 기업이 수의상환사채를 발행하여 우선 필요한 자금을 조달하고, 이자율이 하락하였을 때 이를 상환하여 높은 금리부담을 줄일 목적으로 발행한다.

수의상환사채의 수의상환권은 기초자산이 사채이고 행사가격이 상환가격(call price)이며, 만기일이 수의상환일인 콜옵션이라고 할 수 있다. 즉, 수의상환사채의 발행회사는 일반사채를 발행하고 동시에 콜옵션을 매입한 것으로, 채권자는 일반사채를 매입하고 동시에 콜옵션을 매도한 것으로 볼 수 있다. 따라서 수의상환일에서의 수의상환권의 가치(P_T)는 일반사채의 가치(B_T)에서 수의상환가격(K)을 차감한 것과 같다.

$$P_T=\text{Max}[0,\ B_T-K] \tag{18-34}$$

한편 투자자의 입장에서 보면 수의상환사채는 일반사채에 비해 그만큼 불리하기 때문에 수의상환사채의 가치는 일반사채의 가치보다 낮다. 즉, 수의상환사채의 가치는 일반사채의 가치에서 수의상환권의 가치를 빼준 것과 같다. 일반적으로 수의상환사채의 가치는 [그림 18－10]에서와 같이 일반사채가치 또는 수의상환가격(K) 중에서 작은 값을 상한으로 하여 그보다도 낮은 가격으로 형성된다.

[그림 18－10] 수의상환사채의 가치

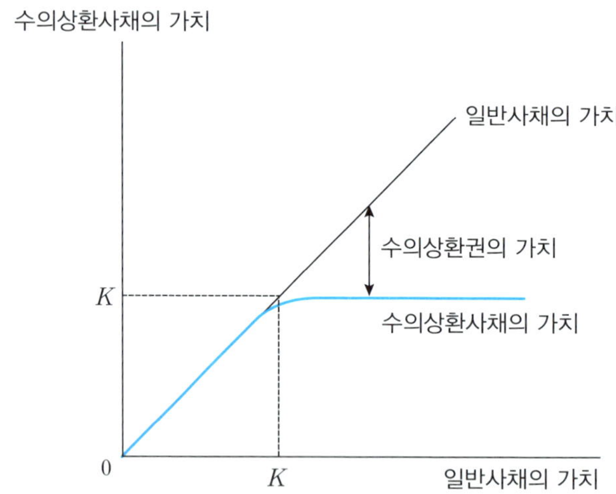

연/습/문/제

주관식 문제

01 다음을 간단히 설명하라.

(1) 기초자산

(2) 행사가격

(3) 금리옵션

(4) 선물옵션

(5) 등가격옵션

(6) 내가격옵션

(7) 스프레드

(8) 스트래들

(9) 풋-콜 등가식

(10) 헤지포트폴리오

(11) 신주인수권

(12) 수의상환권

02 어떤 주식의 위험이 증가할 경우 그 주식에 대한 콜옵션 및 풋옵션의 가격은 어떻게 변할 것인가? 그 이유는?

03 미국식 옵션이 유럽식 옵션보다 더 높은 가치를 갖는 이유를 설명하라. 배당이 없는 경우 미국식 콜옵션이 조기에 행사되지 않는 이유는?

04 증권시장에서 주가가 크게 오르거나 내릴 것으로 예상되는 경우 적절한 옵션투자전략에 대해 설명하라.

05 무위험 헤지포트폴리오를 구성하기 위한 방법을 설명하라. 무위험 헤지포트폴리오와 동일한 특성을 갖는 증권의 예를 들어보라.

06 (주)신흥산업의 현재 주가는 31,500원이고, 이 주식을 기초증권으로 발행된 콜옵션(행사가격 33,000원, 만기 1년)의 가격은 3,000원이라고 한다. 현재 무위험이자율이 10%라고 할 때 동일한 행사가격과 만기를 갖는 풋옵션의 가격을 구하라.

APPENDIX

부 록

표 1 미래가치계수($FVF_{r,n}=(1+k)^n$)

기간 \ 이자율	1%	2%	3%	4%	5%	6%	7%	8%	9%	10%
1	1.0100	1.0200	1.0300	1.0400	1.0500	1.0600	1.0700	1.0800	1.0900	1.1000
2	1.0201	1.0404	1.0609	1.0816	1.1025	1.1236	1.1449	1.1664	1.1881	1.2100
3	1.0303	1.0612	1.0927	1.1249	1.1576	1.1910	1.2250	1.2597	1.2950	1.3310
4	1.0406	1.0824	1.1255	1.1699	1.2155	1.2625	1.3108	1.3605	1.4116	1.4641
5	1.0510	1.1041	1.1593	1.2167	1.2763	1.3382	1.4026	1.4693	1.5386	1.6105
6	1.0615	1.1262	1.1941	1.2653	1.3401	1.4185	1.5007	1.5869	1.6771	1.7716
7	1.0721	1.1487	1.2299	1.3159	1.4071	1.5036	1.6058	1.7138	1.8280	1.9487
8	1.0829	1.1717	1.2668	1.3686	1.4775	1.5938	1.7182	1.8509	1.9926	2.1436
9	1.0937	1.1951	1.3048	1.4233	1.5513	1.6895	1.8385	1.9990	2.1719	2.3579
10	1.1046	1.2190	1.3439	1.4802	1.6289	1.7908	1.9672	2.1589	2.3674	2.5937
11	1.1157	1.2434	1.3842	1.5395	1.7103	1.8983	2.1049	2.3316	2.5804	2.8531
12	1.1268	1.2682	1.4258	1.6010	1.7959	2.0122	2.2522	2.5182	2.8127	3.1384
13	1.1381	1.2936	1.4685	1.6651	1.8856	2.1329	2.4098	2.7196	3.0658	3.4523
14	1.1495	1.3195	1.5126	1.7317	1.9799	2.2609	2.5785	2.9372	3.3417	3.7975
15	1.1610	1.3459	1.5580	1.8009	2.0789	2.3966	2.7590	3.1722	3.6425	4.1772
16	1.1726	1.3728	1.6047	1.8730	2.1829	2.5404	2.9522	3.4259	3.9703	4.5950
17	1.1843	1.4002	1.6528	1.9479	2.2920	2.6928	3.1588	3.7000	4.3276	5.0545
18	1.1961	1.4282	1.7024	2.0258	2.4066	2.8543	3.3799	3.9960	4.7171	5.5599
19	1.2081	1.4568	1.7535	2.1068	2.5270	3.0256	3.6165	4.3157	5.1417	6.1159
20	1.2202	1.4859	1.8061	2.1911	2.6533	3.2071	3.8697	4.6610	5.6044	6.7275
21	1.2324	1.5157	1.8603	2.2788	2.7860	3.3996	4.1406	5.0338	6.1088	7.4002
22	1.2447	1.5460	1.9161	2.3699	2.9253	3.6035	4.4304	5.4365	6.6586	8.1403
23	1.2572	1.5769	1.9736	2.4647	3.0715	3.8197	4.7405	5.8715	7.2579	8.9543
24	1.2697	1.6084	2.0328	2.5633	3.2251	4.0489	5.0724	6.3412	7.9111	9.8497
25	1.2824	1.6406	2.0938	2.6658	3.3864	4.2919	5.4274	6.8485	8.6231	10.835
26	1.2953	1.6734	2.1566	2.7725	3.5557	4.5494	5.8074	7.3964	9.3992	11.918
27	1.3082	1.7069	2.2213	2.8834	3.7335	4.8223	6.2139	7.9881	10.245	13.110
28	1.3213	1.7410	2.2879	2.9987	3.9201	5.1117	6.6488	8.6271	11.167	14.421
29	1.3345	1.7758	2.3566	3.1187	4.1161	5.4184	7.1143	9.3173	12.172	15.863
30	1.3478	1.8114	2.4273	3.2434	4.3219	5.7435	7.6123	10.063	13.268	17.449
35	1.4166	1.9999	2.8139	3.9461	5.5160	7.6861	10.677	14.785	20.414	28.102
40	1.4889	2.2080	3.2620	4.8010	7.0400	10.286	14.974	21.725	31.409	45.259
45	1.5648	2.4379	3.7816	5.8412	8.9850	13.765	21.002	31.920	48.327	72.890
50	1.6446	2.6916	4.3839	7.1067	11.467	18.420	29.457	46.902	74.358	117.39
60	1.8167	3.2810	5.8916	10.520	18.679	32.988	57.946	101.26	176.03	304.48

기간 \ 이자율	11%	12%	13%	14%	15%	16%	17%	18%	19%	20%
1	1.1100	1.1200	1.1300	1.1400	1.1500	1.1600	1.1700	1.1800	1.1900	1.2000
2	1.2321	1.2544	1.2769	1.2996	1.3225	1.3456	1.3689	1.3924	1.4161	1.4400
3	1.3676	1.4049	1.4429	1.4815	1.5209	1.5609	1.6016	1.6430	1.6852	1.7280
4	1.5181	1.5735	1.6305	1.6890	1.7490	1.8106	1.8739	1.9388	2.0053	2.0736
5	1.6851	1.7623	1.8424	1.9254	2.0114	2.1003	2.1924	2.2878	2.3864	2.4883
6	1.8704	1.9738	2.0820	2.1950	2.3131	2.4364	2.5652	2.6996	2.8398	2.9860
7	2.0762	2.2107	2.3526	2.5023	2.6600	2.8262	3.0012	3.1855	3.3793	3.5832
8	2.3045	2.4760	2.6584	2.8526	3.0590	3.2784	3.5115	3.7589	4.0214	4.2998
9	2.5580	2.7731	3.0040	3.2519	3.5179	3.8030	4.1084	4.4355	4.7854	5.1598
10	2.8394	3.1058	3.3946	3.7072	4.0456	4.4114	4.8068	5.2338	5.6947	6.1917
11	3.1518	3.4785	3.8359	4.2262	4.6524	5.1173	5.6240	6.1759	6.7767	7.4301
12	3.4985	3.8960	4.3345	4.8179	5.3503	5.9360	6.5801	7.2876	8.0642	8.9161
13	3.8833	4.3635	4.8980	5.4924	6.1528	6.8858	7.6987	8.5994	9.5964	10.699
14	4.3104	4.8871	5.5348	6.2613	7.0757	7.9875	9.0075	10.147	11.420	12.839
15	4.7846	5.4736	6.2543	7.1379	8.1371	9.2655	10.539	11.974	13.590	15.407
16	5.3109	6.1304	7.0673	8.1372	9.3576	10.748	12.330	14.129	16.172	18.488
17	5.8951	6.8660	7.9861	9.2765	10.761	12.468	14.426	16.672	19.244	22.186
18	6.5436	7.6900	9.0243	10.575	12.375	14.463	16.879	19.673	22.901	26.623
19	7.2633	8.6128	10.197	12.056	14.232	16.777	19.748	23.214	27.252	31.948
20	8.0623	9.6463	11.523	13.743	16.367	19.461	23.106	27.393	32.429	38.338
21	8.9492	10.804	13.021	15.668	18.822	22.574	27.034	32.324	38.591	46.005
22	9.9336	12.100	14.714	17.861	21.645	26.186	31.629	38.142	45.923	55.206
23	11.026	13.552	16.627	20.362	24.891	30.376	37.006	45.008	54.649	66.247
24	12.239	15.179	18.788	23.212	28.625	35.236	43.297	53.109	65.032	79.497
25	13.585	17.000	21.231	26.462	32.919	40.874	50.658	62.669	77.388	95.396
26	15.080	19.040	23.991	30.167	37.857	47.414	59.270	73.949	92.092	114.48
27	16.739	21.325	27.109	34.390	43.535	55.000	69.345	87.260	109.59	137.37
28	18.580	23.884	30.633	39.204	50.066	63.800	81.134	102.97	130.41	164.84
29	20.624	26.750	34.616	44.693	57.575	74.009	94.927	121.50	155.19	197.81
30	22.892	29.960	39.116	50.950	66.212	85.850	111.06	143.37	184.68	237.38
35	38.575	52.800	72.069	98.100	133.18	180.31	243.50	328.00	440.70	590.67
40	65.001	93.051	132.78	188.88	267.86	378.72	533.87	750.38	1051.7	1469.8
45	109.53	163.99	244.64	363.68	538.77	795.44	1170.5	1716.7	2509.7	3657.3
50	184.56	289.00	450.74	700.23	1083.7	1670.7	2566.2	3927.4	5988.9	9100.4
60	524.06	897.60	1530.1	2595.9	4384.0	7370.2	12335	20555	34105	56348

표 2 현재가치계수 $\left(PVF_{r,n}=\dfrac{1}{(1+k)^n}\right)$

기간 \ 이자율	1%	2%	3%	4%	5%	6%	7%	8%	9%	10%
1	0.9901	0.9804	0.9709	0.9615	0.9524	0.9434	0.9346	0.9259	0.9174	0.9091
2	0.9803	0.9612	0.9426	0.9246	0.9070	0.8900	0.8734	0.8573	0.8417	0.8264
3	0.9706	0.9423	0.9151	0.8890	0.8638	0.8396	0.8163	0.7938	0.7722	0.7513
4	0.9610	0.9238	0.8885	0.8548	0.8227	0.7921	0.7629	0.7350	0.7084	0.6830
5	0.9515	0.9057	0.8626	0.8219	0.7835	0.7473	0.7130	0.6806	0.6499	0.6209
6	0.9420	0.8880	0.8375	0.7903	0.7462	0.7050	0.6663	0.6302	0.5963	0.5645
7	0.9327	0.8706	0.8131	0.7599	0.7107	0.6651	0.6227	0.5835	0.5470	0.5132
8	0.9235	0.8535	0.7894	0.7307	0.6768	0.6274	0.5820	0.5403	0.5019	0.4665
9	0.9143	0.8368	0.7664	0.7026	0.6446	0.5919	0.5439	0.5002	0.4604	0.4241
10	0.9053	0.8203	0.7441	0.6756	0.6139	0.5584	0.5083	0.4632	0.4224	0.3855
11	0.8963	0.8043	0.7224	0.6496	0.5847	0.5268	0.4751	0.4289	0.3875	0.3505
12	0.8874	0.7885	0.7014	0.6246	0.5568	0.4970	0.4440	0.3971	0.3555	0.3186
13	0.8787	0.7730	0.6810	0.6006	0.5303	0.4688	0.4150	0.3677	0.3262	0.2897
14	0.8700	0.7579	0.6611	0.5775	0.5051	0.4423	0.3878	0.3405	0.2992	0.2633
15	0.8613	0.7430	0.6419	0.5553	0.4810	0.4173	0.3624	0.3152	0.2745	0.2394
16	0.8528	0.7284	0.6232	0.5339	0.4581	0.3936	0.3387	0.2919	0.2519	0.2176
17	0.8444	0.7142	0.6050	0.5134	0.4363	0.3714	0.3166	0.2703	0.2311	0.1978
18	0.8360	0.7002	0.5874	0.4936	0.4155	0.3503	0.2959	0.2502	0.2120	0.1799
19	0.8277	0.6864	0.5703	0.4746	0.3957	0.3305	0.2765	0.2317	0.1945	0.1635
20	0.8195	0.6730	0.5537	0.4564	0.3769	0.3118	0.2584	0.2145	0.1784	0.1486
21	0.8114	0.6598	0.5375	0.4388	0.3589	0.2942	0.2415	0.1987	0.1637	0.1351
22	0.8034	0.6468	0.5219	0.4220	0.3418	0.2775	0.2257	0.1839	0.1502	0.1228
23	0.7954	0.6342	0.5067	0.4057	0.3256	0.2618	0.2109	0.1703	0.1378	0.1117
24	0.7876	0.6217	0.4919	0.3901	0.3101	0.2470	0.1971	0.1577	0.1264	0.1015
25	0.7798	0.6095	0.4776	0.3751	0.2953	0.2330	0.1842	0.1460	0.1160	0.0923
26	0.7720	0.5976	0.4637	0.3607	0.2812	0.2198	0.1722	0.1352	0.1064	0.0839
27	0.7644	0.5859	0.4502	0.3468	0.2678	0.2074	0.1609	0.1252	0.0976	0.0763
28	0.7568	0.5744	0.4371	0.3335	0.2551	0.1956	0.1504	0.1159	0.0895	0.0693
29	0.7493	0.5631	0.4243	0.3207	0.2429	0.1846	0.1406	0.1073	0.0822	0.0630
30	0.7419	0.5521	0.4120	0.3083	0.2314	0.1741	0.1314	0.0994	0.0754	0.0573
35	0.7059	0.5000	0.3554	0.2534	0.1813	0.1301	0.0937	0.0676	0.0490	0.0356
40	0.6717	0.4529	0.3066	0.2083	0.1420	0.0972	0.0668	0.0460	0.0318	0.0221
45	0.6391	0.4102	0.2644	0.1712	0.1113	0.0727	0.0476	0.0313	0.0207	0.0137
50	0.6080	0.3715	0.2281	0.1407	0.0872	0.0543	0.0339	0.0213	0.0134	0.0085
60	0.5504	0.3048	0.1697	0.0951	0.0535	0.0303	0.0173	0.0099	0.0057	0.0033

기간 \ 이자율	11%	12%	13%	14%	15%	16%	17%	18%	19%	20%
1	0.9009	0.8929	0.8850	0.8772	0.8696	0.8621	0.8547	0.8475	0.8403	0.8333
2	0.8116	0.7972	0.7831	0.7695	0.7561	0.7432	0.7305	0.7182	0.7062	0.6944
3	0.7312	0.7118	0.6931	0.6750	0.6575	0.6407	0.6244	0.6086	0.5934	0.5787
4	0.6587	0.6355	0.6133	0.5921	0.5718	0.5523	0.5337	0.5158	0.4987	0.4823
5	0.5935	0.5674	0.5428	0.5194	0.4972	0.4761	0.4561	0.4371	0.4190	0.4019
6	0.5346	0.5066	0.4803	0.4556	0.4323	0.4104	0.3898	0.3704	0.3521	0.3349
7	0.4817	0.4523	0.4251	0.3996	0.3759	0.3538	0.3332	0.3139	0.2959	0.2791
8	0.4339	0.4039	0.3762	0.3506	0.3269	0.3050	0.2848	0.2660	0.2487	0.2326
9	0.3909	0.3606	0.3329	0.3075	0.2843	0.2630	0.2434	0.2255	0.2090	0.1938
10	0.3522	0.3220	0.2946	0.2697	0.2472	0.2267	0.2080	0.1911	0.1756	0.1615
11	0.3173	0.2875	0.2607	0.2366	0.2149	0.1954	0.1778	0.1619	0.1476	0.1346
12	0.2858	0.2567	0.2307	0.2076	0.1869	0.1685	0.1520	0.1372	0.1240	0.1122
13	0.2575	0.2292	0.2042	0.1821	0.1625	0.1452	0.1299	0.1163	0.1042	0.0935
14	0.2320	0.2046	0.1807	0.1597	0.1413	0.1252	0.1110	0.0985	0.0876	0.0779
15	0.2090	0.1827	0.1599	0.1401	0.1229	0.1079	0.0949	0.0835	0.0736	0.0649
16	0.1883	0.1631	0.1415	0.1229	0.1069	0.0930	0.0811	0.0708	0.0618	0.0541
17	0.1696	0.1456	0.1252	0.1078	0.0929	0.0802	0.0693	0.0600	0.0520	0.0451
18	0.1528	0.1300	0.1108	0.0946	0.0808	0.0691	0.0592	0.0508	0.0437	0.0376
19	0.1377	0.1161	0.0981	0.0829	0.0703	0.0596	0.0506	0.0431	0.0367	0.0313
20	0.1240	0.1037	0.0868	0.0728	0.0611	0.0514	0.0433	0.0365	0.0308	0.0261
21	0.1117	0.0926	0.0768	0.0638	0.0531	0.0443	0.0370	0.0309	0.0259	0.0217
22	0.1007	0.0826	0.0680	0.0560	0.0462	0.0382	0.0316	0.0262	0.0218	0.0181
23	0.0907	0.0738	0.0601	0.0491	0.0402	0.0329	0.0270	0.0222	0.0183	0.0151
24	0.0817	0.0659	0.0532	0.0431	0.0349	0.0284	0.0231	0.0188	0.0154	0.0126
25	0.0736	0.0588	0.0471	0.0378	0.0304	0.0245	0.0197	0.0160	0.0129	0.0105
26	0.0663	0.0525	0.0417	0.0331	0.0264	0.0211	0.0169	0.0135	0.0109	0.0087
27	0.0597	0.0469	0.0369	0.0291	0.0230	0.0182	0.0144	0.0115	0.0091	0.0073
28	0.0538	0.0419	0.0326	0.0255	0.0200	0.0157	0.0123	0.0097	0.0077	0.0061
29	0.0485	0.0374	0.0289	0.0224	0.0174	0.0135	0.0105	0.0082	0.0064	0.0051
30	0.0437	0.0334	0.0256	0.0196	0.0151	0.0116	0.0090	0.0070	0.0054	0.0042
35	0.0259	0.0189	0.0139	0.0102	0.0075	0.0055	0.0041	0.0030	0.0023	0.0017
40	0.0154	0.0107	0.0075	0.0053	0.0037	0.0026	0.0019	0.0013	0.0010	0.0007
45	0.0091	0.0061	0.0041	0.0027	0.0019	0.0013	0.0009	0.0006	0.0004	0.0003
50	0.0054	0.0035	0.0022	0.0014	0.0009	0.0006	0.0004	0.0003	0.0002	0.0001
60	0.0019	0.0011	0.0007	0.0004	0.0002	0.0001	0.0001	0.0000	0.0000	0.0000

표 3 연금의 미래가치계수 $\left(FVFA_{r,n}=\frac{(1+r)^n-1}{r}\right)$

기간 \ 이자율	1%	2%	3%	4%	5%	6%	7%	8%	9%	10%
1	1.0000	1.0000	1.0000	1.0000	1.0000	1.0000	1.0000	1.0000	1.0000	1.0000
2	2.0100	2.0200	2.0300	2.0400	2.0500	2.0600	2.0700	2.0800	2.0900	2.1000
3	3.0301	3.0604	3.0909	3.1216	3.1525	3.1836	3.2149	3.2464	3.2781	3.3100
4	4.0604	4.1216	4.1836	4.2465	4.3101	4.3746	4.4399	4.5061	4.5731	4.6410
5	5.1010	5.2040	5.3091	5.4163	5.5256	5.6371	5.7507	5.8666	5.9847	6.1051
6	6.1520	6.3081	6.4684	6.6330	6.8019	6.9753	7.1533	7.3359	7.5233	7.7156
7	7.2135	7.4343	7.6625	7.8983	8.1420	8.3938	8.6540	8.9228	9.2004	9.4872
8	8.2857	8.5830	8.8923	9.2142	9.5491	9.8975	10.260	10.637	11.028	11.436
9	9.3685	9.7546	10.159	10.583	11.027	11.491	11.978	12.488	13.021	13.579
10	10.462	10.950	11.464	12.006	12.578	13.181	13.816	14.487	15.193	15.937
11	11.567	12.169	12.808	13.486	14.207	14.972	15.784	16.645	17.560	18.531
12	12.683	13.412	14.192	15.026	15.917	16.870	17.888	18.977	20.141	21.384
13	13.809	14.680	15.618	16.627	17.713	18.882	20.141	21.495	22.953	24.523
14	14.947	15.974	17.086	18.292	19.599	21.015	22.550	24.215	26.019	27.975
15	16.097	17.293	18.599	20.024	21.579	23.276	25.129	27.152	29.361	31.772
16	17.258	18.639	20.157	21.825	23.657	25.673	27.888	30.324	33.003	35.950
17	18.430	20.012	21.762	23.698	25.840	28.213	30.840	33.750	36.974	40.545
18	19.615	21.412	23.414	25.645	28.132	30.906	33.999	37.450	41.301	45.599
19	20.811	22.841	25.117	27.671	30.539	33.760	37.379	41.446	46.018	51.159
20	22.019	24.297	26.870	29.778	33.066	36.786	40.995	45.762	51.160	57.275
21	23.239	25.783	28.676	31.969	35.719	39.993	44.865	50.423	56.765	64.002
22	24.472	27.299	30.537	34.248	38.505	43.392	49.006	55.457	62.873	71.403
23	25.716	28.845	32.453	36.618	41.430	46.996	53.436	60.893	69.532	79.543
24	26.973	30.422	34.426	39.083	44.502	50.816	58.177	66.765	76.790	88.497
25	28.243	32.030	36.459	41.646	47.727	54.865	63.249	73.106	84.701	98.347
26	29.526	33.671	38.553	44.312	51.113	59.156	68.676	79.954	93.324	109.18
27	30.821	35.344	40.710	47.084	54.669	63.706	74.484	87.351	102.72	121.10
28	32.129	37.051	42.931	49.968	58.403	68.528	80.698	95.339	112.97	134.21
29	33.450	38.792	45.219	52.966	62.323	73.640	87.347	103.97	124.14	148.63
30	34.785	40.568	47.575	56.085	66.439	79.058	94.461	113.28	136.31	164.49
35	41.660	49.994	60.462	73.652	90.320	111.43	138.24	172.32	215.71	271.02
40	48.886	60.402	75.401	95.026	120.80	154.76	199.64	259.06	337.88	442.59
45	56.481	71.893	92.720	121.03	159.70	212.74	285.75	386.51	525.86	718.90
50	64.463	84.579	112.80	152.67	209.35	290.34	406.53	573.77	815.08	1163.9
60	81.670	114.05	163.05	237.99	353.58	533.13	813.52	1253.2	1944.8	3034.8

기간 \ 이자율	11%	12%	13%	14%	15%	16%	17%	18%	19%	20%
1	1.0000	1.0000	1.0000	1.0000	1.0000	1.0000	1.0000	1.0000	1.0000	1.0000
2	2.1100	2.1200	2.1300	2.1400	2.1500	2.1600	2.1700	2.1800	2.1900	2.2000
3	3.3421	3.3744	3.4069	3.4396	3.4725	3.5056	3.5389	3.5724	3.6061	3.6400
4	4.7097	4.7793	4.8498	4.9211	4.9934	5.0665	5.1405	5.2154	5.2913	5.3680
5	6.2278	6.3528	6.4803	6.6101	6.7424	6.8771	7.0144	7.1542	7.2966	7.4416
6	7.9129	8.1152	8.3227	8.5355	8.7537	8.9775	9.2068	9.4420	9.6830	9.9299
7	9.7833	10.089	10.405	10.730	11.067	11.414	11.772	12.142	12.523	12.916
8	11.859	12.300	12.757	13.233	13.727	14.240	14.773	15.327	15.902	16.499
9	14.164	14.776	15.416	16.085	16.786	17.519	18.285	19.086	19.923	20.799
10	16.722	17.549	18.420	19.337	20.304	21.321	22.393	23.521	24.709	25.959
11	19.561	20.655	21.814	23.045	24.349	25.733	27.200	28.755	30.404	32.150
12	22.713	24.133	25.650	27.271	29.002	30.850	32.824	34.931	37.180	39.581
13	26.212	28.029	29.985	32.089	34.352	36.786	39.404	42.219	45.244	48.497
14	30.095	32.393	34.883	37.581	40.505	43.672	47.103	50.818	54.841	59.196
15	34.405	37.280	40.417	43.842	47.580	51.660	56.110	60.965	66.261	72.035
16	39.190	42.753	46.672	50.980	55.717	60.925	66.649	72.939	79.850	87.442
17	44.501	48.884	53.739	59.118	65.075	71.673	78.979	87.068	96.022	105.93
18	50.396	55.750	61.725	68.394	75.836	84.141	93.406	103.74	115.27	128.12
19	56.939	63.440	70.749	78.969	88.212	98.603	110.28	123.41	138.17	154.74
20	64.203	72.052	80.947	91.025	102.44	115.38	130.03	146.63	165.42	186.69
21	72.265	81.699	92.470	104.77	118.81	134.84	153.14	174.02	197.85	225.03
22	81.214	92.503	105.49	120.44	137.63	157.41	180.17	206.34	236.44	271.03
23	91.148	104.60	120.20	138.30	159.28	183.60	211.80	244.49	282.36	326.24
24	102.17	118.16	136.83	158.66	184.17	213.98	248.81	289.49	337.01	392.48
25	114.41	133.33	155.62	181.87	212.79	249.21	292.10	342.60	402.04	471.98
26	128.00	150.33	176.85	208.33	245.71	290.09	342.76	405.27	479.43	567.38
27	143.08	169.37	200.84	238.50	283.57	337.50	402.03	479.22	571.52	681.85
28	159.82	190.70	227.95	272.89	327.10	392.50	471.38	566.48	681.11	819.22
29	178.40	214.58	258.58	312.09	377.17	456.30	552.51	669.45	811.52	984.07
30	199.02	241.33	293.20	356.79	434.75	530.31	647.44	790.95	966.71	1181.9
35	341.59	431.66	546.68	693.57	881.17	1120.7	1426.5	1816.7	2314.2	2948.3
40	581.83	767.09	1013.7	1342.0	1779.1	2360.8	3134.5	4163.2	5529.8	7343.9
45	986.64	1358.2	1874.2	2590.6	3585.1	4965.3	6879.3	9531.6	13203	18281
50	1668.8	2400.0	3459.5	4994.5	7217.7	10436	15090	21813	31515	45497
60	4755.1	7471.6	11762	18535	29220	46058	72555	114190	179495	281733

표 4 연금의 현재가치계수$\left(PVFA_{r,n}=\frac{1}{r}-\frac{1}{r(1+r)^{n}}\right)$

기간 \ 이자율	1%	2%	3%	4%	5%	6%	7%	8%	9%	10%
1	0.9901	0.9804	0.9709	0.9615	0.9524	0.9434	0.9346	0.9259	0.9174	0.9091
2	1.9704	1.9416	1.9135	1.8861	1.8594	1.8334	1.8080	1.7833	1.7591	1.7355
3	2.9410	2.8839	2.8286	2.7751	2.7232	2.6730	2.6243	2.5771	2.5313	2.4869
4	3.9020	3.8077	3.7171	3.6299	3.5460	3.4651	3.3872	3.3121	3.2397	3.1699
5	4.8534	4.7135	4.5797	4.4518	4.3295	4.2124	4.1002	3.9927	3.8897	3.7908
6	5.7955	5.6014	5.4172	5.2421	5.0757	4.9173	4.7665	4.6229	4.4859	4.3553
7	6.7282	6.4720	6.2303	6.0021	5.7864	5.5824	5.3893	5.2064	5.0330	4.8684
8	7.6517	7.3255	7.0197	6.7327	6.4632	6.2098	5.9713	5.7466	5.5348	5.3349
9	8.5660	8.1622	7.7861	7.4353	7.1078	6.8017	6.5152	6.2469	5.9952	5.7590
10	9.4713	8.9826	8.5302	8.1109	7.7217	7.3601	7.0236	6.7101	6.4177	6.1446
11	10.368	9.7868	9.2526	8.7605	8.3064	7.8869	7.4987	7.1390	6.8052	6.4951
12	11.255	10.575	9.9540	9.3851	8.8633	8.3838	7.9427	7.5361	7.1607	6.8137
13	12.134	11.348	10.635	9.9856	9.3936	8.8527	8.3577	7.9038	7.4869	7.1034
14	13.004	12.106	11.296	10.563	9.8986	9.2950	8.7455	8.2442	7.7862	7.3667
15	13.865	12.849	11.938	11.118	10.380	9.7122	9.1079	8.5595	8.0607	7.6061
16	14.718	13.578	12.561	11.652	10.838	10.106	9.4466	8.8514	8.3126	7.8237
17	15.562	14.292	13.166	12.166	11.274	10.477	9.7632	9.1216	8.5436	8.0216
18	16.398	14.992	13.754	12.659	11.690	10.828	10.059	9.3719	8.7556	8.2014
19	17.226	15.678	14.324	13.134	12.085	11.158	10.336	9.6036	8.9501	8.3649
20	18.046	16.351	14.877	13.590	12.462	11.470	10.594	9.8181	9.1285	8.5136
21	18.857	17.011	15.415	14.029	12.821	11.764	10.836	10.017	9.2922	8.6487
22	19.660	17.658	15.937	14.451	13.163	12.042	11.061	10.201	9.4424	8.7715
23	20.456	18.292	16.444	14.857	13.489	12.303	11.272	10.371	9.5802	8.8832
24	21.243	18.914	16.936	15.247	13.799	12.550	11.469	10.529	9.7066	8.9847
25	22.023	19.523	17.413	15.622	14.094	12.783	11.654	10.675	9.8226	9.0770
26	22.795	20.121	17.877	15.983	14.375	13.003	11.826	10.810	9.9290	9.1609
27	23.560	20.707	18.327	16.330	14.643	13.211	11.987	10.935	10.027	9.2372
28	24.316	21.281	18.764	16.663	14.898	13.406	12.137	11.051	10.116	9.3066
29	25.066	21.844	19.188	16.984	15.141	13.591	12.278	11.158	10.198	9.3696
30	25.808	22.396	19.600	17.292	15.372	13.765	12.409	11.258	10.274	9.4269
35	29.409	24.999	21.487	18.665	16.374	14.498	12.948	11.655	10.567	9.6442
40	32.835	27.355	23.115	19.793	17.159	15.046	13.332	11.925	10.757	9.7791
45	36.095	29.490	24.519	20.720	17.774	15.456	13.606	12.108	10.881	9.8628
50	39.196	31.424	25.730	21.482	18.256	15.762	13.801	12.233	10.962	9.9148
60	44.955	34.761	27.676	22.623	18.929	16.161	14.039	12.377	11.048	9.9672

기간 \ 이자율	11%	12%	13%	14%	15%	16%	17%	18%	19%	20%
1	0.9009	0.8929	0.8850	0.8772	0.8696	0.8621	0.8547	0.8475	0.8403	0.8333
2	1.7125	1.6901	1.6681	1.6467	1.6257	1.6052	1.5852	1.5656	1.5465	1.5278
3	2.4437	2.4018	2.3612	2.3216	2.2832	2.2459	2.2096	2.1743	2.1399	2.1065
4	3.1024	3.0373	2.9745	2.9137	2.8550	2.7982	2.7432	2.6901	2.6386	2.5887
5	3.6959	3.6048	3.5172	3.4331	3.3522	3.2743	3.1993	3.1272	3.0576	2.9906
6	4.2305	4.1114	3.9975	3.8887	3.7845	3.6847	3.5892	3.4976	3.4098	3.3255
7	4.7122	4.5638	4.4226	4.2883	4.1604	4.0386	3.9224	3.8115	3.7057	3.6046
8	5.1461	4.9676	4.7988	4.6389	4.4873	4.3436	4.2072	4.0776	3.9544	3.8372
9	5.5370	5.3282	5.1317	4.9464	4.7716	4.6065	4.4506	4.3030	4.1633	4.0310
10	5.8892	5.6502	5.4262	5.2161	5.0188	4.8332	4.6586	4.4941	4.3389	4.1925
11	6.2065	5.9377	5.6869	5.4527	5.2337	5.0286	4.8364	4.6560	4.4865	4.3271
12	6.4924	6.1944	5.9176	5.6603	5.4206	5.1971	4.9884	4.7932	4.6105	4.4392
13	6.7499	6.4235	6.1218	5.8424	5.5831	5.3423	5.1183	4.9095	4.7147	4.5327
14	6.9819	6.6282	6.3025	6.0021	5.7245	5.4675	5.2293	5.0081	4.8023	4.6106
15	7.1909	6.8109	6.4624	6.1422	5.8474	5.5755	5.3242	5.0916	4.8759	4.6755
16	7.3792	6.9740	6.6039	6.2651	5.9542	5.6685	5.4053	5.1624	4.9377	4.7296
17	7.5488	7.1196	6.7291	6.3729	6.0472	5.7487	5.4746	5.2223	4.9897	4.7746
18	7.7016	7.2497	6.8399	6.4674	6.1280	5.8178	5.5339	5.2732	5.0333	4.8122
19	7.8393	7.3658	6.9380	6.5504	6.1982	5.8775	5.5845	5.3162	5.0700	4.8435
20	7.9633	7.4694	7.0248	6.6231	6.2593	5.9288	5.6278	5.3527	5.1009	4.8696
21	8.0751	7.5620	7.1016	6.6870	6.3125	5.9731	5.6648	5.3837	5.1268	4.8913
22	8.1757	7.6446	7.1695	6.7429	6.3587	6.0113	5.6964	5.4099	5.1486	4.9094
23	8.2664	7.7184	7.2297	6.7921	6.3988	6.0442	5.7234	5.4321	5.1668	4.9245
24	8.3481	7.7843	7.2829	6.8351	6.4338	6.0726	5.7465	5.4509	5.1822	4.9371
25	8.4217	7.8431	7.3300	6.8729	6.4641	6.0971	5.7662	5.4669	5.1951	4.9476
26	8.4881	7.8957	7.3717	6.9061	6.4906	6.1182	5.7831	5.4804	5.2060	4.9563
27	8.5478	7.9426	7.4086	6.9352	6.5135	6.1364	5.7975	5.4919	5.2151	4.9636
28	8.6016	7.9844	7.4412	6.9607	6.5335	6.1520	5.8099	5.5016	5.2228	4.9697
29	8.6501	8.0218	7.4701	6.9830	6.5509	6.1656	5.8204	5.5098	5.2292	4.9747
30	8.6938	8.0552	7.4957	7.0027	6.5660	6.1772	5.8294	5.5168	5.2347	4.9789
35	8.8552	8.1755	7.5856	7.0700	6.6166	6.2153	5.8582	5.5386	5.2512	4.9915
40	8.9511	8.2438	7.6344	7.1050	6.6418	6.2335	5.8713	5.5482	5.2582	4.9966
45	9.0079	8.2825	7.6609	7.1232	6.6543	6.2421	5.8773	5.5523	5.2611	4.9986
50	9.0417	8.3045	7.6752	7.1327	6.6605	6.2463	5.8801	5.5541	5.2623	4.9995
60	9.0736	8.3240	7.6873	7.1401	6.6651	6.2492	5.8819	5.5553	5.2630	4.9999

연습문제 해답

제1장 재무관리의 의의

[객관식 문제]

1. ④ 2. ② 3. ④ 4. ② 5. ③ 6. ④ 7. ④ 8. ② 9. ①

[주관식 문제]

교과서 제1장 내용 참조

제2장 화폐의 시간가치

[객관식 문제]

1. ② 2. ④ 3. ②

4. ① (해설) $FV_5 = 100,000(1+0.1)^5 = 161,051$원

5. ② (해설) $PV = \dfrac{10,000\text{만}}{(1+0.15)^{20}} = 611$만원

6. ② (해설) $FV_{10} = 120,000 \times FVFA(10\%, 10\text{년}) = 120,000 \times 15.937 = 1,912,244$원

7. ① (해설) $PV = 5,000,000 \times PVFA(12\%, 10\text{년}) = 5,000,000 \times 5.6502 = 28,251,000$원

8. ③ (해설) $PV = \dfrac{200\text{만}}{0.08} = 2,500$만원

9. ② (해설) 네 가지 상금의 현재가치를 구하면 다음과 같다.

① $PV = 1,000,000$원

② $PV = \frac{1,800,000}{(1+0.1)^5} = 1,117,658$원

③ $PV = \frac{100,000}{0.1} = 1,000,000$원

④ $PV = 180,000 \times PVFA(10\%, 10년) = 180,000 \times 6.1446 = 1,106,028$원

10. ① 11. ①

[주관식 문제]

2. $FV^3 = 100만 \times (1+0.1)^3 = 133.1$만원

3. 매월 말 불입해야 하는 일정 금액을 A라고 하면 정기적금의 원리금을 구하는 공식을 적용할 수 있다. 이 경우 이자율은 1%/월이고 만기는 60개월이다.

$FV_{60} = 10,000,000 = A \times FVFA(1\%, 60개월) = A \times 81.670$
$A = 122,444$원

4. 균등 상환해야 할 금액을 A라고 하면 연금의 현재가치를 구하는 공식을 적용할 수 있다. 이 경우 이자율은 1%/월이고 만기는 120개월이다.

$PV = 50,000,000 = A \times PVFA(1\%, 120개월) = A \times 69.700$
$A = 717,360$원

5. 시장이자율이 8%일 경우 조성해야 할 장학기금은

$PV = \frac{2,000만}{0.08} = = 2억5,000만원$

시장이자율이 8%일 경우 조성해야 할 장학기금은

$PV = \frac{2,000만}{0.10} = = 2억원$

6. (1) $FV_4 = 1,000,000 \times \left(1 + \frac{0.04}{1}\right)^{1 \times 3} = 1,124,864$원

(2) $FV_4 = 1,000,000 \times \left(1 + \frac{0.04}{1}\right)^{4\times3} = 1,126,825$원

(3) $FV_3 = 1,000,000 \times e^{0.04\times3} = 1,127,497$원

(4) (1)의 경우 유효이자율은 $r_e = \left(1 + \frac{0.04}{1}\right)^1 - 1 = 0.0400(4.00\%)$

(2)의 경우 유효이자율은 $r_e = \left(1 + \frac{0.04}{1}\right)^4 - 1 = 0.0406(4.06\%)$

(3)이 경우 유효이자율은 $r_e = e^{0.04\times1} - 1 = 0.0408(4.08\%)$

제3장 채권과 주식의 평가

[객관식 문제]

1. ③ (해설) $P_0 = \frac{1,000}{(1+0.1)^5} = 620.92$원

2. ① (해설) $P_0 = \frac{100}{(1+0.05)} + \frac{100}{(1+0.05)^2} + \frac{100}{(1+0.05)^3} + \frac{1,000}{(1+0.05)^3} = 1,136.1$원

3. ② (해설) $P_0 = \frac{10}{0.01} = 1,000$(만원)

4. ② (해설) $950 = \frac{1,000}{(1+y)}$ $\quad \therefore y = 0.0526(5.26\%)$

5. ④

6. ④ (해설) $P_0 = \frac{1,000}{0.04-0} = 25,000$원

7. ③ (해설) $P_0 = \frac{1,000}{0.15-0.1} = 20,000$원

[주관식 문제]

2. $P_0 = \sum_{t=1}^{5} \frac{40,000}{(1+0.08)^t} + \frac{1,000,000}{(1+0.08)^5} = 840,308$원

3. $105,000 = \sum_{t=1}^{3} \frac{12,000}{(1+y)^t} + \frac{100,000}{(1+y)^3}$ $\quad \therefore y = 0.10(10\%)$

4. (1) $925,926 = \dfrac{1,000,000}{1+y_1}$ $\quad \therefore\ y_1 = 0.08(8\%)$

$841,680 = \dfrac{1,000,000}{(1+y_2)^2}$ $\quad \therefore\ y_2 = 0.09(9\%)$

$751,315 = \dfrac{1,000,000}{(1+y_3)^3}$ $\quad \therefore\ y_3 = 0.10(10\%)$

(2) 수익률곡선은 다음과 같다.

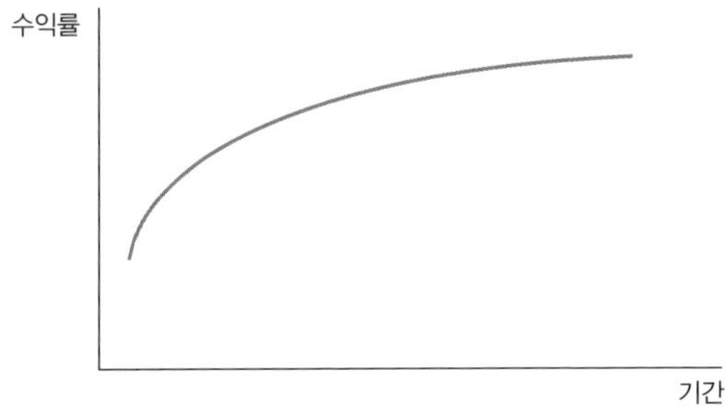

5. (1) 우선 3년 동안의 배당 및 배당의 총현재가치를 구하면 다음과 같다.

$D_1 = 1,150(1+0.18) = 1,357$

$D_2 = 1,357(1+0.18) = 1,601$

$D_3 = 1,601(1+0.15) = 1,841$

$PV = \dfrac{1,357}{(1+0.12)} + \dfrac{1,601}{(1+0.12)^2} + \dfrac{1,841}{(1+0.12)^3} = 3,798$(원)

3년 후 주가 및 주가의 현재가치를 구하면 다음과 같다.

$$P_3 = \frac{D_4}{k_e - g}$$

$$= \frac{1,841(1+0.06)}{0.12-0.06}$$

$= 32,524$(원)

$PV = \dfrac{32,524}{(1+0.12)^3} = 23,150$(원)

따라서 현재 주식가격은 다음과 같다.

$$P_0 = 3,798 + 23,150 = 26,948(\text{원})$$

6. (1) 주주의 요구수익률이 15%일 경우

배당이 일정한 경우 : $P_0 = \dfrac{2,400}{0.15} = 16,000(\text{원})$

배당이 증가할 경우 : $P_0 = \dfrac{2,400}{0.15 - 0.05} = 24,000(\text{원})$

(2) 주주의 요구수익률이 20%일 경우

배당이 일정한 경우 : $P_0 = \dfrac{2,400}{0.2} = 12,000(\text{원})$

배당이 증가할 경우 : $P_0 = \dfrac{2,400}{0.2 - 0.05} = 16,000(\text{원})$

제4장 소비와 투자의 결정

[객관식 문제]

1. ③ 2. ② 3. ① 4. ② 5. ② 6. ② 7. ③ 8. ② 9. ① 10. ①

[주관식 문제]

5. (1) A의 최적투자금액: 100

B의 최적투자금액: 100

(2) A의 최적 현재소비: 100

A의 최적 미래소비: 540

따라서 A는 금융시장에서 100을 대출하여야 한다.

(3) B의 최적 현재소비: 400

B의 최적 미래소비: 180

따라서 B는 금융시장에서 200을 차입하여야 한다.

(4) A와 B가 최적투자를 할 경우 두 사람의 소득흐름은 다음과 같이 동일하다.

시점	0	1
A의 소득	200	420
B의 소득	200	420

A와 B의 부의 가치: $W_0 = 200 + \frac{420}{(1+0.2)} = 550$

투자에 따른 평균수익률: $\frac{420-100}{100} = 3.2(320\%)$

$NPV = -100 + \frac{420}{(1+0.2)} = 250$

(5) A가 대출하려고 하는 금액(=100) 보다 B가 차입하려고 하는 금액(=200)이 많으므로 시장 이자율은 상승하게 된다.

제5장 자본예산의 기초

[객관식 문제]

1. ② 2. ① 3. ② 4. ④ 5. ②

[주관식 문제]

교과서 5장 내용 참조

제6장 현금흐름의 추정

[객관식 문제]

1. ① 2. ③ 3. ④ 4. ② 5. ①

[주관식 문제]

5. $CF = (\Delta R - DELTA\ C)((1-t) + \Delta D \cdot t$

$= (4,000,000 - 1,500,000)(1-0.2) + 500,000 \times 0.2 = 2,100,000$(원)

6. (1) $t=0$의 현금흐름:

$CF_0 = -1,000$(만원)

(2) $t=1 \sim 4$의 현금흐름:

$CF_{1-4} = (0+300)(1-0.3) + 200^{*} \times 0.3$

$= 210 + 60$

$= 270$(만원)

* 감가상각비 $= \dfrac{1,000-0}{5} = 200$(만원)

(3) $t=5$의 현금흐름:

$CF_{5} = (0+300)(1-0.3) + 200 + 0.3$

$= 270$(만원)

7. (1) $t=0$의 현금흐름:

$CF_0 = (-50,000 - 10,000) - 25,000$

$= -85,000$(만원)

(2) $t=1\sim4$의 현금흐름:

$$CF_{1-4}=(70{,}000-30{,}000)(1-0.5)+10{,}000^{*}\times0.5$$
$$=25{,}000(\text{만원})$$

$$*\ \text{감가상각비}=\frac{(50{,}000+10{,}000)-10{,}000}{5}=10{,}000(\text{만원})$$

(3) $t=5$의 현금흐름:

$$CF_{5=}(70{,}000-30{,}000)(1-0.5)+10{,}000\times0.5+10{,}000^{*}+25{,}000$$
$$=60{,}000(\text{만원})$$

* 기계설비의 잔존가치

제7장 투자가치의 평가

[객관식 문제]

1. ③ 2. ② 3. ④ 4. ① 5. ③ 6. ③ 7. ③ 8. ② 9. ② 10. ② 11. ① 12. ②
13. ① 14. ③ 15. ① 16. ④ 17. ③ 18. ④ 19. ③

[주관식 문제]

4. (1) 투자안 X의 평균이익률:

$$\text{연평균순이익}=\frac{1{,}000+1{,}000+1{,}000}{3}=1{,}000(\text{만원})$$

$$\text{연평균투자액}=\frac{9{,}000+6{,}000+3{,}000+0}{3+1}=4{,}500(\text{만원})$$

$$\text{평균이익률}=\frac{1{,}000}{4{,}500}=0.2222(22.22\%)$$

투자안 Y의 평균이익률:

$$연평균순이익=\frac{1,000+1,000+1,000}{3}=1,000(만원)$$

$$연평균투자액=\frac{12,000+8,000+4,000+0}{3+1}=6,000(만원)$$

$$평균이익률=\frac{1,000}{6,000}=0.1667(16.67\%)$$

(2) 투자안 X의 회수기간: 2년(5,000+4,000)

투자안 Y의 회수기간: 2. 4년(5,000+5,000+2,000)

(3) 투자안 X의 순현가:

$$NPV(X)=-9,000+\frac{5,000}{(1+0.15)}+\frac{4,000}{(1+0.15)^2}+\frac{3,000}{(1+0.15)^3}=345(만원)$$

투자안 Y의 순현가:

$$NPV(Y)=-12,000+\frac{5,000}{(1+0.15)}+\frac{5,000}{(1+0.15)^2}+\frac{5,000}{(1+0.15)^3}=-589(만원)$$

(4) 투자안 X의 내부수익률:

$$NPV(X)=-9,000+\frac{5,000}{(1+r)}+\frac{4,000}{(1+r)^2}+\frac{3,000}{(1+r)^3}=0$$

$$\therefore\ r=0.18(18\%)$$

투자안 Y의 내부수익률:

$$NPV(Y)=-12,000+\frac{5,000}{(1+r)}+\frac{5,000}{(1+r)^2}+\frac{5,000}{(1+r)^3}=0$$

$$\therefore\ r=0.12(12\%)$$

(5) 투자안 X를 선택해야 한다. 투자안 X는 $NPV>0$이므로 투자가치가 있지만 투자안 Y는 $NPV<0$이므로 투자가치가 없다.

5. (1) 투자안 A의 회수기간: 3년(500+300=200)

투자안 B의 회수기간: $3\frac{2}{3}$년(200+300+300+200)

(2) 투자안 A의 순현가:

$$NPV(A) = -1,000 + \frac{500}{(1+0.1)} + \frac{300}{(1+0.1)^2} + \frac{200}{(1+0.1)^3} + \frac{200}{(1+0.1)^4} + \frac{200}{(1+0.1)^5}$$

$=191$(만원)

투자안 B의 순현가:

$$NPV(B) = -1,000 + \frac{200}{(1+0.1)} + \frac{300}{(1+0.1)^2} + \frac{300}{(1+0.1)^3} + \frac{300}{(1+0.1)^4} + \frac{400}{(1+0.1)^5}$$

$=108$(만원)

(3) 투자안 A의 내부수익률:

$$NPV(A) = -1,000 + \frac{500}{(1+r)} + \frac{300}{(1+r)^2} + \frac{200}{(1+r)^3} + \frac{200}{(1+r)^4} + \frac{200}{(1+r)^5} = 0$$

$\therefore\ r=0.15(15\%)$

$$NPV(B) = -1,000 + \frac{200}{(1+r)} + \frac{300}{(1+r)^2} + \frac{300}{(1+r)^3} + \frac{300}{(1+r)^4} + \frac{400}{(1+r)^5} = 0$$

$\therefore\ r=0.14(14\%)$

(4) 투자안 A를 선택한다. 그 이유는 $NPV(A) > NPV(B)$이기 때문이다.

6. (1) 자본비용이 5%일 경우 NPV 비교:

$$NPV(A) = -1,000 + \frac{650}{(1+0.05)} + \frac{300}{(1+0.05)^2} + \frac{300}{(1+0.05)^3} + \frac{100}{(1+0.05)^4} = 233\text{(만원)}$$

$$NPV(B) = -1,000 + \frac{350}{(1+0.05)} + \frac{350}{(1+0.05)^2} + \frac{350}{(1+0.05)^3} + \frac{350}{(1+0.05)^4} = 241\text{(만원)}$$

$NPV(A) < NPV(B)$이므로 투자안 B를 선택한다.

자본비용이 5%일 경우 *IRR* 비교:

$$NPV(A) = -1,000 + \frac{650}{(1+r)} + \frac{300}{(1+r)^2} + \frac{300}{(1+r)^3} + \frac{100}{(1+r)^4} = 0$$

$$\therefore\ r = 0.18(18\%)$$

$$NPV(B) = -1,000 + \frac{350}{(1+r)} + \frac{350}{(1+r)^2} + \frac{350}{(1+r)^3} + \frac{350}{(1+r)^4} = 0$$

$$\therefore\ r = 0.15(15\%)$$

$IRR(A) > IRR(B)$이므로 투자안 A를 선택한다.

(2) 자본비용이 10%일 경우 *NPV* 비교:

$$NPV(A) = -1,000 + \frac{650}{(1+0.1)} + \frac{300}{(1+0.1)^2} + \frac{300}{(1+0.1)^3} + \frac{100}{(1+0.1)^4} = 133(\text{만원})$$

$$NPV(B) = -1,000 + \frac{350}{(1+0.1)} + \frac{350}{(1+0.1)^2} + \frac{350}{(1+0.1)^3} + \frac{350}{(1+0.1)^4} = 109(\text{만원})$$

$NPV(A) > NPV(B)$이므로 투자안 A를 선택한다.

자본비용이 10%일 경우 *IRR* 비교:

$$NPV(A) = -1,000 + \frac{650}{(1+r)} + \frac{300}{(1+r)^2} + \frac{300}{(1+r)^3} + \frac{100}{(1+r)^4} = 0$$

$$\therefore\ r = 0.18(18\%)$$

$$NPV(B) = -1,000 + \frac{350}{(1+r)} + \frac{350}{(1+r)^2} + \frac{350}{(1+r)^3} + \frac{350}{(1+r)^4} = 0$$

$$\therefore\ r = 0.15(15\%)$$

$IRR(A) > IRR(B)$이므로 투자안 A를 선택한다.

자본비용이 5%라고 가정할 경우 두 방법이 상반된 결과를 가져오나 자본비용이 10%라고 가정할 경우 두 방법이 동일한 결과를 가져온다.

(3) (1)과 (2)의 결과가 서로 다른 이유는 투자로부터 발생하는 현금유입에 대한 재투자수익률의 가정이 서로 다르기 때문이다.

제8장 투자결정의 사례

[객관식 문제]

1. ① 2. ④ 3. ④ 4. ① 5. ① 6. ③

[주관식 문제]

5. (1) 투자안 X의 순현가:

$$NPV(X) = -1{,}600 + \frac{1{,}100}{(1+0.1)} + \frac{1{,}210}{(1+0.1)^2} = 400(\text{만원})$$

투자안 Y의 순현가:

$$NPV(Y) = -3{,}500 + \frac{2{,}200}{(1+0.1)} + \frac{2{,}420}{(1+0.1)^2} = 500(\text{만원})$$

(2) 투자안 X의 수익성지수:

$$PI(X) = \frac{2{,}000}{1{,}600} = 1.25$$

투자안 Y의 수익성지수:

$$PI(Y) = \frac{4{,}000}{3{,}500} = 1.14$$

(3) 다른 투자기회가 없는 경우 $NPV(X) < NPV(Y)$이므로 투자안 Y를 선택한다.

6. (1) 각 지역별 공장건설에 따른 순현가를 구하면 다음과 같다.

부산공장:

$$\frac{\text{투자수익의현가}}{5,000}=1.2 \qquad \therefore \text{투자수익의현가}=6,000(\text{만원})$$

$$NPV=-5,000+6,000=1,000(\text{만원})$$

대구공장:

$$\frac{\text{투자수익의현가}}{4,000}=1.3 \qquad \therefore \text{투자수익의현가}=5,200(\text{만원})$$

$$NPV=5,200-4,000=1,200(\text{만원})$$

대전공장:

$$\frac{\text{투자수익의현가}}{3,000}=1.5 \qquad \therefore \text{투자수익의현가}=4,500(\text{만원})$$

$$NPV=4,500-3,000=1,500(\text{만원})$$

광주공장:

$$\frac{\text{투자수익의현가}}{4,000}=1.25 \qquad \therefore \text{투자수익의현가}=5,000(\text{만원})$$

$$NPV=5,000-4,000=1,000(\text{만원})$$

(2) 순현가가 가장 큰 대전공장에 투자를 한다.

7. (1) 각 기계구입으로 인한 비용의 현재가치는 다음과 같다.

기계 A의 비용의 현재가치:

$$PV(A)=-5,000-\frac{1,200}{(1+0.1)}-\frac{1,200}{(1+0.1)^2}-\frac{1,200}{(1+0.1)^3}=-7,984(\text{만원})$$

기계 B의 비용의 현재가치:

$$PV(B) = -6,000 - \frac{1,000}{(1+0.1)} - \frac{1,000}{(1+0.1)^2} - \frac{1,000}{(1+0.1)^3} - \frac{1,000}{(1+0.1)^4} = -9,170(\text{만원})$$

여기서 기계 A와 기계 B의 수명이 다르므로 연간 등가비용을 구해보면 다음과 같다.

$$\text{기계 } A\text{의 연간 등가비용} = \frac{-7,984}{PVFA(10\%, 3\text{년})} = \frac{-7,984}{2.4869} = -3,211(\text{만원})$$

$$\text{기계 } B\text{의 연간 등가비용} = \frac{-9,170}{PVFA(10\%, 4\text{년})} = \frac{-9,170}{3.1699} = -2,893(\text{만원})$$

기계 B의 연간 등가비용이 기계 A의 연간 등가비용보다 작으므로 기계 B를 선택한다.

(2) 5년 후 교체시점까지의 두 기계의 비용흐름은 다음과 같다.

연도	0	1	2	3	4	5
기계 A	−5,000	−1,200	−1,200	−1,200−5,000	−1,200	−1,200
기계 B	−6,000	−1,000	−1,000	−1,000	−1,000−6,000	−1,000

각 기계의 비용의 현재가치를 구하면 다음과 같다.

기계 A의 비용의 현재가치:

$$PV(A) = -5,000 - \frac{1,200}{(1+0.1)} - \frac{1,200}{(1+0.1)^2} - \frac{6,200}{(1+0.1)^3} - \frac{1,200}{(1+0.1)^4} - \frac{1,200}{(1+0.1)^5}$$
$$= -13,305(\text{만원})$$

기계 B의 비용의 현재가치:

$$PV(B) = -6,000 - \frac{1,000}{(1+0.1)} - \frac{1,000}{(1+0.1)^2} - \frac{1,000}{(1+0.1)^3} - \frac{7,000}{(1+0.1)^4} - \frac{1,000}{(1+0.1)^5}$$
$$= -13,889(\text{만원})$$

기계 A의 비용의 현재가치가 기계 B의 비용의 현재가치보다 적으므로 기계 A를 선택한다.

제9장 투자결정의 사례

[객관식 문제]

1. ④ 2. ④ 3. ① 4. ③ 5. ② 6. ① 7. ③ 8. ④ 9. ④ 10. ① 11. ①

[주관식 문제]

6. (1) 연도별 투자수익률

$$2001\text{년}: R=\frac{25,000-20,000}{20,000}=0.25(25\%)$$

$$2002\text{년}: R=\frac{22,500-25,000}{25,000}=-0.1(-10\%)$$

$$2003\text{년}: R=\frac{18,000-22,500}{22,500}=-0.2(-20\%)$$

$$2004\text{년}: R=\frac{19,800-18,000}{18,000}=0.1(10\%)$$

주식수익률의 산술평균

$$AR=\frac{0.25-0.1-0.2+0.1}{4}=0.0125(1.25\%)$$

주식수익률의 기하평균

$$GR=\sqrt[4]{(1+0.25)(1-0.1)(1-0.2)(1+0.1)}-1=-0.0025(-0.25\%)$$

(2) 주식수익률의 평균

$$E(R)=(0.25)(25)+(0.25)(-10)+(0.25)(-20)+(0.25)(10)=1.25(\%)$$

주식수익률의 분산

$$\sigma^2=(0.25)(25-1.25)^2+(0.25)(-10-1.25)^2+(0.25)(-20-1.25)^2+(0.25)(10-1.25)^2$$
$$=304$$

주식수익률의 표준편차

$$\sigma = \sqrt{304} = 17.44(\%)$$

7. (1) 주식의 기대수익률

$$E(R_A) = (0.3)(40) + (0.4)(15) + (0.3)(-20) = 12(\%)$$

$$E(R_B) = (0.3)(20) + (0.4)(10) + (0.3)(0) = 10(\%)$$

(2) 주식수익률의 분산

$$\sigma_A^2 = (0.3)(40-12)^2 + (0.4)(15-12)^2 + (0.3)(-20-12)^2 = 546$$

$$\sigma_B^2 = (0.3)(20-10)^2 + (0.4)(10-10)^2 + (0.3)(-0-10)^2 = 60$$

주식수익률의 표준편차

$$\sigma_A = \sqrt{546} = 23.37(\%)$$

$$\sigma_B = \sqrt{60} = 7.75(\%)$$

8. (1) 증권의 수익률과 위험

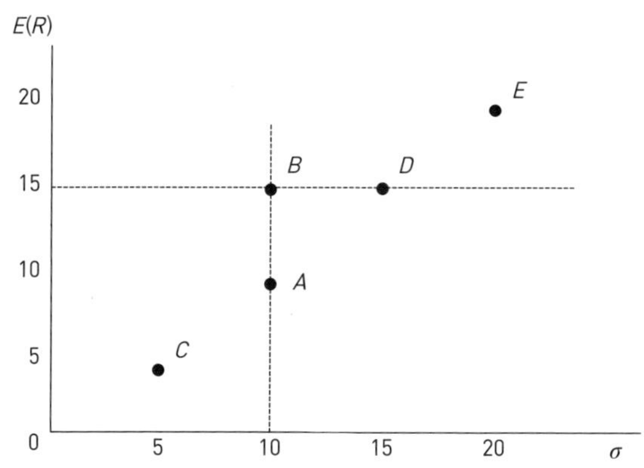

(2) 효율적 투자기회집합에는 B, C, E가 포함된다. A와 D는 증권 B의 지배를 받기 때문에 효율적 자산에서 제외된다.

제10장 포트폴리오이론

[객관식 문제]

1. ④ 2. ④ 3. ① 4. ③ 5. ① 6. ③ 7. ② 8. ① 9. ② 10. ③ 11. ②

12. ② (해설) 최소분산포트폴리오를 구성하기 위해 A주식에 투자해야 하는 비율은 다음과 같이 구할 수 있다.

$$w_A = \frac{\sigma_B^2 - \sigma_{AB}}{\sigma_A^2 + \sigma_B^2 - 2\sigma_{AB}} = \frac{20^2 - (-1)(20)(10)}{20^2 + 10^2 - (2)(-1)(20)(10)} = \frac{1}{3}$$

$$w_B = 1 - w_A = 1 - \frac{1}{3} = \frac{2}{3}$$

13. ① (해설) 최소분산포트폴리오의 기대수익률

$$E(R) = \frac{1}{3} \times 30 + \frac{2}{3} \times 20 = 23.3(\%)$$

최소분산포트폴리오의 위험

$$\sigma^2 = \left(\frac{1}{3}\right)^2 (20)^2 + \left(\frac{2}{3}\right)^2 (10)^2 + (2)\left(\frac{1}{3}\right)\left(\frac{2}{3}\right)(-1)(20)(10) = 0$$

[주관식 문제]

5. (1) 주식수익률의 평균

$$E(R_A) = 0.1 \times 30 + 0.2 \times 10 + 0.4 \times 10 + 0.2 \times 10 + 0.1 \times (-10) = 10(\%)$$

$$E(R_B) = 0.1 \times 0 + 0.2 \times 5 + 0.4 \times 5 + 0.2 \times 15 + 0.1 \times 20 = 8(\%)$$

주식수익률의 분산 및 표준편차

$$\sigma_A^2 = 0.1 \times (30-10)^2 + 0.2 \times (10-10)^2 + 0.4 \times (10-10)^2 + 0.2 \times (10-10)^2 + 0.1 \times (-10-10)^2$$
$$= 80$$

$$\sigma_A=\sqrt{80}=8.94(\%)$$

$$\sigma_B^2=0.1\times(0-8)^2+0.2\times(5-8)^2+0.4\times(5-8)^2+0.2\times(15-8)^2+0.1\times(20-8)^2$$
$$=36$$

$$\sigma_B=\sqrt{36}=6.00(\%)$$

주식수익률의 공분산

$$\sigma_{AB}=0.1\times(30-10)(0-8)+0.2\times(10-10)(5-8)+0.4\times(10-10)(5-8)$$
$$+0.2\times(10-10)(15-8)+0.1\times(-10-10)(20-8)$$
$$=-40$$

주식수익률의 상관계수

$$\rho_{AB}=\frac{\sigma_{AB}}{\sigma_A\times\sigma_A}=\frac{-40}{8.94\times 6}=-0.75$$

(2) 포트폴리오의 기대수익률

$$E(R_p)=\frac{1}{2}\times 10+\frac{1}{2}\times 8=9(\%)$$

포트폴리오의 분산(표준편차)

$$\sigma_p^2=\left(\frac{1}{2}\right)^2\times 80+\left(\frac{1}{2}\right)^2\times 36+2\times\frac{1}{2}\times\frac{1}{2}\times(-40)=9$$

$$\sigma_p=\sqrt{9}=3$$

(3) 포트폴리오의 기대수익률

$$E(R_p)=\frac{1}{3}\times 10+\frac{2}{3}\times 8=8.67(\%)$$

포트폴리오의 표준편차

$$\sigma_p^2=\left(\frac{1}{3}\right)^2\times 80+\left(\frac{2}{3}\right)^2\times 36+2\times\frac{1}{3}\times\frac{2}{3}\times(-40)=7.11$$

$$\sigma_p = \sqrt{7.11} = 2.67(\%)$$

(4) 최소분산포트폴리오의 기대수익률과 위험

최소분산포트폴리오의 구성 비율

$$w_A = \frac{36-(-40)}{80+36-2\times(-40)} = 0.4(40\%)$$

$$w_B = 1-0.4 = 0.6(60\%)$$

최소분산포트폴리오의 기대수익률

$$E(R_p) = 0.4\times 10 + 0.6\times 8 = 8.8(\%)$$

최소분산포트폴리오의 위험

$$\sigma_p^2 = 0.4^2\times 80 + 0.6^2\times 36 + 2\times 0.4\times 0.6\times(-40) = 6.56$$

$$\sigma_p = \sqrt{6.56} = 2.56(\%)$$

6. (1) 증권 F는 수익률의 표준편차는 0이므로 무위험자산이다. 따라서 다른 증권의 수익률과의 상관계수는 0이다.

(2) 포트폴리오의 기대수익률과 표준편차

$$E(R_p) = 0.5\times 8 + 0.5\times 4 = 6(\%)$$

$$\sigma_p = 0.5\times 6 = 3(\%)$$

(3) 포트폴리오의 기대수익률과 표준편차

$$E(R_p) = 0.5\times 8 + 0.5\times 12 = 10(\%)$$

$$\sigma_p^2 = 0.5^2\times 6^2 + 0.5^2\times 10^2 + 2\times 0.5\times 0.5\times 0.8\times 6\times 10 = 58$$

$$\sigma_p = \sqrt{58} = 7.62(\%)$$

(4) 포트폴리오의 기대수익률과 표준편차

$$E(R_p) = 0.5 \times 8 + 0.5 \times 16 = 12(\%)$$

$$\sigma_p^2 = 0.5^2 \times 6^2 + 0.5^2 \times 20^2 + 2 \times 0.5 \times 0.5 \times (-0.4) \times 6 \times 20 = 85$$

$$\sigma_p = \sqrt{85} = 9.22(\%)$$

(5) 최소분산포트폴리오의 구성 비율

$$w_B = \frac{20^2 - 0}{10^2 + 20^2 - 0} = 0.8(80\%)$$

$$w_C = 1 - 0.8 = 0.2(20\%)$$

최소분산포트폴리오의 기대수익률

$$E(R_p) = 0.8 \times 12 + 0.2 \times 16 = 12.8(\%)$$

최소분산포트폴리오의 위험

$$\sigma_p^2 = 0.8^2 \times 10^2 + 0.2^2 \times 20^2 + 0 = 80$$

$$\sigma_p = \sqrt{80} = 8.94(\%)$$

제11장 균형가격의 결정

[객관식 문제]

1. ① 2. ④ 3. ④ 4. ③ 5. ③ 6. ④ 7. ② 8. ②

9. ② (A, D) (해설) 증권시장선 위쪽에 위치한 증권이 과소평가된 증권이다.

10. ④ 11. ④

[주관식 문제]

6. (1) 증권시장선:

$$E(R_i) = R_f + [E(R_M) - R_f]\beta_i$$
$$= 0.04 + (0.1 - 0.04)\beta_i$$
$$= 0.04 + 0.06\beta_i$$

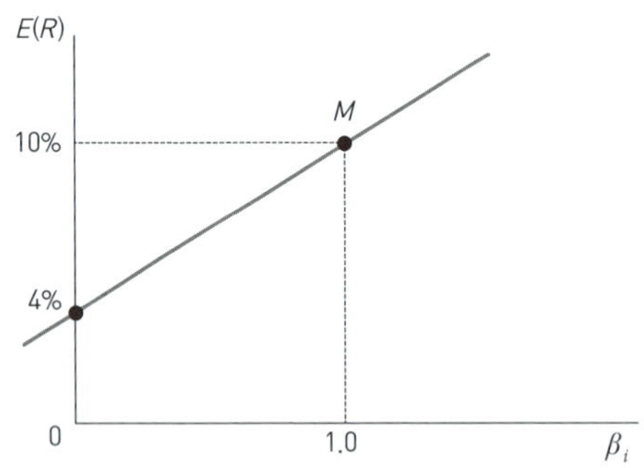

(2) A증권의 균형수익률

$$E(R_A) = 0.04 + 0.06\beta_A = 0.04 + 0.06 \times 1.2 = 0.112(11.2\%)$$

(3) 현재 A증권의 수익률은 10%로 균형수익률보다 낮기 때문에 과대평가되고 있다. 따라서 A증권의 가격은 하락할 것이다.

제12장 자본조달

[주관식 문제]

교과서 12장 내용 참조

제13장 자본비용

[객관식 문제]

1. ③ 2. ③ 3. ③ 4. ④ 5. ① 6. ②

7. ② (해설) $k_d' = 10 \times (1-0.4) = 6(\%)$

8. ③ (해설) 이 회사 채권의 만기수익률은 다음과 같다.

$$95{,}000 = \frac{10{,}000}{(1+y)} + \frac{10{,}000}{(1+y)^2} + \frac{110{,}000}{(1+y)^3} \qquad \therefore\ y = 0.12(12\%)$$

이 회사의 세후 부채비용은 다음과 같다.

$$k_d' = 12 \times (1-0.4) = 7.2(\%)$$

9. ④ (해설) $k_p = \dfrac{3{,}000}{15{,}000} = 0.2(20\%)$

10. ② (해설) $k_e = \dfrac{1{,}000}{25{,}000} + 0.06 = 0.1(10\%)$

11. ③ (해설) $E(R_W) = 0.04 + (0.12 - 0.04) \times 1.5 = 0.04 + 0.12 = 0.16(16\%)$

12. ③ (해설) $k_o = 12.5(1-0.4) \times \dfrac{40}{100} + 15.0 \times \dfrac{60}{100} = 12(\%)$

[주관식 문제]

5. (1) 배당모형을 이용한 자기자본비용

$$k_e = \frac{4{,}000(1+0.05)}{50{,}000} + 0.05 = 0.134(13.4\%)$$

(2) $CAPM$을 이용한 자기자본비용 ($\beta = 1.35$)

$$E(R) = 0.08 + (0.12 - 0.08) \times 1.35 = 0.134(13.4\%)$$

6. (1) 장부가치 기준 가중평균자본비용

$$k_o = 10(1-0.4) \times \frac{400}{800} + 16 \times \frac{200}{800} + 20 \times \frac{200}{800} = 12(\%)$$

(2) 시장가치 기준 가중평균자본비용

$$k_o = 10(1-0.4) \times \frac{400}{1,000} + 16 \times \frac{200}{1,000} + 20 \times \frac{400}{1,000} = 13.6(\%)$$

※ 보통주의 시장가치: 10,000×400만 = 400(억원)

7. (1) ㈜KT&G의 가중평균자본비용

$$k_o = 10(1-0.2) \times \frac{600}{1,000} + 15 \times \frac{400}{1,000} = 10.8(\%)$$

(2) 최적투자조합: $A+D$ (내부수익률이 가중평균자본비용보다 높은 투자안)

최적투자금액: 35억원(20억+15억)

(3) 첫째, 새로 조달되는 자금이 기존의 자본구성비율과 동일한 비율로 조달되어야 하고, 둘째, 새로운 투자안의 위험이 기업의 기존의 영업위험과 같아야 한다.

제14장 자본구조이론

[객관식 문제]

1. ② 2. ① 3. ④ 4. ① 5. ④ 6. ④ 7. ④ 8. ② 9. ③ 10. ② 11. ② 12. ②

13. ③ (해설) $k_e = 20 + (1-0)(20-10) \times \frac{10}{10} = 30(\%)$ ※ 교과서 (14-10)식 참조

14. ①

15. ① (해설) $V = \frac{1,000}{0.2} = 5,000$(만원) ※ 교과서 (14-2)식 참조

16. ① (해설) 법인세 감세효과의 현가: $0.4 \times 2{,}000 = 800$(만원)　　※ 교과서 (14-8)식 참조

17. ③ (해설) 기업 L의 기업가치: $V_L = 5{,}000 + 800 = 5{,}800$(만원)　　※ 교과서 (14-9)식 참조

[주관식 문제]

7. (1) 법인세가 없는 경우

HD자동차의 기업가치: $V_{HD} = 50{,}000 \times 100{,}000 = 50$(억원)

HD자동차의 자기자본비용: $V_{HD} = 50\text{억} = \dfrac{10\text{억}}{k_e}$　　$\therefore k_e = 0.2(20\%)$

HD자동차의 가중평균자본비용: $k_o = k_e = 0.2(20\%)$

법인세가 40%인 경우

HD자동차의 기업가치: $V_{HD} = \dfrac{10 \times (1-0.4)}{0.2} = 30$(억원)

HD자동차의 자기자본비용: $V_{HD} = 30 = \dfrac{10 \times (1-0.4)}{k_e}$　　$\therefore k_e = 0.2(20\%)$

HD자동차의 가중평균자본비용: $k_o = k_e = 0.2(20\%)$

(2) 법인세가 없는 경우

HD자동차의 기업가치: 50억원(타인자본가치 25억원, 자기자본가치 25억원)

HD자동차의 자기자본비용: $k_e = 20 + (20-10) \times \dfrac{25}{25} = 30(\%)$

HD자동차의 가중평균자본비용: $k_o = 10 \times \dfrac{25}{50} + 30 \times \dfrac{25}{50} = 20(\%)$

법인세가 40%인 경우

HD자동차의 기업가치: $V_{HD} = 30 + 0.4 \times 25 = 40$(억원)

HD자동차의 자기자본비용: $k_e = 20 + (1-0.4)(20-10) \times \frac{25}{15} = 30(\%)$

HD자동차의 가중평균자본비용: $k_o = 10 \times \frac{25}{40} + 30 \times \frac{15}{40} = 17.5(\%)$

8. (1) 기업 U의 가치

$$V_U = \frac{2(1-0.4)}{0.12} = 10(\text{억원})$$

기업 L의 가치

$$V_L = V_U + G$$

여기서 부채사용에 따른 효과는 다음과 같다.

$$G = \left[1 - \frac{(1-T_C)(1-T_{ps})}{1-T_{pb}}\right] \cdot B$$

단, T_{ps}, T_{pb}: 개인의 주식소득세율, 개인의 채권소득세율

따라서 기업 L의 가치는 다음과 같다.

$$V_L = V_U + G = 10 + 2.6 = 12.6(\text{억원})$$

(2) 법인세만 존재하는 경우 기업 L의 레버리지 이득

$$t \cdot B = 0.4 \times 8 = 3.2(\text{억원})$$

(3) 법인세와 개인소득세가 모두 존재하는 경우 기업 L의 레버리지 이득

$$G = \left[1 - \frac{(1-0.4)(1-0.1)}{1-0.2}\right] \cdot 8 = 2.6(\text{억원})$$

제15장 배당정책

[주관식 문제]

7. (1) 발행주식수

A안: 10만주에서 20만주로 증가

B안: 10만주로 변화가 없음

C안: 10만주에서 9만주로 감소

(2) 액면가격

A안: 기존의 $\frac{1}{2}$로 줄어듦

B안: 변화가 없음

C안: 변화가 없음

(3) 주식가격

A안: 10,000원에서 5,000원으로 하락

B안: 10,000원에서 9,900원으로 하락

C안: 10,000으로 변화가 없음

(4) 기업가치

A안: 10억원으로 변화가 없음

B안: 9. 9억원으로 줄어듦

C안: 9억원으로 줄어듦

8. 주식배당 이후의 X회사의 자기자본구조

자본금	150,000,000원
	(@10,000×15,000주)
이익잉여금	0
자기자본 합계	150,000,000원

9. 자사주 매입이 주가에 미치는 영향 (주당 22,000원에 20,000만주를 매입)

자사주 매입 전의 주당이익: $EPS = \frac{400,000,000}{100,000} = 4,000(\text{원})$

현재의 주가수익비율: $PER = \frac{20,000}{4,000} = 5(\text{배})$

자사주 매입 후의 주당이익: $EPS = \frac{400,000,000}{80,000} = 5,000(\text{원})$#

자사주 매입 후의 예상 주가: $P = PER \times EPS = 5 \times 5,000 = 25,000(\text{원})$

주당 5,000원의 현금배당을 할 경우 예상 주가

$P = 20,000 + 5,000 = 25,000(\text{원})$

따라서 현금배당을 하거나 자사주매입을 하거나 주주의 부에는 차이가 없다.

10. *A*기업의 현재 주가수익비율은 다음과 같다.

$$EPS = \frac{50,000,000}{20,000} = 2,500(\text{원})$$

$$PER = \frac{P_0}{EPS} = \frac{10,000}{2,500} = 4$$

a. 현금배당 후의 주가수익비율

$$\text{배당 후 주가} = 10,000 - \frac{50,000,000 \times 0.2}{20,000} = 9,500(\text{원})$$

$$PER = \frac{9,500}{2,500} = 3.8$$

b. 주식배당 후의 주가수익비율

$$PER = \frac{10,000/(1+0.2)}{2,500/(1+0.2)} = 4$$

c. 주식분할 후의 주가수익비율

$$PER = \frac{10,000 \div 2}{2,500 \div 2} = 4$$

d. 주식병합 후의 주가수익비율

$$PER = \frac{10,000 \times 2}{2,500 \times 2} = 4$$

e. 자사주 매입 후의 주가수익비율

$$EPS = \frac{50,000,000}{20,000 - 1,000} = 2,632(\text{원})$$

$$PER = \frac{10,000}{2,632} = 3.8$$

제16장 운전자본관리

[주관식 문제]

8. (1) $B^* = \sqrt{\frac{2 \times 81,000,000 \times 20,000}{0.09}} = 6,000,000(\text{원})$ ※교과서 (16-1)식 참조

(2) 현금유지비용

$$\frac{B^*}{2} \times i = \frac{6,000,000}{2} \times 0.09 = 270,000(\text{원})$$

거래비용

$$\frac{A}{B^*} \times F = \frac{81,000,000}{6,000,000} \times 20,000 = 270,000(\text{원})$$

현금보유에 따라 발생하는 총비용

270,000+270,000=540,000(원)

9. (1) 1일 평균매출이익의 증가

$\Delta E=\Delta S\left(1-\frac{v}{p}\right)=(600-400)(1-0.6)=80$(만원)　　※교과서 (16-5)식 참조

연간 총매출이익의 증가

80×360=28,800(만원)

(2) 추가로 소요되는 운전자본

$\Delta I=(400)(30-20)+(0.6)(200)(30)=7,600$(만원)

운전자본의 유지비용

$\Delta I\times k=7,600\times 0.15=1,140$(만원)

10. (1) 매출채권 평균회수기간

0.4×10+0.6×40=28(일)

(2) 1일 평균 신용매출액

60,000,000÷360=166,667(원)

평균매출채권 잔고

166,667×28=4,666,667(원)

(3) 매출채권 평균회수기간

0.4×10+0.6×30=22(일)

평균매출채권 잔고

$166,667 \times 22 = 3,666,674$(원)

11. (1) 단위당 재고유지비용

$2,485,000 \times 0.17 = 422,450$(원)

1회 주문비용

220,000원

경제적 주문량(EOQ)

$$EOQ = \sqrt{\frac{2 \times 600 \times 220,000}{422,450}} = 25(\text{대})$$

(2) 연간 주문회수

$600 \div 25 = 24$(회)

제17장 선물

[주관식 문제]

교과서 제17장 내용 참조

제18장 옵션

[주관식 문제]

6. 풋-콜 등가식(put-call parity)을 적용하면 풋옵션의 가격은 다음과 같다.

$$\begin{aligned} P &= C - S + K(1+r)^{-T} \\ &= 3,000 - 31,500 + 33,000 \times (1+0.1)^{-1} \\ &= 1,500(\text{원}) \end{aligned}$$

참고문헌

[국내문헌]

김석진 · 김태혁 · 차명준 · 정성창 · 김민호 · 김희호, 「글로벌시대 파생상품의 이해」, 도서출판 청람, 2007.

박정식 · 박종원 · 조재호, 「현대재무관리」, 다산출판사, 2006.

박정식 · 신동령, 「경영분석」, 다산출판사, 2010.

신민식, 「파생상품의 이해와 활용」, 법문사, 2008.

이상호, 「금융론」, 피앤씨미디어, 2013.

이상호 · 김희오 · 최병희, 「증권투자론」, 피앤씨미디어, 2013.

이필상, 「재무학」, 박영사, 2004.

이필상 · 최승빈 · 이상호 · 정강원 · 안동현, 「현대투자론」, 법문사, 2013.

최승빈 · 임윤수 · 박철용 · 정강원, 「현대재무관리론」, 도서출판 대경, 1999.

한국은행, 「한국의 금융시장」, 2012.

한국은행, 「한국의 금융제도」, 2011.

[국외문헌]

Arrow, K.J., *Essays in the Theory of Risk–Bearing*. North–Holland, Amsterdam. 1971.

Baumol, W.J., "The Transactions Demand for Cash: An Inventory Theoretic Approach," *Quarterly Journal of Economics*, November 1952.

Beaver, W.H., "Financial Ratios as Predictors of Failure," Empirical Research in Accounting: Selected Research, *Journal of Accounting Research*, 1966.

Bierman, H. Jr, Smidt, S., *The Capital Budgeting Decisions*, 6th ed. The Macmillan Company, 1984.

Black, F., M.C. Jensen. and M. Scholes, "The Capital Asset Pricing Model: Some Empirical Tests," in Jensen, ed., *Studies in the Theory of Capital Markets*. Praeger, New York. 1972.

Black, F., and M. Scholes, "The Pricing of Options and Corporate Liabilities," *Journal of Political Economy*, 1973.

Copeland, T. and J.F. Weston, *Financial Theory and Corporate Policy*, 3rd ed, Addison Wesley

Cox, J. and Rubinstein, "Option Pricing: A Simplified Approach," *Journal of Financial Economics*, September 1979.

DeAngelo, H., and R. Masulis, "Optimal Capital Structure under Corporate and Personal Taxation,"

Journal of Financial Economics, March 1980.

Elton, E.J., M.J. Gruber, "Marginal Stockholders' Tax Rates and Clientele Effect," *Review of Economics and Statistics*, February 1970.

Elton, E.J., M.J. Gruber, "The Effect of Share Repurchase on the Value of the Firm," *Journal of Finance*, March 1968.

Fama, E.F., "Risk, Return and Equilibrium: Some Clarifying Comments," *Journal of Finance*, March 1968.

Fama, E.F., *Foundations of Finance*, Basic Books, New York, 1976.

Fama, E.F., and M.H. Miller, *The Theory of Finance*, Holt, Rinehart and Winston, New York, 1972.

Fisher, I., The Theory of Interest, Macmillan, New York, 1930.

Galai, D., and R. Masulis, "The Option Pricing Models for the Risk Factor of Stock," *Journal of Financial Economics*, January/March 1976.

Gitman, L.J., Principles of Managerial Finance, Harper International Editions, New York, 1976.

Gordon, M., "Dividends, Earnings and Stock Prices," *Review of Economics and Statistics*, May 1959.

Hicks, J.R., *Value and Capital*, 2nd ed., Oxford University Press, London, 1946.

Hirshleifer, J., *Investment, Interest and Capital*, Prentice-Hall, Englewood Cliffs, 1970.

Hull J.C., *Options, Futures, and Other Derivative Securities*, 8th ed. Prentice Hall, February 12, 2011.

Jensen, M.C. and Meckling, W.H., "Theory of the Firm: Managerial Behavior, Agency Costs and Capital Structure," *Journal of Financial Economics*, vol. 11, 1983.

Keynes, J.M., *The General Theory of Employment, Investment, and Money*, New York: Harcourt, Brace & Jovanovich, 1936.

Lintner, J., "The Valuation of Ri나 Assets and the Selection of Risky Investments in Stock Portfolios and Capital Budgets," *Review of Economics and Statistics*, February 1965.

Litzenberger, R.H. and K. Ramaswamy, "The Effect of Personal Taxes and Dividends on Capital Asset Prices: Theory and Empirical Evidence," *Journal Financial Economics*, June 1979.

Markowitz, H., *Portfolio Selection: Efficient Diversification of Investment*, John Wiley & Sons, New York, 1959.

Merton, R., "The Theory of Rational Option Pricing," *The Bell Journal of Economics and Management Science*, Spring 1973a.

Miller, M. and D. Orr, "A Model of the Demand for Money by Firms," *Quarterly Journal of Economics*, August 1966.

Miller, M.H., and F. Modigliani, "Dividend Policy, Growth, and Valuation of Shares," *Journal of Business*, October 1961.

Miller, M.H., and M. Scholes, "Dividend and Taxes," Journal of Financial Economics, December 1978.Modigliani, F., and M.H. Miller, "The Corporate Income Taxes and the Cost of Capital," *American Economic Review*, June 1963.

Modigliani, F., and M.H. Miller, "The Cost of Capital, Corporation Finance, and the Theory of Investment," *American Economic Review*, June 1958.

Mossin, J., *Theory of Financial Markets*, Prentice-Hall, Englewood Cliffs, 1973.

Pettit, R.R., "Taxes, Transactions Costs and Clientele Effects of Dividends," *Journal Financial Economics*, December 1977.

Pratt, J.W., "Risk Aversion in the Small and in the Large," *Econometrica*, January-April 1964.

Roll, R., "A critique of Asset Pricing Theory's Tests," *Journal of Financial Economics*, March 1977.

Ross, S., "The Arbitrage Theory of Capital Asset Pricing," *Journal of Economic Theory*, 1976.

Rubinstein, M.E., "A Mean-Varience Synthesis of Corporate Financial Theory," *Journal of Finance*, March 1973.

Sharpe, W., "A Simplified Model for Portfolio Analysis," *Management Science*, January 1963.

Sharpe, W., *Portfolio Theory and Capital Markets*, MaGraw-Hill, New York, 1970.

Sharpe, W., "Capital Asset Prices: A Theory of Market Equilibrium under Conditions of Risk," *Journal of Finance*, September 1964.

Smith, K.V., *Management of Working Capital*, West Publishing Co., New York, 1980.

Tobin, J., "Liquidity Preference as a Behavior toward Risk," *Review of Economic Studies*, February 1958.

Van Horne, J.C., *Financial Management and Policy*, 8th ed. Prentice-Hall, Inc., 1989.

Von Neuman, J. and O. Morgenstern, *Theory of Games Economic Behavior*, Princeton University Press, Princeton, 1947.

Weston, J.F., and E.F. Brigham, *Essentials of Managerial Finance*, The Dryden Press, Illinois, 1993.

Weston, J., T.E. Copeland, *Managerial Finance*, Richard D. Irwin, Homewood, Ill, 1972.

Working, H., "Futures Trading and Hedging," *American Economic Review*, December 1949.

찾아보기

ㅊ

ㅋ

ㅌ

[저자 약력]

이상호

경북대학교 경상대학 경영학과 졸업
고려대학교 대학원 경영학석사 (재무론 전공)
고려대학교 대학원 경영학박사 (재무론 전공)
한국경영학회 이사
한국경영교육학회 이사
한국산업경영학회 이사
독학학위 전공심화과정 시험위원
현 한국재무관리학회 이사
현 경일대학교 경영학부 교수

주요저서

투자론(공저, 법문사)
재무관리연습(공저, 박영사)
증권투자론(공저, 피앤씨미디어)
현대투자론(공저, 법문사)
금융론(피앤씨미디어)

재무관리

초판 발행 2014년 2월 10일
중판 발행 2017년 8월 20일

지은이 이상호
펴낸이 박노일

총괄기획 김중용 · 최준규
편 집 심성보

펴낸곳 pnc publishing and culture 피앤씨미디어
경기도 고양시 일산동구 강송로 153 310-1501
등록 제396-2012-000203호
전 화 070)7550-3758 팩 스 02)718-8554
홈페이지 www.pncmedia.co.kr 이메일 pnc@pncmedia.co.kr
ISBN 978-89-98786-69-4 93320

정 가 25,000원